L'AMOUR INCONSCIENT

Au-delà
du principe
de séduction

DU MÊME AUTEUR

LE NOM ET LE CORPS, Seuil, 1974.

LA HAINE DU DÉSIR, Bourgois, 1978.

L'AUTRE INCASTRABLE, *psychanalyste et écriture*, Seuil, 1978.

LE GROUPE INCONSCIENT, *le lien et la peur*, Bourgois, 1980.

LA JUIVE, *une transmission d'inconscient*, Grasset, 1983.

JOUISSANCES DU DIRE, *nouveaux essais sur une transmission d'inconscient*, Grasset, 1985.

LE FÉMININ ET LA SÉDUCTION, Livre de Poche, 1987.

PERVERSIONS, *dialogues sur des folies actuelles*, Grasset, 1987.

AVEC SHAKESPEARE, *éclats et passions en douze pièces*, Grasset, 1988.

ÉCRITS SUR LE RACISME, Bourgois, 1988.

ENTRE DIRE ET FAIRE, Grasset, 1989.

ENTRE-DEUX, Seuil, 1991.

DU VÉCU ET DE L'INVIVABLE, Albin Michel, 1991.

OÙ EN EST VRAIMENT LA PSYCHANALYSE, Balland, 1992.

LES TROIS MONOTHÉISMES, Seuil, 1992.

- Amazon

DANIEL SIBONY

- "New"

- Amazon Global Store UK

- Ord 10/15/19
- Rec 10/24/19

L'AMOUR INCONSCIENT

Au-delà
du principe
de séduction

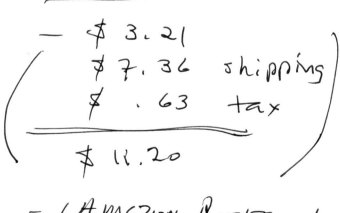

- $ 3.21
  $ 7.36   shipping
  $ .63   tax
  _____
  $ 11.20

- Amazon Rucksendezentrum
  Amazonstrasse 300
  GRABEN 86830 Germany

BERNARD GRASSET
PARIS

PROLOGUE

« Dans les vacuités qui nous cernent, on en vient à n'attendre d'un texte qu'une chose, c'est qu'il nous *porte* au long de sa lecture, qu'il ne nous laisse pas tomber, ne nous endorme pas, d'ennui ou de lourdeur ; qu'il nous maintienne en éveil par impulsions qui *font* plaisir, par petites secousses que nos corps ou nos « esprits » absorbent et assimilent pour mieux se plaire. A nous porter ainsi, le texte renouvelle sans doute pour nous la jouissance archaïque d'être, enfants, portés par une mère, ou un adulte qui *sait* où il va. Et quand le livre est parvenu à nous alléger de nous-mêmes, et de lui (imaginez le cauchemar de textes qui nous demanderaient de les porter...) quand donc il nous dépose à terre, on est content ; pas sans raison : il nous fait vivre l'expérience d'être portés par le *verbe* le temps d'une lecture, même si au bout du compte il ne nous laisse rien à *lier*, et si les mots dès qu'ils ont lâché prise s'évanouissent comme des images, ou vont rejoindre notre réserve d'images qu'une autre lecture ressuscitera.

Mais ceux pour qui la sensation d'être portés ou emportés par le verbe a toujours été comme un acquis minimal, et qui n'éprouvent donc pas souvent le besoin d'en renouveler l'épreuve ou de vérifier l'acquis que c'est d'être *portés* par un texte, ceux-là peuvent chercher dans un texte, à travers les points où il s'emporte ou se déporte, un certain effet de débordement qui donne matière à de nouveaux liens, un certain don de la lettre ou de l'esprit de la lettre. Et ce ne sont pas toujours les livres à « idées » ou à « pensées » qui permettent d'assouvir cette passion (qu'à vrai dire rien ne peut assouvir, tel l'amour), cette passion du partage de la parole et de sa création qui lui *suppose* un désir de passer, un passé, un potentiel d'inconscient.

Certains livres créatifs, ou seulement récréatifs (livres « actuels » même, textes de revues, flashs d'événements...), peuvent produire un tel effet ; les lire c'est les lier autrement, au point de s'y révéler déjà lié.

Les mythes, dans mainte culture, ont eu cette fonction : être des filons de paroles *attribuées* à d'autres, donc déjà partagées par d'autres; provisions du *dire* pour des liaisons nouvelles de la pensée », dit-elle.

Mais ce filon que je suis relève moins d'un appel au mythe que d'une transmission de « *parlécrits* » c'est-à-dire d'un rapport à l'écrit en tant qu'une parole vient l'ouvrir, le fissurer, quitte à ce que cette parole, et ses effets, se ressaisissent dans un *autre* écrit où se transmet une part de l'Autre. Cela aussi a fonctionné dans certains liens symboliques, où on a visé à produire le partage indéfiniment transmis de la « liance » de la lettre, l'impulsion insistante, impérieuse, aux métaphores de la « lettre », qui appellent moins à résoudre des questions de forme ou de contenu (toujours secondes et secondaires) qu'à faire pression sur la langue jusqu'au point d'en faire *acte;* ce dont j'ai tenté pour ma part d'*actualiser* quelques effets, de rejouer la présence abstraite à travers mes textures antérieures. Il me semble que la notion ou plutôt l'opération de « *parlécrit* » est essentielle pour penser l'effet d'un texte et les rapports qu'il induit. Il y a le texte qui s'absorbe dans la lettre qu'il manipule, soucieux d'abord de son autonomie littérale et du plaisir ou de la jouissance qui en résulte; il *porte* son auteur ou ses lecteurs jusqu'au terme du voyage qu'il *est* pour eux. Et il y a le texte nourri d'être débordé par son jeu de lettres qui le porte vers des inflexions de la parole (ouverte et indéterminée), vers des transmissions d'inconscient, aux interstices entre l'écrit et la parole, là où il y a à changer de langue, largué qu'on est par la sienne « propre », en quête de celle qui ne vient pas... Le premier texte – appelons-le « par-écrit » (ou parure et parade de l'écrit; de toute façon il pare à quelque chose, à un danger réel sans doute, celui de n'avoir même pas le miroir d'une page blanche pour se terrer) –, il est inclus en lui-même, il a sa langue ou il se la donne, il a son monde, il l'est, il se le vit et s'y consume. Le « *parlécrit* » au contraire est une séduction organisée et déréglée du langage par lui-même, un seuil instable entre écrit et parole, une contagion de signifiances ou une transmission d'inconscient : il est, le parlécrit, exclu de lui-même, non pas « en exil » mais dans l'écart de sa lettre à elle-même; il déporte son scripteur et ses lecteurs vers *la mise en acte de leur présence à ce qu'ils disent*, vers la nudité de leur langage, à l'instant – impensable mais réel – où ce langage leur serait redonné (ou pas redonné...).

Il arrive parfois que le *parécrit* (le *pas* récrit, en un sens), lorsqu'il est réussi, explose lui-même sur sa réussite, et s'ouvre au « parlécrit », à cette dimension où s'investit le rapport au monde de la parole – et non « des paroles », qu'elles soient en l'air ou fondées; car on aura compris que dans l'un et l'autre cas la question essentielle n'est pas celle de produire des contenus fondés, solides,

« valables », pas plus que d'exhiber des formes attrayantes ; mais de vivre et de partager une expérience de langage qui ou bien s'enferme dans le pur champ du « par-écrit », ou subit la cassure du « Parle! Écris »... C'est essentiel de s'adresser à l'écrit pour le casser et le faire parler. Or il y a des écrits qui tiennent le coup côté image, mais qui, appelés à *parler*, ou rappelés à l'épreuve du don des langues n'ont rien à dire, quel que soit le miroitement où ils se meuvent et s'émeuvent ; d'autres au contraire sont écrits *avec* de la parole, avec la déchirure blessée entre l'écrit qu'ils sont et la parole qui les atteint, et les traverse [1].

Il est clair que dans les deux cas, le plaisir peut être là, ou se dépasser vers son au-delà, ou rester tel qu'en lui-même jusqu'à l'usure ; jusqu'à l'épuisement. Faire la différence dans la masse des textes par le plaisir qu'ils donnent (ou la jouissance, ou l'opposition scolastique entre les deux) est plutôt faible. Car, plaisir de qui? N'arrive-t-il pas, même « dans la vie », de se retrouver sans plaisir, et de découvrir que ce plaisir qu'on aurait eu c'est à un autre qu'on l'a cédé – ou à une autre part obscure de soi-même – et que cette découverte produise ou restitue une *tout autre* sensation, plus dispersée, qui inclut le plaisir, ou la douleur, ou l'écœurement? Le plaisir du texte n'est donc pas un repère très sûr, sauf à se réduire à une pure reconnaissance dans le miroir de l'écrit, auquel cas c'est la question de se faire « reconnaître » – par son écrit comme s'il était une personne, ou par l'écrit d'un autre – c'est cette question de reconnaissance qui prend alors toute la place.

Et de nos jours, elle est immense. Souvent, on est sommé de répondre à la question : « Pourquoi tant de gens écrivent-ils, ou se croient-ils tenus d'écrire, alors que manifestement leur livre n'a d'autre sens que d'exister en tant qu'objet? », etc. Comme souvent, la question produit sa réponse mais ne veut pas l'entendre. C'est un fait qu'écrire devient *tenter de se faire nommer*, ou reconnaître, ou restituer son nom, par cette instance « symbolique » qu'est censée être l'Écriture ; drôle de symptôme « biblique », c'est-à-dire livres-que, où l'Occident patauge : ignorant de l'Écriture « sacrée », il s'emploie à socialiser un déferlement d'écriture plus fermée sur elle-même que les tombes sur leurs hiéroglyphes. Mais au moins votre nom si fragile, déchiqueté, malmené, dont vous seul con-naissez le lien précaire, le voici en toutes lettres sur des milliers de petites dalles, plus souples et mobiles que celle d'une tombe, le

---

1. Cela ne veut pas dire qu'ils soient écrits en « langage parlé »; le langage parlé n'est souvent que de l'écrit allégé des saines rigueurs de l'écriture. En tout cas, des auteurs qui écrivent en « langage parlé » pour faire « plus vivant » n'ont entrevu du « parlécrit » que l'exploitation commerciale. Qu'ils en viennent à cette singerie comme à une « forme nouvelle » prouve au moins que la question du « parlécrit » – donc de l'effet d'inconscient tel qu'il passe par l'écrit – se pose avec acuité.

voici *nommant* la petite mort qui vous a pris lorsque, expulsé de votre œuvre, vous êtes revenu au monde des parlants, auteur et enfant de votre écrit, bien ficelé aux fils de votre texte, vous qui partiez en morceaux (et il la nomme « avec succès » : si les médias font bonne mesure...). L'ennui c'est que votre texte aussi part en morceaux, balayé par les éboueurs qui doivent maintenir libre la grande scène où cette étrange cérémonie se reproduit ; étrange car « autrefois » (quand ?) on écrivait pour laisser trace de sa vie et de sa pensée après la mort, parce que l'écrit *dure* plus longtemps qu'un corps vivant ; et voici qu'à l'allure où « ça va », les corps vivants assistent plusieurs fois à l'effacement de leurs œuvres, à leur mort dans leurs œuvres, d'autant plus remarquable que l'œuvre a été plus remarquée par ceux qu'on charge de marquer les points du « jeu suprême » entre vie et mort, à coup de mots.

De sorte que dans la décomposition ambiante de l'Occident – et de ce qui s'y relie, c'est-à-dire de presque « tout » – décomposition dont il faut dire que l'Occident s'entretient et prospère sur ses propres déchets, dans la déliquescence du verbe, miser sur l'écrit pour tromper la mort ne réussit qu'aux rares qui avaient *déjà* de quoi tromper la mort, de quoi se tromper de mort, et rire des vertiges de la « reconnaissance », comme s'ils avaient de tout temps (dans l'inconscient) la fibre où naître, co-naître, se reconnaître jusqu'à devenir méconnaissables à eux-mêmes et à d'autres ; ceux qui par l'écrit trouvent à dire et à mettre en acte l'au-delà des reconnaissances (tout au plus, sont-ils *reconnaissants* au verbe de *tirer*, par eux, à conséquence ; ou de les assigner à d'autres séquences, à prendre la suite...).

Les autres, que veulent-ils donc faire reconnaître grâce à leur nom devenu objet ou fétiche, plutôt gadget ou mis en gage ? Mais n'allons pas trop vite ; il y a aussi faire « connaître » ; on peut jouir d'être celui par qui le savoir arrive, même si le scandale – recherché – tient moins à la connaissance ou à l'information produite qu'à leur mise en scène ; essentielle, la mise en scène, même si ailleurs elle prend toute la place, toute la scène, quand on « dispose » des derniers mots, quand par exemple on refait l'événement – où on réécrit le passé – dans le cadre d'un jeu de lettres dont on maîtrise tous les mouvements, avec cette *luxueuse* hypothèse que l'intéressé a dit son *dernier* mot. Là, le scripteur est le géniteur d'un passé, d'un enfant mort ou disparu, recréateur récréatif d'un réel qui a fui. La question de la langue – de sa donnée, de son renouvellement – ne se pose pas : on se sert au supermarché de la langue ambiante...

C'est dans cette veine, curieusement, celle de la connaissance, que se place le texte « scientifique » : il est identique à sa propre langue ; il peut même y inventer des mots nouveaux, mais c'est pour y rester, pour continuer à *se* parler ; il donne l'image d'une autonomie de l'écrit où l'extrême *ludicité* (on joue, on ne fait que ça) va de pair avec son absence, avec un sérieux *total*. Le « sujet » – c'est le nouveau nom qu'on donne au Moi ou au Soi, une fois expurgés de leurs « méconnaissances », bien sûr! – le « sujet » donc se dissout pour un temps, ou pour toujours, dans la trame de la texture, et se stimule d'inscrire de temps à autre quelques jouissances qui comptent (des théorèmes, des « lois »...). Ce jeu scientifique de la lettre n'est pas si loin du « littéraire »; il inscrit des jouissances qui ont *compté* entre le chercheur et *son* « réel », tandis que le littéraire jouit à réinscrire les acuités d'une langue que le scripteur croit être la « sienne ». La « reconnaissance » en tout cas est immédiate et autogérée : par la communauté scientifique; même s'il ne s'agit pas de « vraies » sciences, mais de discours qui s'usent à en usurper l'étiquette et les tics, sans grand profit côté « savoir ». Autogestion donc, avec pourtant une ligne de fuite vers la croyance que la Science se reconnaît au « Réel » qu'elle explore et transforme, croyance qui, comme tant d'autres, n'est fondée que partiellement, puisque même la Science produit juste ce qu'il lui faut de « Réel »... pour se reconnaître. Quant aux acuités du littéraire, visiblement très rares, elles s'inscrivent d'elles-mêmes, presque comme des lois de la langue, qu'on les reconnaisse ou pas...

Laissons là les mouvances scientifiques pour en revenir au foisonnement textuel qui gratte jusqu'à l'exsangue des noms pour les inscrire, dans le vertige de la « reconnaissance ». Ça oscille terriblement entre faire reconnaître qu'on a *une tête* (l'organe qui pense, qui « théorise »...) et faire connaître qu'on a *un corps*, sous-entendu : un sexe (l'organe de la « vie » et de la jouissance). Anatomie narcissique vaguement mortifiée, socialement déployée : ceci est ma « pensée », ma « théorie » aux complexes circonvolutions, c'est l'organe à paroles; puis (comme ce n'est pas très excitant) ceci est mon organe tout court (et c'est vrai que ça ne le rend pas plus pour autant démesuré).

Monstration d'organes [2], de quoi exister pour la montre, ou survivre (sous-vivre, sous-fifres) contre la montre. Sous-produit symptomatique : après des pensées théoriques – pas toujours dépensières ni même coûteuses – fleurit çà et là la volonté, à tout prix, d'écrire du vivant, du vécu sur le vif; du *roman*. Mais oui : après l'esprit, le corps; la création charnelle charnue et incarnée de la vie même, pure fruition de l'imaginaire..., sans toutes ces lourdes références au monde, aux idéologies et autres obligations de bien penser. De la liberté, que diable! Du vent! Et pourtant – surprise –

---

2. Des écrivains « reconnus » exhibent carrément le leur au fil de leur texte, et sont émus d'avoir en retour des lettres admiratives où ça demande à y voir de plus près.

rien de plus piégé par la réalité la plus réaliste et la plus engluée dans son opaque impensé, que les débridages fictionnels qui ainsi voient le jour. Là encore la question insiste et fuse de toutes parts : pourquoi, dans l'ensemble, cette difficulté du « littéraire » à déclencher les pleins jeux, les pleins feux et fulgurances de la lettre? Certains disent, plus violemment : « Pourquoi cette médiocrité de la littérature? » (et des amis étrangers, ignorant mon incompétence totale en cette matière, me lancent ce genre de questions, comme si j'avais la moindre chance d'y répondre). Tout au plus puis-je remarquer que dans la dissolution d'identités que produit l'Occident – et qu'il n'assume que dans une fuite en avant ponctuée de retours massifs aux refuges religieux et aux protections « symboliques »-« dures », comme on dit drogues *dures* –, dans l'usure des mots où s'amenuisent les germes de langues, quand deviennent flasques des liens où peut se renouveler une certaine tension du désir et de la parole qui impose de rejouer le chaos du monde dans les sillages de la « lettre » et de déployer les replis mutiques du lien social, voire d'éclairer les labyrinthes où on trafique du symbolique; bref, devant une décomposition qui ne voit même plus ses arêtes et ses frontières, la réaction immédiate – comme d'une défense presque vitale – a été pour beaucoup de talents de se retrancher d'abord en lieu sûr, et rien de mieux (ni de plus fatal à la lettre) que le verrou de sûreté d'une *idéologie*, laquelle consiste à croire qu'on peut *être* conforme à une *idée* [3], et alors, il faut rassembler ses idées pour mieux « agir » sur le monde; ou pour seulement *croire* qu'on a sur lui une meilleure prise. On rassemble tous ses concepts à pleines brassées; mais il y en a toujours au moins un qui tombe, qu'on perd en route, et le temps de le ramasser, de se retourner, le monde a changé de face, et le lettré-penseur submergé doit refaire surface; après le fourvoiement périodique, errant ou inerte, il va critiquer ou dénoncer le retranchement où il s'est mis, la duperie dont il a fait preuve, etc. C'est la poisse; la *toxicolle;* on rassemble des contre-idées, des non-idées, des refus de contenus, des contenants sans tenue; on se décontenance *exprès* pour se venger de sa bonne tenue, mais presque toujours on reste détenu par la fiction d'avoir une identité, même réduite aux doutes qu'on a sur elle, *fixion* pas très facile à mettre en acte de « parlécrit », tant elle est enveloppante [4].

3. La masse des « retours » au religieux et aux inscriptions les plus usées dans le « groupe » et la « tradition », à quoi on assiste, relève de ce goût de l'idéologie, mais cette fois garantie par Dieu.
4. De fait, ce qui tient lieu de romans ou de livres-qui-marchent (et qui ravissent les démarcheurs) c'est aujourd'hui le récit de vie, de la sienne ou de celle d'un autre, ou de la sienne *supposée autre;* bref, tout ce qui peut donner le spectacle d'une identité égale à soi, cassée brisée souffrante mais identique à ses cassures et retrouvable dans sa souffrance, fragment

Tout cela ne fait pas une littérature, une fibration de langages en train de s'œuvrer par l'écrit, un jet renouvelé de la lettre ; mais des déferlements *par écrit* d'une dénégation de la lettre ; ça fait de la lettre qui joue à se refouler, à se défouler-ses-refoulements artificiels ou nécessaires, sans *faire acte* de sa déchirure essentielle qui dans l'écrit en appelle à une parole naissante, possible, renouvelée. Et remarquez deux petits détails : de nos jours on ne *parle* pas de ce qui s'écrit (et on ne parle pas ce qui s'écrit), mais on se transmet par « voie orale » des évaluations – c'est un livre que « j'ai-beaucoup-aimé », livre-dont-on-parle... pour dire qu'il serait important... d'en parler ; on enregistre en parole qu'il est *signalé*, et la parole tourne sur elle-même et se soûle de sa transparence comme une mouche dans un verre à l'envers [5]. L'autre détail, c'est que les rares interstices qu'ouvre un écrit, un autre écrit vient les reboucher ; écrire sur un livre – par exemple, mettre le baume d'une théorie sur la plaie d'un roman – c'est souvent faire en sorte que l'écrit ne renvoie qu'à lui-même, et se fétichise d'autant mieux.

Certains l'auront compris : le propos n'est pas que le *dire* l'emporte sur l'*écrit* (encore que le *dire* soit un moyen de produire la scène fictive, quoique effective, où l'autonomie de l'écrit *explose*), mais que l'écrit se mesure aux écarts qu'il fait surgir dans le langage, aux discontinuités qu'il y retrouve et qu'il nourrit. Les textes de Joyce Kafka Dostoïevski Faulkner Beckett – pour évoquer quelques grands –, en marge de ce qu'on écrit *sur* eux, vous laissent à la lecture une secousse qui vous déstabilise au-delà de l'émotion, une cassure dans votre présence au dire et à la langue, même si vous ne savez pas où dire, ni quoi au juste ; une cassure qui est de l'ordre du « parlécrit », en pleine résonance avec la cassure intrinsèque à tout ce qui se donne comme « Loi ». Et ces tenants de la lettre ne sont pas qu'un supplément d'imaginaire, une extension de nos territoires fantasmatiques, une réactivation du ravissement identificatoire ; ce serait presque le contraire : ils *imposent* une délimitation, un déferlement contraignant, un rétrécissement magique de nos illusions, une voie d'accès aux renouvellements réels du monde ; et pour celui qui lit et qui se relie à ces nouveaux liens de la langue, c'est la secousse par quoi la sienne lui est

palpable et bien cerné d'autoreconnaissance, bastion d'authenticités écorchées..., bribes de « réalité » vécue ou vivable, cautionnés par la « réalité » et non par l'au-delà des réalités. Résultat : beaucoup de textes pour les besoins de la consommation quotidienne et de l'hygiène imaginaire, mais peu d'essentiel.

5. Je laisse à part les terribles groupes de travail où on « travaille » les textes sérieux afin de créer la secte de ceux qui les ont « travaillés » et d'accorder les dires possibles sur la même fréquence. Là encore, le rapport à l'écrit reste un rapport *duel*. Dans tous ces cas, l'écrit est fétiche, et la parole s'y abîme.

arrachée, par quoi c'est la donnée même de la langue et du dire qui lui est remise en question, mise en forme de question vive, insoluble, sinon *littéralement* : à l'unique épreuve de la lettre qui passe – par l'écrit... – ou qui, au contraire, s'enlise dans son corps imagé.

Un texte qui *tient* en passe par cet ombilic de la langue, celui que précisément ligature l'idéologie, qui n'est pas seulement la conviction de « changer le monde » dans le bon sens en combattant le mauvais sens, ni seulement l'impératif de faire savoir aux « masses » que ceci ou cela ; l'idéologie est une langue de soutènement pour le cas où nos langues viennent à bout d'elles-mêmes, s'exténuent ; c'est le leurre de croire que la lettre vive, ou le germe de langue, se conforme à une idée ; alors qu'elle ne prend forme, et nous avec, que dans la déroute de l'idée. C'est dire que l'idéologie – qui jusqu'ici a entravé l'essor de la lettre – ce n'est pas toujours l'embrigadement, la mise au pas, remise à jour, etc. Ce ne sont là qu'effets d'après-coup : un beau jour on s'aperçoit qu'on bat la même cadence au son de la même ritournelle, avec la quête d'autant plus exaspérée de la différence qui s'efface, et de l'identité qui se dérobe. L'idéologie est une *convention de langage qui se suppose à l'origine des langues* (origine retrouvée, ou toujours là, ou échangeable, peu importe) ; ça résout une bonne fois la question du don des langues et des ancrages de la lettre. Et le pire dans l'idéologie c'est qu'une fois rejetée, elle vous laisse dans un vide cuisant rempli de rien ou de cynisme, loin des liens de la lettre qui se fomentent et se transmettent en *parler-cris*.

Ceci est un déploiement singulier de « parlécrit » : ni théorie ni fiction, dont il récuse implicitement les clivages, ni « discours psychanalytique » dont je laisse le fétiche à d'autres [6], mais effet de mise en acte d'une présence au dire de la langue, au geste où elle se *donne*, don qui nécessairement tient à l'amour, comme entrelacs parlant entre nom et corps ; il s'agit d'acte ou d'effet de transmission, car l'expérience analytique le confirme au simple plan thérapeutique : on n'a jamais tiré personne de l'impasse avec « des paroles », en lui restituant « ses propres signifiants » qui seraient les premiers mots de son dictionnaire, mais avec des rencontres supposées entre noms et corps, capables de faire acte de parole dans une remise en acte du *don* des langues, de la *donnée* de la parole – nécessairement lestée des corps qu'elle est censée avoir traversés. C'est ce que l'analyste peut donner de plus précieux, non

6. De fait un tel « discours » ne tient qu'au leurre qu'a tout un groupe de le parler. Naturellement, il ne suffit pas que des groupes s'instituent sur la croyance à une langue commune, faite de quelques concepts communs, pour que ça fasse une langue ; ce que ça fait de plus sûr, c'est de conforter le groupe dans le leurre de la *parler*...

pas une langue ou une parole mais le geste « concret » et matériel où elle se donne.

C'est en quoi mon trajet – dont se livre ici la sixième étape [7] – vise plus qu'à seulement *infinitiser* la « question », celle de notre lien à l'inconscient, en lui restituant sa dimension transfinie (qui fait que tout discours structuré vient à bout de lui-même et doit reconnaître que « ce n'est pas ça »...). S'il ne s'agissait que de s'identifier à l'indicible (ou au « sujet de l'énonciation » comme on dit en langage pédant) la souffrance de l'hystérique y suffit largement. Je me place aux entournures désarticulées des « discours », moins pour leur contester leurs semblants que pour maintenir active, en acte, l'infinitude dont ils se retranchent.

C'est pourquoi, ceux qui se plaignent que je leur retire ce que je leur donne ne se doutent pas que ce que je leur donne est un retrait, de quoi ouvrir une autre dimension du *dire* : celle qui le déstabilise, en requestionne l'enjeu, et lui restitue une part de son jeu élémentaire qui s'est figé et ne cesse de se figer dans les retranchements institutionnels, conceptuels, idéologiques, plus occupés à *s'occuper*, à être identiques à eux-mêmes, qu'à être le lieu de telles recherches.

Et pourtant, ce ne sont pas les énoncés « vrais » qui manquent – aussi vite dits qu'usés –, mais ce qui leur manque c'est plus qu'un rythme, un *souffle*, qui a toujours été un sûr critère, essentiel, pour *entendre* les discours courants et ceux qui s'arrêtent sur leur propre symptôme ou qui en appellent à la présence de l'analyste : ça dit plein de choses pertinentes et symboliques et authentiques, mais le rythme est délabré, le souffle court, le dire faussé ; gêne et malaise ; gêne accrue si pas de malaise... C'est en quoi le *parlécrit* est une épreuve, un appel aux mises en scène et à la parole possible pour ouvrir l'écrit et en tendre les fibres inertes [8].

Cela dit, et bien qu'à mon sens une des pires illusions de la psychanalyse soit de s'être prise pour une langue, et de se « structurer » en « discours », je partage avec elle bien des mots qu'elle charrie : ainsi, ne pas parler de *l'Autre* ou de *la lettre* serait méconnaître des traditions millénaires ; ne pas parler de *symbolique* sous prétexte que c'est le cataplasme de certains discours serait oublier une des formes les plus aiguës de la *rencontre* et de *l'être-avec*, de l'ajointement, de la Loi... Simplement, ce *partage* ne signifie pas *inclusion* dans le concept psy, mais pratique d'une

7. La seconde partie de *l'Amour inconscient* (dont ceci est la première) paraîtra prochainement, sous le titre *Du transfert à l'inconscient*.
8. La psychanalyse a cru régler cette question en posant qu'il y a l'écrit du symptôme d'un côté, la parole associative de l'autre pour l'ébranler, et en position tierce l'écrit théorique du « discours psy », que dès *le Nom et le Corps* (1973) j'ai considéré comme irrespirable ; malgré le souffle que le vieux Lacan croyait y mettre.

connaissance (avec l'accent érotique qu'y met la Bible) et trame d'un autre *lien* de « parlécrit », identique pour la parole à l'épreuve où elle se donne; question toujours béante de la mise en acte du dire. Et le style s'en ressent : le texte qui suit se prête bien à une critique faite à mes précédents : « on ne *retient* rien quand on les lit mais on sent le geste où une langue se donne ». C'est dit : ne *retiennent* rien ceux qui ont la mémoire courte; non la mémoire répétitive – qu'ils ont excellente : elle attrape ce qu'elle répète et répète tout ce qu'elle attrape – mais c'est l'autre mémoire qui leur fait défaut, celle qui nous laisse à désirer et à penser, et dont ceci est un greffon...

Ça parle de séduction, qui pour beaucoup est un « jeu ». Or c'est dans le dérèglement du jeu qu'est son ressort le plus tendu : une fois que le joueur a épuisé la « séduction » qu'il menait avec la Loi, aux limites exténuées de son jeu, s'en ouvre un autre qui lui échappe, qui n'a même plus l'accent de « sens » et de rituel du précédent; quand le joueur Dostoïevski a tout perdu au jeu, il n'a plus moyen de poursuivre son dialogue séducteur avec le destin devenu Chiffre disponible, figure déchiffrable de l'Autre; alors il se tourne vers l'autre champ de nomination qu'est pour lui l'écriture (et il *écrit*, aussi bien, *le Joueur*...).

Il s'agit donc d'un certain débordement. Beaucoup ont horreur qu'on les déborde; par exemple qu'on les fasse rire malgré eux, qu'on leur chatouille les méninges, ou pire qu'on leur dise des choses qu'ils pressentent essentielles mais qu'ils ne « comprennent » pas : qu'ils échouent à inclure dans leurs recueils préétablis; autant dire ils n'aiment pas qu'on les séduise, c'est-à-dire qu'on les confronte à leurs limites, limites qu'on fait vaciller alors qu'eux-mêmes les veulent inertes et stables; la séduction c'est l'envie d'être débordé... et par quelque chose qui se révèle avoir rapport avec nous-mêmes, avec le plus intime de ce qui nous manque et nous mène au sillage de son manque. Cela suffit à distinguer au moins deux modes de séduction : celle où le débordement attendu ne se fait pas longtemps attendre, étant presque automatique : puisque le sexe nous déborde et nous dépasse, il suffit d'en agiter les emblèmes ou d'en remuer les signifiants...; c'est la séduction pour ainsi dire rituelle où les partenaires sont fidèles de la même religion, enfants perdus d'une même Mère impossible, etc. Et il y a l'autre séduction, qui non seulement échappe au jeu, au rituel, à l'automatisme de séduction, mais consiste précisément à les dévoyer, à les subvertir, à les traverser, à la recherche d'un trou de l'être auquel nul sexe ne répond...

Du reste, c'est la séduction qui séduit, bien plus que celui ou celle qui l'anime. Et elle séduit par sa promesse radicale de ravager les codes et de déloger l'être parlant enlisé dans lui-même et dans ses signes établis. On déplore, paraît-il, qu'aujourd'hui elle s'étiole ; les femmes surtout constatent rêveusement que leurs partenaires « économisent » sur cette étape, ils veulent séduire sans séduire (draguer sans draguer...). En fait si la séduction se rabougrit, ce n'est pas en tant que force subversive qui se trouverait réprimée ; c'est qu'aujourd'hui chacun veut d'abord la « Sécurité » (sociale, étatique, individuelle, institutionnelle, etc.), et que la séduction comporte un risque de perte, risque de perdre ou de se perdre à son propre jeu ; risque de perdre le jeu ; c'est un paradoxe de la séduction : dans les limites assurées de son jeu, elle devient rituelle et ne séduit plus (une femme repère d'instinct dans les parades qu'on lui offre celles qui s'adressent à elle, et celles qui font partie du rituel adressé à *toute autre*, ou plutôt à l'Autre-toute), et hors de ces limites, c'est le risque éclatant d'une perdition ou d'une béance devant le fantasme inconnu, et la différence improbable [9].

Il y a donc la séduction simple où dans un code se communique le signal qu'on se plaît, ou qu'on se plaît à y croire, et qu'on veut jouir d'une différence supposée donnée, acquise (généralement la différence sexuelle, considérée comme ne faisant aucun doute, aucun problème). Et il y a la séduction qui se veut subversion des codes, non pour être au-delà de tout langage, mais pour produire son langage à travers une différence vacillante mise en question. Cette séduction seconde se pointe rapidement à l'horizon de la première, de la séduction codée ; au-delà de dénoncer les codes de la séduction existante, elle veut plonger directement dans le fantasme d'*identité* introuvable (avec la question de l'Un et de l'unicité sous-jacente). Par exemple, ce qui peut froisser une femme c'est qu'on tente de la séduire comme on séduirait n'importe quelle autre, et ce qui peut choquer un homme c'est qu'une femme le séduise comme le ferait n'importe quelle autre (prise dans un ensemble relativement défini...). Autrement dit, c'est d'emblée l'identité manquante et fissurée qui est pointée ; la différence sexuelle, non pas en général mais en son assomption irréductible par chaque être sexué ; plus radicalement, c'est la question de l'identité féminine, qui se donne dans son retrait même, et qui connaît cette stupéfiante impasse dans sa transmission qu'on appelle « hystérie ». L'enjeu est donc rapidement une différence plus opaque et plus enfouie de soi avec soi-même, à trouver, à retrouver, à faire parler...

---

9. Il est comique de remarquer que c'est parfois lorsque l'homme est « assuré » de sa « conquête » qu'il entreprend de temps à autre de la « séduire » ; mais tel est le sort du risque dans nos sociétés d'assurances et nos groupements sécuritaires, c'est qu'il est complètement calculé.

En un sens les deux séductions sont presque contradictoires : ou plutôt l'une est le revers de l'autre; l'une vous enferme dans votre moi, l'autre vous en dessaisit ou vous révèle dessaisi de vous-même; l'une vous égale à vous, l'autre vous déborde de vous, et c'est bien ce que vous attendiez d'elle, c'est bien ce par quoi la séduction séduit : par la promesse de ce débordement, de cette vacillation de l'être et des codes établis, et c'est aussi en quoi elle vous fait glisser et vous déporte vers cette « mort » du Moi, petite ou pas, dont l'amour déploie l'expérience.

Ceux que la séduction angoisse tentent de se raccrocher à la loi comme à une sorte de point fixe, ou plutôt de se raccrocher à un point fixe qui de ce fait deviendrait « Loi ». Or ce point fixe excentré, ce promontoire dans l'océan des passions, n'existe pas... Pour la masse de ceux qui se sont « jetés » à l'eau (ou qui s'y sont trouvés jetés), le seul promontoire à portée de main c'est de prendre appui sur l'autre en l'enfonçant pour se redresser, et respirer un peu mieux. C'est en somme nier l'autre en tant que semblable, pour pouvoir plus tranquillement lui *ressembler*; c'est une autre forme de l'amour « narcissique », mais par abolition de l'autre qui vous ressemble. Critiquer les autres pour pouvoir faire ce qu'ils font, se débarrasser de dirigeants « oppressifs » pour prendre le relais de leur pression, c'est l'ordinaire des conduites humaines (conservatrices ou révolutionnaires); ce sont les gestes élémentaires de la « continuité » narcissique.

De sorte que la séduction limite c'est l'éruption massive de l'*événement*, le soulèvement d'un pur destin dispersant où l'on est coupé de soi mais aussi précipité contre soi comme contre un mur transparent : « sujet » à l'objet qu'on devient; c'est bien une limite de la séduction que de rencontrer ainsi son étoile, son « destin », et de s'écraser dessus comme sur un météore éteint mais soudain ravivé par l'éclat de cette « catastrophe » même. On comprend que cette rencontre du destin, ou de son double, ou de son manque, ait si souvent figuré la rencontre de la mort; c'est qu'au bord de la séduction, quand ce n'est pas un désir (donc un désir *autre*), c'est la « mort ». Et c'est sans doute pour éviter cette rencontre limite que la séduction s'emploie à cycler et recycler ses objets, à les remettre toujours en circulation... Du coup elle cesse d'en être une pour devenir un « travail ». Or la séduction c'est ce qui reste lorsque les séductions ont épuisé leur boucle et raté leur objet, que tout a été fait pour atteindre et pour perdre la *Chose* désirée, qui reste là pourtant, irréductible à cette parade animale des humains qu'est parfois la séduction, cette incantation où notre espèce apprend par cœur son fantasme fondamental, son rituel de base, d'autant plus fort qu'inutile...

Par ailleurs, puisque séduire c'est aussi piéger l'autre dans son attente d'autre chose, dans son attente de lui-même, si la séduction promet l'attente infinie, qui peut dire mieux? La déception d'une attente n'est-elle pas qu'elle prenne fin? Le rapport entre l'infini et le dévoiement radical est évident : on peut dévoyer quelqu'un en le laissant dans un chemin artificiellement allongé, plus long qu'aucun chemin praticable. Tel ce roi qui laisse son rival au milieu du désert, à n jours de marche du premier point d'eau, complètement « égaré » : tout chemin serait le bon mais aucun n'est praticable étant infini, puisqu'au bout c'est la mort. (Ce chiffre n serait une métaphore de la durée de la vie.) Les procédés les plus connus ou usés de la séduction dite féminine, c'est de prolonger le chemin au bout duquel serait la jouissance; de dévoyer ainsi chaque voie connue par un supplément, un geste, un obstacle de plus, qui devient en quelque sorte le signifiant même de la voie, et de la jouissance qui s'y profile. C'est encore là une métaphore de la vie, qui s'ingénie à prolonger les détours, allonger les chemins qui mènent... à la mort. Mais la séduction multiplie les chemins qui ne mènent qu'à eux-mêmes, des chemins auto-signifiants de leur jouissance; et dont chaque pas résume les précédents, les signifie, les dépasse, et promet de mener le passant vers la passe finale de son désir, c'est-à-dire non pas vers sa réalisation, mais vers son éternité. C'est bien dans cette éternité – image de mort – que l'amour vient faire un beau désordre.

L'amour dont il s'agit (et dont l'effet de « parlécrit » est un temps essentiel) est au-delà du *principe de séduction*, lequel est un principe de plaisir à deux : se faire plaisir par l'autre ou par le plaisir qu'on lui fait... Du fait que ça se passe à deux, ce principe de séduction est déjà un sérieux dérangement au plaisir, puisque le plaisir (du moins au dire de nos maîtres) c'est le retour à zéro, au repos absolu, au minimum de secousses pulsionnelles, le retour au même et au calme; c'est donc la tendance à se retrouver *seul*, sans autre, si on pense les pulsions et les désirs comme un autre qui nous dérange, et même qui nous harcèle. Eh bien, il faut croire que ce caractère minimal et « solitaire » ne réussit pas au plaisir (ce qui n'exclut pas que dans des situations plus complexes et foisonnantes la quête du minimum *fasse* plaisir). En tout cas, l'espace à deux de la séduction s'offre justement comme un minimum pour tenter le coup de faire émerger du plaisir, ou de la jouissance, autour de la *moindre* différence à faire jouer, à faire jouir. Si la stase du plaisir-seul est assez ratée, sa relance à deux dans la séduction n'est pas vraiment l'extase; mais enfin, il y a de l'idée dans ce tourbillon séducteur qui vous met en dérangement; il y a un peu plus qu'une floculation d'images, dans ce choc l'un contre l'autre de deux « principes » de plaisir.

Eh bien, c'est de ce choc et de ses au-delà que ce livre « parlécrit ».

L'écriture se poursuit ; il y va de la création d'un *style* (en tant que pont jeté ici et *au-delà*), d'un langage dont justement la séduction et l'amour sont les premiers bruissements autant que les cris ultimes. On n'a pas craint de prêter consistance aux surfaces imaginaires, toutes miroitantes qu'elles soient, pour que leur *traversée* soit assez forte et fraye le passage à la « lettre ». Les mots entre eux semblent s'appeler selon le principe de séduction (pour se séduire entre eux), mais leur appel, lui, excède ce principe et fait appel à ces « au-delà ». Et si au-delà du principe de plaisir, c'est l'instinct de mort qui s'est révélé, à Freud, au-delà du principe de séduction, c'est l'amour inconscient qui se profile [10].

---

10. Et non comme on le croirait la perversion ou le fétichisme ; le fétichisme ne dépasse pas le *principe de séduction*, il le clôture.

DE LA SÉDUCTION [1]

Dans l'opinion courante, séduire l'autre c'est lui dire ce qu'il a envie d'entendre, ou lui montrer ce qu'il a envie de voir, etc. Et si ce qu'il a « envie » de voir c'est ce qui lui fait horreur? Et si ce qu'il a « envie » d'entendre c'est l'inouï qui le met « hors de lui » et fait éclater pour lui les limites de l'écoute? Les ambiguïtés de l'« envie » sont en deçà du jeu complexe où la séduc-

1. Certains lecteurs aiment paraît-il avoir un guide pour ne pas se perdre... Pourtant les fils de la lecture *sont* le désir du lecteur; c'est son pouvoir de se *lier*. Comment donc lui donner un « fil » pour sa lecture sans lui mettre un fil à la patte? Il y en a qui craignent de se perdre dans leur désir, comme d'autres craignent de perdre la tête (ce qui leur fait croire qu'ils en ont une) et ils veulent un « repère ». L'heureux père étant introuvable, je veux bien vous donner du fil, pas seulement à retordre, mais de quoi vous filer; vous trouverez à vous défiler. Voici : quand deux êtres parlants se rencontrent, un *principe de séduction* est à l'œuvre; il remplace et il appelle l'*autre chose* qui manque.

Passez d'abord quelques petits paradoxes où la séduction est un appel à de l'*ailleurs*, et où le distinguo réel-imaginaire-symbolique vacille un peu; vous arrivez, première étape, à une limite de la séduction, que j'ai appelée *le point d'horreur* (§ 1), qu'on appelle aussi l'irreprésentable (§ 2), autour de quoi, de toute façon, tourne la séduction. Ce qui nous amène à déranger un peu le distinguo freudien entre *fantasme* et *séduction*, en montrant qu'il y a une séduction du fantasme comme tel, du fantasme... de séduction (§ 3). C'est même en quoi ça tourne en rond de séparer séduction et fantasme (et de les identifier n'éclaire rien...). D'où l'idée d'envisager la séduction comme *une première mise en place de la dimension incons-ciente* (§ 4), ce qui n'exclut pas au contraire qu'elle soit gérée dans un registre *sacrificiel et religieux* (§ 5); la religion et le sacrifice servant comme toujours à stabiliser le rapport à l'Autre. Mais l'enjeu de la séduction est d'*atteindre* le langage en son point d'émergence, là où il pourrait se « produire » et renouveler le geste de sa « donnée »; d'où le rôle essentiel de la Féminité et de la Femme en tant que réserve de langage, lieu supposé originel où la langue se donnerait en *corps, avec* le corps; ce qui implique, selon une rigoureuse logique, notre étape suivante qui s'en-tête ainsi : « la séduction c'est, à deux, faire la Femme, et y échouer »; c'est à deux ressaisir l'origine perdue; et si la « Femme » s'impose là c'est en tant qu'identifiée à la « langue », qu'elle est supposée donner, donc créer. En ce

21

tion commence, quand l'*autre* est mis en désir, mais par des voies et dévoiements qui lui échappent, et qui traversent l'aire d'inconscient par où il « fuit » et s'échappe à lui-même.

Et déjà le « séducteur », aussi stratège et froid joueur qu'il se veuille quand il les fraye, ces voies, trouve toujours dans celle qu'il prend un point par où elle lui échappe ; c'est par cette échappée-là qu'il séduit, c'est au point où il ne s'appartient pas que sa « proie » lui appartient. Et la proie vaut ce que vaut l'*exil de soi* qu'il a soutenu ou qui l'a pris à son insu... La séduction ne serait-elle donc que le contact de deux « inconscients », quand deux discours enroulés l'un sur l'autre et pris dans la spirale qui les excède, se retrouvent au lieu commun de leur inconscience? Qu'est-ce qui la distinguerait alors de la rencontre de deux désirs ou de leur commune émergence? ou de l'amour? Et d'où vient que sa dynamique ait des traits si réguliers et parfois presque automatiques? Je le séduis, je lui plais, donc il ne m'intéresse plus; Don Juan arrache une femme à Dieu, à sa retraite divine, à sa virginité..., elle y consent pour le suivre, *donc* il *doit* la laisser choir; et elle ne tient qu'à lui puisqu'il l'arrache à ce qui la tenait (et peut-être aussi à ce qui le tient lui, à Dieu-la-femme...). Nous sommes séduits par le lien où l'autre est pris, comme si ce lien, nous voulions nous-mêmes en prendre la place. Mais que veut-on? être ce qui lie? ou ce qui est lié? être la loi ou son unique partenaire? Être « la plaie et le couteau », avait dit le poète, « le soufflet et la joue, les membres et la roue... la victime et le bourreau... le sinistre miroir où la mégère se regarde... », étrange complétude, et encore, insuffisante, puisqu'il cherchait par l'écrit et le poème à traverser sa « perversion ».

On parle aussi de « sujétion » : séduire l'autre c'est l'assujettir... Encore faut-il pour cela être soi-même sujet à l'autre, *sujet à l'autre soi-même* ; sujétion réciproque donc; autosujétion aussi : on se séduit au moyen de l'autre... qu'on croit devenir, ou de cet autre qu'on suit pour se rappeler à soi-même... Toutes les variantes sont

point-là, faites une halte, où l'Intermède (§ 7) vous dira quelques enjeux inaperçus de cette affaire, côté « psychanalyse » notamment, où l'on a cessé de parler de la séduction à mesure que la psychanalyse elle-même en prenait la place, offrant sa langue et son « discours » comme lien séduisante... Et de là ça rebondit vers des questions plus sérieuses : *la séduction de la Loi* (§ 8), le fait que la Loi séduise et « trompe », et qu'on tente de la séduire..., pour lui échapper comme pour la renforcer : là encore, la Loi est supposée support ultime du langage dont elle serait dispensatrice. Puis une bifurcation est prise, concernant « *la Loi violente et inviolable* » (§ 9), les séductions du Chef, de la Force et de la Violence, et (§ 10) les fascinations de la « *virginité* » en tant qu'absence de trace et défi à toute trace. Si, « pressé » que vous êtes (ou bien inquiet du vide, et du silence nocturne des voies cachées), s'il vous faut à titre de « fil » un seul mot de passe, en voici : la séduction c'est mouvoir des mots et des corps pour qu'ils ne meurent pas là où ils sont... C'est une construction, en germe, du langage, qui attend sa *transmutation* ; celle que semble-t-il l'amour opère...

possibles pour un certain « oubli » de soi à faire jouer. Celle-ci dit l'avoir séduit, et le mépriser pour le fantoche qu'il a été d'avoir « marché » à ses semblants;... elle oublie qu'elle a été autant que l'autre victime ou proie de ces semblants, mais elle croit s'en délivrer par le mépris qu'elle lui porte, et où en fait elle se dénonce; elle se dit *non* ce n'est pas moi, moi n'est pas moi... Et l'autre, à son tour, qui dit sa recette de la séduction : n'avoir pas l'air de marcher, être loin, à distance, oublie que lui-même est captif de cette distance à soi; et peut-être ne séduit-il que pour cette illusion.

La séduction tente une coupure là où l'amour cherche à faire lien; elle réalise une dépendance là où l'amour sépare, elle bute toujours sur de tenaces automatismes, qui semblent relever de la pulsion même, et qu'elle rencontre dans ses effets comme à sa source. Cette dépendance qu'elle produit, sensible à de minces détails, vous déplace, vous séduit parce qu'elle vous déplace.

Que par exemple on vous dise « je vous aime » n'a nulle raison de vous *séduire*, sauf si l'amour est si loin de vous que cette parole miraculeuse vous bouleverse (sans pourtant vous « séduire »). Mais si l'on vous fait sentir de l'amour par les voies détournées qu'il se fraie à travers vous, vous qu'il oblige à un détour de la pensée, non par raisonnements maîtrisés mais fulgurances d'intuition et déplacements involontaires de l'*idée*, bref un petit voyage dans la brume des mots informes que nul n'a dits – mais qui deviennent imminents –, alors il y a séduction, et elle n'est autre que ce déplacement qui vous attire et dont l'attrait rejaillit sur l'autre qui l'a provoqué. Et si cet autre ne sait pas tout de ce qu'il a dit (c'est fréquent), le mouvement qu'il a en vous provoqué rejaillit sur lui, une même séduction, que nul n'a voulue, vous lie tous deux, et fût-il, dans son propos initial, loin des choses de l'amour, vous voilà rejoints par la même force du verbe dont la vibration d'aimance vous fait perdre les chemins battus de l'échange réglé et du dialogue convenu [2].

2. Pourquoi alors cette haine proverbiale du séducteur, supposé nous avoir « trompés »? Si son seul passage nous a déplacés hors de l'ordinaire sillon devenu ornière, on semble, à le haïr, lui reprocher de nous avoir déplacés pour « rien »; comme s'il lui revenait de prendre les rênes de tout voyage ultérieur. Cette « haine » cherche à fixer l'élément séducteur, à le posséder, et à annuler si possible le mouvement amorcé; en vain; d'où la haine; car quand on sait qu'on est dans une ornière, on n'est pas prêt à l'oublier.
Mais que signifie nous avoir sorti de l'ornière pour « *rien* »? On veut qu'en plus il montre la voie et dirige toute la suite du mouvement. (Ici on voit germer l'amour du Chef : il n'a pas séduit pour « rien » puisqu'en se mettant derrière lui on signifie qu'il montre la voie.) En fait les « reproches » faits au « séducteur » se justifient ainsi : après nous avoir déplacés, sortis de l'ornière, il disparaît, il retourne à la buée du *fantasme* d'où il avait émergé. Mais alors cela revient à méconnaître l'impulsion dynamique du fantasme, et à reprocher aux mots de n'être pas « réels »..., au moment même où ils se révèlent l'être.

Nous n'allons pas ici « démonter » la machine de la séduction (encore que ce soit séduisant de la voir se démonter, se mettre hors d'elle toute seule et nous déborder de ce fait ; c'est aux bords de la séduction qu'on en déchiffre les jeux possibles ; l'un croit vous séduire en vous étant soumis, l'autre croit vous séduire en ne vous séduisant pas et du coup il vous séduit de se tromper si naïvement...). Ici, nous voulons seulement reconnaître des points limites, des invariants qui mènent ailleurs. (Là encore, séduction : puisque l'appel à l'*ailleurs* est son chant favori.) C'est dans l'appel à autre chose qu'elle fixe le lien à l'inconscient, à l'*autre part* des choses. Pas de séduction sans cet appel, même quand le montage est simplifié. Don Juan le dit très bien quand, rescapé dans un village, il aborde une paysanne : quoi, un si beau visage *ne peut pas être d'ici* ; il est, vous êtes, d'ailleurs ; sous-entendu : et c'est à moi de vous y ramener, moi qui en viens, je suis l'ailleurs qui vous donne lieu. Et ça suffit pour qu'il s'infiltre dans le rêve de la dame en chantant l'hymne de la Vérité. Je me souviens d'un pavé romanesque où le héros, pour séduire la femme, se met en peine de *dénoncer* toutes les séductions vulgaires ; il en compte pas moins de dix ; *présupposant* qu'avec lui ce sera tout autre, une séduction sans -rien-de-commun-avec-tout-ça... C'est bien en quoi il se retrouve, dans son *dire* même, au lieu commun des séductions : la dénonciation de l'ici et de sa médiocrité, l'appel au rêve, à l'idéal, à l'ailleurs, dont l'atteinte... ferait taire l'appel et cesser la séduction. Certes, il ne suffit pas que l'inconscient (l'« ailleurs ») soit touché (et il l'est, dans la séduction), pour qu'il en émerge du désir, ou de l'amour. Ce qu'éveille la séduction, la scène où elle se joue, c'est le *fantasme*. On verra en quel sens c'est à prendre, et ce qui dans le fantasme « primordial », visé par toute séduction, met en place une fiction « réelle », où on ne peut distinguer ce qui a lieu et ce qui s'imagine. « Réalité » et fantasme ne sont pas à confondre sous prétexte que leur différence est mouvante et se dérobe [3]. Sans des fragments de réalité le fantasme se dissout, et sans le fantasme la réalité perdrait ses liaisons et ses consistances apparentes... Cela dit, fantasme n'est pas désir, même si nul désir ne prend corps sans *traverser le fantasme*. Eh bien, *la séduction « éternise » cette traversée, elle la fixe ou la fétichise ;* parce qu'en principe la séduction cherche à atteindre les premiers tressaillements du langage, et que le fétiche – ou le jeu fétichisé – est un début et un achèvement du langage. Mais en attendant cette atteinte improbable, elle mêle fantasme et désir, *elle sait fondre le fantasme et le désir, et sait confondre le désir par le fantasme.*

Cette « fiction réelle » où s'ancre la séduction, Freud on le sait y a touché, quand il s'est mis en tête d'imputer l'hystérie chez la

3. Voir là-dessus la note p. 38.

femme à une séduction dont elle aurait été victime étant petite fille, victime d'un adulte ou d'un enfant plus âgé. Plus tard, il a curieusement « rectifié » cette « erreur » en montrant que cette séduction n'a pas eu lieu « réellement » dans la plupart des cas, que c'est un fantasme. On se demande ce que ça change, puisque ce fantasme opère comme s'il était « réel »; « comme si » est une étrange expression, où il y a du semblant (« comme ») et aussi une hypothèse (« si ») : quelque chose a eu lieu qui n'est peut-être que cette hypothèse elle-même qui symbolise une séduction réelle, ou réalise une séduction du symbolique, ou séduit d'être un suspens entre les deux, et de brouiller en douce les distinguos entre « réel », « imaginaire » et « symbolique ». Elle les brouille réellement mais aussi par l'image, et par de simples retournements, comme celui-ci : vous dites que la séduction « première » est d'abord un fantasme ? Mais voilà que le fantasme d'une séduction est d'emblée relayé par la séduction de ce fantasme : à savoir, la séduction qu'exerce le traumatique, l'initial, l'originaire; avec ou sans viol, *puisque l'originaire comme tel est une violence faite au néant*, une violence dont l'être ne se remet pas puisqu'il retourne, paraît-il, au néant, ou du moins à l'effacement de toute trace, d'où il resurgit à nouveau, impuissant à s'anéantir. Mais déjà l'enracinement de l'être – et d'abord de l'être parlant – dans le fantasme et le rythme d'éclipses et de retours qui s'ensuivent, est marqué par une irruption d'« objets », séduisants signaux de l'inconscient, et par l'horreur qu'est l'effraction de l'être par lui-même; que ce soit l'horreur du viol qui n'a pas eu lieu, ou l'horreur en tant qu'elle ouvre sur le sacré, ou la « simple » angoisse que la séduction tente de brider, etc.

1. Le point d'horreur

Partons de cette irruption fracture effraction où, dans l'étendue lisse des normes et sur la platitude des langages établis, une déchirure se produit, où l'« objet » (mais qu'est-ce que c'est ?) fait irruption, n'étant rien d'autre parfois que cette pure irruption, connotée d'horreur, de sacré, ou de la « simple » angoisse où l'être rappelle le néant par sa menace d'y retourner [4].

Voici là-dessus une scène de Shakespeare, encore lui, qui marque, et même qui « traumatise » par sa ruse jubilatoire : c'est la scène bien connue de *Richard III*, où Glocester (le futur roi) *séduit*

---

4. Qu'on appelle cette irruption celle du « Phallus », lequel est appelé, par ailleurs, signifiant ultime, est significatif mais inutile.

la femme dont il vient de tuer coup sur coup le mari et le beau-père. Prenez-la bien sûr comme métaphore ou paradigme de la séduction : séduire l'autre alors qu'il est en plein deuil, en présence d'une part de lui-même qui s'est perdue, et alors qu'on est l'auteur de cette perte, ça semble énorme; et pourtant c'est l'énormité simple et ordinaire de la séduction. Même celle qui en nous serait enfouie dans le fantasme « originaire » comporte *ce deuil de soi-même* : on est en présence d'une part de soi qu'on a perdue (sans l'avoir jamais eue), et cette part c'est... soi-même n'ayant nulle part où se poser. Etrange, de naître au désir à travers ce deuil de soi; mais c'est ainsi. Et le séducteur en action laisse entendre sans le dire : tu as perdu quelque chose que tu n'as jamais eu et qui n'est autre que moi; ou toi; choisis, mais peu importe, puisqu'au terme de la séduction nous serons, toi et moi, permutables. Mutation, transmutation, où chacun compte bien se retrouver autre, sans son « soi-même », tout de *soi* revêtu, dans la peau de l'autre qu'il a eue...

Mais voyez plutôt la scène (et voyez double, bonnes gens), cette métaphore de la séduction montée de toutes pièces, où l'énorme rejoint les sources cachées des normes, et où l'enjeu, au-delà d'un viol des conventions, est d'atteindre, de porter atteinte, au point noir, ombilic où une loi prend racine, loi d'emblée démentie et arrachée à elle-même.

C'est le *montage* de la scène qui compte, c'est ce qui la produit comme *objet poétique infini*, rouage de la machine implacable qu'est l'épreuve de la parole, épreuve dont le pur jeu fait le destin de la marionnette humaine.

Vous verrez que tout est dit par le poète, et si les « discours psy » viennent répéter la chose en moins bien, leur seule excuse est l'illusion de démonter ladite machine pour la rendre plus maniable; de sorte que s'ils échouent ils n'ont plus d'excuse ou de raison d'être (et s'ils réussissent à *manipuler*, c'est encore pire...).

Donc, la scène commence dans les pires conditions : la femme conduit le cortège funèbre quand l'homme l'aborde; côté conscient, ce n'est pas l'idéal pour séduire, d'autant que le meurtrier est d'une laideur épouvantable [5]. Côté inconscient, il y a du jeu; le cadavre est tout proche, la mort est là – la part meurtrie de soi – comme une réserve de libido qu'on peut pétrir, manipuler, signifier, retourner en sursaut de vie féroce et parole triomphante. De fait, en quatre pages d'une rare violence, c'est réglé : la dame domptée, à qui il passe la bague au doigt, il l'envoie chez lui...

5. « Moi qui ne suis pas formé... pour faire les yeux doux à un miroir amoureux... moi que la nature décevante a frustré de ses attraits, moi qu'elle a envoyé avant le temps dans le monde des vivants, difforme, inachevé... » *(Richard III)*.

l'attendre au lit; cette bague symbolise bien la fluidité des symboles, l'alliance *et* le naufrage des alliances, puisqu'en elle un symbole dément le symbole précédent, et une fidélité s'abîme dans une autre; mais le symbole demeure et la fidélité est invoquée...

Tous les ressorts inconscients de la séduction sont à l'œuvre; jamais formulés.

D'abord, l'homme se place en *travers* du cortège (première *entorse* aux lois en cours); il fait déposer le corps par ceux qui le portent; acte sacrilège, viol, dont la femme ponctue le sens: « *Quoi? vous tremblez?* » dit-elle aux porteurs terrorisés qui s'inclinent (et au cas où ils seraient restés calmes ils n'ont plus qu'à trembler...). L'homme, épée ou sexe, a donc de quoi faire trembler d'autres, ou les faire reculer d'horreur (physique ou morale); la dame insiste en vifs reproches qui la rapprochent vivement de lui (« Rougis, amas de noires difformités... scélérat, tu ne connais aucune loi, ni divine ni humaine... il n'est pas de bête si féroce qui ne connaisse l'impression de la pitié. » Glocester : « Je ne la connais pas, je ne suis donc pas une bête... »).

La loi vacille, et lui, ratiocine à froid : il est donc narcissiquement plus parfait que les bêtes les plus féroces. Mais la force et l'horreur ne peuvent séduire que si elles rencontrent l'autre dans son fantasme refoulé pour cause d'horreur. Et le fantasme qui pointe ici, qui va vibrer, c'est que c'est *elle* qui a *engendré* l'acte monstrueux, et qui a donc *donné naissance* au monstre capable de le commettre au mépris de la loi du père, de toute trace de père. En l'occurrence, ladite naissance est assez triviale : c'est la beauté donnant naissance à la laideur où elle se mire et d'où lui revient qu'elle n'est, en sa beauté, que refus radical de donner et de perdre; (ce qu'elle reconnaîtra dans un affolement qui l'embellit). C'est donc elle qui l'a fait naître, elle seule; immaculée conception... Et il faut qu'elle soit l'origine de la loi, puisque seule elle engendre ce qui renverse la loi. Ce n'est pas par un orgueil exacerbé qu'elle se suppose matrice de la loi; au contraire, *c'est à son insu* et d'instinct *qu'elle engendre ce qui la renverse (la loi).* Au narcissisme conscient, naïf, évident de son partenaire, elle oppose un narcissisme involontaire, désolé de sa toute-puissance. Et si c'est à son insu, c'est qu'elle a partie liée avec l'autre face de la loi, la face inhumaine, démoniaque ou divine. D'ailleurs c'est par des attributs *divins* qu'il l'appelle d'emblée : « Douce sainte, au nom de la charité, point de malédiction... Belle dame, vous ne connaissez pas les règles de la charité... »

Lady Ann : Oh miracle, entendre les démons dire la vérité.

Glocester : Miracle plus grand, voir les anges si furieux. Veuillez permettre, *perfection divine de la femme*, que je me justifie à loisir...

Glocester : Beauté que la langue ne peut décrire...

(Là encore, fantasme d'un pur corps, « avant » la langue ou hors d'elle.)

Lady Ann : Monstre que la pensée ne peut rêver... C'est en enfer seulement qu'est ta place.

Avec l'enfer on est en pleine gestion religieuse du rapport au divin ; et pour le reste, quoi de plus séduisant que les limites d'une pensée si même le rêve ne les atteint pas ?

Le bonhomme enchaîne vite sur ce rêve qu'il lie à son vrai lieu, le lit :

Glocester : J'ai une place ailleurs si vous me permettez de l'indiquer.

Lady Ann : Quelque donjon...

Glocester : Votre chambre à coucher.

Lady Ann : Que l'insomnie habite la chambre où tu couches.

Glocester : Elle y habitera, Madame, jusqu'à ce que je couche avec vous.

Lady Ann : Je l'espère bien.

Glocester : Je le sais bien...

Les paroles se complètent de leurs silences involontaires : l'ailleurs est *là* et porte l'équivoque ; l'appel d'inconscient est entendu de l'autre côté, du côté de l'autre. Appel à convertir toutes ces « monstruosités » en un plaisir monstrueux... La séduction c'est l'appel à ce que le « monstre » ou le chaos se signifie. Son enjeu est de parole et sa faillite aussi ; il suffit que les mots soient dits pour toucher ce qu'ils nomment (c'est même ainsi que notre « monstre » se pousse dans l'intimité de la dame, monstre bandé hors-la-loi qui veut entrer dans l'intimité de la loi qu'est ce corps de femme). La séduction joue des mots comme elle le ferait de morceaux de corps, pour composer le corps d'un tiers, d'un tiers à saisir et aussi à démentir : le plaisir et la douleur seront le mode de sa présence, le rythme de ses irruptions ou de son annulation...

Puis l'homme répète la ritournelle : que sa monstruosité hors la loi a pour cause la beauté de la femme, la marque sur la femme de son rapport à l'Autre. Votre beauté « me ferait entreprendre le meurtre du monde entier pour pouvoir vivre une heure sur votre sein charmant ». Ici pas de grossièreté (c'est déjà fait), mais l'enfant exigeant le sein, pour vivre ; l'enfant absolu qui ne tolère *pas de médiation*, prêt à détruire le monde pour jouir de sa pâture, et à s'en prendre au monde comme au sein qui se dérobe. L'objet qu'elle porte est maternel et beau, et l'accusation se précise : à son enfant, cette mère trop belle n'a rien transmis de sa beauté, elle a gardé en elle *tout* ce qui lui manque, le *tout* de ce qui lui manque ; tête à tête entre une mère et son enfant anormal, telle devient la séduction (où décidément tous les duos sont jouables...). La beauté est perçue comme la *vie* même, la source de vie : « elle m'anime (votre beauté) comme le soleil anime l'univers ; elle est mon jour, ma vie ». La fusion aussitôt dite est accomplie ; elle l'est déjà dans l'inconscient ; et dès lors si la femme maudit le « monstre » c'est contre nature, elle se maudit elle-même :

Lady Ann : Qu'une nuit noire assombrisse ton jour et la mort ta vie...

Glocester : Ne te maudis pas toi-même, belle créature, tu es l'un et l'autre.

Effet de séduction : mettre l'autre en guerre avec lui-même, lui faire toucher la fêlure qui le traverse, et se poser comme *répondant* de cette fêlure ; comme équivalent à elle. Si Lady Ann le repousse, elle serait une mère repoussant le monstre qu'elle met au monde, une mère rejetant la *fissure de son identité*, fissure qui est peut-être sa seule identité... Ici *la séduction fait passer l'autre par son point critique*, comme fait la « nature », qui consent à s'altérer, à être contre nature pour être « elle-même » ; la séduction c'est d'être nommé de sa discordance à soi, de son absence à soi-même ; même si cette nomination, pur suspens, ne tient pas, ou reste suspendue à son imminence.

Or, c'est par ce biais que l'élément *tiers* ou « symbolique » est raccroché ; magistralement : notre homme vise au cœur du fantasme en *sacrifiant* son père à cette beauté maternelle et vierge :

« Ton vaillant père, lorsqu'il faisait, *comme un enfant (sic)*, le triste récit de la mort de mon père... »

Qu'est-ce qui lui prend soudain de ramener ces pères morts ? C'est que ce « comme un enfant », si grotesque et forcé en apparence, arrache la dame au leurre qu'elle aurait de *résoudre son fantasme par une solide filiation*, et d'enraciner sa béance « première » dans la parole d'un père ; si le père n'a été qu'un enfant, comme tout père pour sa fille dans leur commun fantasme... Plus que le rappel du fantasme, c'est l'étrange mise à nu d'une évidence, raisonnable et folle : côté pères et compères c'est l'infantilisme qui règne, et non pas le sacré ; ton père a eu aussi son enfance à porter, qu'il s'en soit ou pas sorti ; et comment peut-on s'en tenir à l'enfance d'un autre, fût-il le père, comme au support ultime de sa parole, à l'ancrage idéal de son amour ? A quoi ça rime, en guise de la loi, de se retrancher dans la parole d'un père ou dans son nom ? On sent comment, dans cet ébranlement du « paternel », *l'appel de la séduction déstabilise les appuis symboliques antérieurs, ébranle la part de duperie qu'ils supposent ou comportent.* On verra ce que devient cette offre permanente de changer de duperie ; cette duperie flottante, un Chef peut par exemple vous offrir de l'investir sur lui : soyez dupes sur ce seul point, sur moi, et vous n'aurez plus à errer dans le désert des autres duperies... Séduisante promesse d'une ligature de la duperie ; alors que nous jouissons déjà – ou souffrons – d'une duperie essentielle du fait de notre présence au langage, déception consentie, « navrance » assumée (pas tant que ça au fond, puisque la séduction tente toujours de déplacer cette blessure, de jouer avec, de la transférer).

Mais revenons à notre « monstre » qui justement va reproduire et rejouer la scène à trois fatidique d'où il la fera sortir triomphante : lorsque son père à elle racontait la mort de son père à lui, comme un enfant (assimiler le père d'une femme à son enfant, ça opère d'autant plus que les pères refilent volontiers ce fantasme à leur fille, doublant l'inceste de celle-ci par le leur), quand donc « ton vaillant père racontait la mort du sien », « il arrachait des larmes » à tout le monde, les auditeurs étaient « comme des arbres inondés de pluie ». L'idéalisation précise, ici exploitée, c'est que son père à elle, tel le Dieu du ciel qui envoie la pluie, est à la fois enfant et Dieu ; et la revoilà vierge-mère... Ce n'est pas tout : (à ces tristes moments) « mes yeux virils *refoulaient* une humble larme. Et ce que ces douleurs n'avaient pu faire ta beauté l'a fait : elle m'a aveuglé de pleurs ».

Que le séducteur dise vrai ou pas n'a, on s'en doute, pas d'importance, si ce qu'il donne est une texture de la parole, dont c'est le fait de la produire qui importe. Et que ces histoires soient « vraies » ou pas n'a pas grand sens : elles sont en train sous nos yeux de se constituer en « vérité », en chatouillant les bordures de quelques croyances bien incrustées, en titillant des « vérités » ou des jouissances *présupposées*. Et de fait, c'est le coup de grâce : il n'a pas pleuré à la mort de son père, mais il pleure devant la beauté de cette femme. Cette beauté est plus troublante que la mort d'un père, plus forte que ce qu'un meurtre peut signifier ; la mort du père peut-être « refoulée [6] » mais son corps à elle et sa beauté sont insurmontables, excèdent le refoulement et les attitudes « viriles » qu'un homme affiche dans les grandes épreuves (telles que la mort d'un père...) ; ce corps est de l'ordre de l'inconscient pur, sur quoi le père – mort ou vif – n'a pas de prise, sur quoi le signifiant ne prend pas. Voilà ce dont il la fait « triompher », avant de retraduire ce coup de grâce en une mise en scène – ou en gestes – à l'état pur ; se jette aux pieds de la femme, offre son « sein nu au coup mortel », et la force chaque fois à *choisir* entre d'une part sa beauté et l'adoration qu'elle induit, d'autre part les meurtres qu'il a commis *au nom* de cette beauté ; et – ô surprise – chaque fois, elle opte pour sa beauté ; *elle est plus belle que son crime à lui n'est monstrueux.* Entre la loi et l'image narcissique, il la force à dire son choix ; chaque fois, elle dirige contre lui l'épée qu'aussitôt elle laisse tomber :

6. Mieux : les larmes qu'elle inspire peuvent être dédaignées (« scorn »), cette mort peut donc être surmontée par un « homme ». Traversée fulgurante de l'Œdipe : ton père est mort, ne pleure pas, si tu es un homme, c'est-à-dire, si tu as pu « tuer » le père...

« Non, ne t'arrête pas, car j'ai tué le roi Henri, mais c'est ta beauté qui m'y a provoqué! Allons dépêche-toi, c'est moi qui ai poignardé le jeune Edouard. [Ann relève l'épée vers lui.] Mais c'est ta face divine qui m'y a poussé. [Elle laisse tomber l'épée.] *Relève cette épée ou relève-moi.* »

Identité *littérale* de l'homme et de l'épée, de l'homme et de ce qui cause une blessure; *donc* elle est « blessée » par lui, *donc* il la fait femme... Et c'est ainsi que faute de mots on tisse des liens avec des gestes qui après coup engagent les mots. Il impose aussi l'équivalence entre son *corps* de meurtrier, obstinément vivant, et l'oubli du mari mort; il prend *à la lettre* la place de sa victime, il force la métaphore où le pardon de son crime vaut l'abandon d'une loi par le seul être que cette loi engage, la veuve. Si « moi » se substitue à « cette épée » sous le signe du verbe *relever*, le *moi* meurtri remplace cette épée justicière, et dévoie le sens du mot « relever ». Ainsi s'induit *littéralement l'équivalence entre la loi et le meurtre*, et par là est « atteint » ce que toute loi comporte de meurtre : ici, la séduction produit et reproduit l'impossible instant où loi et viol se lient, se détachent, s'échangent. Et au cœur de cet échange, *un deuil s'arrache*, dont la durée, abolie, est réduite à l'instant, l'instant qu'*un mot remplace un autre*, et que le narcissisme endeuillé de la femme se referme sur la cause de son deuil. L'horreur de ce deuil *arraché* serait celle d'un mort qu'on pleure et qui se lèverait soudain et se remplacerait lui-même : son geste dément la mort, si le vide qu'il laissait est aussitôt comblé, aboli. Or, le démenti à la mort est un ressort de la séduction, une source de sa « perversion » comme de ses accents mortifères...

Un tel sommet du théâtral est fait non d'éloquence représentative mais de la production abstraite d'un acte où les rapports en jeu fondent leur vérité, quitte, je l'ai dit, à échanger mots et gestes, symboles et objets. Comme à la fin, quand il lui met l'anneau et lui arrache l'équivalent amoureux de ce lien, dans un véritable cri d'amour :

Lady Ann : « Que je voudrais connaître ton cœur! »

Au-delà de ce cri fasciné devant un savoir qui se dérobe et à quoi l'autre s'identifie, la séduction s'engouffre au point d'horreur où communiquent, dans le réel, la vie et le meurtre, le beau et le monstrueux, sans qu'on sache rien de cette connivence. Point d'horreur réel où l'un des partenaires (Glocester) *suppose* à l'autre des liens symboliques qu'aussitôt il lui fait rompre et démentir. Et cette femme qu'il fait triompher sur toute symbolicité, il fait d'elle, dans le réel, l'image de la loi et le support des signifiances. Entre la loi et l'image d'elle-même, il la contraint à choisir son image comme support de la loi; au-delà de l'angoisse, c'est une sorte de délabrement où le narcissisme se retrouve dans son naufrage même.

Dernier trait où le cycle se reboucle : le reflux narcissique sur le séducteur lui-même : la femme est allée l'attendre au lit, et lui, qui se savait hideux, voilà que soudain il se plaît ; il est réconcilié avec l'image qu'il n'avait pas et qui le voit maintenant d'un bon œil ; son regard lui « revient », ayant reçu comme une inflexion de beauté : « Je veux faire la dépense d'un miroir et entretenir une vingtaine de tailleurs pour étudier les modes qui pareront mon corps. Puisque *je me suis insinué dans mes propres faveurs...* »

Autrement dit, si le monstre-séducteur est le fantasme lui-même, le voici, ce fantasme, apaisé, satisfait par la séduction aboutie, elle-même monstrueuse puisque aboutie au viol de la loi et de la mémoire des « pères ». L'apaisement est tout provisoire, comme s'il y avait une pulsion au fantasme, qui ne s'abolirait définitivement (et encore) que dans l'horreur.

L'horreur en tant qu'atteinte des limites du langage au-delà desquelles serait le néant, est à la pointe de la séduction ; toute la masse érotique à l'œuvre dans le langage – et qui nous le fait *désirer* – reflue dans l'horreur sans autre usage possible (comme en plein deuil quand vous ronge l'absence de l'autre, de l'autre part de vous...) ; cette masse reflue en hébétude, fascination, sujétion. Shakespeare l'a bien senti, il a fait du séducteur un monstre qui travaille à déraciner les repères simples de la parole (le deuil à faire, le souvenir de l'être aimé...). Contrairement au pur et simple traumatisme, l'horreur est un rapport de parole qui arrache les possibilités de la parole, dans une mise à nu écrasée par l'absence du langage ; absence à quoi tout le « travail » du deuil voudrait suppléer. D'où l'horreur redoublée – ou retrouvée – quand le deuil est arraché par son auteur même.

Ce que j'ai nommé point d'horreur, où un sujet est enlisé dans son image et dans son deuil, dans le deuil qu'il tente d'en faire, c'est aussi l'absence de mot, doublée de l'enjeu d'en produire un, un mot qui s'enracine en « premier » là où il n'y a aucune racine, là où on naît déraciné ; ce point d'horreur n'est pas toujours *vécu* comme tel, dans l' « horrible » ou le retranchement phobique, hors de toute symbolicité ; l'irruption de l'objet et le « viol » séducteur qu'elle opère peuvent être vécus sans « affect », dans une sorte d'effraction froide, et sans que cette « froideur » soit l'idéal recherché par certains pervers... Exemple simple de ces effractions sans douleur, ces coupures à froid : vous pouvez être à votre insu séduit de ce que l'autre vous aime et soit, à son insu, insinué en vous, au point que soudain vous entendiez sa voix dans la vôtre, sa voix qui déjà *vous* parle, vous porte et vous rejoint, vous module, et qu'en vous regardant vous surpreniez dans votre visage un de ses traits, bizarrement accentué ; « horreur » très douce et pointe d'angoisse où pourtant l'issue perverse se profile : se laisser posséder par cette voix et l'*avoir* du même coup, capturer l'autre dans cette ouverture qu'on lui fait (ce qui ne va pas sans terreur, avec cette pointe de la terreur qui a fasciné le monde : quand la victime se jette dans les bras du bourreau comme pour le déborder, le submerger, l'inclure en elle par un brusque retournement; là encore nous en verrons la stricte mise en scène dans les montages pervers). Mais déjà, le séducteur esthète veut l'angoisse de l'autre, et il dit pour-quoi [7] : « Cette angoisse ajoute à votre beauté. » En la désituant, en la séparant d'elle-même, il la met à bout et l'affronte à ce qui lui manque : à sa « loi », ou au savoir qu'elle aurait d'elle-même. Ce n'est pas là une équivalence entre angoisse et beauté, mais la beauté qui séduit concentre en elle l'angoisse qu'éveille en nous son approche comme l'imminence même du désir; Freud disait *danger vital*, en parlant du signal qu'est l'angoisse; disons plutôt, comme besoin *vital*, danger *essentiel à la vie*; parfois la vie ne trouve pas d'autre emblème pour signaler son émergence que l'angoisse, quand par la voix d'un désir elle se sépare d'elle-même, et s'ouvre sur elle-même...

Du reste, séduire *(seducere)* c'est séparer; ça vise donc cette séparation interne où l'on se révèle coupé *de* par l'effet même du désir; coupure où l'angoisse signale le danger « vital » (qui fait vivre) d'être lié à l'objet qui reflue depuis l'inconscient. A vrai dire j'ignore d' « où » vient *« seducere »*; est-ce emmener *à part (se)* donc insinuer la singularité (c'est-à-dire la différence)? ou est-ce que le « *sed* » de l'objection (or, mais) s'y fait entendre? Dans les deux cas on devine un des enjeux de la séduction, qui se précisera plus loin : faire parler une différence et donc déjà la supposer, l'insinuer, l'inventer s'il le faut du seul fait qu'on la cherche. Quant à *l'objection*, le passage de l'objet qui vous met en désir, coupe, prive, *objecte*, mais il fait aussi autre chose : c'est en quoi la séduction n'est pas le fin mot du désir, même si elle vise à en être le « premier » mot et à sans cesse le confronter à l'impossible identité de ce premier mot. Elle *vise* aussi à tant d'autres choses – et à se perdre dans ses visées... Elle vise par exemple à produire, non pas l'identification qu'on prend à tort pour le socle de l'amour, mais *l'identité* des partenaires sous le signe de la différence qu'ils supposent. Elle promet l'identité de leur enlacement à partir du constat qu'aucune de leurs identités n'est tenable. Moyennant quoi, la *séduction est un jeu alterné d'inclusions réciproques* dont aucune n'est tenable, car chacune dément l'autre dans une alternance qui oscille autour de l'impossible identité..., et de ce que toute identité a d'impossible.

---

7. Kierkegaard, *le Journal du séducteur*, 4 avril.

2. Au lieu de l'irreprésentable, un projet de recollement

Le point d'horreur ou d'angoisse pose la question du « premier » mot; de la *mise en mot...* de quoi? de l'équivalence possible entre l'acte et le dire (l'*acte* pouvant être le meurtre ou le « viol » et le *dire* celui d'une loi ou d'un nom, qu'il soit unique ou multivoque)? On voit pourtant où ça se complique : c'est qu'un mot ne se donne – et ne se nomme – qu'en séparant la chose d'elle-même; ce qui du coup le dissocie de lui-même. C'est par là qu'un mot peut séduire en répercutant sur le corps cette vibration séparatrice (qui dans l'expérience de l'horreur est un brouillage total, car l'*horreur est un mélange de nom et de corps où tous deux sont abolis*). En tout cas, la question sur la possibilité d'un signifiant premier fait pression [8]; or la séduction tourne autour d'une tension signifiante, d'une « première » signifiance du désir dont elle voudrait soutenir l'appel et dont elle promet de le combler. Une séduction est impensable sans l'éclair ou l'éclat propre à ce qui porte un désir. Elle s'illumine d'objets qui appellent ou rappellent au désir, et qui sont un à un « allumés », mêlés, permutés, chaque pulsion étant « attaquée » par une tout autre, l'oralité par le regard, le regard par le tact ou la voix, le souffle par le souffle...; et la beauté sert d'objet éternel, supposé tel, commune mesure de tous les autres; sa permanence arrête leur glissement indéfini, et empêche la coupure qu'elle-même a provoquée... Parfois un seul mot suffit, qui opère la magie de l'appel au corps, sans appel. Ce simple mot qu'une femme mûre dit au jeune homme éberlué : « Est-ce que tu aimes le thé russe? Je te fais *du thé russe?* », mot *anodin*, c'est-à-dire sans douleur, mais éclair léger et sidérant appel d'utérus qui le happe et l'assigne à lui toucher l'utérus de la queue qu'il devenait pour elle, cette boule de vie qui se posait là comme l'ayant fait lui et son sexe, et qui s'offrait ainsi à reprendre la partie. Pour échapper au sortilège de ce simple piège à « sons », il fallait ou une complète innocence côté inceste – innocence proche de l'idiotie – ou d'autres ressources côté langage, par exemple l'accès à une certaine excitation interne des mots qui fait qu'aucun n'est le dernier.

L'*objet* n'est pas toujours aussi « abstrait », mais c'est toujours un piège à langage, une coagulation précaire de mots qui se cherchent.

Dans la scène de la Genèse, où la femme est séduite par le

8. Et c'est en quoi la référence au « phallus » pour éclairer ce point limite de la séduction, vu qu'on pose le phallus comme clé de voûte des signifiants, n'éclaire rien, mais ajoute seulement un mot de plus.

« serpent » (c'est du moins ce qu'elle dit, mais il n'y a pas à la croire), c'est un foisonnement d'objets : il y a l'arbre, le serpent, le fruit « beau à voir » et dont elle a *vu* qu'il était bon à manger (comment a-t-elle fait ? Comment voir qu'un fruit inconnu est bon à manger ? subtil...). Plein d'objets donc, mais au cœur de la scène, l'enjeu est de parole : promesse de savoir la différence ; toute la différence : quand vous y aurez goûté vous saurez la différence entre bien et mal, dit le serpent... La femme savait déjà faire la différence entre un arbre et un autre ; manger de celui-ci et pas de celui-là..., ça « c'était » dans leur bagage mental, aux humains ; mais là, on lui promet de pouvoir retirer au Dieu la différence qu'il tient en réserve... Est donc en jeu la mise en place d'un « premier » interdit, d'un « différent » premier, et le face-à-face d'une femme avec une Autre force créatrice, la divine, d'où procéderaient les interdits, d'où s'énoncerait *cet* interdit qui fait *toute* la différence... Dans la scène de *Richard III*, il y a le regard, l'enfant, le sein..., et surtout le placement forcé d'une « métaphore » à la place d'un meurtre, d'un nouveau lien – tu es ma femme – à la place du mari tué ; mise en place d'une « métaphore », et au second degré, dans sa dérision même ; ça fait bander les corps, ces nouveaux liens créés de toutes pièces qui rivalisent (donc se mesurent) avec les liens et les paroles déjà en place.

Dans cet autre monument où la séduction foisonne, la *Recherche du temps perdu* (titre qui à lui seul est un « programme » de la séduction), c'est toute la trame du texte qui s'anime du même glissement de l'objet qui passe et vibre comme orifice pluriel d'un corps inconscient, ouverture où on s'abouche, avide, sur son « inconscience » ou sur l'autre comme réserve inconsciente. Dans la séduction de Swann par Odette (qui est aussi la manière dont Swann *se séduit* au moyen d'Odette), l'objet, un des objets, c'est la petite phrase de la sonate ; (fine intuition, la musique séduit, mais toute parole pour séduire se fait musique... qui cherche sa césure) ; c'est aussi l'étrange ressemblance de ses traits, de son portrait, avec un autre, peint par Botticelli, et sur lequel Swann « travaillait »... Sur tout l'épisode flotte un état d' « absence », de rêverie, où l'image de l'objet séduisant (d'Odette) joue parmi les autres images et recentre toutes ces rêveries, les absorbe, les ombilique ; l' « absence » étant l'imminent décollement de soi-même, le fonds d'oubli et de refoulement où l'objet fait irruption. L'objet ne manque pas, donc ; mais la séduction sait enliser et perdre ses acteurs dans la profusion d'objets, et des figures instables qu'ils prennent. *La séduction stabilise le fantasme qu'elle réveille*, et c'est de lui qu'elle fait son « objet » radical ; elle le fixe, et si elle ne le traverse pas, elle tend à en faire le *recollement* du sujet à ce qu'il désire, leur rencontre adhésive, l'inscription de leur adhérence dans une mémoire problématique. Elle se ravit de *retrouver* cette inscription, cette trace « perdue » qu'en fait elle produit; qu'elle se charge de produire.

L'objet de la séduction est à la fois incision dans le désir qu'il masque, et recollement cicatriciel de la plaie qu'il ravive.

Et ce recollement à la coupure dont on émerge, à cette cicatrice qui se déchire dans le mouvement pulsatile de la séduction, semble assez difficile à surmonter pour que certains « renoncent » à la séduction (« refus » d'être séduits ou de séduire), comme si ce recollement qu'ils redoutent, ils ne pouvaient l'envisager que comme *définitif*, capable de définir tout leur désir, et par là d'en finir avec ; ils s'avouent ainsi non pas tant vulnérables – chacun l'est – mais protégés (ou éloignés) de leur désir par des contraintes d'images : et cette peur de la séduction n'est qu'une séduction un peu figée, une séduction par le point fixe d'un fantasme pétrifié.

En tout cas, c'est en rapport avec (l'échec de) son inscription que l'objet est mû et attisé dans la séduction. Voyez l'objet sonore, la phrase musicale qui *fixe* les deux amants, qui les colle à l'instant où elle les a enveloppés, surmontés, fixés (car la séduction n'est pas qu'un mouvement exubérant, elle promet de *fixer*; une drogue peut séduire du *fix* qu'elle promet); cet objet sonore est l'instrument qui fait d'eux – de l'homme et de la femme – des *morceaux* de sa rumeur érectile. Entre deux, cette phrase qui les accole est le souvenir d'un *bruit* « divin » dont on ne sait rien, mais sur l'écran de ce souvenir vient se projeter la femme bientôt aimée, voilée-violée de cette forme abstraite et insistante qu'est la phrase musicale imposant sa marque sur tout ce qui passe à ses abords. L'objet est là, cryptogramme instable d'un symptôme encore informe, acuité d'une incubation infinie, contagion d'un transfert blessé [9].

Cela dit, la séduction reprend l'identification comme pour la remanier; à même le *dire* et la pensée. Après tout, une « pensée » me séduit ou je la séduis par une autre, si les deux arrivent à se traverser pour produire l'écart interne inhérent à une pensée, écart qui fait qu'aucune pensée n'est *une* (sauf à être compulsive, obsédante) et que toute identité qui passe par le langage est virtuellement désidentifiée, à l'écart d'elle-même, marquée et

9. Encore Proust : « et le pianiste jouait pour eux [pour Swann et Odette] la petite phrase qui était comme *l'air national* de leur amour », et dont elle dira, en coquette ignare mais intuitive : « c'est ça, notre *morceau* »; morceau phallique à partager, à consommer ensemble, l'objet qui les lie se fait maître mot de leur langue, emblème de leur copule, ou du Tiers sourd qui plane sur eux. C'est lourd de sens qu'un couple prenne l'air national, vu que la nation, quand elle s'enivre a l'air d'un couple avec le Chef qui la « séduit », et qui lui fait manger le morceau.

remarquée de sa différence qui lui échappe [10]. C'est cette cassure au niveau de l'être qui situe la séduction du côté de l'amour; même si elle s'arrête ou s'exténue en deçà de l'amour, si elle échoue à faire le pas, elle s'oriente du côté où l'amour traverse (et dépasse) le fantasme de la Féminité; l'amour dont on dit bizarrement qu'il féminise les hommes et virilise (quel mot...) les femmes alors qu'il extrait les uns et les autres de leur être-humain pour faire d'eux des monstres sublimes qui s'exfolient de l'humain. C'est par ce qu'il a d'inhumain que l'amour incarne ce que les hommes ont de commun...

On nous objectera qu'en certaines formes de l'amour, la séduction est superflue; le « coup de foudre » : tous les deux se reconnaissent, se retrouvent, ne s'étant ni vus ni perdus de vue. Mais ce « coup » lui-même, cette séduction de l'instant, est l'éclair d'une *séduction au passé* qui ne trouve que dans cet instant sa dernière issue, mais qui appelle à ce qu'une autre séduction prenne la relève, et meuve d'autres *aires* du langage; sinon, si cet instant ne permet ni inflexion ni jeu nouveau, c'est que les deux partenaires, programmés par cette trace qui les lie, sont réduits à l'instant de leur rencontre. C'est dans de tels cas [11], de séduction faite au passé et impossible à métamorphoser, que sa nécessité bénéfique se fait sentir pour desserrer la pression d'une jouissance-Autre et opaque qui fait des amants de purs instruments. Quand la séduction est inutile sans même avoir commencé, c'est qu'elle est, au passé, installée dans la mort; et que la composante fétiche et mortifère, présente dans toute séduction, a pris toute la place, et rendu inerte un jeu qui était fait pour s'infléchir et produire son dérèglement.

La séduction ne fait pas qu'instituer un jeu et le dérégler, ou qu'évoquer l'effritement des règles, le temps d'avant la Loi ou l'au-delà et les marges des lois... La séduction, on peut toujours la glorifier ou s'en méfier, la dire source de vie ou obstacle à l'authentique rencontre, elle s'en prend au point critique où la parole qu'elle déploie doit faire acte, où un dévoilement est appelé, concernant moins la loi ou la règle du jeu que l'informe et l'infondé de la Loi.

---

10. C'est cet échappement qui handicape les appels sur « le droit à la différence ». Si votre « différence » vous échappe et si, en fait, vous ne la connaissez pas, c'est beaucoup demander aux autres qu'ils la « reconnaissent » : surtout s'ils s'y reconnaissent eux-mêmes, eux qui se croyaient... différents! L'horreur que ça leur inspire étouffe en eux tout sentiment de « reconnaissance... »

11. Les amants de *Dibbouk* (d'Anski) seraient dans ce cas : assignés à mettre en acte la séduction mutuelle de leurs pères, l'engagement (au passé qu'ils ont pris pour l'avenir) de marier leurs enfants qui n'étaient pas encore nés.

3. Séduction du fantasme

C'est le fantasme qui séduit; mais quel fantasme? On peut toujours lui donner un contenu. Séduire un homme pour savoir si c'en est un, auquel cas il serait l'unique, l'unique maître à démettre de son tabouret... Mais ce n'est là qu'un « contenu », et au niveau des contenus on peut aussi dire le contraire : séduire cet homme pour y échouer et buter sur sa propre limite, ou l'ériger en « maître » (que de ce fait on maîtrise), ou le supposer père idéal, etc. L'enjeu est donc au-delà des contenus et contenances; la séduction, à la limite, décontenance, mais en tenant compte des limites qui lui servent d'appui, celles de l'espace formel du fantasme; même si celui-ci n'est autre que fantasme... d'une séduction première, lointaine, aux limites de la mémoire. C'est le fantasme qui séduit et c'est *lui* qu'on veut séduire, attirer à soi, déplacer de son niveau de fantasme pour en faire le désir même. *La séduction sait confondre le fantasme et le désir* (ce qui ne fait pas pour autant du fantasme une « réalité » [12]).

12. Un mot ici pour rappeler que le fantasme c'est la plaie de l'inconscient, dont nous sommes coupés, de par nos objets de désir, au point de n'être « sujets » qu'à cette coupure; ce détachement. Nous émergeons dans cette coupure de l'objet, dont la séduction se plaît à varier les arabesques douloureuses et ravies; comme pour élaborer l'objet du désir, ou son ombre, de manière à ce qu'il se signifie lui-même « avant » qu'il ne s'engage dans la dimension symbolique, qu'ainsi il devancerait : l'objet tenant lieu alors de signifiant « premier ». Quant au rapport entre fantasme et réalité, il est connu depuis longtemps que la réalité ne se *présente* que comme fantasme; ce n'est pas une raison pour les confondre. La réalité maintient une *continuité* et une permanence répétitive du fantasme qu'elle offre ou qu'elle constitue. Il est clair que le fantasme d'avoir été, petite fille, séduite ou violée par son père, acquiert *une dimension de plus* si le père est réellement passé à l'acte (ou si sa réalité était celle d'un « violeur » qui fige sa fille dans la jouissance d'être à sa merci). Cette dimension n'est peut-être pas décisive, mais elle peut avoir pour effet de déclencher le fantasme, chaque fois que le père passe dans le champ du langage; chaque fois qu'il en est question. On objectera qu'il en est ainsi pour tout fantasme, et qu'il se déclenche chaque fois qu'un des traits qui en font partie est évoqué. Mais la différence demeure : si le père a été un violeur (et même s'il n'a pas effectivement violé sa fille), il *devient* ce qui éclaire le fantasme de la fille, ce qui l'éclaire et le déclenche du dehors. Là encore, nouvelle objection : tout fantasme est déclenché comme « du dehors » par la partie inconsciente ou simplement refoulée. Cette seconde objection se réfute à son tour si on remarque que le « sujet » – en l'occurrence la fille – en édifiant son fantasme, enregistre en même temps le fait qu'il le construit de toutes pièces, sans support dans la réalité; même si cet enregistrement supplémentaire reste refoulé. En somme, un fantasme fait pour *co-mémorer* une idée (de séduction, violence ou viol...) – pour la co-mémorer c'est-à-dire pour l'indexer, ou la saisir *de* mémoire –

Le fantasme qui séduit c'est celui d'une séduction possible, première, nécessairement supposable. Et cette circularité apparente entre fantasme et séduction, ce tournage en rond, témoigne des *visées signifiantes de la séduction*, y compris celles de dévoyer le signifiant, de l'arracher, et de signifier cet arrachement; ce « viol ».

Être pris dans une *recherche* (pas seulement celle du « temps perdu », ça peut même être une recherche mathématique, la recherche d'un langage à faire parler...), c'est tenter de séduire l' « objet » : de le déloger de l'opacité où il se retranche, du mutisme où il se tient; c'est ébrécher son insensibilité à notre langage; et l'objet n'est parfois que cette brèche même, que nous tentons de

est différent d'un fantasme qui a, en même temps, servi de scène ou de mise en acte à l'idée en question (de séduction, viol...), mise en acte qui eut bien lieu lorsque le viol a eu une certaine « réalité », auquel cas le fantasme n'a pas pu tisser sa propre réalité (celle de tout fantasme) *et* enregistrer en même temps sa différence avec la réalité. Donc, réalité et fantasme ne sont pas identiques même si la réalité ne « présente » que du fantasme.

Inutile de dire que ce petit distinguo tire à conséquences dans la conduite de l'expérience analytique. Si le fantasme de viol a eu une certaine *réalité* (disons pour simplifier : père pervers), si pour le sujet « toute » la réalité a été comme absorbée ou accaparée par ce fantasme, « matriciée » par lui, alors c'est le blocage systématique des potentiels de jeu, moins par l'intensité de la jouissance où la patiente est prise et dont elle ne peut rien lâcher, qu'en raison de la réalité de l'analyste, d'emblée captée par ce fantasme. L'analyste devra (mais n'est-ce pas ce qu'il a toujours à faire?) aller *chercher* une sorte de réalité seconde, la constituer avec ses gestes, son corps, son lieu, son être-là, etc. à partir de laquelle il pourra faire irruption, y compris dans le réel, dans le concret, chaque fois qu'on voudra le verrouiller dans son « écoute » et dans une réalité première que le fantasme a « épuisée ». C'est que le « symbolique », c'est-à-dire le passage par l'inconscient de la parole, se découpe toujours dans l'étoffe d'une réalité, dans sa texture *dense* et *matérielle;* et cette réalité ce n'est pas seulement la voix, le regard, la silhouette, ou l'intérieur de celui qui parle; c'est la réalité seconde qu'il peut mettre en œuvre et mouvoir... pour séduire le symptôme.

Il est évident que le père violant est ici une figure de la perversion plus générale du père, ou de ses carences et cassures qu'il ne peut manquer de transmettre.

De ceci nous discutons ailleurs. Ajoutons ici, que toutes les grandes traditions – des chamans aux sages et autres inspirés – ont connu cette dimension secrète et précieuse qu'est le recours à une réalité seconde, à une mise en acte matérielle de l'inconscient... pour séduire l'inconscient et le faire parler. Dans *le Dibbouk* déjà cité, le sage à qui on en appelle pour désenvoûter la jeune fille possédée (qui fut en un sens « violée » par son père tant celui-ci a manqué à sa parole la concernant), le sage dresse un tribunal où l'un des plaignants appelé à déposer est un mort, et il le fait convoquer « réellement »; c'est là une réalité « seconde » assez brutale, et pourtant très épurée; on n'est jamais assez secondé dans ces cas-là, ou dans ces états « seconds ».

produire dans notre langue, par des variations (faites de fantasmes, d'associations) dont les plus efficaces nous échappent. Peut-être n'ont-elles d'effet que parce qu'elles nous échappent... Il arrive que l' « objet » réponde, c'est-à-dire prenne forme, se trame, alors même que renonçant à tout effort, à tout « travail », nous faisons autre chose, autre chose qui soudain en tient lieu [13].

La séduction tourne autour d'un support inconscient de la langue, de la signifiance, selon un temps un tempo paradoxal : où ce qu'elle met en jeu ne compte que si la *possibilité* même du jeu et du compte le précédait. C'est le *paradoxe d'un non-savoir à arracher* comme le savoir qu'il n'est pas. Arrachement de l'ordre d'un viol ; la séduction comporte une violence autre qui révèle l'être séduit à sa pulsion, et cette violence est le déchirement d'un non-savoir.

Mais contrairement au viol où un obsédé se jette sur une femme qui l'attire, et où la violence des moyens est comme l'équivalent de la jouissance visée, le viol de la séduction n'est réel qu'*après coup* : c'est quand le séducteur esthète s'éloigne pour toujours (« je l'ai aimée, désormais elle ne peut plus m'intéresser »), poursuivi par le deuil de sa « victime » ou ses appels désespérés, qu'on peut dire : c'était un viol. Entre-temps un arrachement s'est produit, et les mots ont manqué pour le dire ; mais les traces en restent dans les ordinaires « fantasmes de viol... » et dans la violence du refoulement dont « joue » et jouit la séduction ; le refoulement c'est un opérateur qui fait communiquer deux frontières, celle qu'on oppose à l'extérieur et celle dont on se pare contre l'étrange qui est en nous ; ces frontières, difficiles à discerner, la séduction les convertit l'une dans l'autre, non sans vertige ou souffrance érotisée.

La séduction a la violence d'une mise en place d'un refoulement « premier », aussi hypothétique qu'un *premier* mot.

Lorsque Freud commence par prendre au mot les hystériques qui se plaignaient d'avoir, enfants, été séduites, violées, par leurs parents, et qu'il « rectifie » plus tard en remplaçant l'événement *supposé* par un fantasme, cela ne réduit en rien l'acuité de la séduction ni sa dimension « réelle » : car ce qui reste acquis, c'est qu'à la genèse du désir (au « commencement... »), *il y a eu bel et bien séduction, même s'il est superflu qu'un « séducteur » fût à*

---

13. Un beau jeune homme, mis en scène par Pasolini dans *Théorème*, séduit et dévoie un à un tous les membres d'une grande famille où il ne fait que passer ; « et pourtant il n'a rien fait pour séduire... » dit tel exégète. Mais c'est bien en quoi il séduisait. Dans cette famille romaine rompue aux ruses de la séduction, eût-il été « séducteur », il n'aurait pas produit tout ce ravage qui consiste, rien de moins, à ramener tout un chacun au fondement de sa signifiance, et ce à travers une secousse des corps, aussi violente qu'involontaire.

l'œuvre en tant qu'agent « responsable » (au sens juridique ou médical). Quand Freud dira plus tard que la séduction avait été « surestimée » dans l'« étiologie des névroses » et qu'en fait c'était un « fantasme », et qu'il a bien fallu, mais oui, corriger, rectifier..., c'était à l'évidence de la poudre aux yeux ; car si c'est un fantasme inconscient donc « premier », la séduction de ce fantasme est tenace et foisonnante puisqu'elle se double de la séduction qu'exerce non pas *ce* fantasme précis, mais l'existence même du fantasme. Et le remplacement de la séduction par le fantasme, outre que c'est un début de métaphore (de celles dont rêve précisément la séduction... pour se sortir d'elle-même), a dû être en soi assez « séduisant » : dans la scène de la séduction le psychanalyste pouvait ne pas être très à l'aise pour trouver place, mais dans le « fantasme »! il avait *toute* la place ; les coudées franches ; de quoi s'installer et prendre ses aises sur le lieu même d'une séduction que du coup il occultait, mais qui allait revenir par d'autres voies, à la fois dans la pratique de l'analyse et dans sa socialité, dans l'image séductrice ou abhorrée qu'elle allait se faire.

Autre petit profit de ce « déplacement » : il fut mené à grand fracas : on a rectifié... Un des rares points de la théorie où on a dû rectifier! Huées des uns : fragile, la théorie, pas toujours vraie... ; hourra des autres : c'est la preuve qu'elle est vivante! (En fait, le bruit même de ce genre d'ébats couvre un déplacement plus subtil où nous verrons que c'est la psychanalyse elle-même qui prend la place de la séduction.) Remarquons en passant que la Genèse, elle, sans plus de manières, a mis une séduction au « commencement » : sitôt qu'Eve entre en scène, avec pour séducteur non pas un homme (trop averti, le texte, pour une telle bourde), ni une femme, ni même cet animal rampant, mais un mélange complexe d'arbre, de fruit, de serpent, *d'interdit à mettre en place pour que, transgressé, il signifie après coup ce qu'est l'interdit...*, un des enjeux étant la révélation du corps, de la pudeur, du sexe (la fameuse « connaissance ») ; tout comme dans les premiers textes freudiens sur la séduction de la petite fille révélée à son sexe [14], brutalement ou pas, prématurément ou pas ; révélation qui s'opère au moyen d'un *fantasme*, et non par l'intervention d'un autre, comme si la seule présence de la pulsion suffisait à remplacer cet autre, à rendre son intervention « inutile », à faire « séduction » toute seule. L'homme, dans la « genèse » du désir, n'intervient qu'après coup, pour manger le morceau déjà-là, déjà aux mains de la femme, et celle-ci ne sait qu'elle l'a que lorsqu'elle est amenée... à le lâcher, à le donner.

Le montage de la Genèse dit ainsi, à sa manière, qu'il est inutile de supposer un séducteur, si ce n'est sous forme de fantasme :

14. Le séducteur esthète dira : révélée à sa *féminité*...

qu'avec toutes ces sensations, et cette montée rampante des pulsions, il y a largement de quoi faire tourner à toute vitesse l'arbre du savoir, de quoi s'emballer autour de cet arbre, d'autant que dans la promesse énorme et simple (vous saurez la différence) serpente l'enjeu de posséder un signifiant maximal, la promesse d'avoir accès à *la différence* comme telle (« entre le bien et le mal »; il ne s'agit pas de morale, même si le scribe moraliste essaie là de se couvrir devant tant de nudité...). Vous *aurez* la différence bien en main, la différence absolue, supposée limite du langage, ou son support ultime. Ce qui arrive est un peu... différent; ils ne s'y retrouvent plus dans leur affaire de sexe et de procréation, et on est loin de cette « chair de ma chair » dont l'homme avait salué sa femme « hallucinée ». Le serpent avait dit « vrai ». Ou plutôt, la scène de la séduction avait constitué, fabriqué, une des premières vérités de la rencontre des sexes.

De fait, les premières patientes, en s'inventant un séducteur, disaient : ce n'est pas moi avec mon sexe, c'est l'autre qui m'a séduite; c'est pas-moi, c'est autre-que-moi; c'est une absence à elles-mêmes qui les liait au sexe... C'était leur tentative poignante et « vraie » d'indiquer la dimension inconsciente du désir; et la petite Eve de la Genèse le dit bien : ce n'est pas moi, c'est le serpent; un animal ce qu'il y a de plus « autre »... Dans ce pas-moi, le moi se retrouve hors de lui... en lui-même, et la séduction dite « première » est un détournement initial de la pulsion, un écart, un détour « originel » où le désir s'élude, se perd, se ressource ou s'avère impossible (quand l'« hystérie » est trop rigide). Mais ce qui compte dans le fantasme de séduction c'est la séduction par le fantasme, dont la temporalité paradoxale fait un *souvenir imaginaire* [15] : se souvient-elle qu'elle s'imagine? s'imagine-t-elle qu'elle se souvient? Le temps tournoie, disponible et rétif, visible et réservé; on comprend que l'hystérique soit séduite (à l'« origine », c'est-à-dire en *permanence*) par ce fantasme de séduction lui-même, qui *l'identifie dans son absence* (absence où nous verrons qu'elle rejoint l'Autre-femme et se mesure à elle...).

Peut-on dire que le « traumatisme » est une séduction violente qui échoue à se ressaisir, et que les séductions ultérieures rappellent? En tout cas, dans cette violence inassumable, l'objet semble un état limite du langage dont il n'y a « rien » à dire, rien sinon qu'il est là, qu'il menace et ravit et menace de ravir; d'où cette « peur » si particulière aux « hystériques » rigides, peur dont leur corps se double, se corse, *se* séduit et se fige.

Si la séduction fut traumatique, le trauma continue à séduire : à

---

15. Echo aux paradoxes de la temporalité : c'est par le fantasme que s'ouvre le temps du sujet (en témoigne de façon cuisante le transfert).

maintenir hors de soi, en état d'absence plus ou moins modulée, dans un jeu où l'identification s'élude...

Il y a bien eu séduction « réelle » (à partir du réel de la pulsion), même – et surtout – s'il n'y a pas eu de séducteur réel sous forme d'être parlant; l'événement de cette séduction flotte dans le temps, disponible insituable. Du reste, lorsque ces patientes avaient été effectivement séduites, leur souvenir déplaçait cette séduction précise vers *des temps plus anciens.* Donc, même quand la séduction a eu lieu « réellement », sa dimension imaginaire et son désir de se signifier appellent l'écart et la remontée vers l'« origine » où *la séduction* (tel est son « objet ») *révèle qu'on est déjà séduit « avant » qu'elle ne survienne,* par autre chose dont l'actuelle séduction dévoile l'ombre, et ainsi de suite jusqu'au roc des « premières » images, de la texture même de l'image, et des germes signifiants qu'elle supporte...

Puisqu'au point où nous en sommes nous avons posé que le fantasme est séducteur, il y a lieu de mieux préciser cette connexion. Une simple remarque d'abord; il est si banal que la réalisation d'un fantasme soit décevante, que cela peut presque servir à définir la déception : elle nous arrache le fantasme au fond duquel une promesse brille... et s'éteint; une promesse, c'est-à-dire un *différé* de Temps. La réalisation d'un fantasme déçoit parce que le fantasme maintient la promesse d'une séduction, la séduction d'une promesse, que la réalité dément et ne peut que démentir puisque elle l'abolit comme promesse et comme séduction, séduction de quelque chose d' « *autre* » qui n'est à vrai dire ni *semblable* ni *différent* puisque l'un et l'autre termes supposent déjà une connaissance et une rupture, une prise de possession par le langage qui justement fait question : puisque la séduction en interroge la donnée radicale possible, problématique, à travers une *différence* brute et massive qu'on n'a même pas encore de quoi nommer « différence ». (Pour qu'elle apparaisse « différente » il faudrait qu'elle soit précédée par son absence... et la séduction ne veut rien savoir de tels sophismes.) Il faut croire que dans cette volonté qu'a l'être parlant de maintenir ouvert le fantasme, c'est l'ouverture même du langage qu'il maintient, et la possibilité de réactiver en permanence ce cycle sans fin : qu'à parler on suscite *du désir,* et qu'à désirer on suscite le désir de *parler.* (Rien de tel que la séduction pour illustrer ce processus.) C'est au point que le désir défaillant va chercher côté « parole » des relances imprévues. On s'imagine qu'il faut sauver le père ou sauver le monde ou se sauver, et pour cela il faut soutenir *tel* fantasme, ou l'inventer. Mais c'est déjà une manière très distancée, sophistiquée, de penser ou de s'imaginer. Quand on a un fantasme, c'est-à-dire toute une mise en scène, une distribution de places et de fonctions, on ne sait même pas au service de quoi c'est fait, ni qui en est le « régisseur ». On y est employé, à temps plein (vital remplissement), et ça devient le tissu de la vie ; le fantasme c'est les géodésiques de notre espace propre, les lignes de plus courtes distances : si notre espace est plat elles sont droites, s'il est retors elles sont tordues. En tout cas on y va à fond (dans le fantasme...) en croyant servir tel désir précis, le sien « propre » ou celui d'un autre, alors qu'en fait c'est la cause du désir qui se maintient à travers lui, sinon gagnante du moins jouable, et quelquefois au-delà du jeu : créatrice.

Que le désir vibre de se *dégager* des captures du langage, de celles-là mêmes qu'il suscite, c'est ce qu'on a senti de tout temps. Certains le redécouvrent et s'en étonnent, ou s'en tiennent là sans s'étonner de s'y tenir. D'autres en sont presque à découvrir que « ça désire » par le langage du fait que celui-ci est bien plus riche que ce qu'on lui demande, trop riche (« surdéterminé » dirait-on). Mais oui, il mène ses petits jeux, ses équivoques, son auto-séduction multiplement infinie, sans nous, au-delà de nous, brillant au cœur de notre insu.

On voit mal l'intérêt d'appeler « sujet » ces grandes cassures du langage à travers quoi le langage suit son petit bonhomme de chemin, négligent des petits bonhommes qui s'y trouvent de temps à autre coincés, *sujets à* ces cassures et non sujets de ce qui s'y dit. Mais enfin « sujet » est un mot tabou. Que me veut cette séduction intrinsèquement présente, à l'œuvre dans le langage ? je pourrais bien dire qu'*elle veut ma vie* (ce qui n'échappe pas à l'équivoque : veut-elle la prendre ? ou me l'apprendre ? en être le déclenchement ? la consumation accélérée ?) Je pourrais dire aussi qu'elle ne me veut *rien*, que d'ailleurs elle ne me cherche pas, c'est moi qui la cherche en faisant mine d'y répondre.

Le fantasme est le reflux sur nous de ce séisme vivant toujours à l'œuvre dans le langage, le contrecoup sur nous des cassures internes à la parole et au dire mais qui se sont transmises à travers des situations, des constructions, ou des ruines très précises. Telle cassure peut résonner à vos oreilles dans le fracas que fit un jour l'idole du Père quand elle fut renversée, par on ne sait quoi ; mais ça peut être aussi la cassure qu'a faite en vous la folle nécessité de réparer cette idole, ou de continuer à lui faire croire qu'elle en est une. De fil en aiguille – et ça file vite, un fantasme qui s'ouvrage – vous voilà embarqué dans un énorme chantier ; vous voilà par exemple, jeune femme, identifiée à votre père ou plutôt à sa cassure, mais aimant sa femme idéale (celle que vous lui donnez comme Idéal) jusqu'à rêver de l'être aussi, ça télescope vos démêlés avec votre mère qui n'a rien transmis parce qu'elle n'avait rien à transmettre, ça incurve un peu plus les contours de la nouvelle idole que vous vous faites, ça la surcharge, ça la fait plus monstrueuse. En tout cas, les cassures et autres entournures du langage ne sont pas des « abstractions », et le fantasme veut y parer (quitte à en faire parade). Une forme fréquente de ces « entournures » telles que l'enfant les encaisse (ou se révèle par la suite n'avoir pas pu les encaisser) c'est le manquement du père à son désir, ou des parents au leur – auquel cas le fils sera lui-même le manquement, et fera « l'appoint » *de* sa névrose ou perversion. Ou bien, autre forme massivement déferlante : la mère n'a rien lâché de sa féminité qu'elle était censée détenir (et qu'elle révèle n'avoir pas eue du fait même qu'elle n'en a rien donné), auquel cas la fille reste fascinée dans son face-à-face avec l'Autre-femme. D'autres formes sont repérables engendrant autisme schizo et autres folies. Il va de soi que l'expérience de l'analyse est faite pour dissoudre la fascination de l'Autre-femme, et la structure où se pétrifie pour un « sujet » son désir inconscient. Il est réjouissant que cela dépende moins des savoirs livresques que d'une « connaissance » intime de la lettre en tant que germe d'amour inconscient et donnée généreuse (infondée) de la langue.

En tout cas, le fantasme construit met en scène, et en images, l'arrêt possible des séismes du symbolique, il réarrange la réconciliation du langage avec lui-même, grâce à une *satisfaction* qui *lui* serait apportée (mais à qui donc?), et qui mettrait fin à cette discorde, cette mise en défaut où le langage est de lui-même et du fait des corps vivants et historiques qui se le « passent ». C'est en quoi le fantasme tient lieu d'inconscient comme pour l'amener à se connaître et du coup à cesser d'être. Inutile de dire que s'il est fait pour ça, le fantasme, il est bien parti pour ne pas y arriver, car cette fameuse satisfaction, jouissance définitive, serait à la rigueur envisageable si elle venait en même temps que la mort, ou *avec* elle ; et si elle prétend avoir lieu en pleine vie, elle condamnerait du coup tout le *reste* de la vie à être du temps mort.

Une précision en passant : j'ai parlé d'idole monstrueuse à force de surcharges, de contraintes antagoniques à satisfaire... De fait, le caractère irréel, déréel, monstrueux des constructions fantasmatiques est bien connu. « Même l'art moderne est un animal fabuleux », dit Malraux en évoquant (*Antimémoires*) le Sphinx... Sans parler ici du bestiaire médiéval, kafkaïen, etc., disons simplement que le fantasme doit résoudre une impossibilité vivante et faire vivre des impossibilités sans lui inertes. Cela dit, le problème n'est pas que cela produise un être monstrueux ou normal, mais un être jouable ou injouable ; jouable : pouvant jouer de tous les rouages du fantasme comme des organes d'un être vivant pour monter sa propre scène à traverser, son propre théâtre à excéder, son jeu d'où s'expulser vers d'autres avenirs dont on ne sait rien parce qu'ils ne sont pas repérés ou programmés dans l' « anatomie » du fantasme. Car avec ou sans « analyse », beaucoup « traversent » leur fantasme sans même l'avoir rencontré, connu, aimé; comme si pour être plus opérants, ils avaient bradé un langage en germe et un corps malformé, qui sont pourtant le germe de tout langage et la formation de tout corps.

Le fantasme a une visée d'unicité (dont le côté « monstre » est un aspect); il vise à nous présenter, nous ses acteurs et metteurs en scène, ses joueurs-jouets, comme *uniques*; il présente notre production rêveuse comme *seule* capable d'assurer une certaine jouissance, laquelle bien sûr vise autre chose qu'une envie occasionnelle; elle doit répondre à la béance plus voilée qui la conditionne, et qui est le désir inconscient en question. En un sens, *la séduction est un déploiement privilégié du fantasme*, et chacun sait qu'elle recherche l'*unicité*, le trait spécifique. Pour reprendre un exemple banal, telle femme peut sentir ou « fantasmer » que la séduction à quoi on l'appelle et qu'on veut exercer sur elle ne s'adresse *qu'à elle*, et que du coup elle *seule* peut y répondre; eh bien, cela *seul* peut suffire à la séduire, plus que la séduction en cours; d'abord cette séduction la distingue, la nomme d'un nom fait de désir, *l'appelle* (comme) *femme* en la coupant de la masse anonyme des femmes; mais surtout, si elle *seule* peut répondre, alors ou bien elle est précipitée dans cette réponse (et d'autant plus massivement que c'est à elle-même qu'elle répond : à *sa* question : suis-je une femme?), ou bien elle promet de répondre, elle *se* promet de répondre, elle diffère donc la réponse et s'engage ainsi... dans la séduction de cette différence. Dans les deux cas, c'est d'une différence *spécifique* et unique qu'elle se promet de jouir.

Nous avons dit qu'elle « fantasme »; c'est le sens « vulgaire » du mot fantasme, mais qu'il ne faut pas mépriser; même si l'essentiel de ce qu'on appelle fantasme est plutôt une musique d'accompagnement pour une scène strictement réglée, impérative, qui est *le fantasme* proprement dit, où nous cherchons à produire un certain objet, une forme de désir et de jouissance, pour *répondre* non pas à « quelqu'un » (pas toujours, encore que ce soit à quelqu'un-qu'on-imagine) mais à ce qui nous est apparu comme un manque, un *appel* venu des entournures les plus bizarres, les plus enfouies de la parole; « appel », mais c'est nous-mêmes qui l'avons érigé en appel pour pouvoir y répondre, et c'est d'autant plus bizarre, que ce qui « manquait », du moins à nos yeux d'enfant ou d'adolescent, ça a pu être le manque lui-même. N'y voyez pas un raffinement futile : si par exemple un de vos géniteurs vous est apparu comme spécialement besogneux, exclu des fantaisies et jouissances de la dépense absurde, vous pouvez parfaitement devenir un gaspilleur et un rateur professionnel, et vous fabriquer pour cela un petit fantasme impératif à quoi vos rêveries les plus foisonnantes pourront s'accrocher, et qui vous permettra de doter votre père du manque et de la perte qui lui ont manqué, et de donner ainsi satisfaction non pas à « lui » mais à ce que vous avez ressenti, à votre insu, comme une véritable implication logique, une poussée compulsive, qu'on peut à peine « expliquer » en déclarant que vous supportez plus mal que d'autres d'être descendants d'un père besogneux, et qu'il vous faut réparer après coup ce manque du manque dont « lui-même » ne s'est pas plaint... (son silence a pu excéder toute demande : du moins le fantasme consiste à le croire); et vous *portez* (toute sa) *plainte* à sa place, pour l'annuler ou vous annuler en elle, ou en faire autre chose.

Naturellement ce n'est pas à lui ni même à son inconscient que vous allez dédier vos mises en scène et constructions fantasmatiques; elles seront d'ailleurs, la plupart du temps, centrées sur vous. Tout comme le rêve, le fantasme est centré sur la personne qui le produit, et qui se garde bien de savoir par quelles voies elle en est elle-même le produit; c'est ce petit écart qui donne sa double dimension au fantasme : il semble bricoler une jouissance particulière à celui (ou à celle) qui le met en scène, mais les particularités de cette jouissance, ses bizarreries et ses lourdeurs répétitives, peuvent faire penser au metteur en scène qu'il est lui-même mis en scène, tout entier, là où il croit raffiner les points et les découpes de sa dentelle fantasmatique, dans le débridage qu'il croit extrême de sa « fantaisie »; il suit les indications impératives d'un metteur en scène inconnu, nommé Destin parfois (par paresse), qui n'est peut-être qu'un mot, une phrase cueillie au hasard, et qui nous a « séduit » en nous prenant dans ses embranchements vénéneux qui à d'autres semblent anodins; cette mise en scène dont nous sommes l'objet peut elle-même résulter des soubresauts d'une autre mise en scène, concernant un de nos proches ou un élément de son « destin », mise en scène qui elle-même échappait à ses acteurs... (Ce tourbillon du vaste théâtre du monde, Shakespeare en a eu la précise et globale intuition, en nommant son théâtre *Théâtre du Globe*, et en y faisant jouer, mis en pièces par lui, le théâtre de tout le monde.) Donc, en mettant en scène « mon » fantasme, du fait que je le forme, je le donne à voir à quelque Spectateur mystérieux, dans l'ombre (peut-être même est-ce l'Ombre des mots non dits que j'érige en Spectateur), et qui n'est pas le « vrai » metteur en scène de mon spectacle. De cet « être », ou de cette virtualité de l'être, je ne sais rien (*c'est* le contour de mon insu), c'est Personne, c'est quelque cassure interne aux mots que j'ai reçus, et à travers laquelle je rampe avec souffrance et ravissement, en attendant un partenaire que je chargerai de non pas le réaliser, mon fantasme (Dieu garde... on n'est jamais si bête que ça...) mais d'en être avec moi partie prenante, ne serait-ce qu'en incarnant pour moi ceci : que dans mon fantasme je ne suis pas seul... De fait, à travers la scène rituelle que je monte, ou que je « fais » (on en *fait* des scènes) à ce Spectateur difficile qu'aucune de mes mises ne satisfait, puisqu'il s'en moque d'autant plus qu'il n'existe pas, et qu'existerait-il, il ne saurait pas que *c'est* lui, en produisant donc mon fantasme, je dis d'abord cette simple énormité : c'est que « mon » fantasme est non pas ce qui m'a « séduit » (son côté « séduisant » n'est qu'une retombée, une plus-value secondaire, parfois une illusion d'optique...) mais c'est que *mon fantasme est ma réponse à une séduction où je fus pris à mon insu* ; réponse elle-même insue à des accents qui dans cette houle de langage où nous baignons m'avaient submergé, un jour qu'absent à moi-même, donc en état de séductibilité virtuelle, je ne savais pas ce que j'entendais... Ça m'a séduit : c'est ce qui s'y inscrivait en négatif en manque en pointillés qui m'a capté, dévoyé, détourné de « mon » chemin (drôle de mot : je n'avais pas de chemin, nos chemins sont *faits* de ces sortes de dévoiements). Dès lors, ce qu'on recherche avec ses partenaires en séduction, c'est à retrouver sinon cette différence première, cette cassure radicale, ce soubresaut de langage (désir-idée..., « *de la famille des iridées* », dit Mallarmé, ce qui rend bien l'atmosphère fleur-toxique où l'on s'est fait prendre...), ce qu'on recherche, c'est sinon cette différence, du moins l'irruption qu'elle fit en nous, irruption-viol-violence que l'on tente, vainement, de convertir en *jeu*, petite danse tragique, pas-de-deux autour de l'instant d'une emprise.

Vous me direz : mais si le Metteur en scène ou le Spectateur mystérieux de mon fantasme, si le Séducteur-violeur initial a *existé*, dans la « réalité », il n'y a qu'à aller lui rendre, dans une représentation unique et définitive, première et dernière, le geste de sa séduction, la scène de son emprise. Ce n'est pas si bête (certains pensent même, et pas vraiment à tort, que la psychana-lyse, c'est fait pour ce genre de répétition, devant un Spectateur-Acteur averti bienveillant et « formé » qu'est le psychanalyste...), mais pas si simple : si le Séducteur-Metteur en scène, au lieu de n'être qu'une entournure dans la langue et sa transmission, a existé dans la « réalité » comme personnage, c'est presque pire, car non seulement on doit fabriquer le fantasme (on « doit »...) mais nos fantasmes sont menacés de réalité, menacés d'être *de la réalité* ; leur totale réalité écrase la nôtre et entrave les possibilités du jeu : a fortiori elle abolit l'au-delà du jeu. Le fait que ce qui nous a séduit et a impliqué notre fantasme ait eu figure ou « réalité » humaine devient curieusement une obstruction au jeu du fan-tasme, comme si, réalisant l'entre-choc entre un nom et un corps (le nom de notre Metteur en scène et le corps que nous essayons par le fantasme de lui produire), cette « réalité » empêchait le libre jeu des noms et des corps : en tombant juste chaque fois, le fantasme nous fait tomber avec lui dans un trou de réalité, un trop de réalité [15bis].

De fait, nous passons notre vie à *répondre* par du fantasme aux trouées du monde que nous érigeons en questions : questions que nul n'avait posées : mais de les soulever comme questions, et de les porter, nous lie un peu plus à ces trouées où autrement notre tendance naturelle serait de sombrer. (Autre version de la chose : sombrer dans l'indifférence.) La séduction est une première impulsion à ne pas sombrer dans le trou de l'absence de nom. Et la séduction que « dans la vie », l'autre exerce sur moi, c'est la promesse d'être l'un pour l'autre les deux parties prenantes (et qui sait, « complémentaires »...) de cette cassure du symbolique, qui est à vrai dire l'arête aiguë de sa transmission, la frontière où il change de surface, de niveau, d'intensité; être donc, à deux, partie prenante de cette blessure du symbolique, dont nous verrons qu'une tendance irrésistible est de l'identifier à « la Femme »; pas à « la Mère », mais au support symbolique ultime, lui-même fantas-mé, de l'*être-Femme*, dont l'être Dieu-donneur-de-vie ou Créateur est peut-être une des variantes; c'est après coup, dans une autre couche du fantasme, que l'être-Femme est pris en charge par la Mère, censée en détenir les voies d'accès... Le fait qu'on ait ressassé que « la Femme n'existe pas » semble être la meilleure preuve de l'insistance plutôt massive à faire en sorte qu'elle existe. Et si l' « hystérique » met sa jouissance et son absence dans le sillage de cet Autre-Femme, son inexistence ne trouve pas plus de place pour s'inscrire que son existence. Cela rappelle l' « existence » de Dieu; c'est sans doute parce qu'ils n'existent pas qu'on a dû *inventer* des dieux, pour que ces êtres surnaturels habitent les failles les plus douloureuses du langage, et soient installés à demeure aux entournures de sa transmission, qu'ils protègent l' « homme » ou du moins lui permettent de s'y retrouver un peu; qu'ils soient – inventions « folles » – des garde-fous. L'exemple majeur dans ce sens, c'est l'invention du Dieu biblique, carrément identifié à toutes les cassures fondamentales et formatrices de la Loi, de la Langue, identifié à la dimension symbolique même; de ce fait, il ne pouvait qu'être « unique », et infiniment récurrent; et l'on peut dire que ses inventeurs, leurs descendants, n'ont pas fini de déguster de la part des autres, pour leur avoir mis dans les pattes une pareille invention.

Le fantasme – et de là vient aussi son aspect « créatif » – assure la correspondance entre une pensée et un personnage, une virtualité de langage et un « être vivant », du coup fabuleux. Si deux

---

[15bis]. L'aspect clinique sous-jacent a été reporté au prochain tome, de même que l'étude sur la perversion.

fantasmes s'attirent, et s'activent à faire vrombir la séduction de leur attrait, c'est que chacun promet à l'autre d'être le « personnage » correspondant à l'énoncé (ou à l'idée) de son fantasme; personnage peu ordinaire, étant, on l'a vu, Auteur-Metteur en scène-Spectateur-Acteur du fantasme de l'autre, dont il remplit les pointillés et raccorde les liens manquants, ce qui le rend fabuleux. (Certains auteurs découvrent avec émerveillement cette correspondance entre une pensée et le personnage qui l'incarne; et « dévoilent » derrière les personnages des mythes ou des contes pour enfants, des fantasmes, mais oui, en pleine action...)

Ce qu'on peut appeler séduction élémentaire, celle qui vire au rituel ou à l'automatisme, ne vise qu'à nous faire coïncider avec nous-mêmes, nous inclut complètement dans le fantasme, le « nôtre », et nous met au service de la jouissance de l'Autre, que cet Autre soit une cassure du langage à réparer, une blessure du monde à guérir, une faillite de nos ascendants à surmonter pour leur compte... Au contraire une séduction capable de se traverser elle-même et en tout cas de traverser la rituelle, suppose qu'on laisse l'Autre, quel qu'il soit ou ne soit pas, responsable de son désir et de ses dérives. Non seulement l'Autre (incarné ou pas) n'a rien demandé, mais il *ne peut pas* avoir demandé ce qui lui manque, car de ce fait il aurait demandé son anéantissement. Plus concrètement un autre quelconque ne peut pas nous « demander » *de quoi désirer*, car à supposer qu'on entreprenne de le lui donner, on lui donnerait du même coup l'arrachement de ce désir. Certes on peut toujours proclamer – ou rappeler avec insistance – que cet Autre pour qui on se fend d'un fantasme n'existe pas; ou est aveugle, ou s'en fout...

Mais celui qui se livre à ces touchants rappels – tel un militant du Savoir ou de la Vérité – oublie que les captifs qu'il veut libérer, ou du moins éclairer, jouissent à pleins tubes de ce fantasme qu'ils font semblant de dédier à l'Autre; ceux qui se châtrent parce qu'ils s'imaginent que l'Autre le leur demande, on ne peut pas les détromper en leur rappelant que rien de tel n'est demandé; ils le savent, mais ils l'oublient pour reluquer plus à l'aise une jouissance de zombie. On peut donc rire des annonces et bonnes nouvelles qu'une psychanalyse up-to-date nous apporte telles que : il n'y a pas d'Autre à faire jouir; il n'y a pas la Femme; il n'y a pas de rapport sexuel; il n'y a pas d'Autre de l'Autre (encore que : le désir de l'homme est le désir de l'Autre...). Outre que ces énoncés n'ont cours que dans les cercles qui les monnaient, une telle annonce, qu'il n'y a pas d'Autre à faire jouir, ou mieux : que ce qu'on s'imagine soutenir par nos fantasmes n'existe pas, revient seulement à dire qu'un fantasme soutient un fantasme; et c'est bien vrai : le fantasme prétend même se soutenir tout seul. Mais on voit mal en quoi cette « révélation » apaise le fantasme et les séductions qui s'y rattachent. La position foncièrement dépressive, et en ce sens « narcissique », de ceux qui renoncent à la séduction, pour ce qu'elle a d'imaginaire, ou qui croient y renoncer (car ils sont en fait dans une autre séduction plus inerte et pétrifiée), cette position de Vérité, ou de Savoir véritable, non seulement est une position de mort, mais elle invalide après coup, pour ce qu'il a de morbide, le savoir qui l'a produite. Le fait qu'il n'y ait pas de dernier mot au Cosmos n'a jamais empêché les hommes de tenter de le faire parler, un peu plus loin ou *autrement*; le fait qu'aucun poème si fort soit-il n'agira réellement ce dont il parle, n'a jamais empêché les humains de poétiser et de se séduire ou de séduire le langage à travers le poème. C'est qu'en fait, même ceux qui se soumettent complètement à cette « jouissance de l'Autre », c'est la leur qu'ils recherchent; ce qui séduit en général ce n'est pas de faire jouir l'Autre, c'est la quête d'autres surprises, d'autres jouissances à éprouver (d'autres sépultures où vivre, dit Beckett), d'autres assurances à obtenir qui notamment *arrêtent* cette quête épuisante et « stupide » de jouissance. C'est *parce qu*'il n'y a pas d'Autre à faire jouir, et qu'on le sait, qu'on est séduit par ce qui est « autre ». De ce qui touche à la séduction, la psychanalyse n'a dit au fond que des choses raisonnables; or l'être parlant n'est de raison que séduit par la déraison, et porté par elle...

4. *La séduction, première mise en place d'inconscient*

Il y a une curieuse idée sur la séduction qui dans l'opinion courante – et aussi dans les meilleurs textes, dans Freud par exemple – se donne pour évidente : c'est qu'on est séduit par certains êtres (des enfants, des femmes belles, etc.) qui semblent se suffire à eux-mêmes, indifférents à leur charme et à l'attirance qu'ils inspirent, négligents de la fascination qu'ils exercent sur nous. Il est vrai que cette splendeur narcissique ignorante d'elle-même a *quelque chose* de séduisant; c'est même au point que certains narcissismes encore « imparfaits » croient se parfaire en affichant de s'ignorer, en se parant de l'oubli de soi qui suppose, justement, la perfection, l'autosuffisance dégagée de toute idée d'arrogance ou de modestie [16]...

16. En poursuivant ce filon on constate que « penser » – même ne penser qu'à soi – relève déjà d'une insuffisance à soi-même, d'une sorte de blessure en soi, qui appelle à se penser, et dont la pensée est comme un baume paradoxal : il échoue à suturer la plaie, mais à force de s'y employer – ou de seulement le promettre – il nous la fait *oublier*... Et

Or si l'autosuffisance peut amorcer une séduction il se révèle d'emblée que c'est pour la raison contraire de celle qu'on attend : ce qui nous séduit et nous attire en elle, c'est l'idée de la faire vibrer, d'y être pour quelque chose, d'y insinuer notre altérité ; c'est la vacillation de cette autosuffisance qui nous séduit, l'insuffisance que nous pourrions à tout moment y révéler. Voyez ce superbe narcissisme de l'enfant ; il séduit surtout ses parents qui savent sur quel fond de dépendance il s'érige ; ils sentent qu'ils peuvent à tout moment le faire vaciller en accentuant – légèrement – leur présence ou leur absence ; du reste ils ne s'en privent pas, de faire irruption, et parfois à contresens : ils s'absentent en arborant leur présence, et celle-ci ils l'inscrivent en se retirant... (D'ailleurs, dès qu'on parle, on entame l'autosuffisance de ceux qui entendent, on les entame *de* leur écoute ; a fortiori quand des parents parlent aux enfants ; il arrive même qu'ils les entament si bien qu'ils les pulvérisent, ou les pétrifient...) Et même si on dit qu'ils sont séduits par le narcissisme enfantin parce qu'ils s'identifient à l'enfant pour retrouver à travers lui la perfection qu'ils ont été (ou qu'ils voudraient avoir été), c'est encore sur ce fond vacillant et vibrant entre l'autosuffisance et ses négations déployées que s'infiltre l'élan séducteur... C'est sur fond de leur propre insuffisance qu'ils sont attirés par ce semblant d'autonomie, qui vibre d'autant plus sous l'effet des nominations que les adultes y insinuent.

On peut aussi prendre l'exemple des femmes narcissiques et belles – évoquées par Freud – et qui exercent une fascination d'autant plus vive qu'elles y sont insensibles ; elles sont d'autant plus irrésistibles qu'inattentives aux passions qu'elles suscitent. Freud semble dire que les hommes sont en adoration devant elles, parce qu'ils trouvent en elles le narcissisme qu'ils n'ont pas, – eux dont le narcissisme a volé en éclats devant cette splendeur autosuffisante. L'argument est curieux, car c'est bien leur adoration qui les fait se dessaisir de leur narcissisme et le reporter sur ces déesses dont ils semblent attendre qu'elles le leur restituent, qu'elles leur rendent en partie un petit « éclat » narcissique, par exemple en les aimant, en « se donnant », etc. Attente plutôt vaine ;

c'est en quoi la pensée est une vitale distraction, qui à son tour exige de sortir d'elle-même et de ses jeux pour s'y retrouver ; car il est essentiel pour la pensée de se distraire d'elle-même, sinon elle devient la suture qui manquait... Mais laissons ici ce filon trop distrayant ; que le lecteur le suive tout seul... ; il le mène à voir que *la pensée comme le désir ne se suffit pas*, et en même temps se remplit – à craquer – de cette insuffisance ; d'où leur proximité, du même ordre que ce qui rapproche plaisir et douleur. Et là encore, paradoxe : la pensée et le désir recourent aux mots pour prolonger et suppléer à leur insuffisance, pour garder le contact avec eux-mêmes. Et en cherchant le mot de la *fin* ils basculent dans le sans-fin. C'est dire qu'ils vibrent à la fréquence, rare, du langage naissant, remplis des mots qu'ils ne peuvent dire, et qui ravivent leur insuffisance...

comme d'attendre qu'on vous restitue un cadeau – d'autant que celui-ci est un don de paroles silencieuses... Du reste, quand a lieu la restitution, les déesses, devenues trop humaines presque indifférentes, ne portent plus la différence secrète entre l'exaltation du narcissisme et son annulation. En tout cas, les fidèles de ces monstres autosuffisants tentent d'être pour quelque chose dans cette suffisance ; et là encore, dans la suffisance qu'ils contribuent à ériger (ou à nommer) par leur adoration, ils tentent d'ouvrir un manque, de produire au moins la vacillation d'une insuffisance qui les rebrancherait – eux et leur belle – sur une ouverture d'inconscient, d'où peut resurgir ce qui ferait vibrer les limites de l'autosuffisance [17].

On entrevoit en quel sens la séduction est un premier déclenchement du régime inconscient ; sa première mise en place. (Et si elle est compulsive, c'est que, pour tel sujet, ses seuils d'inconscient se sont fixés compulsivement : quand l'approche de la pulsion fait d'emblée compulsion.) Ce n'est pas tant que l'inconscient soit la mesure de notre insuffisance (encore qu'au point de vue du savoir on soit « scié » de ce côté-là), c'est plutôt aux points de contact à l'inconscient, là où tressaille l'effet de désir, que notre autosuffisance en prend un coup, et que s'exerce aussi l'insuffisance du désir à lui-même.

Allons plus loin. Le fantasme d'une séduction très ancienne (Genèse...) serait donc un des moyens – peut-être le seul – de *prendre appui sur une séparation d'avec « soi » imputée à l'« autre »*, alors qu'il n'y a encore ni l'un ni l'autre, à supposer qu'ils existent après, puisqu'à ce niveau d'inconscient il n'y a ni avant ni après... Bien sûr, on dit la mère « premier séducteur » de l'enfant. Outre que la mère est aussi séduite par l'enfant comme parti(e) d'elle, et que tous deux sont séduits par la séduction de l'un pour l'autre (et les pauvres « premières mères », drôle de nom, précisaient bien – à Freud – que leurs petites filles aimaient ça, et qu'elles insistaient pour qu'on les touche aux bons endroits...), on se demande ce que ça éclaire, puisque ça se passe à une « époque » où la séparation d'avec la mère n'est pas faite quant au désir, et que la séduction est

---

17. A l'exemple des enfants et des femmes « narcissiques », il faudrait ajouter celui des animaux splendides et indifférents à notre admiration ; mais il est trop compliqué pour qu'on l'aborde ici d'autant que le silence obstiné des animaux ne simplifie pas la question – il est même au cœur de la question : quoi de plus souverainement indifférent qu'un certain silence animal que n'égale nul de nos silences ; car nos silences peuvent encore bavarder mais le silence de ces animaux est une trouée de l'être qui s'en est tenu à l'imminence de la parole, alors même qu'il s'avance très loin dans le champ de la signifiance... Et là encore, nous essayons d'être pour quelque chose dans leur comportement, et n'arrivons qu'à les *dresser*...

une séparation supposée, projetée, « désirée », qui sépare *soi* d'avec *soi-comme-autre*, et l'autre d'avec lui-même... Dire la mère « premier séducteur », c'est supposer acquises l'idée de séduction et celle de premier qui justement sont en cours, en train de s'emmêler et de prendre forme. L'intuition freudienne est pourtant juste si on la déplace : dans cette « séduction », l'enfant est en proie à une autre part de lui-même (imagée par sa mère), cette part marquée d'un désir autre ; et la mère aussi se débat avec ça. Deux auto-érotismes fissurés s'affrontent et se dévoient par les rouages et les rouageries propres au langage, si pauvre soit-il. Est-ce un mythe ? une réalité ? un fantasme ? C'est en tout cas un montage « séduisant », autoséducteur ; et la *gratuité* de cette « séduction » est aussi signifiante : une mère « séduit » *l'enfant qui déjà ou encore est tout à elle*... Evidemment, cette emprise infiltre déjà une séparation, une secousse potentielle. La mère se séduit et se met hors d'elle pour se retrouver telle qu'elle fut ou telle qu'elle s'est rêvée, au moyen de cette part d'elle-même. Mais justement, question de *tout, pas tout, partie, prise à partie*, la séduction joue à fond cette partie-là.

La mère ne « séduit » l'enfant qu'en le prenant à partie et à témoin de la part de son désir qui lui est inconsciente. L'angoisse qu'il en recueille et dont il fera plus tard sa phobie, son fétiche, ou son cinéma plus ou moins riche (Freud disait bien que du fantasme d'avoir été séduit, l'enfant faisait « écran » à ses masturbations...), cette angoisse qui peut rester assez jouable, s'enracine dans ceci que par le désir dont sa mère fit montre à son insu, l'enfant découvre qu'il n'est pas seul avec son sexe ; il voit le risque qu'elle l'ait en main ou sous la main, et qu'elle rabatte sur lui sa quête inconsciente, sa requête idéale... C'est ce qui l'induira plus tard dans le « désir de la mère », dans le désir pour le compte de la mère, et non dans le désir du père pour elle, car le père a rarement assez compté pour rendre d'autres « comptes » inutiles...

Cela dit, cette séduction mère-enfant fait consister un lien pour l'exposer à d'autres secousses, déplacements ou transferts. Et la question qu'elle pose (a-t-elle eu « vraiment » lieu ou pas ?) se déplace elle aussi, et au-delà du potentiel de séductions d'abord imputé à la mère puis au père, et à d'autres..., elle devient : comment faire la *part* du réel et de ce qu'on s'est imaginé ? avec quoi départager ? La dimension symbolique a partie liée avec les deux, mais c'est sa *mise en place* qui est le nerf de la question, c'est son fonctionnement comme lieu hors lieu, pure occurrence de la lettre dans le temps où elle advient et le lieu qu'elle fait tenir. En ce point, *symboliser n'est que marquer un partage impossible*, le retenir et s'y tenir, le faire endosser à la lettre par l'inconscient. Il s'agit bien de mettre en place le registre de l'inconscient comme support de signifiance et ombilic du temps, ou plutôt seuil par où le temps se donne.

Et la question de savoir ce qu'est un souvenir ou une pensée vient donc, par la séduction, s'ancrer dans ce registre inconscient, en fantasme ; fantasme de l'autre à la fois réel (comme l'est le corps constellé – et consternant – de nos pulsions...) et présymbolique : se prêtant à une genèse symbolique. Ainsi, le « *C'est pas-moi, c'est l'autre* » est une première fonction du jugement, par la dénégation. Même Richard III le dit : ce n'est pas moi qui ai tué, c'est l'autre absolu, c'est votre beauté ; c'est elle le hors-la-loi et le meurtrier potentiel du genre humain... C'est l'Autre ; comme meurtrier, il n'est, lui, qu'un *enfant*, un rejeton de cette beauté... Ainsi il révèle à elle-même la dame séduite par sa beauté, et dont le narcissisme se ressaisit dans son vertige même, et du coup se signifie, se ligature, grâce au détour par cet autre absolu qu'est Dieu.

Tout ceci éclaire (voire aveugle...) les séductions ultérieures : c'est à prendre à la lettre : le séducteur comme tel n'a aucune réalité ; même s'il débarque – tel Don Juan – pour l'arracher à ses rencontres intimes avec son dieu (à son « couvent ») la dame y couvait déjà son séducteur fantasme, et elle courait déjà bon train les voies béates et béantes où son fantasme la dévoyait.

Dans ce fameux « pas-moi », le moi se foule d'un premier *pas*, pas-tout-moi, et ce piétinement fictif où se délecte la séduction, ce *pas* qui passe partout à la recherche de son égarement, c'est là que dans la vacillation de son dire, la séduction questionne la possibilité de tout *dire* et le temps précaire, informe, où ça se dit... au passage, au passé. Voyez la « séduction » d'Eve, elle se déclenche sur l'équivoque entre *tout* et *pas-tout* : le « serpent » attaque la dame d'emblée : « ainsi Dieu a dit vous ne mangerez pas de *tout* arbre du jardin » ; partie serrée qui se joue entre : vous ne mangerez de *pas un* arbre, et : vous ne mangerez *pas de tous* les arbres... C'est à partir de là que vibre l'inconscient, d'un savoir qui s'entame de lui-même, et qui, de se savoir... se perd, et de se perdre se ressaisit : car Dieu sait, dit le serpent, que le jour où vous en mangerez, vous *saurez*, vos yeux s'ouvriront... Et tout le reste de la scène (après le prétendu « péché ») joue sur la possibilité d'un savoir *premier*. L'homme ayant vu sa nudité, se cache : « Qui t'a dit que tu es nu ? », et qui t'a dit que le nu se cache ? Il y a là un savoir « nouveau » pour pallier le savoir en défaut qui se cherche : c'est que ce « premier » savoir insituable porte sur l'*image* du corps, la pudeur [18], et montre que *par la séduction une image est traversée*, indéfiniment, donc *maintenue* dans son infinie densité. La séduction « *première* »,

---

18. Richard III séduit la dame dans une impudeur radicale, et c'est en quoi il fait *vibrer la formation originaire* de cette pudeur. L'impudeur qui séduit suppose la pudeur mise à nu, prise en défaut, surprise de son échec...

précoce, traumatique, semble ainsi faire exister une sorte d'image présignifiante, qui balbutie, et qui à l'orée du langage, est posée comme un réel qui sera plus tard... présupposé ; au prix d'un léger vertige du temps. Du reste, l'enjeu « temporel » de la séduction est patent dans ce montage d'écriture : l'arbre du savoir en enveloppe un autre, où, au-delà de la différence, vibre, en vie « pure », la promesse d'un défi au temps par le sexe et le fil des générations. Ils n'atteindront pas cet arbre de vie, mais par le passage du sexuel ils seront immortels, à ceci près que ce ne sera *pas-eux* (encore un « pas ») : l'humain en tant que sexué est « immortel » comme la vie, mais ce n'est *pas*-lui qui ne meurt pas, c'est le grain ; le germen ; à la rigueur... *L'espèce* se tue à être immortelle.

La constance des fantasmes de séduction (donc leur caractère d'invariant), Freud l'impute tout net à notre « dotation phylogénétique ». Dans ces fantasmes, dit-il, « l'individu atteint au-delà de sa propre expérience, une expérience primordiale, là où la sienne a été rudimentaire... Il me semble tout à fait possible que ce qui se dit à nous en analyse comme fantasme ait été une fois un événement réel, en des temps primordiaux de la Famille humaine... et que par leurs fantasmes, les enfants ne fassent que suppléer aux manques de la vérité individuelle par une vérité préhistorique ». L'ennui est que ce propos on peut le dire de tout fantasme, et il est bien possible que ce qu'on s'imagine ait été une fois réel (ne serait-ce que *réellement*... imaginé) ; qu'importe ? En revanche, l'écart vibrant entre le fantasme et la « fois » unique dont on ne sait si elle était ou sera (il était une fois, celle dont on rêve), suggère que *tout fantasme est d'abord une autoséduction* qu'on partage... avec soi, ou avec l'autre qu'on croit devenir ; on comprend qu'elle serve de refuge et se prête au fétiche. En tout cas, Freud nous répète sous forme de mythe (ce qui dans la Genèse déclenche le germe de l'écriture, à savoir) que *le genre humain est radicalement en proie à la séduction, de tout temps, dans l'inconscient*, dans la possibilité même de la parole rythmée par le corps des pulsions. Et c'est la nécessité, jouée à fond, de ce fantasme de séduction, qui est « réelle » : ce que ce fantasme a de « réel », c'est qu'on ne puisse le distinguer de ce qui a pu se passer, alors même qu'il est chargé, ce fantasme, de retenir ce qu'est « une fois » ; car en fait de fantasme, fête du fantasme légère ou sombre, la séduction suppose nommable le foisonnement originel de formes innommables, qu'elle pourrait capturer par l'après-coup du « *souvenir imaginaire* ».

Et dans cette séduction « primitive », genèse du désir, non seulement il n'est pas question de « péché », mais c'est mis en scène comme un *écart* irréductible, une voie d'accès au désir dans l'écart de la pulsion. D'ailleurs le mot pour « séduction » est très précis : Eve dit que le serpent l'a « *levée* », soulevée, déplacée ; c'est là un signifiant très vaste [19], qui instaure *une différence dans le sens de la verticalité*, de l'érection : il l'a « levée », verticalisée. Il a fait que pour elle il y ait de l'érection. (La « tête », ou le chef, le prince, se disent par le même mot; le chef n'est-il pas celui de ses membres par où le groupe bande, celui qui fait du groupe sa bande?) Et la malédiction sur le serpent inversera cette érection de bas en haut : « qu'il rampe »... Mais que la femme ait été levée, déplacée, fait partie d'un jeu d'écarts qui rend possible ce « soulèvement » de la pulsion et qui le bride d'une signifiance où s'annoncent l'érection du trait, l'attrait de l'impossible à tracer, qui vous déplace, entre le plaisir qui échappe et l'achoppement qui *fait* plaisir [20]...

La séduction assure donc un *transfert au passé*, transfert d'un passé qui n'eut pas lieu et dont elle s'offre à *être* le lieu, le relais, la reconduction infinie. On comprend qu'en ce point de séduction, l'image, souveraine, déplie le *temps*, déploie *tout* le temps où l'après-coup vient puiser ses instants. Et le lien indissoluble entre séduction et fantasme-de-séduction répète une pure image, intenable dans sa pureté, à bout d'elle-même [21].

L'ombilic inconscient de la séduction, à son point de genèse, ne reste pas « mystérieux », il s'observe à de simples détails : qu'un homme montre son désir à une femme, il la ferait fuir; qu'il se montre à elle la désirant sans le savoir, et le lien séducteur se noue, ou se déclenche grâce à la part d'inconscient qu'il y aura risquée (car il est difficile de *paraître* ignorer qu'on désire, quand on désire : le savoir se transmet bien d'un inconscient à l'autre...). Beaucoup attribuent leur séduction à leur brillance, à tel *trait* en soi qui serait le leur; c'est au contraire parce que ce trait leur échappe et que leur brillance se troue d'une ombre où ils semblent démunis.

19. Je l'ai évoqué dans « Premier meurtre », où pour Caïn il indique le déplacement d'une parole figée, la passe possible d'un désir sur quoi justement Caïn fait l'impasse (cf. *l'Autre incastrable*, p. 37).
Richard III, lui, se glisse entre la femme et le père mort, entre la femme et le mari mort, entre la femme et le ciel. C'est la même scène « première », où le « meurtre » du père en tant qu'*autre*, que *rival* ou simple débris, se fait « réel ».
20. Ajoutons qu'en d'autres foisonnements d'Écritures, la séduction, loin de subvertir l'ordre divin, est au contraire le moyen qu'a la divinité de dévoyer ses élus hors du lieu commun, pour qu'ils puissent « entendre » et transmettre, ils tirent alors le trait qui les attire, les fissure, les déborde.
21. D'ailleurs l'art se charge de la séduction, l'art de l'image la prend en charge, la sublime ou l'étale en lui, la *dit* sous l'image, l'abîme en images, avec l'espoir d'induire *cette perception originaire*, cette *image* « unique », *trouée* de ce qu'on ne puisse y mettre un nom ou un savoir... Cet art aujourd'hui est assez débordé (de ses tares mêmes); et séduire par l'image (pas seulement pornographique) est une industrie où l'on voudrait par le grand nombre, les grandes séries, suppléer *la pénurie imaginaire* qui est le trait le plus saillant de « nos » sociétés de l'image.

En somme, *bien qu'ils s'efforcent par semblants et calculs de conquérir l'autre, ils l'ont déjà conquis de s'être révélés pris en lui à leur insu.* Tout cela est courant : on est tant séduit par le non-savoir qu'a l'autre de sa séduction, qu'on le lui prête, ce non-savoir, on le lui suppose, quitte en s'y engouffrant à se retrouver dans sa propre supposition, dans *le transfert à soi-même.*

On voit ainsi le paradoxe que veut résoudre et que soutient la séduction : retrouver dans l'autre la part de nous qu'il nous montre, mais pour cela, lui prêter à cet autre, lui supposer, ce qu'il faut de nous pour exister, ou (ce qui revient au même) pour nous faire exister comme autre. *La séduction veut réparer le deuil qu'elle provoque,* quitte à se faire aussi provocante qu'irréparable... Elle doit *réparer la béance narcissique qu'en même temps elle fait consister.* De l'attrait pour l'autre, elle fait un attrait pour la part de nous qui s'y retrouve – un attrait pour nous-mêmes ou plutôt pour notre altération maîtrisée – et de celui-ci elle fait un élan vers l'autre qui nous y ramène. Elle est donc à la frontière entre l' « amour de soi » et l' « amour de l'autre », ou plutôt, elle est ce qui démontre que ces deux domaines ne peuvent être doctement distingués : elle les fait tant communiquer qu'elle abolit leurs différences, lesquelles d'ailleurs n'ont pas besoin, pour s'abolir ou se brouiller, d'un déchaînement de séduction. Exemple : dans son texte sur le *Narcissisme,* Freud donne deux petites listes, l'une de l'amour narcissique et l'autre de l'amour par étayage ou « anaclitique » ou d'objet...; et dans cette dernière, le trait typique c'est l'amour pour la « femme qui nourrit »; on l'aimerait donc, on la rechercherait, pour son sein, lequel justement a été une partie du corps du sujet quand il était nourrisson. Adulte, il aimerait donc, selon le type « anaclitique »... narcissiquement; et les deux listes se brouillent. Eh bien, la séduction fait voler en éclats cette sage frontière, mais elle en garde l'éclat et elle lui redonne un semblant de consistance. Notamment, en prenant comme limite et bord d'appui la rencontre de deux fantasmes en leur commune « origine » – absente.

Cette rencontre des deux fantasmes répète ou « incante » à plaisir une rencontre sexuelle, où les partenaires sont tour à tour le sexe qui leur échappe; le leur ou l'autre, peu importe; le sexe. On pourrait, dans ce mouvement, inscrire quatre temps qui « épuisent » la course « normale » du séducteur (si esthète fût-il); voici un cycle parmi d'autres... : 1. l'un *a* l'objet, il est supposé l'avoir. – 2. donc, il l'est, cet objet. – 3. donc l'autre l'avait (et l'a perdu). – 4. donc l'ayant maintenant à nouveau, cet autre le perd (ou le reperd encore). Remontez la série des déductions (« donc »...), vous aurez celle des présupposés.

Ce petit cycle n'est qu'un des rouages de la machinerie, mais on y voit d'emblée un transfert, à la fois présent et occulté : l'un – disons l'homme, pour *simplifier* – est supposé *l'*avoir, dont il *l'*est; il *est* ce qu'on lui suppose et même *il est le transfert qu'on fait sur lui*, il est la supposition qu'il provoque. Et par là, il revient à l'autre, il appartient à l'autre, disons à la femme, qui transfère sur sa propre personne l'existence de cet objet, sa perte, et son retour. Et au moment où elle peut croire tous ses manques démentis, au comble de la jouissance d'être enfin « elle-même » (ou de le croire), survient le retrait (qu'au besoin *elle* provoque...), l'arrachage indispensable qui seul authentifie les mouvements précédents; *c'était* bien l'objet manquant puisque *c'est de le perdre qu'elle l'aura eu;* cette détumescence devient la preuve que c'était un coït, et la *preuve redevient son propre démenti* [22]. Et du coup, ce dernier « temps », celui de la séparation, par sa force signifiante, redevient le « premier », après lequel à nouveau (entre les temps 1 et 2), dès que l'un « devient » ce qui manque à l'autre, il évoque la plénitude phallique où tous deux sont conjoints, et d'où tous deux seront expulsés. (Voir l'expulsion du Paradis, où la séduction s'était passée entre la femme et l'Autre-femme, entre la femme future-donneuse-de-vie et le Don de vie qu'est supposé être Dieu; ou encore, entre une créature future créatrice et la Création même. C'est là un point crucial de cette mise en place de l'inconscient.) Un prototype de l'arrachage reste bien sûr le Don Juan qui s'en va... Mais c'est une image vulgaire d'un effet plus radical, de ce moment aigu où la chose se dérobe, où la mise est démise, la croyance démentie, le moment où *la « vérité » enfin tissée se déchire de sa tension même.* La naïveté du Don Juan c'est de se croire l'agent de cette relance de la vérité, ou de croire que parce qu'il en est l'instrument occasionnel, il la possède, cette vérité. En fait, il parle de lui comme d'un pénis aux différentes phases du rapport sexuel; « lorsqu'on en est maître une fois [de la femme], il n'y a plus rien à dire et rien à souhaiter », dit le Don Juan de Molière, un pénis ne dirait pas autre chose; censé « provoquer » le désir, il s'éclipse après effet; le coup tiré, il débande. Le retrait authentifie le trait, et le tout *présuppose* que c'est lui, le pénis, qui doit être possédé, recherché; soit parce qu'une femme aurait en lui le « pénis manquant » (version vulgaire du « pénisneid »), soit plutôt, comme

---

22. En bonne logique de la perversion; et cette logique ne se résume pas, comme on le dit, au « démenti »; elle veut que la Loi assiste à sa propre défaite, mais qu'une autre loi se tienne plus loin pour *constater* ladite défaite: quand Masoch s'engage à être l'esclave d'une femme, il invoque... *sa parole d'homme;* plus que d'homme libre: d'homme pur de tout lien, c'est-à-dire d'homme anéanti (ou ce qui revient au même d'homme Total). Or c'est bien cet anéantissement idéal qu'il cherche à atteindre, pour y ancrer une loi absolue; et il échoue car il ne peut éviter le recours à... la parole et au semblant.

on verra, parce qu'avec un tel objet, elle écraserait toute autre femme puisqu'elle serait la *vraie* femme (nécessairement « unique », comme si l'une ne pouvait que falsifier l'autre). Je ne dirais pas, pour autant, que l'effet « Don Juan » soit un fantasme de la femme. C'est bien plus : nous verrons que *c'est le fantasme* non pas d'une femme, *mais de la Féminité; non pas d'une femme comblée d'un pénis, mais de la Féminité comblée d'elle-même.* Et déjà, à ce simple niveau, si ce Don Juan doit « triompher de la résistance d'une belle personne », « réduire le cœur d'une jeune beauté », il pose en valeur précieuse qui s'expose, à laquelle toutes ont « droit » (et « ce serait injuste de les priver toutes » en s'enfermant entre les quatre murs de l'une d'elles). Il est recherché comme *agent de la Féminité*, aussi précieux par son retrait que par son trait... C'est tout autre chose qu'une « envie » du pénis en tant qu'attribut masculin [23].

Et tout ce mouvement à quatre temps n'est qu'un cas particulier du mouvement plus vaste où les partenaires fusionnent pour une jouissance qui leur échappe, jouissance que guette le ressassement, et qui doit changer d'espace, changer l'espace [24].

23. Ou alors cela mène à une « définition » très pauvre de la féminité, comme possession du masculin...

24. Qui dit mouvement dit espace. Ce qu'on séduit c'est un espace opaque pour y induire des distances qui déclencheraient leur jeu jusqu'à l'égarement des limites, et l'*apparition* d'autres limites (déplacées) dont le déplacement pourrait faire « loi ».
Soit deux activités aussi distinctes que la guerre subversive et la danse. Elles ont en commun la séduction d'un espace inerte, inerte ou trop lourd pour jouer de ses signifiances. C'est l'espace des forces (armées) conventionnelles ou des mouvements du corps stéréotypés et fonctionnels. Séduire un tel espace c'est le dévoyer et le soumettre à l'effraction des forces censées soutenir sa cohésion; c'est en un sens le retourner sur lui-même, pour que s'explicitent en lui les signifiances qu'il « refoule »; par exemple, dans le cas de la guerre subversive, on vise à ce que les « forces populaires » jusque-là inertes et réprimées par le Pouvoir conventionnel se soulèvent et s'expriment; ou dans le cas de la danse, on vise à infléchir des mouvements et les limites du corps vers des « langages » plus enfouis, inaperçus ou refoulés. On peut lire les classiques de la guerre subversive comme un petit bréviaire du séducteur où ce qu'il y a à dévoyer c'est l'espace conventionnel occupé par les forces conventionnelles. Et il s'agit moins d'une simple corrosion de l'ordre par le désordre (de la loi par les hors-la-loi), que d'ouvertures multiples faites dans un corps inerte, dans un espace figé, pour y induire des mouvements de signification pouvant nourrir le langage qui se cherche (le langage de la « guérilla », qui lorsqu'il finit par se trouver s'étonne de tant ressembler à l'espace où il se frayait, pour en fait s'y inclure, s'y faire admettre).
Quant à la danse, elle cherche à *tenter*, par jets de mouvements lancés dans le vide, les corps jouissants qui nous ont fui; elle cherche à les séduire, à capter le corps qu'on n'a pas en induisant dans l'espace inerte des rencontres propres à l'éveiller, à le déloger, à l'inventer ce corps de l'Autre; de quoi s'assurer qu'on a un corps, qui pourrait vivre et s'irriguer

Quant au mouvement qui anime les deux « séducteurs » – les deux parties prenantes d'une séduction – il exalte et fait « jouir » le fantasme que la séduction veut à la fois « fixer » et déraciner.

Quel fantasme? Pour montrer en quel sens c'est celui de la « féminité », faisons le détour de quelques remarques sur le sacrifice puisque de toute évidence, ni un homme ni une femme ne sont la féminité, alors qu'hommes et femmes se séduisent et sacrifient au fantasme de la « produire », au point que souvent ils se réduisent à ce fantasme.

5. La séduction et le sacrifice

Aborder latéralement cette idée de sacrifice, par quelque biais très simple. Voyez par exemple celui qui parle *pour* convaincre; il *séduit* rarement, car pour « vaincre » l'autre, il ne peut éviter de le confirmer à sa place d'autre, même et surtout s'il affiche le projet conscient de l'arracher à cette place. En revanche, celui qui en vient à parler contre lui-même, et qui non seulement ne cherche pas à convaincre mais travaille – sournoisement ou ludiquement – à miner sa propre position (celle où on voudrait l'enfermer), celui-là risque de séduire l'auditoire – et même de convaincre, sans le vouloir, car si, tout en secouant l'auditeur, il se porte (symboliquement) les coups censés lui venir de l'autre, il tend à dessaisir l'autre de son altérité, il le dévoie et le fait sortir de son retranchement et ce en douceur, par la seule force du langage en jeu, au regard duquel il semble se sacrifier; il se frappe avec les mots comme pour avoir prise sur les mots, il s'y perd pour s'y retrouver, il s'annule pour commencer à « compter ». Il décourage l'objection en se faisant lui-même objet de la parole qui le traverse, et le *sacrifice* qu'ainsi il « fait » de lui (de son « soi-même »), attire sur lui la sympathie de l'auditeur et contamine celui-ci d'une parcelle de cette perdition, d'un écart à soi où il se retrouve entraîné, et qui est le premier pas de la séduction, où tous deux, le parlant et l'auditeur, sont séduits, possédés, dévoyés, « perdus » par la parole qui passe, et qui ainsi semble retrouver sa dimension surhumaine sinon « divine » [25].

par les retours sur lui de ses gestes infléchis par l'Autre, réfléchis par sa distance à l'Autre... à quoi le corps dansant – ou la horde « guérillante » – se *sacrifie*, dans le semblant ou dans le réel du semblant.

25. Un des aspects majeurs du *texte* de Freud est son autodépréciation, particulièrement évidente aux détours d'un « raisonnement ». Lorsqu'il manque de preuves, et que la certitude se dérobe; le texte alors semble s'autodétruire, consentir à ses manques, ce qui non seulement désamorce

On peut séduire ainsi, dans ce désir de se faire autre jusqu'au point d'altérer l'autre, et non pas de s'identifier avec lui. Ce qui séduit *l'un et l'autre*, c'est que les deux soient parties prises d'un fragment de langue qui se cherche. Et pour en revenir à l'effet Don Juan (exemple limité mais commode), disons que si un Don Juan, homme ou femme, est « irrésistible », c'est parce qu'il *est* séduit, capté par le fantasme qu'aurait la femme d'être la réserve de toute marque, donc impossible à marquer ; fantasme d'être rebelle à toute trace et d'échapper à toute limite ; et voici que le séducteur doit se dévouer – se sacrifier – pour inscrire la limite, soit dans cette autre qui lui échappe, soit en lui-même lorsqu'il s'échappe. Un être, homme ou femme, lorsqu'il s'est pris dans ce fantasme, *devient* comme un bout d'inconscient ; il se fait l'éclat ambulant d'une mémoire archaïque. A l'occasion, un Don Juan se trouve ainsi en rivalité directe avec le Fils idéal de la Vierge-Femme, ou avec Dieu (comme partenaire favori de la Femme), ce qui déjà suppose un *sacrifice*, celui qu'il faut pour maintenir chaque femme à la hauteur d'un tel partenaire. Mais ce n'est là qu'un aspect de sa religion où il actionne le sacrifice dont il est partie prenante ou partie prise. Dans le vrai sacrifice que met en place la séduction, tous deux sont prêtres et victimes.

Là-dessus on peut objecter que d'entrée de jeu, Don Juan séduit une femme en forçant la porte du « couvent » d'où il l'arrache à Dieu ou à son Fils élu. Mais n'est-ce pas trop facile de s'enfermer en disant que c'est avec Dieu ? Alors qu'elle se retire avec elle-même, avec son Retrait, avec une image d'elle déifiée...

C'est en tout cas ce qu'il dénonce devant elle, et elle est sensible à cette déchirure du « voile » où elle s'enfermait avec l'Autre, avec ce Dieu qu'elle incorpore. Qu'elle retourne donc au couvent si tel est son désir, mais *après* avoir été marquée, touchée, par le stigmate de sa virginité défaite, et après avoir été *en proie à sa pure féminité*

l'attaque qu'il appréhende, mais entraîne le lecteur sceptique dans un remaniement de la texture, de sa texture et de son système de valeurs ; et finalement, en passant et mine de rien, le lecteur se voit apprendre à parler une nouvelle langue : celle qu'on lui parle. L'obstacle initial n'est pas franchi pour autant (il serait plutôt dissous), le critère promis n'est pas fourni (il semble plutôt inutile), mais une greffe nouvelle de langue vive aura été faite.

Le plus curieux est que dans son autodépréciation séductrice Freud traite ses constructions de fictions, de romans..., et qu'il se trouve des lecteurs pour le prendre au mot : eh bien soit, la théorie est une fiction... Voyons, ce n'est pas si simple. C'est comme les « histoires juives » où les intéressés se moquent d'eux-mêmes et anticipent l'insulte de l'autre ; un auditeur peut bondir de conviction en s'écriant : « Vous voyez bien, vos propres histoires disent que vous êtes des avares ; c'est bien ce que je pensais... » Un peu lourd, non ?

Mais ce n'est pas ici le lieu de montrer la structure biblique du texte freudien.

comme déchirement impossible [26]. Quel déchirement? et pourquoi « impossible »?

Une femme semble n'advenir qu'en se coupant de la Féminité, en se coupant de l'Autre-femme censée détenir tout le féminin, ou en se déchirant d'elle-même si elle se prend pour l'Autre-femme.

Cela dit, les Don Juan ne sont que des cas particuliers de séducteurs militants, fanatiques, fidèles d'un temple invisible...; ils témoignent sur un mode surexcité et authentique d'une *horreur* navrée et d'une passion désespérée pour la loi et le « symbolique » dont justement la séduction répète l'épreuve. Si le lien du mariage les « traumatise », c'est que ce n'est pas un *« vrai »* lien... La preuve : ils le démentent comme un rien. S'ils se glissent dans le lit conjugal – ce dont le pervers se tient à distance – ce n'est pas pour y jouer les Œdipe, mais pour héroïquement titiller ce fameux lien..., le mettre à l'épreuve. S'ils visent *encore une* conquête (encore une « victime »), c'est moins parce que ce serait *celle-là* que pour atteindre, dans cette *une-de-plus*, un accroissement infinitésimal de féminité, pour porter atteinte à l'unité limite de l'autre (de même que dans certaines théories économiques, le coût d'une voiture c'est le coût de l'une-en-plus, de la n + unième dans une grande série de n; coût marginal ça s'appelle...); eh bien, les coups de Don Juan visent moins le « rapport sexuel » que la *plus-une, l'incrément de pure féminitude qu'il faudrait à une femme pour être la femme*, cette unité limite étant bien sûr impossible, puisqu'elle doit clore une limite (interrompre une « production » sérielle) et en même temps authentifier l'absence de limite (cautionner *la* Femme, etc.). On comprend qu'elle n'émerge, cette limite, que dans le rituel qui la répète, le rituel d'un sacrifice. A qui?

On dirait que la séduction se rémunère sur le défaut intrinsèque au sexuel; qu'elle voudrait suppléer à ce qui met ce rapport sexuel en manque de lui-même. Encore que le suppléant rêvé dans cette affaire, le meilleur qu'on ait trouvé, ce soit Dieu; de le prendre comme vrai partenaire une femme peut oublier la Femme qu'elle

---

26. C'est par là du côté de l'Autre, que Don Juan, en tant qu'effet, élève sacrément le niveau, monte la barre d'un cran du côté de la relation à Dieu et du saut à faire pour le rejoindre ou s'identifier avec lui. Par ailleurs, Don Juan apparaît (coup sur coup dans la pièce de Molière) comme un empêcheur de mariages; radicalement : la vue d'un couple qui se « produit » (pis : qui se nomme) est pour lui traumatique. Et s'il est voué à se glisser entre eux deux dans le lit, c'est mû par cette question qui tenaille certains enfants (certains adultes dans leur position d'enfance), à savoir : comment elle, la Mère, a-t-elle pu aimer cet « abruti », se laisser toucher par « lui », par cette sécrétion paternante, qui sous nul rapport ne fait le poids? C'est une question plus insidieuse que celle de savoir « d'où viennent les enfants ». Ce serait plutôt : d'où viennent les parents? Question sur ce qui conjoint les mots et les corps...

n'est pas, et mettre un baume sur la plaie qui la coupe d'elle-même. Et le séducteur par vocation, ce n'est pas Dieu qu'il adore, mais la Femme qui n'est pas, qui le séduit, et dont l'autre partenaire est également l'adepte. C'est sous son signe que s'équivalent le « séducteur » et le « séduit » [27]. C'est la Femme qui, en tant que limite impossible, les rassemble, et c'est par elle, on le verra, qu'ils se séparent.

A première vue, il semble que dans la séduction l'un des partenaires sacrifie l'autre comme figure imparfaite et passagère de la Femme. En fait, les deux partenaires se révéleront les servants ou les prêtres voués au culte de la Féminité, ou plutôt voués à lui donner consistance, à fonder la croyance en la Femme, à démentir son inexistence; et ce par la seule vertu de leur rencontre, et de leur jeu-rituel, la séduction leur servant de scène et de sanctuaire...

Ici, j'inviterais volontiers le lecteur à entendre certains termes dans leur portée abstraite : quand je dis « partenaire », il ne s'agit pas uniquement d'un homme ou d'une femme; ça peut être un chercheur à la recherche de son « objet »; il se doute que cet objet, il ne va pas le mettre dans sa poche, que l'objet lui-même n'est que la « mise » abstraite et insaisissable du jeu de langage qui le vise. Dans ce cas, la Féminité en question c'est l'hypothèse d'un corps abstrait, source de langage, ombilic d'une rencontre qui renouvelle le lien entre le chercheur (séducteur du cosmos, séduit par le cosmos) et la « Nature » (séductrice d'esprits curieux, séduite par ceux dont l'inquiétude peut faire résonner son « chaos »...). On voit que dans ce cas, la « Femme » est fantasmée, supposée, comme *don de langues*, métamorphose des mots en corps, et non pas simple « femme phallique » ou femme « complétée-d'un-phallus », etc.; bien que le chercheur qui intervient dans cette béante féminité soit ce qui lui manquait pour *parler*, pour faire entendre quelques accents de la jouissance qu'elle cachait (et que le chercheur ne dévoilera qu'en s'y révélant déjà introduit). Car au fond, les « coups » heureux d'une recherche, les trouvailles, ne sont que les marquages de cette jouissance, les traces d'une effusion lucide des « partenaires ». La Femme, dans tous ces « modèles », fait figure de *jouissance* comblée; et chacun sait que les « femmes phalliques » ne sont pas très comblées; du reste, nul être vivant ne peut être représenté comme *une jouissance;* il en inscrit quelques traces, qui sont les trouvailles de sa recherche, ce qui ne signifie pas pour autant qu'il *est* une jouissance : il en mourrait d'emblée, s'il l'était...

Mais à évoquer un chercheur en quête de son objet – et faisant de sa quête l'essentiel de son « objet » –, on évoque du coup tout être à

27. Ou la séductrice et le séduit, ou etc., peu importe puisque les deux partenaires sont en ce sens permutables.

64

la recherche de son désir, et faisant de chaque inflexion de son trajet, un « objet », un jet d'inconscient, un projet de rencontre faite de faux bonds. « Partenaires » désigne alors deux potentiels signifiants, liés non seulement par un jeu – le jeu de la séduction, de la guerre... – mais par le dérèglement du jeu où à travers ses points critiques se renouvelle un langage.

D'autre part, la différence séducteur-séduit ne dépend que de l'instant où se prend le « cliché », de la coupure arbitraire qu'on fait dans le tourbillon des deux « partenaires » qui par à-coups changent de place.

Enfin, quand je dis « jeu », j'entends quelque chose de plus démoniaque qu'une combinatoire de règles (où certains ont cru trouver le fin mot du langage...) ; plus qu'un rejet d'une finalité (qui est déjà, à soi seul, une finalité), plus que le déploiement d'une liberté déjà captive du lien qu'elle recherche, *jeu est une jouissance* qui cherche ses bords pour se soutenir et ses débordements pour se rattraper dans la chute libre qui la guette ou qu'elle provoque. Et si le jeu est une séduction, *la séduction est un jeu en quête de ses lieux stables et de ses points critiques,* un jeu qui tient à son dérèglement plus qu'à ses règles, à sa poursuite plus qu'à son terme [28]. Ça confirme au passage que l'enjeu est moins la « possession sexuelle » qu'une *autre* jouissance, celle de la rencontre productive qui n'est « portée » que par elle-même, rencontre qui curieusement quand les sexes s'en mêlent, tend au rituel comme si les sexes réels apportaient avec eux la part de mort [29], l'accent funèbre et lointain où se renouvelle la vie des corps dans le sacrifice à un dieu « noir » (continent noir ?...) où vibrent et se retrouvent les ombres nocturnes de « Narcisse », *Narcisse* comme on appelle celui qui « n'aime que soi-même »..., et pourtant comment le pourrait-il, lui qui ne peut pas encadrer son image, lui qui est interdit d'image, et qui voit bien que l'impossibilité d'aimer l'autre ne laisse aucun « je » à un amour qui irait de soi... à soi. On l'a vu, c'est cette impasse que la séduction veut contourner : on *se* séduit *avec* un autre, au moyen de l'autre qu'on sacrifie... parce qu'il s'y prête : *c'est la vocation du séducteur*

28. Les caresses fondent un jeu dont aucune règle n'est formulable (tout au plus quelques limites ; ne pas déchirer l'autre...) Et pourtant, le « geste » que cela constitue peut devenir à lui seul, tout entier, une *règle*. Quand le jeu est de règle... Ceux qui connaissent les petites perversions de la pédagogie moderne savent de quoi il retourne ; on en est aux jeux préventifs...

29. Cela ne veut pas dire qu'en principe le rituel soit du côté de la mort en ce qu'elle a de négatif. Dans un groupe ce serait presque le contraire : le groupe comportant *déjà,* comme tel, une pulsion de mort, le rituel peut être une coupure de celle-ci, et par-là se situer dans un appel à la vie. En revanche dans une situation « à deux », comme celle ici envisagée, le rituel est ce qui remplace l'effet de groupe, il prend la place d'une pulsion de mort, de sorte que : pas de rituel sans ces relents funèbres...

que d'être sacrifié, en son autre, et cet autre c'est... soi-même sacrifié sur la pierre vive d'un narcissisme qui justement ne tient pas le coup... tout seul. C'est dire que la fonction sacrificielle, si globale soit-elle, porte ponctuellement sur chacun des partenaires, qu'en ce sens elle relie, servants d'une même religion.

On l'a vu, dans la séduction shakespearienne (de *Richard III*), un des traits narcissiques les plus violents, ce n'est pas tant d'identifier la femme à la Beauté absolue qui se doublerait de ne même pas se savoir belle ; il ne suffit pas de dire à une femme de subtiles fadaises pour qu'elle chavire. C'est qu'en même temps il l'arrache brutalement au *deuil* où elle se trouve ; le deuil est une souffrance (voire une douleur) narcissique de ce qu'une part de nous-mêmes ne trouve plus dans l'*autre* l'appui et l'image qu'elle avait, sans pour autant trouver en nous la place pour nous revenir ; c'est cela *la douleur : une irruption de l'autre absolu dans le champ narcissique* ; et dans le deuil, cet « autre » est une absence. Si vous recevez un coup de marteau sur la tête, *l'autre est marteau*, c'est « quelque chose » ; et la douleur est l'effraction que cela fait dans votre petite aire narcissique. Mais un *coup de rien*, ou d'absence à soi ? C'est comme une douleur dont rien, pas même la sensation, ne trouve à se dire. Ici, la femme en deuil est arrachée à son absence-à-elle-même, rejetée dans une sorte de pure présence, expulsée de sa blessure même qui pourrait servir d'appui tout comme la douleur sert d'appui à elle-même ; c'est donc le vide, où cette femme est restituée sinon à l'innocence et à la virginité « première », du moins à la métaphore qui en tient lieu (l'enfant monstrueux qu'il est lui tiendra lieu de père et d'époux...). Et après tout, dans ce qu'on appelle une métaphore, quand un mot se donne pour un autre, un certain deuil du mot perdu se trouve levé ou soulevé, et la métaphore nous console de son absence, même quand *le mot* n'a pas eu lieu... En tout cas, la femme séduite, ainsi désentravée de ce qui la liait à ses morts, ne pouvait que basculer dans une exaltation ou une dépression toutes deux « narcissiques » : et la part d'elle-même par où elle était en proie à l'amour et à la mort..., cette part se consumait devant elle, partait en fumée dans un étrange sacrifice, à elle-même adressé.

Parfois le séducteur limite a les accents d'un prêtre en quête de proies à sacrifier ; à qui ? à sa divinité séductrice : la séduction. Don Juan : « Il ne faut pas que ce cœur m'échappe » ; ce cœur, il est vital de le sacrifier, faute de quoi l'énergie qui mène le monde *(le monde qu'est le séducteur)* serait entamée (un petit côté « aztèque » dans tout ça...).

Don Juan fait son office de prêtre : les cœurs qu'il arrache, il les « ouvre » et les restitue béants aux êtres qu'il « séduit » ; il convoque ainsi chaque *une* à l'éternelle rencontre avec l'Autre-femme (avec la femme toute-Autre) qu'elle croyait être, ou qu'elle aimerait avoir été, et dont elle se retrouve... coupée. Mais cette coupure bénéfique lui vient d'un autre désignable, et c'est ce qui rend cette coupure insupportable et vaine... L'étrange prêtre force la rencontre d'*une* femme avec l'Un-Femme. Et à ce titre, ce n'est déjà plus comme « caractère » qu'il nous importe, ni comme « événement » – comme événement il n'*arrive* pas... – mais comme opérateur d'une blessure essentielle entre un élément et l'ensemble supposé l'identifier, à savoir : entre *l'élément* qu'est une femme et *l'ensemble* de toutes les autres où elle est censée se compter, où elle tente du moins de trouver place à travers la jouissance cassée qui la relie à cet « ensemble », non sans paradoxe : si comme élément elle était « partie » de l'ensemble, si elle était « pleinement » femme, l'ensemble est comme aboli ; et si elle est rejetée, alors l'ensemble (de la féminité) s'abolit en elle... C'est la tension insoluble d'une appartenance éclatée ; impensable : comment être *ailleurs* que là où on est ?... Et cet opérateur se révèle à chacune comme ce qui la lie au fantasme de la Féminité où elle pourrait s'identifier. Dès lors, lui résister, serait résister à ce fantasme radical, c'est donc rendre ce fantasme plus « résistant », plus enfoui, c'est le conserver intact dans le sanctuaire narcissique ; mais n'est-ce pas là l'effet produit par le passage de la séduction ? qui délivre ce fantasme, l'éveille, et le livre à l'insomnie ?

Bien sûr, *l'accent sacrificiel de la séduction répond à la dimension séductrice du sacrifice ;* le sacrifice veut séduire l'inconscient par la perte qu'il insinue, et l'entaille dont il réveille la jouissance. *Séduction et sacrifice sont deux approches ritualisées de l'inconscient :* des pratiques de frontières, d'ébauche de contact avec l'inconscient. Certaines religions disent clairement que sacrifier c'est *produire une distance* à Dieu qui permette de le manifester, de s'en approcher *et de s'en éloigner* (là encore, l'éloignement authentifie après coup l'approche et l'essentiel est que le jeu se poursuive et traverse ses dérèglements).
Par le sacrifice on tente de séduire l'Autre ; par la séduction, on se laisse tenter à être la perte qui lui manque pour désirer, la perdition qui nous laisse là à désirer : on organise un sacrifice autour de l'Autre qui manque à être, pour le faire être et disparaître tout à la fois.
De sorte qu'en un sens on ne « résiste » pas à la séduction ; on peut la rejeter, figer la distance qu'elle fait jouer, mais « résister » c'est déjà entrer en contact avec elle et maintenir intacte sa possibilité, son imminence injouable et présente. En revanche, on peut dépasser *une* séduction, soit par une autre, soit en poussant le jeu vers son point de dérèglement, aux seuils où les contacts disséminés s'articulent et prennent forme pour se plier encore à la

déformation qui ne cesse, ou pour s'y replier; on peut donc traverser une séduction mais non sans être passé par la séduction de cette traversée.

La séduction est aussi une religiosité du désir, la quête ludique, parfois exaspérée, d'un objet-dieu à consumer, d'un autel à ravager par le « sacrifice », qui *convertit* tout ce qui piège le désir-Autre en objet palpable et impossible (dont le sacré ou le fétiche est l'idéal); ça ne s'en tient pas à l'offrande avec « dépense » perte ou excès... *Le séducteur est un sacrificateur sans cesse sacrifié* à l'absence du désir, ou ce qui revient au même à l'appel du désir. C'est la résistance du désir (au désir...) que la séduction transfère sur tout ce qui fait signe ou rappel du désir; les objets courus et les corps courants, elle les attire pour les sacrer *sexe* (sexe de qui, peu importe; sexe d' « avant » que la différence ne le remarque); ce qu'elle met en enseigne, c'est moins l'appel de l'Autre que la plaie du sexe comme Autre; le sexe inconscient aux limites indécidables et dont elle aimerait décider. C'est de croire dompter ou maîtriser la dimension symbolique qu'elle échoue à l'atteindre...

D'où la naïveté qu'il y a à faire de la séduction le haut lieu de la « subversion » (comme d'ailleurs à chercher des hauts lieux d'où une vision panoramique freinerait d'avance l'erreur ambiante [30]...). Ce n'est certainement pas l'ordre du divin que la séduction peut déranger en quoi que ce soit; il arrive même que cet « ordre » s'annonce ou passe aux actes sous le régime de la séduction; tout comme, on le verra, l'ordre de la Loi... La séduction n'est suspecte et « condamnable » qu'aux yeux du moralisant, c'est-à-dire du pervers, dont les verrous de sa morale jouissent d'être forcés, en quête qu'il est de la force absolue qui enfin ferait Loi. Cela dit, les fortes séductions sont à l'insu de tous, et les mises en garde crispées leur font signe et hommage inconscient; car l'élément séducteur est d'abord élément d'inconscient; dans le duo ou le duel séducteur, les partenaires sont parties prises de l'inconscient, débordés par leur insu, et absents à ce qu'ils croient être.

Loin de subvertir l'ordre divin, l'objet de la séduction vise à le rejoindre y compris dans ce qu'il induit de religieux; c'est que la séduction c'est le sacrifice de l'Autre au petit dieu que nous ne pouvons être...

Pourtant elle ne se réduit pas au sacrifice. Dans celui-ci, qu'il y ait ou pas agrément, la coupure fonctionne; dans la séduction aussi : quand ils ont baisé ensemble, elle ne l'intéresse plus; quand il a cédé, croit-elle, à ses semblants, elle le plaque... Mais

---

30. De telles stratégies de la pensée reviennent à aligner les bonnes « séries » (séduction/féminité/jeu/artifice...) pour les opposer aux séries perdantes, qui doivent perdre ou qui nous « perdent » (loi/masculin/système...) : pour jouer enfin à qui-perd-gagne.

dans le potentiel séducteur est maintenu ce tourbillon : où on ne sait pas qui a commencé (le séducteur s'avance parce qu'il a été séduit, et le séduit cède pour s'assurer de sa séduction, et vérifier qu'elle opère bien); la séduction est le champ idéal où on peut faire le va-et-vient entre la place de l'Autre et celle où on se croit; dans cette hésitation, ou ce leurre d'ubiquité (avec noyade dans l'objet informe et cramponnement à cet objet), la séduction échange les places et donne le change, elle s'écarte et du sacrifice et du jeu.

Mais cette permutation de places produit une certaine force de cohésion, dans les groupes par exemple, où c'est bien cette fluidité qui lie qui colle et qui se monnaie très bien dans le lien social du groupe : là pas question d'*avoir* l' « objet », mais d'être porté par sa mouvance, par ses ondes d'influence, de vagues pouvoirs et de peurs. Le groupe *c'est* l'objet de cette séduction en surface, horizontale, qui fait adhérer les membres et qui assure leur adhésion; la colle; et dans l'effet de feu follet où le groupe s'éblouit, le chef ou le maître n'a qu'une part seconde; on est loin du modèle solaire où du Chef-Idéal partent les rayons qui éclairent ou aveuglent les membres; l'art du Chef est tout au plus de maintenir le groupe proche de son point d'éclat et d'éclatement où le groupe est l'objet de son propre désir, lové, noué sur lui-même, mais coupé de lui-même, jetant quelques restes de sa digestion pour demeurer groupe en reste de lui-même.

La séduction en vient même à cette *limite du rituel* qu'est l'*automatisme* de séduction, où les acteurs semblent n'être pour rien : une sorte de mot de passe les précède et les lie de sa compulsion, de son échec à se détacher; il peut être simple : le moindre signe que l'autre est en demande peut suffire à dévoyer votre chemin; or tout autre peut être *supposé* en demande, et tout signe bat un rappel, pas toujours le rappel d'un souvenir mais la simple force de rappel qu'il faut au signe pour *faire signe*. Elle a dénoué ses cheveux; et c'est le dénouement étourdissant d'anciennes chevelures, ou de chevelures jamais vues, ou du *mot* chevelure (car c'est la moindre des séductions que de faire passer le mot pour la chose, et la chose pour l'autre mot, l'inconnu, qui manque), et c'est déjà l'impératif de s'y enivrer, surtout si c'est le rappel de *rien*, ou de la beauté du *mot dénoué* quand il s'empare d'une chevelure; et on ne laisse pas un mot tout seul parce que le mot ne vous laisse pas seul [31]...

31. Cette « demande » supposée au mot, ou cette beauté dont on le pare, montrent que la séduction d'un transfert c'est le transfert d'une séduction, et que le tourbillon séducteur et celui d'un transfert résonnent l'un sur l'autre, dans la béance d'une supposition à vide, où l'on suppose que la pure absence va multiplier ses présences, et que le néant va trouver d'autres formes d'être...

Quand la séduction est à son régime rituel, voire automatique, les deux narcissismes en jeu n'ont pas lieu de se déborder; ils tendent à se stabiliser en une dynamique d'oscillations amorties où ils sont parties prises d'une même « pulsion » qui, dans ses battements, maintient entre les deux un équilibre : ce que l'un perd lui revient de l'autre; et ce qu'il perd de cet autre, il le retrouve en lui...

Le débordement ne peut venir que d'ailleurs, d'un lieu écarté de cette scène qui ferait figure de dieu rétif pas facile à combler par de la séduction. (D'ailleurs, la séduction ne peut se combler que dans la mort; or si on invente des dieux c'est pour les *supposer vivants*...)

On voit l'alternative : ou bien la séduction tourne au rituel, autour de la « première » fois qui n'eut pas lieu mais dont le non-lieu remplit l'espace, et là le fantasme reste intact et fascinant; ou bien elle métamorphose l'unicité de cette première fois, elle en fait la première « prise » dans le langage, la reprise où se déclenchent de nouvelles symbolicités, éclatées, démultipliées, donnant de nouvelles chances à la pulsion captive, et produisant d'autres « formes » marquées de leur éclipse et consentantes à leur déclin qui les porte à se signifier autrement. Dans les deux cas, le fantasme « premier » – à savoir de la « première » fois – a toute sa force, fécondante ou inerte, entravée ou en dérive. Et sur le fond de sa permanence, des instants signifiants émergent ou s'échouent, éclatent, se consument...

Pourquoi est-ce cette terrible « première » fois qui prête tant à séduction? Seule la « *première* femme », Ève (donc toute femme en ce qu'elle a de premier) peut s'offrir cette scène et ce *désespoir d'être « seule »... à se croire unique.* Plus qu'une forme de l'ailleurs et de l'autre part, la « *première* » fois est supposée mettre en ordre, entamer un ordre, ou au moins nommer le chaos qui la précède, et qui fait d'elle autre chose qu'une première fois. Son « unicité » est un *vœu de langage*, juste de quoi la distinguer de toutes les autres – distinction qui ne se maintient qu'à l'état de fantasme, et qui en attendant est *la pointe fétichisée de la langue que vise toute séduction*, et qu'elle « réussit »... à supposer. La séduction fétichise une pointe du langage, et même quand elle vise au « plaisir-purement-physique », elle veut qu'à travers lui pointe le fétiche où s'est figée cette première fois...

Plus on est tenu à cette fiction ou fixation de la première fois, plus fort est l'accent compulsif de la séduction, qui alors s'exhibe elle-même comme la demande à combler : il n'y a plus, alors, sur le roc dénudé de cet impératif, qu'à suivre le jeu, ou à le déjouer en ouvrant d'autres lignes de « fuite ». Dans ce cas, aux limites des séductions automatiques, se profile donc « quand même » *l'enjeu de se perdre pour se retrouver, d'en passer par l'autre pour revenir à soi*, de se faire faux bond encore une fois, comme la première qui du coup serait ressaisie. C'est un tressaillement de langage vécu sur le mode de la pulsion où les partenaires sont partie prise, la pulsion menant souverainement son propre jeu. Et là encore, « partenaires » ne se réduit pas à un couple amoureux : cela peut être un chercheur de son objet, un « sujet » et l'un de ses « autres », un thérapeute et son fou, peut-être même – qui sait ? – une « cause » d'un événement avec une autre « cause » lorsqu'elles en sont encore à n'être causes de rien, mais qu'elles se cherchent, se causent et se rejoignent pour produire l'événement. Quand la séduction ne s'en tient qu'à ses rituels, il y a peu de chances qu'elle se laisse trouer par l'inconscient qu'elle annonce, donc peu de chances qu'elle libère le potentiel de signifiances qui déborde les deux « narcissismes » en présence; néanmoins, *le rituel tient lieu du dieu qu'il cache*. Si dans son rituel complexe mais invariant un Don Juan séduit, c'est d'abord qu'il *parle* et qu'il rappelle ainsi – invoque, ritualise – l'existence même de la parole : on peut donc parler la « chose » (et cela peut être si merveilleux qu'on lui invente, au Don Juan, une *belle* voix...), *et la parole à travers lui semble s'adorer en elle-même*, jouir de sa propre impuissance et des détours qu'elle s'impose pour simplement être *là*..., et que par elle deux narcissismes aux abois se fassent signe, s'éclairent un peu, se branchent l'un sur l'autre, se prolongent l'un de l'autre..., bref ne soient pas sans recours.

Encore une fois, la « différence » à signifier, à faire parler, n'est pas donnée, elle consiste en ce qui peut se faire de cette impossible « première » fois, selon que la séduction se traverse elle-même (métamorphose) ou tourne autour d'elle-même (rituel). Autrement dit, dans la séduction la différence, *promise*, risque toujours d'être compromise quand la promesse se referme sur elle-même : « ... et vous *saurez* la différence... », mais la différence n'aura été que la tentative de la « savoir », et le ratage de cette tentative, dont on peut dire qu'elle tourne court; ils *sauront* qu'ils *étaient* nus, qu'il y va de la procréation, de l'angoisse..., et ce qu'ils recueillent est une tout autre différence (que celle promise entre *bien* et *mal*); ils seront marqués de la *différence* entre vie et mort, qui de ce fait leur échappera. Ceci pour l'Ève de la Genèse, mais la petite paysanne séduite par Don Juan qui l'*assure* de sa différence (qui donc lui garantit son « identité » en lui disant qu'elle est d'ailleurs), eh bien, elle s'empresse, quand son ami paysan rapplique et grinche, de le nommer domestique, pour marquer la différence : « Tu apporteras le beurre chez nous... » Elle dit en somme qu'elle a trouvé en Don Juan son vrai conjoint, à savoir la promesse d'être aimée pour *sa différence*, pour ce qui la distingue des autres femmes; et elle le dit au moment où d'autres femmes exhibent la *même différence…* Elle tient lieu, ce faisant, de tout un groupe de femmes, autour de cette différence qui leur échappe et dont cet homme est le fonctionnaire. Et comme c'est elle qui l'a chargé de faire fonctionner cette différence, elle s'en trouve à la fois dessaisie et comblée… Séduite.

Séductions, soulèvements de la *différence*, séductions du leurre de la posséder sans partage, elle qui n'est que partage et qui ne lie que d'être partagée… Quand le « signifiant » se propose comme porteur de *la* différence, ça donne le « jeu du signifiant » (à quoi toute une psychanalyse s'adonne et rend bien des honneurs) ; mais il cache bien son jeu, et ne fait que se séduire lui-même, *s'entretenir*, entretien infini et saturé de refoulement, voisin de celui dont l'hystérie fait et défait ses rituels. Car plus encore que la psychanalyse, l'hystérique femme *dénonce* la séduction dans laquelle elle se sacrifie ; en termes simples mais tenaces : si l'autre « marche » quand je ne donne que du semblant, l'autre n'est que du semblant, et moi aussi de ce fait. Bien sûr, on peut dire qu'elle fait office de châtrer l'Autre, de se donner à l'Autre pour le couper d'elle et amorcer un autre cycle séducteur, fidèle vestale de quelque Autre en détresse. En tout cas elle exclut avec force qu'elle ait pu séduire par autre chose que ses semblants. Or, *elle a pu séduire par ceci qu'elle ne peut faire autrement que de recourir au semblant, et d'en désespérer ;* et il faut bien qu'elle soit en proie à l'inconscient (et à son « charme ») pour devoir à son insu faire tant de semblants, et s'immoler à cette banale vérité : que « ça n'est pas ça… », et que *l'identité* est une différence ; bien sûr : l'identité, faite de langage, impose l'écart entre le temps où elle se donne et celui où elle est perçue ; en quoi elle ravive la perte de la première fois… Il est vrai que le « ça n'est *jamais* ça » donne *toujours* raison à ceux qui le répètent ; trop, car c'est d'être anticipée qui fait le mensonge de cette vérité ; logiquement c'est indicible, ça n'est déjà pas ça quand on le dit. Et le credo freudien que : « là où *ça* était " je " *dois* advenir », n'est que le vœu ou la prière qu'à la séduction de « ça », « je » puisse mettre un terme. En quoi est-ce souhaitable, et en quoi est-ce tellement mieux que *je* remplace le *jeu*? et quand cet heureux événement arrive-t-il? voilà des questions qui n'effleurent pas les tenants de cette prière… Et ce « je », qu'est-ce qui le distingue d'un gros-Moi, d'un Moi-tout? Ce gros-matou ronronne sous le pelage supplémentaire de sa certitude de vérité, de son illusion d'être expurgé des illusions et de la suffisance « moïque », etc. Le « sujet » que des psychanalystes promettent au terme de l'ascension – à voir comme ils agitent le leur – se révèle n'être qu'un Moi grossi de l'idée fixe qu'il a pu mettre ses semblants sous le signe de l'ensemble vide. Et ce que l'hystérique fait de cette promesse – d'un je qui adviendra là où *ça* n'est jamais ça – c'est de l'entendre comme un vœu pieux, à écouter avec piété, elle qui « fabule » – et pour cause, elle qui est prise dans une fable ou plutôt dans une langue figée fixée sur son sexe, et qui a du mal à se dire autrement qu'en corps..., *comme si le corps était le premier mot.*

Et curieusement, elle n'entend pas qu'en donnant du semblant, elle donne aussi... son impuissance à donner autre chose; elle donne quelque chose, du fond de son impasse où dans son refus signifiant, dans son insignifiable refus, il lui faut, pour dire non à sa « mère », prendre sa place, et pour avoir la peau de l'Autre-femme elle en occupe la position. Mais le partenaire qui a « marché », au fond, elle a raison de le plaquer comme elle se plaque elle-même, puisqu'il ne l'a pas créditée, ce démarcheur précaire, il ne l'a pas créditée d'un enjeu de sa séduction *égal* au langage même, à son nom, à ses mots les plus vifs et les plus vivifiants. Mais c'est qu'elle-même ne s'était pas fait ce crédit. De sorte qu'en le laissant, *elle coupe le lien avec l'image d'elle-même qui la double;* c'est du moins son vœu à elle comme de défaire ou de refaire le couple des parents (« qu'est-ce qu'ils pouvaient bien foutre ensemble ces deux-là? »), avec ce geste incantatoire de plaquer son dadais de père en prenant la peau de la femme dont il faut s'expulser, etc. (Et on sait que pour une femme, avoir la peau de sa mère, être à sa place ou l'expulser, n'est en rien symétrique à ce qu'est pour un homme être à la place du père.)

On verra qu'au bord de la scène de séduction, l'hystérique et son partenaire sont en proie à un retranchement narcissique de l'Autre; du Tiers; comme si l'Autre était là mais ne donnait rien, rien d'autre que du semblant, ou de l'image qui met en échec toute parole. Ce constat navré : « ils me *croient* quand je *me montre* satisfait(e), mais ce n'est pas ça que j'*attendais*... » donne les maîtres mots du drame; attente déçue, trompée, de ce que l'autre la *croie*, et donne ainsi son dernier mot, ou son « premier »..., donc *la mesure de sa limite;* déçue que cette limite de l'autre ne tienne qu'à elle. C'est dire qu'elle se *sacrifie* à une séduction, celle qu'exercerait la consistance de l'Autre, à l'état pur, si l'Autre existait... L'hystérique se sacrifie à sa séduction, et celle-ci est un sacrifice; elle peut n'avoir que cette forme-là.

En fait d'Autre, elle bute sur l'Autre-femme sourde à elle-même et identifiée à la langue ; et cette surdité même figure l'espace d'une « prière », d'un sacrifice, au-delà desquels se profile et se masque, en forme de *question*, la possibilité de la « loi ». D'où l'horrible déception quand son partenaire l'investit des emblèmes de la « loi », au lieu d'en maintenir avec elle la question ouverte.

6. La séduction c'est à deux faire la Femme, ou la « refaire », et échouer...

La femme supposée force créatrice autonome; fantasme de création sans rien d'autre que soi, création de soi en soi...; tel sera le présupposé implicite. Cela semble un peu massif, ou « abstrait », mais c'est une impasse bien connue dans les « passes » de l'accouchement, et peut-être dans tout ce qui touche à la mise au monde et au dessaisissement de soi que comporte toute procréation.

Déjà dans la posture d'enfant divin et « inconscient » où le séducteur finit par être, l'élément séducteur est à l'œuvre comme pur rejeton de son inconscient *à Elle*, inclus dans la sphère de sa « féminité ». De fait, *la séduction vise la « femme » ou le « féminin » comme premier signifiant de l'Autre;* ce signifiant est éludé, visé, déjoué comme tel; c'est d'être manqué (« que veut la femme?... ») qu'il fait surface; manqué sur le mode du « ça n'est pas ça »... « Que veut la femme? » – drôle de question..., mais *être une femme* par exemple, pourquoi pas? même si cela comporte l'échec de l'entreprise avec cette lourde question du tout et de la partie, du tout injouable et de la partie à jouer... Et c'est là que la séduction érotise *la coupure d'une femme avec la Femme qu'elle n'est pas* (appelez ça plaie de la castration féminine, si ça vous éclaire), coupure qui, semble-t-il, l'ouvre à sa féminité en la « coupant » du bloc des « femmes ». (Ce ne sera pas la première fois que *pour appartenir à un groupe vivant et désirant, il faille pouvoir en être coupé...)* Voyons-y de plus près, ce qui permettra de resituer le lien entre séduction et féminité, sans les confondre, mais sans ignorer le préjugé qui les confond.

Qu'il prenne la figure de quelque dieu de la stratégie (et déjà ce rôle laisse paraître l'aspect religieux de son enrôlement...), ou du fanatique qui veut convertir l'autre (ou plutôt *être* sa « conversion »), le séducteur est d'abord lui-même converti : un fantasme l'a déjà séduit; sa place dans le fantasme l'appelle, il y a cédé avant de faire céder l'autre; et en séduisant, il ne fait que *transmettre,* restituer à son lieu de départ, comme pour s'en décharger, en vain, une séduction sans recours dont il est la proie. *La Femme* l'a séduit une fois pour *toutes,* pour toutes celles qui le séduiront (ou qu'il séduira, c'est la même chose, c'est la chose même); et *elle l'a séduit comme elle séduit toute autre femme*[32].

Quant à lui, de les séduire « toutes », ou d'ailleurs de les rejeter toutes en bloc (de les « horrifier », de les rejoindre dans l'horreur

---

32. Cette insistance de la conversion peut suggérer que la séduction est une conversion du désir (non d'emblée « hystérique »...).

sacrée une fois pour *toutes*...), il dessine sans relâche le lien qui le lie à Elle, il « incante » la certitude que chacun a d'elle.

Et plus qu'un miroir ou un cliché des fantasmes de la femme, il est un révélateur qui ne peut jouir de la révélation qu'il a charge de produire : il y est trop partie prise ; il se veut lame qui incise dans cette « féminité » inconsciente mais disponible, l'entame d'un sexe dont qu'importe si c'est à d'autres qu'il laisse l'usage quotidien ou ménager [33]. Et la capture qu'il met en place est très précise. D'abord, suivre cette femme puis la perdre pour la *retrouver* par surprise, et créer l'impression de déjà vu dans l'anonyme, de déjà su dans l'innommable... (Cela revient, dans le chaos, à supposer un premier mot, un sens premier dont on soit l'auteur, réalisant ainsi un transfert à soi-même, ou plutôt un transfert à la lettre pour qui on se prend...)

Et pourquoi ce rituel raffiné ? Pourquoi ponctuer *l'inconnu* avec les traits de l'autre (de cette femme qu'il poursuit), ces traits qu'on croit maîtriser mais dont on n'est que le recueil ? Il s'agit de *faire parler* l'image muette de ce qui fut perdu et qui doit resurgir de soi-même, si on parvient à le rendre présent à son absence ; comme une idole reconstruite se mettrait à parler, une fois reconstituée au « hasard » du « désir », avec des bribes d'images apprivoisées. Et quand, à ce jeu de présence-absence, il la perd de vue, il a ce cri, lourd de souvenirs bibliques : elle m'a échappé comme Joseph à la femme de Putiphar ! L'instant d'une métaphore (faite d'un rappel au Livre), voici le séducteur en matrone lascive – la femme de Putiphar c'est tout un programme, elle dit carrément viens me baiser, elle – qui attrape par le manteau ce jouvenceau de Joseph *lecteur de rêves*, comme chacun sait, collecteur de ce qui ne fait pas encore sens mais qui déjà fait signe et appel aux « lecteurs ». Et voici donc que la belle jeune fille – la Cordélia, de Kierkegaard –, reperdue de vue, « interprète » et par sa seule existence *un rêve dont le séducteur fait partie*, et qui va se refermer sur elle parce qu'elle y était déjà prise... Le rêve de la séduction c'est de faire *parler l'image* là même où l'image résiste au langage, *au-delà de ses scintillements rétifs ou « narcissiques » ; saisir l'image de l'impossible à symboliser ;* la rattraper, la conquérir... C'est pourquoi la *vérité* de la séduction c'est quand l'image, dont elle a fait le plein, crève, s'abîme dans sa propre incarnation, et s'anime soudain de sa décomposition même, devenant création vivante, nouveau langage. Mais ce rêve, et cet espoir de « création », c'est de ne pouvoir s'en décoller : que la séduction le répète, le relance, le maintient disponible comme si pour faire parler l'image qui la fascine, la

33. Il dit : le baiser des époux, c'est ce qui leur sert d'essuie-bouche, faute de mieux (Kierkegaard : *le Journal du séducteur*).

séduction manquait de l'essentiel. Elle se retranche donc dans un fantasme qui concerne la texture, la matière de cette « création », la Femme : puisque la femme donne corps et vie, elle donnerait également, pourquoi pas, le langage ; on sait que ce n'est pas si simple et que la mère ne transmet le langage qu'à s'en dessaisir, ce qui nous ramène, là encore, au dessaisissement « premier » où s'enracine la séduction. Mais qu'importe à celle-ci de tourner en rond, ou d'être – comme pour le séducteur esthète – hypothéquée par le culte de la « beauté » ? L'appel est lancé, le rappel insiste, et notre séducteur (l'esthète Kierkegaard) est déjà emporté, dévoyé, par la Femme que *peut* être cette femme qui passe... *Il s'identifie à l'élément d'inconscient de cette femme,* élément dont, par son retrait, il lui fera don, lorsqu'il la laissera béante. Pour l'instant il la suit du regard : « elle ne se doute pas de mon existence et encore moins de l'assurance avec laquelle mes pensées *pénètrent* son *avenir* » ; il est un bout de cet avenir. Ce qui le séduit, c'est la Femme en tant qu'elle n'est *pas encore,* elle dont il fomente l'éclosion, *l'apparition* ; et s'il prévoit de l'abandonner, *c'est qu'il faut qu'elle disparaisse pour être,* pour advenir, sitôt apparue ; c'est qu'en s'abandonnant au séducteur, la femme abandonne sa « féminité », et elle ne la fait exister que dans l'abandon fugace qui l'abolit et la restitue comme *une* parmi d'autres ; cet « abandon », on ne peut dire si c'est le fait qu'elle « s'abandonne » à lui ou à « elle-même », ou si c'est le fait qu'il l'abandonne ; c'est le même abandon auquel tous deux sont en proie, et qui doit *libérer* des « impulsions » de Féminité ; cet abandon leur est nécessaire pour que la Femme existe *encore,* et que l'hypothèse de cette existence « contienne » les limites du langage, et délimite l'espace du jeu. A quel prix ? Le signifiant « féminin », visé dans son unicité, est complètement coupé de la langue, isolé, voire fétichisé ; nul lien avec un autre ne l'entame, parce que tout autre lien qu'à lui-même l'abolirait.

Dans cette position de *retrait* (lors du commun abandon, de la « chute » commune) se révèle leur « féminité » à tous deux, en même temps ; et c'est clair qu'il n'en « jouit » qu'à la laisser ouverte, béante, décomplétée de lui *et d'elle.* Son retrait à lui la force à l'appeler, la marque de *la plaie vive qu'il a laissée, et qui n'est autre que son écart à elle-même.* Le séducteur, l'élément séducteur, croit avoir mobilisé en elle toutes les forces actives, il jouit d'avoir bandé en elle tous « les esprits érotiques » pour se retirer soudain et se faire poursuivre, aimer, réclamer, tout comme il la poursuivait au temps précédent, quoique par d'autres moyens : il l'affame de sa féminité, il lui fait rejoindre sa féminité la plus enfouie, faite de cet écart à « elle-même » – impossible à dire autrement ; il l'accomplit comme femme pure et toute réclamant librement le viol qui la ferait naître. L'élément séducteur consiste dans le fantasme de naître femme, d'en être *une* et de cesser de l'être... pour s'engendrer soi-même, de plus belle... Ce fantasme se stabilise dans l'idée que les deux partenaires « produiraient » La Femme ; stabilité toute relative, puique la Femme devrait être donatrice de vie *et* de la parole qui la déloge de sa toute présence ; de sorte que « toute » seule elle ne peut donner ni vie ni parole ; l'impasse semble grossière, mais elle se répète tous les jours dans l'effort mortifère de rendre l'autre inutile (l'autre étant l'homme, accessoirement), et le haïr d'être inutile...

Quant à l'illusion du séducteur de se croire l'agent producteur de féminité, elle est totale. Bien sûr il donne à cette femme la blessure qu'elle avait... à son insu (comme on dirait : à son inconscient), et par là il la regreffe à son « origine », à ce qu'elle ne savait pas avoir. Certes, pour se poser comme fonctionnaire de la féminitude qui restitue aux femmes leur absence à elles-mêmes, il doit oublier qu'il ne peut être à la fois la plaie et le couteau, et que la blessure qu'il ouvre il y était déjà enlisé.

Mais l'essentiel ici est cette brisure étrange où la séduction vise à produire le « premier » mot de l'amour, à se produire comme la possibilité que ce mot se détache, avec le risque de n'être qu'un fétiche. C'est par une nécessité de langage – et non par une vicieuse méchanceté – que la séduction s'abîme au seuil de l'amour, dans ce qui en serait le premier mot ; dès lors elle doit se métamorphoser ou fétichiser ce mot qu'elle arrache. Dans les deux cas, elle a à son horizon le fantasme *que la Femme se donne tout en restant intouchable* – ou qu'elle ne se donne pas tout en se donnant –, ce qui maintient ou présuppose une réserve intacte qui échappe au « don » et au partage...

Nous avons parlé d'idole ; c'est Kierkegaard lui-même qui l'évoque : Rebecca, dit-il, a « volé » le cœur de son père, Laban, (en lui dérobant ses idoles), de la même façon que lui, le séducteur, vole le cœur de cette femme qu'il suit, ayant d'elle « le portrait qu'elle ignore et qu'elle va devenir ». Cette analogie ne manque pas d'intérêt, non seulement par les multiples niveaux de sens qu'elle mobilise, mais parce qu'en ce point précis, Kierkegaard-le-séducteur, qui pourtant connaît bien ses Ecritures, fait un curieux lapsus : ce n'est pas Rebecca – comme il le dit – mais Rachel qui, dans sa fuite avec son Jacob, a volé à son père Laban ses idoles en or. Confusion de femmes donc, dans le récit du séducteur, qui répond à une confusion plus essentielle en jeu dans la séduction même : une femme pour l'autre, un mot pour l'Autre (est-ce vraiment « confusion », ou amorce obstinée d'une métaphore?...). En tout cas, sur ce remplacement joue aussi le récit biblique qu'on nous évoque : Jacob avait trimé sept ans pour avoir Rachel, et la nuit des noces, le père Laban lui met dans le lit *une autre femme*,

Léa, la sœur de Rachel : ce qui oblige Jacob à travailler encore sept ans pour avoir la Rachel qu'il aime. On comprend que celle-ci fasse payer à son père l'horrible permutation, avant de filer avec son homme : elle vole les idoles de Laban, ce qui est bien plus que de le réduire à un enfant (« quand ton père, comme un enfant... » susurrait le séducteur shakespearien...); ici c'est autre chose : la fille est prête à monnayer les Idéaux du Père ; au sens propre : elle s'assoit dessus; et quand Laban rattrape les fugitifs et se met à les fouiller, Rachel assise dit qu'elle ne peut pas bouger, qu'elle a ses règles; aux « idéoles » du père elle oppose sa féminité. Elle a compris la métaphore... paternelle : le Dieu du père, elle s'assoit dessus. Et lorsque Kierkegaard-le-séducteur évoque cette histoire, son lapsus remplace la femme par la mère (Rachel par Rebecca...). Il aurait pu méditer sur l'absence totale de séduction dans cette histoire où prédominent le travail et la guerre des dieux, mais il n'en retient qu'une chose, c'est que pour la femme qu'il poursuit, lui, la féminité vaut ce que valent ses dieux pour l'idolâtre; et dans son évocation, il la met à la place du père idolâtre; elle ne peut que s'adorer dans cette « féminité » idéale que par lui elle s'ouvre. Serait-elle plus « conséquente », elle aimerait son séducteur pour l'abandon qu'il lui impose, et où se révèle à elle la passe de sa féminité; mais alors *elle doit le haïr d'avoir à l'aimer, le haïr pour cette rencontre trop brève et trop longue avec la Femme qu'elle ne peut être qu'en cessant de l'être.* Du reste, la jouissance du séducteur est à son comble quand il surprend, ou imagine, le contact-séparation de la jeune fille avec sa mère invisible; c'est *la Femme* (mère, vierge, petite fille ou femme) qui le fascine, et il l'attaque au cœur de sa maternité : tout comme Jacob, dit-il (décidément ça le travaille, l'Ecriture...) tout comme Jacob travaillant pour Laban mettait des baguettes tachetées devant les brebis assoiffées à l'abreuvoir [34], ainsi se pose le séducteur comme... *la* baguette mise devant Cordélia assoiffée d'elle-même, altérée de sa féminité. Là encore sa métaphore le déborde : s'il *est* cette baguette c'est pour qu'elle enfante *comme lui*, comme la baguette qu'il est, comme la brebis qu'elle est; accessoirement il *l'invite à enfanter l'agneau mystique*; et c'est lui qui sera la cause de cette vibration virginale... Il est aussi l'enfant qu'elle doit mettre au monde : et c'est comme femme qu'il naîtra lorsqu'elle en deviendra une... Le fantasme tourbillonne autour de son ombilic, de cette baguette entée dans la matrice..., ombilic où *les deux féminités s'échangent*, alternent, se lient et se délient, dans un duo duel où la rivalité sanglante se mêle à l'incantation pour que la Femme

34. Pour qu'elles donnent naissance à des brebis tachetées comme les baguettes...

advienne à l'horizon de ce jeu qui l'appelle [35]; ponctuellement, la féminité de l'un est claire (quelle femme n'a pas aimé son *amant* comme s'il était sa mère, ne serait-ce qu'en fantasme? « je l'ai pris comme-maman... comme amant... »). Il est l'élément nourricier, la drogue dont il dosera lui-même les prises avant de couper court et de la laisser en manque; *il est la féminité dont le manque la fera femme* [36]: il est l'être-femme qui lui apprend à elle à devenir femme, et qui ne peut le lui apprendre que dans son retrait soudain, en pleine érection de ses ressources érotiques à elle; ressources qui, ne trouvant plus de prise pourront prendre leur extension maximale démesurée. C'est dans le trait-retrait que le « *séducteur-séduit* » convoque l'écart du désir, de ce désir naissant qui rejaillit sur lui, et l'élabore, lui, en objet de tout temps perdu; il produit l'écart du désir, c'est son œuvre, son chef-d'œuvre : « entrer dans le *rêve* d'une jeune fille est un art, en sortir un chef-d'œuvre [37] »... (et ce « sortir » est ambigu). Dans la séduction, le temps ascendant se rabat sur le second, et le « reste » qui s'ensuit peut *ou bien* fermer la boucle (auquel cas : séduire n'est que *se* séduire au moyen de l'autre, et... ne pas céder, ne pas *se* céder), *ou bien* être le germe d'un désir (et alors la séduction infinitise le seuil du désir...) ou encore le comble d'un deuil inaccompli et infaisable; (voir l'arrachement du deuil, si séduisant, dans *Richard III*). Cet écart, ce résidu déchu de l'aller-retour, conquête-retraite, trait en retrait, serait le nerf du désir s'il n'était déjà hypothéqué par le « séducteur » qui s'identifie à cette « chute » précieuse, comme pour punir cette femme de n'être pas la Femme; vengeance fascinée de sa croyance à l'être féminin exhaustible, épuisé (« quand une jeune fille s'est donnée *entièrement*, elle est *finie* », dit-il) : la punir, se venger d'elle, mais rivaliser avec elle pour son absence (être plus absent encore, *inscrire* cette absence), pour que sa croyance à Elle soit maintenue. Les Ecritures, où il puise ses références (notre Kierkegaard), avaient monté aussi, et d'emblée, cette histoire de Femme-absolue-petite-fille qui ne se fait engrosser que par Dieu (Eve déjà, bien avant la Vierge, dit : « j'ai acquis un homme avec Dieu », cette Eve que la tradition a même « doublée » d'une autre Femme plus archaïque encore, Lilith, très vite mise hors jeu parce qu'elle rivalisait « trop » avec l'homme; c'est ce qu'on dit; car en rivalisant avec l'homme, une femme bute d'emblée sur l'Autre-femme, sur l'Autre comme femme, comme pour faire que cet Autre ne soit pour rien dans sa féminité et qu'elle soit donc la « première

35. Et pour que soit soulagée la « tension phallique » de l'entre-deux-femmes. Cf. *l'Entre-deux-femmes* (in *la Haine du Désir*, éd. Bourgois, 1978).
36. Féminité plus complexe, donc, que la féminité supposée du pénis, et identifiée au retrait puis à la « passivité ».
37. Kierkegaard, *Ibid.*

femme », *le premier signifiant à l'état de femme*). Mais les Ecritures ont vite tenté de « tourner » la difficulté, et contre l'instant fulgurant de l'apparition de Femme-pure-Vie, elles ont tenté de jouer le détour des générations; et ils se « connurent »; après la séduction...; et ils procréèrent et mirent au monde d'autres enfants qu'eux-mêmes, pour traverser le temps, le susciter, le ressusciter...

On l'aura compris, ce n'est pas par « sa féminité » que le séducteur séduit : les deux partenaires *font* la Femme ou tentent de la refaire, et réussissent à y échouer; avec pourtant ce sous-produit intéressant; le séducteur fait (l'enfant à) la femme; ce qui permet d'éluder la question de l'engendrement, du cycle où la vie revenue d'ailleurs se renouvelle, et se découpe sur fond de mort...

L'acte sexuel, dans la séduction, n'a pas à laisser de trace : il est lui-même, non le but ou l'enjeu, mais la trace indirecte, la signature d'un viol impossible, comme celle des voleurs sur le lieu de l'effraction. Et autour de la Femme comme forme « première » de l'Autre, la séduction tourne et se retourne, sans cesse, dans le tourbillon où l'« arbre de vie » veut se consumer; vague écho ou incantation de cette autre scène « première » où l'Eve et le serpent tournent autour de l'Arbre.

7. *Intermède*

On a déjà, en passant, marqué le point où la séduction excède l'« envie » de retrouver dans l'autre l'image qui plaise et où on aime « se reconnaître ». Si j'ai d'emblée parlé du *point d'horreur*, c'est que c'est au-delà du plaisir, du déplaisir, et de la retrouvaille : le paradoxe est de se « retrouver » dans l'arrachement à soi. Et même l'idée banale de « se retrouver » dans une image qui « plaise » indique la distance où on est au regard de cette image, distance qu'il faudra bien renouveler pour que tienne cette image. Quant à l'image de la Femme, ou de la Féminitude incarnée, à supposer que ça s'image, les deux partenaires y entrent et en sont expulsés en même temps, aucune des deux « parties » ne s'y retrouve « pleinement ».

Dans la séduction, l'image en cause a rarement été *vue* (comment « savoir »?...), mais elle est là pourtant. Il s'agit moins de séduire par l'image, que de *séduire l'image*; moins de séduire par les mots que de *séduire le langage*, l'émouvoir, le fléchir, l'infléchir, atteindre le « mot »... au risque d'y rester. C'est une des voies – et un dévoiement – du désir... La séduction, très sensible aux points *inertes* de la parole, les relance..., ou plutôt c'est par elle qu'ils nous relancent comme une vieille douleur, relance hilare sceptique ou folle, à partir de ce présupposé silencieux et navré : je sais les compromis, les « conversions » et les duperies qu'il m'a fallu, qu'il nous fallut, pour *consentir* au langage et à cette langue mienne dont je vois bien les crispations..., mais peux-tu me séduire ou la séduire avec moi? peux-tu me faire changer de duperie? sinon, célébrons au moins notre duperie commune (rituels, intermèdes..., entractes essentiels dans le théâtre laborieux du monde...).

Là-dessus, répétons-le, le duo sexuel peut ne servir que de paradigme : voyez ce que tente (et ce qui tente) tout chercheur au regard de l'objet opaque qui se dérobe, qui ne *dit* rien, et qui lui aussi cherche... à se dire ou à seulement émerger. Séduire l'objet dont j'ignore même s'il existe, c'est faire qu'il me *dise* quelque chose, quitte à ce qu'il ne soit que ce dire lui-même, d'où j'inférerai son « existence »; sans « forcer », je vais à son approche et fais en sorte que cet « autre » qui ne me dit rien, me fasse signe, consente au contact, à l'approche en forme de caresse – approche errante et inexacte – dont je tente sa surface, dont je tente de faire surface à travers lui, quitte à faire de cette approche la surface même...

Si on change de registre pour en venir à cette étrange expérience que j'appelle encore, provisoirement, « psychanalyse », c'est pareil et c'est tout autre. En effet, le *dire d'un patient*, ses mots et ses symptômes, pour qu'ils me « disent » quelque chose qui ne soit pas déjà inclus dans l'image que je m'en fais ou dans mes propres « associations » – si libres soient-elles –, ou déjà dans la « théorie », j'ai à tenter de les séduire, de les dévoyer, d'y *adjoindre un désordre* qui contamine et désagrège l'ordre apparent, et qui surtout donne consistance à une frontière, à un travail de frontière entre cet autre et moi, entre son dire et le mien. J'ai à *séduire ce par quoi il a été séduit*, fasciné, fixé : un symptôme est une séduction trop vite refermée, qui a trouvé son mot de la fin et s'y est tenu. Et qu'un analyste soit arraché à toute posture et imposture par l'acuité d'une « séduction », ce n'est pas ce qui arrive de pire, s'il n'est pas trop rivé sur les « pièges » qu'il appréhende (le pire « piège » étant le manque de piège... dans la croyance qu'il y en a un). Il y a une mise à nu de l'inconscient, et on est dedans. Transférer cette séduction *sur* l'inconscient; séduire l'inconscient (sans forcer sur le sacrifice) et accepter d'en être séduit; c'est autre chose que d'être séduit par *ce* qu'on entend, par *ce* qu'on a envie – ou horreur – d'entendre, par ce qu'on a envie d'avoir horreur d'entendre... etc. C'est trop précis, Ulysse s'avançant dans le chant des sirènes, ou s'avançant dans leur silence qui leur *suppose* un chant, un autre que l'attendu, le leur peut-être, dans le sifflement de ses oreilles pleines de cire... Ces séductions sont (trop) faciles à déjouer : il suffit d'appauvrir le jeu; c'est toujours ce que fait celui qui « craint » la séduction; il appauvrit le jeu en imposant des termes qui ne laissent pas de jeu.

Et si le mot cherché, le lieu, l'acte, se trouvait juste au-delà de ces images et de leur jeu, et exigeait de les traverser?... Si dans l'analyse, la séduction a quelque chose de « pur » – sans toujours ce que la pureté a de cruel – c'est que c'est la pure *séduction de l'identité et de sa fissure* : de l'identité qui se nourrit de sa fissure et la maudit, du mot qui prend forme et qui renonce à cette forme, d'identifications « déplacées », etc. Et vu qu'il y a de la place, que la place est béante dans sa quête de limites ou d'autre chose, eh bien du coup, il y a autre chose..., et d'évidentes limites. Celles-ci, par exemple, que je vous invite à cogiter... Les « maîtres » en psychanalyse ont affiché une grande méfiance à l'égard de la séduction, mais il y a de bonnes raisons de suspecter leur méfiance. Il y a bien sûr l'argument un peu massif : quiconque aspire à la Maîtrise de la parole (au sens où il voudrait qu'à sa parole les autres soient *affiliés* et redevables des ressassements qu'ils en feront), quiconque a ce fantasme d'être fondateur de langue, ne peut que se méfier de la séduction. Qu'a-t-il à y *gagner* ? Et son acte fondateur qui s'est gavé de la séduction ne vient-il pas précisément y mettre un terme? ou plutôt, en *être* le terme? grosse nuance; quand on arrête une séduction, d'autorité, on aime offrir aux autres les retombées de cet arrêt, comme une réponse – enfin trouvée – à la requête de langage que formule la séduction dans sa quête éperdue mais lucide d'un point d'appui signifiable. Quiconque croit avoir le Pouvoir (ou espère le soustraire aux effets de la parole) peut afficher une grande méfiance au regard de la séduction, afin de rester... maître, maître des lieux ou des mots, que la séduction, elle, vient questionner, faire déraper [38]... Mais ce n'est pas si simple, car les maîtres et les tyrans aiment aussi qu'on les séduise, pour leur rappeler qu'ils sont vivants, et que de n'être pas dévorés par la séduction qu'on leur fait, ils sont dans le vrai. Rappelons aussi que même Dieu – du moins d'après ce qu'il dit – ne déteste pas qu'on le « séduise », soit avec des sacrifices, soit avec l'exigence de ne pas s'en tenir au sacrifice – au signe –, en vue de marquer et de faire vibrer la distance entre le fidèle et son Dieu. Bref, lui aussi aime qu'on lui parle, et qu'ainsi on lui rappelle qu'il n'a pas le dernier mot; et si des prières lui rappellent « qu'il fait ce qu'il veut », elles lui disent aussi par leur seule existence qu'il n'est pas vraiment « fixé » sur ce qu'il veut; et par là elles l'empêchent d'*être* le dernier mot...

A fortiori, s'agissant des maîtres plus fragiles que j'ai évoqués. Comment peut-on se croire maître du langage? Très simplement : en le *réduisant* au langage qu'on maîtrise, ou qu'on crée soi-même,

---

38. Cet aspect « subversif » de la séduction est développé dans le livre de Baudrillard (*La Séduction*, éd. Galilée), dont les points de vue sont différents des miens.

et qui sert de mesure à ce qui peut se dire. A y repenser, ce simple *fait* est énorme : des femmes dans la souffrance défilent chez Freud et se plaignent d'avoir été séduites ; il enquête, déduit, recoupe..., et trouve que non, que pour la plupart elles n'ont pas été séduites, mais qu'elles en ont eu le fantasme ; donc il remplace la séduction par le fantasme, mais ce remplacement a lieu *où*? dans le dictionnaire de son langage à lui, qui était déjà en train de baliser le lieu dont il serait maître. Car dans les « faits » – l'effet de langage bien sûr, mais en un sens plus débordant – la séduction continue à avoir lieu... au moyen du fantasme supposé la remplacer... en « théorie ». Et si la plainte initiale se trouve un peu escamotée dans cette visée d'enquêteur, l'inconscient, lui, troue le langage dont on le recouvre ; et la portée séductrice du fantasme de séduction insiste, même si très vite il n'a plus été de mise de parler de séduction : on avait « surestimé », dira Freud, ce « facteur » dans « étiologie des névroses... » ; on l'avait plutôt trivialisé. Car plus que des événements qui ont eu lieu, les mots et les fantasmes peuvent avoir un impact *réel*... du fait même de n'avoir pas eu lieu. Toujours est-il que (le thème de) la séduction tomba dans l' « oubli ». Joli bouclage et retour des choses à l'oubli qu'est leur origine. C'est le lot de certaines vérités : d'abord on en parle grossièrement (comme sous le choc...) ; puis on rectifie, on réajuste... cette grossièreté ; mais le résultat n'a en principe aucune raison d'être plus proche de la « vérité ». Celle-ci s'étouffe autant dans le réajustage que dans l'erreur de départ... Et la séduction, la psychanalyse donne l'impression d'en avoir fait le tour ; elle a des mots plus puissants : fantasme, phallus, objet, trauma... Aucun de ces termes ne rend compte de la séduction et de ses enjeux. Phallus, par exemple : si c'est l' « objet » absolu, « le signifiant même du désir », etc., alors la dimension phallique de la séduction ne peut-être que dérisoire. Vous voyez le « phallus » en personne, vous vous levez comme un somnambule, vous le suivez à la trace..., ce n'est pas de la séduction ; même pas du viol ; *c'est une séduction qui s'enlise dans son propre déclenchement*, qui s'abolit aussitôt déclenchée ; plus d'enjeu et plus de jeu, mais une capture compulsive ; un des abords les plus simplets de la question.

Je dirai que la psychanalyse a cessé de parler de la séduction à mesure qu'elle en prenait la place et qu'elle s'installait plus confortablement, en prenant ses aises, dans une séduction, la sienne ; que celle-ci s'exerce par la promesse implicite de stabiliser ce fameux fantasme « premier », et de le réduire par « concepts » et « repérages », « aux signifiants élémentaires du sujet » ou au démontage d'une scène originelle... ; ou qu'elle s'exerce, cette séduction, au nom... de rien, s'identifiant au simple appel du désir, de l' « autre », du « savoir » (« et vous saurez... » dit le serpent , « tu peux savoir », titrait une revue d'analystes ; « je veux savoir », dirait le patient : « il a *horreur* de savoir », répond Lacan, oubliant que *l'horreur* est l'ombilic le plus solide de la séduction..., et qu'ainsi l' « horreur de savoir » est la séduction d'un savoir... qui n'a même pas à se produire pour continuer à séduire. Le même « maître » ajoutait que « l'analyste a horreur de son acte » : si ce qu'on peut dire de l'horreur *sacrée* et de l'horreur comme ombilic de la séduction a un sens, il s'ensuivrait que l'analyste est complètement séduit par son acte : et que la séduction, pompeusement congédiée par Freud [38bis] (et, à sa suite, par la cohorte des adeptes qui du suivisme ont fait un art), voici qu'elle fait surface, en plein dans l'acte de l'analyste chargé d'en libérer le patient... Mais au-delà de cet acte, et à travers lui, c'est le langage de la « psychanalyse » et de ses maîtres supposés, c'est ce langage qui se propose, tout simplement, à prendre le relais de la « béance » que manifeste toute séduction. Prenez le moindre sous-fifre « analyste » qui endosse, tel quel, l'énoncé « l'analyste a horreur de son acte » et qui découvre (sans blague...) que « très sincèrement », eh bien oui, lui aussi, il a « horreur » de son acte ! ou tel autre larbin qui pour être analyste s'autorise de l'énoncé que « l'analyste ne s'autorise que de lui-même ». On peut toujours imputer ça au mimétisme ou à quelque servilité congénitale. Mais c'est plutôt l'effet de séduction qu'est un langage (en l'occurrence celui de l' « analyste »), et qui consiste à débarrasser tout un chacun du peu d'être qui l'encombre, le harcèle, le fait vivre, et à lui livrer à la place le livre d'une langue prête à se parler, *c'est-à-dire* à se répéter. C'est l'opération même de la séduction ; car ce qui séduit chez l'autre (qu'il soit Maître, Serpent, Don Juan, ou simple monstre ordinaire...) c'est qu'*il promet de résoudre une question de langage*, même sans « faire de promesses » ; il promet de donner du langage, de délier une langue pour la lier de plus belle. Le Serpent promet la différence, et ce n'est même pas lui le séducteur ; c'est cette différence qui séduit comme signifiant... Don Juan *parle* aux femmes, il leur parle là où d'autres n'ont rien à dire étant déjà absorbés, séduits, fixés à des *frontières* précises : sexe, travail, échange, parole ; lui au contraire, *il est parlant*. Et si j'ai dit que séduire c'est, à deux, « faire la Femme », c'est en tant que la Femme est supposée détentrice du langage, génitrice d'une langue qui en même temps ferait corps en elle. Même le Dieu biblique séduit ses prophètes sur ce mode-là ; en tout cas Jérémie gémit sous le poids de cette séduction [39] qui est

[38bis]. Il est vrai que dans *l'Homme aux Loups* Freud a repris le thème de la séduction, mais toujours comme élément étiologique, dont il ne déploie pas la dynamique ; et pour cause : la psychanalyse avait été ravageusement séduite par ce patient, et elle le lui avait rendu au centuple en l'apprivoisant à vie...

[39]. « Tu m'as séduit, Dieu, et je me suis fait séduire. » (Pititani Adonaï Vaépat...)

l'irruption, par jets impulsifs à même le corps, de mots étranges qu'il est appelé à porter... Même une interprétation psychanalytique qui « dénoue » le symptôme et l'emprise qu'il exerce, exerce à son tour une séduction de cet ordre en se donnant comme modèle d'un sur-langage, d'un plus sûr langage qu'on attrape... comme un symptôme pour se défendre contre les symptômes peu sûrs... Certes, elle pourrait (et plus généralement l'expérience psychanalytique « pourrait ») lever quelques hypothèques dans une langue capturée, y faire apparaître des points de renouvellement, des potentiels jusque-là inertes; mais cet effet est lui-même sérieusement hypothéqué dans la mesure où la « psychanalyse » elle-même veut se constituer en langage autonome ou presque, qui viendrait faire jouer les signifiants de ses « maîtres ». (Lacan le laissait clairement entendre, sans jamais le dire : le « discours psychanalytique » c'était le sien, et une « psychanalyse » concluante était celle qui illustrait le mieux les signifiants dont il usait...). Je ne crois pas que ce soit à prendre comme un abus d'autorité, encore que ce soit tentant (séduisant...) pour les uns de rejeter l'autorité comme pour les autres de s'y soumettre encore plus fort... Mais le phénomène est plus terrible et plus « élémentaire » : c'est qu'en réponse à une sorte de dessaisissement violent (traumatique ou « séducteur ») où l'être parlant s'est trouvé en proie à lui-même et au langage, *la séduction tente de ranimer l'instant irréel où le langage se donnerait*; qu'elle prenne des formes compulsives ou dégagées, singulières ou banales, elle cherche l'instant miraculeux où les mots se donneraient et donneraient le retrait qui les constitue. Or voici qu'une théorie du traumatisme et de ses retombées pathologiques vient s'offrir comme un langage qui peut arrêter et le traumatisme « séducteur » originel et les séductions qui sont censées le « répéter », et en relancer les enjeux. Voici donc une « langue » qui peut se prévaloir (non sans raisons) de ses contacts et connivences avec la séduction pour en stopper l'hémorragie; c'est une aubaine, un havre, une limite de l'errance, surtout pour ceux que la séduction a complètement « fourvoyés » : ils auront là, ou croiront avoir le langage qui du fourvoiement, du dévoiement, fait une voie stable, une bonne voie, ou ce qui peut en tenir lieu : un langage *répétable*; et par les temps qui courent c'est très précieux : c'est l'être *parlant* comme tel qui semble souffrir de sous-emploi : il a une langue (un organe) et il ne sait pas quoi dire d'immédiatement reconnaissable; donc, lui donner *une langue* répétable à souhait, c'est le soulager de l'angoisse que la sienne lui cause (lui « cause », façon de parler; elle ne lui cause justement pas, et le livre aux séductions et dévoiements à quoi son manque peut donner lieu), l'offre d'une langue répétable rend « opérationnelle » cette béance narcissique, cette absence du langage où la séduction veut susciter quelques appuis...

Car la séduction dans ses retours sur elle-même (où elle en vient à *se* séduire, ai-je dit) est le témoignage pathétique, de la *crise d'identité* que connaît l'être parlant comme tel, du fait qu'il parle ou du fait qu'aussi bien il y échoue. Elle en témoigne ne serait-ce qu'en déployant des identifications (avec toujours le recours de ne pas s'y laisser prendre ou s'y laisser « réduire »), dont le foisonnement maintient disponible et jouable *un « retour à soi » à travers l'autre,* une « réflexivité » qui dépasse les reflets de miroirs pour se loger à même la langue. La séduction organise la perte de connaissance qu'il faut pour revenir à soi, sans que se leurre le « soi » en question ; en cela, c'est une mise en cause, subreptice mais tenace, du « principe d'identité » dont elle attaque d'avance toutes les prétentions « principielles » : l'identité des objets en jeu est d'avance suspectée, corrodée, recherchée, perdue, de la même perte où le « sujet », à supposer qu'il existe, s'est trouvé pris. C'est parce que rien ne l'assure de l' « être », que ce retour sur soi le raccroche à son peu d'être, et soulage un peu le désespoir narcissique que présuppose toute séduction (« désespoir » étant déjà un trop grand mot, car pour qu'il soit là il faut quelque « un » pour l'éprouver, et *l'un,* par définition, s'était perdu) ; c'est de revenir sur elle-même que la séduction constate son écart à elle-même et s'en retrouve... déplacée ; et l'impossible « reconnaissance » est le ressort de sa dérive, de son apparente autonomie : quand les mots qu'elle délie semblent saturés de miroitements, prêts à se mouvoir, à se relier encore ; c'est dans ces crises et acuités de tout « principe » d'identité que la séduction revient sur elle et sur sa perte, et rappelle que c'est par notre « identité », *c'est par ce qui nous identifie,* par la langue, *que l'identité nous est retirée* ; que nous sommes identifiés par ce qui nous prive d'identité, ou plutôt par le mode dont elle nous est « retirée », et où peut-être l'inconscient donne son mot de passe. Du « principe d'identité » la séduction fait donc une pulsion, dans son élan pour recréer l'impulsion « première » du langage, que rien précisément ne peut « symboliser ». D'où sa dérive, dans le temps infinitisé, dérive ordinaire dont on ne retient, curieusement, que les formations compulsives, limites : Don Juan..., dont le seul tort pourtant, ou la seule « naïveté » est de se croire l'*agent* des Féminités qu'il éveille, qu'il identifie à la langue (à celle qu'il leur donne et qu'en elles il réveille), et ce côté fonctionnaire ne lui laisse aucun « temps » pour donner lieu et texture à la langue qu'il suscite, qu'il suçote (avec ces « sottes » qu'il s'use à susciter...). D'ailleurs, la seule langue qu'il « recueille », et par écrit, est un dictionnaire de noms propres ; mille trois et quelques noms, alphabet trop pauvre pour « nommer » la langue ou la capturer dans un Nom. Mais Don Juan croit trop au Père (Nom du Père..., abhorré pour sa carence, rêvé pour sa perfection, passionnément piétiné dans la « perversion », on y reviendra); il y croit trop pour courir le risque d'une autre « langue imprévue » qui serait l'effet de l'heureuse rencontre et de sa propre nécessité. Son fantasme (celui qu'il « représente ») étant d'avoir été séduit par la Femme et d'avoir donc à la retrouver dans toute femme, cela ne lui laisse pas beaucoup de jeu sous le rapport « génératif » d'une signifiance qui advient [40].

Mais alors, le psychanalyste, fixé à la psychanalyse qu'il identifie à une langue (donc à la Langue et en un sens à la Femme), on peut se demander s'il n'est pas aussi « fixé » que Don Juan : en demeure de la retrouver chez tout « patient » chez qui il la suscite par un appel à l'« ailleurs » qu'il incarnerait..., et en devoir de livrer chaque patient à la « béance » de son « désir »... quand ce n'est pas plus carrément à l'identité retrouvée, dans les pratiques plus débonnaires ou prudhommesques. On sait que la psychanalyse a connu avec Lacan une sorte de « terreur » séductrice, au moins dans le fantasme (mais tout ou presque dans cette affaire n'est que fantasme...), en l'occurrence ce fut celui de la « rigueur », de l'incision, de la castration impitoyable..., et face à quoi seuls les signifiants que la « théorie » agite pouvaient être de quelque secours, pour la « victime » séduite et livrée à son manque d'être, etc., etc. Au moins Freud prétendait-il mettre sur cette blessure « originelle » (division, clivage, castration...) le baume d'une certitude « scientifique », dont la scientificité était garantie par la stabilité où lui-même installait son propre discours, celui de la... psychanalyse. Mais quelle que soit l'option (« scientifique » d'un côté, plus mobile et séductrice de l'autre, avec l'image de l'analyste-furet qui serait l'objet de la séduction et son remède), quel que soit le style, on comprend l'énorme investissement fait sur le « discours psychanalytique » et son institution, à partir de la séduction essentielle (disons « structurale ») dont ils prenaient le relais et que, pour ainsi dire, ils refermaient sur eux. De fait, on ne saurait dire si aujourd'hui certains viennent en analyse pour

40. *Les Liaisons dangereuses* donnent de ce montage une version très éclaircie et d'autant plus brutale : le séducteur (Valmont), simple acolyte d'une Maîtresse femme, est pris dans l'impasse de celle-ci vis-à-vis de toute autre femme; dans ce roman, la « Femme » est là, qui dans le fantasme avait séduit Don Juan, et elle lui enjoint de livrer les autres femmes au feu de leur féminité, et de ne laisser à chacune d'autre recours que de se consumer à ce feu, ou d'advenir comme telle (ce qui exige une révolution, que même la Révolution française, alors imminente, n'allait pas accomplir). Et cette Maîtresse, dont le séducteur n'est que l'agent, serait la Femme libérée de la Femme, libérée de son fantasme, figure dénudée, « réelle » et ravageante, qui doit, en vain, imprimer sa marque, littéralement (tout le roman est épistolaire) sur les « liaisons » entre son agent (le séducteur) et ses conquêtes... Elle finira par se brûler au feu des lettres compromettantes qu'elle voulait détruire...

répondre à cette séduction, ou pour la re-susciter et l'entretenir en remplacement de la séduction de leurs fantasmes « premiers », ou pour demander qu'on les séduise et les remette en contact avec ces fantasmes inertes et douloureux dans l'espoir, pourquoi pas, de ne plus en être le jouet ou de les « interpréter » sur d'autres modes (au risque qu'il n'en résulte que des effets de mode). Nous ne parlons pas ici des séductions internes à la cure, encore que le fait que des analystes y cèdent de plus en plus soit à prendre comme un symptôme intéressant : outre l'abjection toujours à l'œuvre et toujours séduisante, j'y vois plutôt une protestation naïve contre le fait que le « discours psychanalytique » a accaparé et verrouillé tout ce qu'il en est de la séduction ; protestation qui ne va pas très loin, mais qui se consume dans ce rappel touchant : que la séduction... ça existe. C'est de l'avoir ignorée, méprisée (pas de *ça* chez nous, c'est de l'imaginaire, quelle *horreur*..., justement quelle séduction...), c'est de l'avoir mise à l'écart qu'ils en viennent à ne la connaître que sous cette forme envahissante, impérative : ou y céder ou se défiler. Or les choses sont différentes si on restitue à la séduction son enjeu : de solliciter une texture signifiante dans sa dérive même et sa perdition, de fissurer des mots inertes, de produire des seuils où les mots soient si mobilisés, déliés, « séduits », qu'ils se décollent, et où les « partenaires » soient les effets plus que les causes de cette « parlance ». Quant à l'analyse, la séduction y interroge encore une fois la possibilité même du désir, d'une parole, d'un lien, et en tournant « autour » (sans savoir autour de quoi : de la question, de la chose, du point de souffrance, du rien qui l'oblige à tourner autour), elle donne consistance à son tournant, pour peu que l'analyste ne croie pas dire son dernier mot lorsqu'il aura « ramené » cette séduction, via le « transfert », à son destinataire en titre (le père, la mère, le frère...) ou que « par réaction », il se la destine à lui-même ; or la séduction met en jeu *la possibilité d'une destination dans son dévoiement même,* quand les « lettres en souffrances » – les stigmates de la souffrance –, renvoyées à leur « vrai » destinataire, reviennent *encore* avec la mention : *inconnu* à cette adresse ; ou : mort depuis toujours. La séduction met en jeu les moyens que se donne quelqu'un de soutenir le désir qui le porte – à travers ce dévoiement nommé *destin.*

En tout cas, la séduction se présente aux débuts de l'analyse [41], questionne celle-ci sur ses fins, et il se trouve qu'une des fins ou des feintes possibles, est de faire refluer un potentiel de séduction, d'autant plus fort qu'il s'ignore ; il vient doucement prendre le relais de la vie de couple qu'on mène avec son symptôme ; ce compagnonnage tendu, mais somme toute rassurant peut se

41. Dans la rencontre comme dans le « mouvement » psychanalytique.

trouver enrayé par *l'ouverture d'une séduction plutôt abstraite, dont les partenaires seraient l'être parlant et son langage* dont tels verrous auraient volé en éclats.

Après tout, une « interprétation » réussie est ce qui remet en cause l'attelage entre le parlant et son symptôme qui jusque-là tenait la route ; et sous ce rapport, une remarque est évidente : on peut toujours en « théorie » répéter les formules de tel autre analyste (un « maître » si possible...) mais dans l'espace d'une séance c'est *impossible ;* c'est absolument gênant ; pis que de vouloir séduire une femme alors qu'on est aux bras d'une autre ; question de tact. La séduction suppose une détresse de départ qu'on peut aussi nommer liberté, et c'est cela qui rend de telles « répétitions » inopérantes, et non le fait que « ça se sache déjà ». Du reste, comment peut-on détourner, dérouter la répétition à quoi le patient est en proie, en exhibant soi-même une autre « répétition » ? Et si cette répétition cautionne la fiction d'un « discours psychanalytique », elle entrave d'autant plus les points de renouvellement d'un langage en suspens ; points de renouvellement dont le rêve nous donne le paradigme. Or, curieusement, dès *l'Interprétation des rêves,* Freud met en œuvre une étonnante bifurcation : d'un côté il détisse et retisse la langue vive qu'animent les rêves, il en découvre les rhétoriques subtiles qui présupposent que c'est une langue n'ayant d'autre désir que de se dire [42] ; et de l'autre, il entreprend de « démontrer » que c'est une langue (« déplacement », « condensation »...), ce qui ne sert à rien d'autre qu'à fixer une autre « langue », la sienne, qui se fixera encore plus par la suite [43], dans une répétition généralisée, sous forme de « discours psychanalytique », sans que cela ait le moins du monde élucidé le rapport au rêve qui lui avait donné naissance, et sans que ce rapport ait davantage « fonctionné » comme renouvellement de la langue. Du reste, dire que le rêve ou l'inconscient se « structure » « comme un langage » c'est d'abord laisser entendre qu'il y a un langage, celui de la psychanalyse, qui « langagerait » cet inconscient, qui le « dirait ». Or, chacun sait qu'il n'en est rien, et que si la psychanalyse peut avoir certains effets c'est dans la mesure où elle n'existe pas, et où du langage elle ne retient que le virtuel renouvellement. En témoigne ce simple symptôme : le vieux Lacan, comme épuisé par sa course séductrice où il voulait semer ses disciples, lance à toute sa meute (séduction suprême) la promesse d'un... Nouveau signifiant, sans préciser, promesse oblige, que ce « nouveau »

---

42. Et même quand à la fin il systématise, il ne fait que donner consistance, pour l'ériger en loi, à la langue qu'il découvre à mesure qu'il la parle.

43. Moins pour lui-même, Freud, qui saura presque toujours ruer dans ses propres brancards, que pour ceux qui fixeront ses moindres gestes...

signifiant c'était... lui-même, l'Ancien, mis à la place du nouveau...
C'était une façon comme une autre de maintenir la séduction en la
bouclant, en fermant le cycle qu'elle entretient.

Ce n'est donc pas le moindre de ses paradoxes, que la psychanalyse, partie de l'hypnose, supplante la séduction qu'elle « découvre », et en vienne elle-même à avoir des effets hypnotiques, en
tant que « discours »; superbe bouclage..., dont voici un autre
exemple : pendant des années, Lacan répète : « Il n'y a pas de
rapport sexuel », et les consommateurs de cet énoncé, tout en
s'accouplant comme tout le monde, finissent par croire que c'est
« vrai », et cherchent même à le justifier (c'est le principe même de
l'idéologie : justifier ce qui doit l'être contre les effets du réel), par
tous les moyens; par exemple on dira : « rapport »... donc « division »..., j'y suis : le sexuel est une division qui ne tombe pas juste,
etc., etc. Puis, après quelques années d'endormissement autosug-
gestif, la fin de la phrase arrive (entre-temps ça avait été le
suspens) : il n'y a pas de rapport sexuel... sauf l'inceste! Ouf. On
souffle d'entendre dire à l'envers, sur un mode « renversant »,
l'idée banale qu'il n'y a pas d'inceste, qu'il n'y a que des rapports
sexuels, qui tentent ou pas d'y suppléer. Mais le détour ou le
renversement est typique d'une dimension hypnotique de la parole.
En première approximation, l'hypnose mobilise les « résistances »
du sujet pour les capter dans un point fixe, afin de pouvoir, dans un
second temps, s'adresser au sujet en tant qu'il serait sans défenses,
sans résistance, après que cette résistance a été assez nourrie pour
que sa chute entraîne celle du sujet. Du reste, l'emprise hypnotique
sur un sujet tient au fait qu'on peut insinuer en lui un clivage, une
coupure, même provisoire, qui suffit dans certains cas à remplacer
la « coupure » entre conscient et « refoulé »; à la remplacer et à la
prendre en charge. Dans l'exemple cité plus haut, ladite coupure
passait à même la phrase, entre le sexe et l'inceste, entre le rapport
et son absence, etc. Il se trouve que de tels clivages tiennent lieu
d'une différence essentielle, « première », et sont ainsi la jointure
par où hypnose et séduction communiquent, elles qui, par ailleurs,
s'opposent : *la séduction tente de susciter la différence où par
l'hypnose le « sujet » s'abîme; elle tente donc d'éviter la « réussite »
hypnotique*, en maintenant effervescente la frontière que
l'hypnose fige. Dans l'hypnose, la personne est absorbée à
l'autre partie d'elle-même (celle que dans la séduction le partenaire
lui offre ou lui fait miroiter); elle est au-delà du dévoiement, elle est
fixée dans une voie autre qui lui fait oublier la sienne, ou plutôt qui
en *est* l'oubli; elle est absentée à « elle-même », ou identifiée à son
absence; au lieu que dans la séduction, la question de la place et de
l'assignation se maintient insoluble. Et justement, le seul fait de
poser et de supposer qu'il y a un « discours psychanalytique » a
fonctionné comme la *donnée* d'une langue à la place d'une

question : celle du don de la langue, que l'expérience psychana-lytique est supposée maintenir ouverte, pratiquer, dans une sorte de dissolution de la « dette » symptomatique, voire dans une dissolution de ce « symptôme » qu'est devenue la « dette symboli-que ». A mon sens, cela ne tient pas à des prétentions de maîtrise (bien qu'il y en ait) ou à des autorités abusives (pourtant évidentes); cela tient pour l'essentiel à l'*imposition d'une langue* dont le destin le plus naturel est de devenir fétiche, et d'occuper la place qui pour le pervers est celle de la Loi.

Déjà en tant que promesse ou qu'hypothèse, cette position d'une langue suffit à capter la séduction... quitte à s'y installer. C'est peut-être par ce biais-là que les « attaques » contre la psychanalyse sont intéressantes à déchiffrer.

C'est que la plupart de ces attaques (mises à part celles qu'exaspère l'idée même que notre inconscient puisse parler à d'autres...), ces attaques ou bien relèvent directement d'une séduction déçue, avec ce présupposé massif : vous qu'on appelle à nous séduire (ou plutôt : vous que *les autres* appellent à les séduire) « vous n'êtes que... »; que des médiocres, des moyens, des comme tout le monde et plutôt moins, d'autant moins qu'on vous *dit* plus... Et à l'appui, on relève quelques « perles » d'analystes qui de ce côté sont bien fournis; il suffit de plonger les mains dans le trésor de leurs propos. Ou bien ces attaques témoignent d'un agacement, plutôt légitime, que ressentent tels professionnels de la parole et du texte (professions « montantes »... jusqu'où? Dieu seul le sait), agacement donc contre ces hurluberlus qui prétendent séduire l'indicible, ou pis, séduire sans y prétendre, ceux ou celles – surtout celles – qui vont les voir et qu'on retrouve séduites, liées, ligotées, elles si « libres » par ailleurs, si arrogantes... On identifie donc l'analyste à la *tromperie de la séduction*, surtout s'il croit être pour quelque chose dans ladite séduction (ce n'est pas plus rassurant s'il n'y est pour rien...), on prend très au sérieux le fait qu'il (ou elle) « les » séduit, on y croit à cette séduction, on la trouve seulement *abusive*. Dans tous les cas, on multiplie contre la séduction les épreuves de « réalité », souvent en vain, jusqu'à ce que les preuves, au-delà du peu qu'elles « prouvent », créent une nouvelle séduc-tion, plus forte, qui prend le relais de celle qu'on suppose; ce qui prouve au moins que toute la mêlée (des attaquants et défenseurs) se passe dans le cadre de la séduction, aux contours vacillants et tenaces, irréductibles et flasques, avec toujours quelques relents d'abjection [44].

44. Un simple signe : les uns font des jeux de mots pour séduire, ou plus croire qu'ils séduisent; des mots fatigués qui se pincent sans que nul ne rie; mais les autres éclatent d'un « non-rire » très bruyant : vos jeux ne nous font absolument pas rire! la preuve... Faux séducteurs! Eh oui; quand donc

91

Mais de tout temps, le fait de « montrer » que le roi est nu relève de la volonté très louable d'avoir un roi mieux habillé, mieux couronné, plus *légitime*. (Et l'on voit déjà poindre le désir que la Loi séduise, ou qu'on séduise *selon la Loi...* ; la Loi, nous le verrons, ne se prive pas de satisfaire ce petit plaisir; mais elle le fait *sans prévenir;* et ça fait mal...) Il serait trop facile de montrer que la plupart des détracteurs de la psychanalyse *croient* à une psychanalyse « vraie », qui dirait la vérité, qui ne laisserait pas croire..., et qui, ne se greffant nulle croyance, prendrait la place de toute croyance. Cette croyance manifeste en une « psychanalyse authentique », bien démarquée de toute espèce de séduction, se retrouve chez les adversaires les plus farouches; ils accusent la psychanalyse de ne pas aller jusqu'au bout, de ne pas fonder en somme la vraie religion : celle qui met une croix sur le jeu subtil des croyances... Pourtant Dieu sait si, côté religion, la psychanalyse a fait des avances, moins sur le mode obsessionnel que pervers, à croire que la perversion est une religion ultime sur les ruines de tout(e) autre... La confusion est à son comble quand la psychanalyse met toute sa séduction... à dénoncer la séduction, où pourtant elle s'enfonce avec force rituels, sacrificiels ou pas; ou quand elle se pense comme une séduction qui serait si parfaite qu'elle ne serait plus une séduction : que signifie par exemple que l'analyste finisse par s'identifier à l' « objet-cause-de-désir », selon le credo lacanien lequel credo préjuge encore que cet objet est introuvable, sans image, etc.? Quel que soit le sens que la casuistique y mette, cela implique que l'analyste devienne le support d'une séduction *absolue* qui confine à l'horreur..., sacrée ou pas. En tout cas, l'analyse s'étouffe dans la séduction à mesure qu'elle la méconnaît..., et de cet enlisement originel comment sortirait-elle sans assumer complètement la dimension de séduction pour la retourner sur elle-même? Alors que l'analyse, comme rencontre sous le signe d'une possibilité de *dire*, pourrait bien être une première mise en jeu et traversée de la séduction, non pour en finir avec celle-ci mais au contraire pour la déloger de son inertie souffrante, et pour amorcer le cycle des séductions qui se traversent, qui se passent et se dépassent comme d'authentiques expériences de paroles renouvelées, et de fondation d'un langage y compris sur ses ruines et sur le savoir des manques qui le lézardent. Et comment parler sans séduire les mots et sans être par eux séduits [45]? Séduire

viendront les « vrais » séducteurs que leur vérité n'empêchera pas de séduire, et que leur séduction n'empêchera pas de rester vrais...

45. Même les discours les plus massifs arborent les mots comme des *promesses* un peu grossières d'une jouissance immédiate; ils prostituent le langage dans sa consommation massive et brutale; mais ils tiennent quand même à la séduction, qu'ils affichent comme les prostituées se mettent en enseigne.

les mots c'est essayer de les déloger de leur retranchement inerte pour traverser avec eux et par eux ce corps massif où une langue se présente comme la consommation répétitive de ses derniers mots ou de ses rituels plus ou moins imagés. L'expérience d'une analyse *pourrait* servir à révéler la séduction comme quelque chose qui se traverse, de même qu'une phrase séduit ses mots, les mobilise, pour arriver à son terme qui n'est pas le dernier mot de la langue. Traverser une séduction c'est s'y enfoncer et en émerger, en être expulsé avec un autre « mot », différent, ou avec l'articulation possible et nécessaire de ce mot avec un autre[46]. Si la densité de l'objet, sa matérialité, sont incontournables, c'est que les objets qui animent une séduction ont une force arrachante : ils arrachent les mots et arrachent aux mots leurs retraits ; *la séduction échange mots et objets* dans un jet où les uns se consument et les autres s'ignifient, mais toujours à la recherche de la construction d'une autre parole, qui convertisse les mots en corps et inversement. Car le « but » d'une séduction surmontée (et non pas rejetée) c'est de faire advenir à une autre séduction d'un tout autre ordre ; circuit infini et divergent ; celui qui n'est pas séductible est mort, celui qu'on ne peut tromper est dans l'erreur de s'être mis en position de Vérité. Et ce qu'a d'inaugural la fameuse séduction d'Ève, c'est que les objets qui y foisonnent (arbre, fruits, serpent, oralité, voracité, pudeur, nudité, etc.) sont là comme lieux de passage et de retournement vers des enjeux plus radicaux, qui tiennent au langage, par exemple vers la possibilité de « savoir la différence ». Ce n'est pas l'*objet* qui séduit, c'est le fait qu'un flux de paroles le

46. Que ces mots viennent à la place d'objets, d'objets de « désir », n'est pas l'essentiel : puisque l'objet à son tour remplace le mot qui manquait et qui ne se « dit » que sous forme d'objet. Il ne s'agit pas ici de poser une « équivalence » entre le mot et l'objet, entre le nom et le corps... L'objet et le mot (si matériel soit celui-ci) n'ont pas la même *valeur*, surtout au regard de la séduction : sans la profusion des objets et le vertige qu'ils induisent et qui nous fait perdre les mots, la séduction serait impossible ; mais le désir de se raccrocher au mot, et la recherche du « premier » mot serait tout aussi impossible. On ne séduit pas quelqu'un en lui disant que dans un mois il pourra dire des choses que jusqu'ici il n'a jamais dites. Et pourtant, Lacan prolongeait ainsi des analyses sur des mois et des années, en agitant le *mot à venir* comme un objet de désir, du désir d'en dire plus : « Vous voyez bien ! ce que vous venez de me dire et qui est si étonnant, vous n'avez pas pu le dire avant ; donc ce que vous me direz la prochaine fois, vous n'en avez même pas idée... » Il est vrai que le patient trouvait rarement la force pour... *acquiescer*, et pour dire : oui, je n'en ai aucune idée, mais ça se dira dans ma vie puisque vous me rappelez bien que le temps passe et que je vis. Du reste, le fantasme fréquent de perdre en analyse sa créativité c'est le fantasme de se réduire à l'analyse, d'y investir son temps à venir, son temps vivant et créatif ; d'y laisser donc la vie de sa vie. Et ce fantasme est justement ce qui prend corps dans la conception qui s'installe, puisque c'est celle d'un *échange* entre la langue chaotique, le potentiel de langue d'une part et la langue psychanalytique de l'autre.

dévie, le traverse, le mette en résonances, en dérangement; c'est cela qui est « séduisant »... pour l'objet, et pour celui qui le perçoit; l'objet se consume à travers ces signifiants qui le déplacent, le « subliment », c'est-à-dire l'intensifient jusqu'à la transmutation où *l'objet devient identique à sa perte*, et par suite disponible aux glissements et substitutions où s'anime un langage, et où le mot prend forme. Je dis « mot » plutôt que « signifiant » – mot en tant que rassemblement et intensité de langage, singularité ponctuelle faite de rythmes de souffles d'invocations et de rappels, au-delà de la pure combinatoire qu'assure la « chaîne signifiante » qui juxtapose les équivoques et donne le son à remâcher... Le mot est un agencement qui se donne lieu, tout comme un vers en poésie rassemble ses forces et ses fibres pour se produire, et pour se faire objet de langue qui se traverse par les vocables qui lui donnent lieu, le mot n'étant lui-même ni « symbolique » ni imaginaire; quand on l'adopte par identification, par conformité, il devient *image* de soi qu'on se donne pour s'y perdre. Quand on l'adopte (ou qu'on se laisse par lui adopter) dans une opération de dévoiement, de séduction, de guerre ouverte – guerre d'amour sans merci – alors il peut ponctuer les étapes de la lutte, il symbolise selon les issues du combat. Le mot se passe et se transmet en désadaptant à lui ceux qui l'adoptent.

Si la séduction interroge la possibilité d'un langage à travers ses mots « premiers », et si la psychanalyse a pris la place d'une séduction et substitue son propre langage à celui de ce « possible », on se doute bien qu'il nous faudra remettre en cause ce langage qui, quelles que soient ses formes, s'est mis à s'appeler « symbolique ». Marquons seulement ici, qu'en se dotant d'une langue, en se posant *comme une langue*, la psychanalyse qui (tout naturellement) s'est enfoncée dans la séduction qu'elle voulait dénouer, non seulement ne se donnait aucun moyen d'en sortir, mais se donnait le plus sûr moyen d'y rester, et d'obstruer *d'elle-même* la séduction ouverte; de la rendre inerte; ou de lui donner les formes extrêmes de l'abrutissement et de l'hypnose. Et beaucoup de critiques de la psychanalyse (si naïves ou abjectes qu'elles puissent être par ailleurs) ont bien perçu cette impasse, même si pathétiquement elles tentent de la résoudre « en mettant dans tout ça un peu d'ordre et de bon sens »; en rêvant d'un rapport analytique où sous le signe de l' « inconscient » on jouerait cartes sur table, en disant bien à chaque étape les mots sensés qui arrêteraient tous ces « vertiges ». Et on voit des esprits caustiques qui traquent, mais oui, l'escroquerie partout où elle se trouve, devenir de tristes sermonneurs quand ils disent leur fin mot pour arrêter cette fascination de l'analyse : un peu d'honnêteté et de bon sens, un contrat clair, pas de confusions, d'ambiguïtés... Comme tous les sermons, ils rêvent d'un réduit net de toute séduction, d'un promontoire dégagé où la

Loi serait enfin dite et transparente (c'est un des rêves que la perversion prend en charge).

Le fait est que chacun, patient ou pas, a été séduit « à l'origine » (l' « origine » *est* une séduction de la « chose » qui commence et qui promet...), a *buté* violemment sur la paroi transparente du langage, a été ravi à son image, etc. Et de ce choc violent l'analyse a pris le relais ; on croit qu'elle promet une image ou qu'elle promet de s'en passer, etc., mais ce qui est sûr c'est que la séduction « originelle » dont elle a comme pris la place, elle en est venue à la combler en se donnant comme mise en forme de la langue dont elle s'est constituée. Donc, mises à part les escroqueries qui y circulent comme par le monde – et qui peuvent y être comme ailleurs des épreuves de vérité – c'est moins par confusion qu'elle a péché, que par l'*installation*, précise et claire, de sa « langue », identifiée à celle de l'inconscient.

Quant aux transparences à quoi l'appellent ses censeurs, elles s'aveuglent d'elles-mêmes, oubliant que sur la scène de la séduction, celui qui se dévouerait à en défaire la trame insistante produirait ce faisant une trame invisible encore plus forte, la même à vrai dire ; et en combattant la séduction, il en deviendrait le champion ; de même que dans un groupe celui qui par le jeu des forces (ou la force des choses) est mis à une place de « pouvoir » rend ce pouvoir encore plus totalitaire en refusant de l'assumer ; je veux dire que de son refus de « pouvoir » il fait un pouvoir écrasant ; et c'est de l'assumer qu'il peut s'en trouver dessaisi, puisque l'enjeu en l'occurrence n'est pas de s'identifier à un pouvoir mais de conjuguer le verbe pouvoir, de le convertir en du « possible ». Or face à l'impossible de la première séduction, du « premier » mot, ce que peut l'analyse produire de plus vif, c'est quelque chose d'énorme et de très simple : elle peut montrer qu'au moins une fois *ça* a été possible ; *ça* c'est aussi bien le « Ça », que sa séduction traversée et ouvrant sur des séductions d'un autre ordre ; au moins une fois il a été possible de ne pas en rester à la séduction de la « première » séduction. Si l'analyse montre qu'au moins une fois l'amour a été de l'ordre du possible (et elle ne peut pas le « démontrer » mais le vivre et le faire vivre), alors elle déploie une ouverture, simple, démesurée, et qui peut d'ailleurs – à même les fibres soudain émues de son langage – être en un sens « catastrophique » : si même ayant *vécu* que *c'est* possible, le patient voit qu'il persiste à refuser de faire le pas, sans que ce refus puisse être rapporté à quelque geste antérieur et immémorial, il a de quoi « s'affoler ». En général il prévient cet affolement, il y réagit d'avance en ouvrant une pénible et longue négociation où l'analyse de cet amour veut s'échanger en un amour de l'analyse, où la langue devenue possible veut se rabattre sur la langue de l'analyse, sur ses concepts et « repérages », etc., où la promesse du possible s'enlise dans le lieu même de son émergence. Les analyses qui s'éternisent ne sont pas celles où se révèle un « noyau inanalysable »; cet « inanalysable » n'est autre que le rabattement de l'analyse sur elle-même, où la séduction s'enfonce en elle-même, dans l'infiniment narcissique, et s'abîme dans son accomplissement [47]. Or l'analyse « promet » de déplacer... la promesse qui scintille dans toute séduction vers autre chose qu'elle-même. Au lieu de cela, et comme pour réagir contre les fausses promesses ou les semblants de la séduction, la psychanalyse en vient soit à soutenir des promesses précises (qui sont le comble du semblant), soit à promettre... l'impossible, le Rien, l'impossible non pas redevenu praticable jouable envisageable, etc. non : l'impossible à l'état pur, sur quoi n'avoir plus qu'à se fasciner; (l'analyse, nous dit-on, doit « atteindre le réel »; or « le réel c'est l'impossible »; donc...). En somme, elle donne l'impossible pour ce qu'il est : impossible. Pour y arriver, il suffit qu'elle se prenne pour le réel... de son langage, et qu'elle se donne pour le langage de la structure réelle, etc. On y reviendra à ce tourniquet où ça se bouscule, et où l'avenir tourne au passé [48].

Nous aurons en effet à poser que le « symbolique » ce n'est pas une langue « vraie », une langue « pure », une combinatoire implacable de places et de placements, mais c'est ce à quoi, dans le langage comme événement, on ne peut pas être *conforme*, c'est dans notre langage qui nous arrive d'ailleurs alors même qu'on est dedans, c'est ce qui non seulement nous « échappe » mais exclut qu'on y ressemble ou qu'on s'y révèle conforme. Ce n'est pas le moindre paradoxe du symbolique d'exclure qu'on y soit conforme et de prétendre en même temps rassembler les humains (même ponctuellement : rassembler un être avec lui-même... dissocié). Les deux extrêmes de ce paradoxe impliquent un subtil équilibre, où la *grâce* n'a pas le moindre rôle. Si le rassemblement est trop tenable, trop semblable à lui-même, la grâce est perdue et les issues bouchées. En étant conforme à une parole, on en grignote pour ainsi dire la dimension symbolique, comme des moutons qui ravageraient un champ – même un champ freudien –; il faut donc que ça repousse ailleurs, il faut décamper pour vivre [49]...

47. Faut-il ajouter que cet enlisement n'a pas besoin d'une analyse pour se produire? et qu'il s'observe à l'œil nu chaque fois qu'un rapport duel s'en tient à sa propre séduction?
48. Bien sûr, Lacan s'est garé comme il a pu de cette fascination de l'impossible et du « réel »; mais il est significatif qu'une bonne partie de son discours soit venue s'incruster là. Et si cet « impossible » n'était pas l'écho de l'impossibilité, plus concrète, de distinguer *sans retour* le symbolique, le réel et l'imaginaire?...
49. Le paradoxe est en tout cas praticable : la dimension symbolique arrive toujours à se dégager des imageries et ressemblances que pourtant

Et ce qui peut être après-coup « symbolique » dans l'expérience analytique, ce n'est pas que ce qui s'y produit se révèle conforme à ce qu'on en dit, mesurable et dicible par la langue de la « structure », mais c'est la possibilité que cet écart ou cette « désidentité » soudaine se reconvertisse en une possibilité (ou en point de renouvellement) de langage. C'est d'ailleurs en ces points où on ne se reconnaît pas, que le désir lui se reconnaît et retrouve son jeu.

Mais que devient alors la Loi, si elle n'est pas un pur écrit qui arrête l'hémorragie de la parole, et si elle n'est pas l'énoncé vrai qui arrête le miroitement des séductions?

8. La séduction de la Loi

J'ai dit « séduire la parole » et non séduire par la parole. Et si la Loi se pose comme *limite* du langage en cours (limite écrite ou implicite), si surtout elle se pose comme ce qu'on ne peut pas « séduire », n'est-ce pas ce qui la met de plain-pied dans le champ de la séduction? C'est d'être « supposée » à la limite de ce qui excède toute séduction, qu'elle séduit complètement; et qu'inversement, beaucoup de séduction vient floculer autour d'elle. Il peut paraître étrange que la Loi ait partie liée avec la séduction, quelle que soit par ailleurs la forme que prenne cette loi : parole ultime et insurmontable qui fait rempart aux errances de la parole, ou parole ouverte et flexible qui intervient sans qu'on l'appelle pour infléchir les désirs et les mesurer à eux-mêmes, juste pour les faire se recouper... De fait, *la Loi séduit*; et d'autant plus qu'elle se moque de séduire; qu'elle n'y pense pas; telle la Beauté... Et en retour bien sûr, on peut tenter de la séduire, ne serait-ce que pour l'interroger sur son existence. Elle se laisse séduire, fléchir, retordre, comme si elle prenait plaisir à prouver son existence dans l'instant même de son éclipse; en quoi elle promet... d'exister; et si elle se montre inflexible, elle promet... encore plus; la question de savoir ce qu'est la Loi promet, elle, de se maintenir. (Mais que demande de plus la Loi, sinon qu'on parle d'elle à défaut de la parler? et qu'on produise, en en parlant, la limite qu'elle échoue à formuler?)

En tout cas, les paradoxes les plus usés et inusables de la séduction se retrouvent dans la Loi. Prenez ce simple mot

elle a induites; et elle réussit à faire son œuvre de liaison et assemblage, qui comporte aussi des effets imaginaires. J'apprécie donc d'autant mieux cette objection que me fait un lacanien bon teint : « Pourquoi mettre au compte du symbolique ce qu'on en imagine? » Cela relève d'une conception morbide du symbolique pur et dur dont le compte est exempt de toute tache ou erreur... A ce compte-là, la vérité c'est la mort.

d'« hystérique » : « je le quitte (ou la quitte) parce qu'il (ou elle) a cru répondre à mon attente, alors que j'attendais... autre chose – notamment qu'on ne croie pas répondre à mon attente... » ; ce petit tourbillon comique, la loi peut le prendre à son compte. Elle pourrait, si elle parlait, l'adresser à ses fidèles ou ses dévots pour leur reprocher d'être hors-la-loi parce qu'ils se croient *dans* la Loi. Mais *la Loi ne parle pas, étant le silence des paroles, le silence où la parole s'est puisée.* (Et si la loi parlait, il faudrait qu'une autre loi lui serve de loi..., alors autant s'en tenir là, à celle-là.) Donc étrangement, la Loi a quelque chose de « démoniaque » ; une sorte de mauvaise foi, une bonne mauvaise foi lui est intrinsèque, et la fait se rebiffer contre ceux qui la « comprennent », pour la seule raison qu'ils la « comprennent », eux qui ne savent comprendre que ce qu'ils maîtrisent et qu'ils peuvent prendre au bout de leurs pinces, leurs pinces mentales ou matérielles, alors que *comprendre* quelqu'un c'est le rejoindre au point où il se laisse déborder par une part d'incompréhensible ; au point où il n'est pas « compris » dans ce qu'il dit (c'est d'ailleurs ce qui nourrit notre illusion de le comprendre plus facilement, de l'inclure) ; et si c'est vrai pour « quelqu'un », a fortiori s'il s'agit de comprendre la Loi...

Même prise au sens le plus élémentaire comme ce à quoi nous sommes soumis pour tromper le chaos, ce à quoi nous sommes sujets pour éviter le n'importe quoi..., la Loi semble comporter une injustice fondamentale et fondatrice, où la parole ferait faux-bond à ceux qui l'entendent ; et par là, la Loi relance sa séduction, la séduction qu'elle était faite pour récuser. Cet homme est « élu » de la Loi (de la Parole, du Symbolique), *donc* la Loi le vomit, le laisse tomber. Lui qui s'y croyait, sans même pavoiser, simplement il s'y est cru... et on dirait que la Loi trouve *nécessaire* de l'arracher à cette croyance qu'il a en elle ; comme si la Loi, déchirement où se ferait jour et se jouerait la *vie* même de la parole, portait atteinte à la croyance qu'on a en elle, pour relancer une séduction où « tout » est à reprendre et à remanier, y compris l'existence de la parole en tant qu'elle en passe par une Loi... Comme si la Loi était un subtil dosage, dont les proportions nous échappent, entre la pure *croyance*, et la pure *séduction ;* ce qui expliquerait que lorsque c'est la croyance et la soumission qui prédominent, la Loi passe à l'autre extrême et prenne la forme d'une *séduction ravageante* et démoniaque. L'histoire de Job ne tourne que là-dessus : voilà un homme qui filait doux, « humble, droit, craignant Dieu, et à l'écart du mal... ». Qu'est-ce qu'un Dieu peut demander d'autre ? Et pourtant il lui arrive les pires catastrophes... « Bien qu'il n'ait pas fait de mal », dit-on ; bien qu'il n'ait « rien fait »... Vraiment ? et si c'était : *parce qu'il* n'a rien fait ? Ça paraît démoniaque, mais justement, c'est dans un dialogue avec le « démon » que le Dieu s'est fait *tenter* (séduire donc, lui aussi...), induire dans la tentation de déferler en

Malheur sur son « fidèle serviteur »; « malheur », c'est-à-dire évidence accablante de ce qu'entre son Dieu et lui tous les ponts sont coupés. Ou encore, pour redonner au problème une dimension plus concrète, et plus dérisoire : la Loi serait-elle une putain arrogante qui un jour gifle celui qui soutient son regard *parce qu'il la regarde*, et le lendemain lui retourne une autre gifle *parce qu'il est passé sans la voir, les yeux baissés...*? Il reçoit en pleine figure l'absurdité de son *être là*, encombré de lui-même. Cette absurdité de ce qu'on peut dire ou faire s'étale, avec horreur ou abjection, dans les régimes de Terreur, quand la Loi se localise sous forme de Chose publique (pour ne pas dire femme publique, tenons-nous-en à Res-publique). Les régimes totalitaires ont perfectionné la chose : lorsque la Loi extermine tout ce qui séduit, et jusqu'à l'envie de séduire, elle s'offre le luxe, en la personne du Dirigeant, d'une Sainte Colère contre les mœurs guindées, contre la peur et l'absence de séduction. On connaît l'histoire sur Staline interrompu dans un discours par un éternuement dans la salle. « Qui a éternué? » Silence de mort. Il fait fusiller le premier rang des militants et repose sa question; silence encore; nouvelle exécution massive. Au troisième appel le coupable se désigne et le Chef lui dit : « A tes souhaits, camarade », et il reprend son discours [50]. Si un corps réel, en l'occurrence celui du Maître, réussit à se greffer à la Loi au point où elle parle du désir (du souhait..., etc.), la voie est ouverte à toutes les abjections, y compris celle où la prétendue loi du désir prétend, du désir, faire une Loi. Cela dit, une petite pointe de terreur, d'horreur ou d'angoisse, est difficile à éviter au voisinage de ce point, même quand il n'y a pas de Maître incarné qui rabat la Loi et le désir sur sa Personne et son Langage, et qui fait de ses mots d'ordre le fin mot de l'ordre et le garant du lien social. C'est en quoi l'histoire de Job va plus loin que ses variantes « historiques ». En effet, qu'est-ce que trébucher ou se briser sur un obstacle « sans y être pour rien »? Ce serait trébucher sur son pur inconscient? Mais jusqu'à quel point est-on « responsable de son inconscient »? Si votre inconscient est ce qui de vous-même vous échappe, et si vous êtes « inconsciemment »-pour-quelque-chose dans ce malheur qui vous arrive, autant dire que vous n'y êtes pour rien. On voit le gain appréciable que le bavardage humain peut trouver à substantifier l'inconscient, à en faire un « *lieu* de la parole » à déchiffrer. Car même si on ajoute, pour nuancer, que l'inconscient *semble* nous venir de l'extérieur, le tour est joué : il *est* en nous, hors de portée mais « en nous ». On verra plus tard les contorsions que les doctrines psychanalytiques – anciennes et

---

50. Et le dirigeant suprême a, on s'en doute, de suprêmes raisons... d'agir ainsi : si les « camarades » ne laissent plus rien échapper, pas même un éternuement, qu'aura-t-il, lui, à diriger, à maîtriser?

modernes – font pour localiser l'endroit où il est en nous, l'endroit ou l'envers. Ce qui est sûr – et chacun peut le constater – c'est que, quoi qu'il vous arrive, le pia-pia-psy ambiant laisse clairement entendre que « vous y êtes pour quelque chose »; il peut le dire du ton brutal et vulgaire : si tu es dans ce pétrin c'est que ça t'arrange « de-quelque-part »; autrement dit : il existe une *part* qui te convenait dans ce magma, une part qui t'a *séduit*, que tu as faite tienne, et par laquelle tu t'es ouvert la porte à cette catastrophe. Mais ça peut se dire aussi sur un ton plus docte qui simplement ressasse la fameuse réplique de Freud à sa patiente : « Quelle est *ta part* dans le désordre dont tu te plains? » Ça peut se dire aussi du ton honnête et « objectif » : dis ton histoire et nous verrons comment *tu* en es venu là. Et si, à mesure que l'histoire se dit (à supposer qu'il y en ait une, d'histoire, ce qui n'est pas sûr, si sa possibilité même fait question), si à mesure qu'elle se dévide, on ne voit toujours pas la part en question? Eh bien la casuistique doctrinaire ne sera pas à court; on dira que la résistance est trop forte ou que c'est un « noyau inanalysable ». Mais le plus souvent, la terrible souplesse du langage associatif est telle qu'on trouvera toujours un contact possible, un joint, entre l'enchaînement de la catastrophe et la chaîne des discours sur elle. A la limite, l'absence de tout contact, l'absence « excessive » de contact pourra servir à faire contact. Comme lorsqu'une femme raconte à Freud un rêve pour le défier d'y trouver la moindre trace d'une réalisation du désir, Freud a beau jeu de lui répondre : ce rêve réalise votre désir de réfuter ma théorie du rêve comme réalisation de désir. Soit. Mais ce disant, Freud dit aussi son désir... de ne pas laisser cette femme seule avec son rêve, avec son rêve qu'elle aurait fait pour elle toute seule et pour nulle théorie, pas même pour réfuter celle-là; elle l'aurait fait pour... le pur désir de rêver et de jouer à être éveillée en dormant. Ça aussi c'est un désir, et qui ne confirme ni ne réfute ladite théorie; le rêve comme supplément luxueux et gratuit de significations auxquelles on *semble* n'être pour rien; le rêve comme jeu de contacts avec le « divin », on y a toujours été sensible, au point que dans certaines traditions, celui qui ne rêve pas est en état de mort imminente. A la rigueur l'interprétation par Freud du rêve de la dame pourrait avoir un accent plus « symbolique » si on l'entendait ainsi : pourquoi t'acharnes-tu à faire des rêves où il n'y ait pas trace de moi? (pas trace de « ma-théorie-du-rêve »?...), car tant que je serai là – Freud – interprète-de-rêves, ce pas-de-trace sera la trace de mon passage. Pourquoi tiens-tu à rester *seule* avec ton rêve et à refuser de m'en faire part, moi qui n'y ai part, si tu le veux bien, que comme un tiers?... Sans cette petite acuité symbolique c'est la persécution qui pointe : on ne peut plus rêver tout seul tranquillement! De même, la réplique de Freud à Dora : « Quelle est *ta part* dans le désordre dont tu te plains? », même si elle sonne comme une parole d'enquêteur qui va débusquer dans le plaignant une figure du coupable, cette réplique ouvre sur son au-delà qui lui échappe, dans un effet « symbolique » assez intense que la patiente peut entendre, « inconsciemment », sur ce mode : voilà un homme qui prend sur lui de me faire *part* du désordre dont je souffre ; qui me promet, si je lui parle, de trouver de quoi me raccrocher à ce qui m'arrive ; il me promet de me dire des paroles qui me manquent pour franchir l'abîme entre moi et mon absence à moi-même. Freud n'aurait sûrement pas acquiescé à cette formulation ; il avait horreur qu'on le suppose « promettant ». Mais c'est un fait que sa question, au mieux, dit à la patiente : *fais-moi part* de ce que tu peux dire et je te ferai part de ce que tu ne peux dire ; ou plutôt : *fais de moi* une *part* de ce que tu peux, et de ce qui fait, il te reviendra, en retour du don que tu m'auras fait, de te retrouver prenant part à ton histoire, réintégrée à ce qui t'arrive... du dehors [50 bis]. Ceci, au mieux, quand on cherche à tout prix, un certain débordement symbolique [51]. Car au pis (et nous vivons dans le pire) la phrase de Freud et le ressassement qui s'en est fait (et qui gave toute la culture « psy ») ne tranchent en rien sur les ritournelles religieuses les plus « classiques » : si tu es dans le malheur c'est que tu es puni, et si tu es puni c'est que tu as péché. Et c'est là-dessus que l' « effet Job » marque une rupture : les amis du malheureux, venus le consoler, se taisent pendant sept jours et, considérant qu'ils avaient assez joué les analystes, passent à l'attaque directe : quelle est *ta part* dans le malheur qui te frappe ? etc. Et Job hurle qu'il n'y est pour rien, qu'il est prêt à entrer en procès avec Dieu ; il veut bien admettre que c'est de « Dieu » que lui vient ce malheur, mais alors c'est Dieu le coupable et pas lui. (On songe ici au fait que certains croyants, quand une catastrophe s'abat sur eux et qu'ils l'imputent à Dieu, sans qu'eux-mêmes y soient pour quelque chose, cessent soudain de « croire ». Si leur Dieu a permis une telle injustice, c'est... qu'il n'existe pas. Ça laisse rêveur sur la texture de certaines croyances.) Ce qui est sûr c'est que lorsque le Dieu de Job se manifeste et *parle*, il désavoue violemment les amis « analystes » ; et quant à son différend avec Job, il le règle d'étrange façon : en posant comme absolue la *différence* de savoir entre l'homme et son Dieu ; « sais-tu comment mettent bas les antilopes du rocher ? et les biches en travail les observes-tu ? » non ? alors arrête tes plaintes... ; si tu ne sais pas *tout* des lois du monde, tu ne peux pas te prendre pour mesure de la Loi et de ses entorses. Donc c'est la simple position d'une différence absolue qui est invoquée ; et l'abîme initial devant

50 *bis*. N'est-ce pas de cela qu'elle souffrait ? d'être expulsée de son histoire, de n'avoir nulle part où s'accrocher dans ce qui lui arrivait ? d'être par les autres manipulée ?
51. Débordement du symbolique par lui-même...

lequel Job était sans recours, n'ayant aucune part à ce qui lui arrivait, cet abîme, loin d'être aplani, explicité, se trouve au contraire réaffirmé, accentué : la Loi de ce qui nous arrive est prise dans tant d'autres jeux que nous aurons beau rétablir des connexions, éclairer des points noirs, elle est comme telle hors d'atteinte ; elle n'est peut-être que notre échec à l'atteindre ; et dans son impétueuse arborescence elle peut se laisser séduire par des épreuves inédites qui se traduisent pour nous par des catastrophes ; elle peut se laisser séduire par des « coups » imprévus dans son jeu, et qui par ricochets font en elle des trous et des ornières où nous tombons. Ça n'interdit pas de trouver des liens, des connexions, mais leur consistance et leur vérité sont une épreuve ouverte, une épreuve de langage qui se risque dans l'abîme et qui se juge non seulement à ses effets mais à ses chances de ne pas s'enfermer en elle-même, de ne pas se fétichiser, de maintenir ouverte la séduction réciproque entre l'humain et ses langues qui lui servent à partager le monde et à se faire *part* du monde ; à grands frais souvent ; quand par exemple on aggrave ses malheurs afin d'être pour quelque chose dans leur premier surgissement, dans l'arrivée soudaine et inexplicable de leurs premiers signes avant-coureurs qui nous avait désemparés. Et une manière d'être pour quelque chose dans la catastrophe qui menace, c'est de la fuir tellement, de l'éviter avec une telle précision qu'on se retrouve face à elle dans un rapport de symétrie parfaite, d'image aveuglante. Ce Job par exemple, on ne nous dit pas qu'il aimait son Dieu, mais qu'il le « craignait » ; il n'était pas averti des séductions du monde, il ne les avait pas traversées : c'était un homme « simple et droit » ; il évitait comme la peste tout ce qui est tordu. On ne nous dit pas qu'il s'adonnait au « bien » mais qu'il « s'écartait du mal ». C'est être très *tenté* par le mal que de se tenir par rapport à lui dans un écart constant, qui n'est au fond qu'une proximité séductrice. Job a sans cesse tenté (été tenté par) le mal, et il s'est retenu ; que peut-il donc lui arriver de « mieux », un beau jour, que le déferlement étourdissant du mal à l'état pur ? Cette affaire est au-delà du « bien » et du « mal », au-delà de la Loi morale. Un homme s'est élaboré comme *le contraire* du mal, comme *conforme* à la Loi, il s'est rempardé *contre la séduction ;* et voici que la Loi se plaît, se séduit, à n'être pas conforme à elle-même, elle fait craquer le rempart de la vertu et du bien, elle se déchaîne comme un mal (ce mal qu'il a dans la peau...), tout en se maintenant comme la Loi ; elle s'arrache à celui qui a voulu la capturer en s'en faisant la copie conforme. (D'ailleurs, quand Job est réintégré dans sa prospérité d'antan, ce n'est pas parce que Dieu-la-Loi se repent d'avoir été injuste envers lui, c'est parce que Job s'est mis à intercéder en faveur de ses amis pour que leur bêtise leur soit pardonnée, leur pieuse bêtise qui leur fait dire : « si tu es malheureux c'est que ça t'arrange de quelque part... ») C'est la Loi qui, paradoxalement, entraîne notre homme hors de son retranchement craintif, et tente d'obtenir de lui qu'il renonce à juger ; elle lui laisse entendre quelque chose comme : ne juge pas ce qui t'arrive mais vis-le et vois-le en tant que réalisation ponctuelle du possible infini ; n'entre pas avec la Loi dans un rapport de « procès » tac-au-tac pièce contre pièce, mais *sois* plutôt, toi-même, le procès de son inscription, de son dévoiement, de son émergence renouvelée et vivante. (Le point crucial du texte Job est le poème de la « Sagesse », éloge désespéré et sublime de l'intelligence introuvable, et qui semble n'être qu'une béance du langage où le langage se met hors de lui.) S'agissant de procès, celui de Kafka s'évoque de lui-même : ce K qui est *arrêté* un matin, sans raison, par les hommes de la Loi ; sans qu'il y soit pour rien ; et qui, au lieu de ressentir cet arrêt comme s'il était, lui, un mécanisme arrêté à la recherche d'un autre régime de fonctionnement, bref, au lieu de le prendre comme une *séduction* du destin (ou de la loi en tant qu'inconsciente d'elle-même) il s'acharne à y trouver des raisons, se cramponne à des demandes sur l'*injustice* qui lui arrive ; c'est lui qui croit à la bonne règle de la Loi, mais la Loi elle ne croit pas à la Loi, elle se dérobe, elle se fait pure séduction, elle fait le vide pour lui laisser la place où se ressaisir et prendre le large ; et lui il s'enferre à trouver les raisons de son « arrestation », de son arrêt intérieur : sa recherche stérile et mortifère lui prouve après coup qu'il s'était arrêté comme un mécanisme mort, qu'il était mort sans le savoir ; et quand il le sait, ce savoir que lui-même a produit lui obstrue toute autre voie et le laisse, une fois de plus mais autrement, sans recours ; il n'a plus qu'à mourir.

Bien sûr on peut toujours rattraper la chose, après coup, à l'image du héros lui-même. On peut dire par exemple que K avait refoulé toute trace de sa propre mort ; qu'il n'en voulait rien savoir ; et que c'est donc la mort qui lui revenait dans le « réel ». Non seulement cela n'ajoute rien mais cela simplifie à l'excès, et court-circuite l'immense mouvement de tout le « procès » par lequel un homme sécrète les méconnaissances qu'il lui faut pour être capable de supporter les connaissances qu'il acquiert, et cette sécrétion est parfois très sensible dans l'analyse, quand le patient contre-balance les éclairs qu'il perçoit, en devenant plus adhérant, plus adhésif et plus soumis aux moyens qui l'ont éclairé, et qui ne sont autres que le langage même de la psychanalyse...

On peut être pour « rien » dans ce qui nous arrive, mais rien n'est *rien* : la question peut être précisément d'élaborer ce rien comme point d'extinction d'une langue usée ou explosion imminente d'une tout autre signifiance...

Et si au regard de ce qui nous vient on est comme sans recours, comme pris dans une absence à soi, n'est-ce pas autour de cette absence que tourne justement la séduction? N'est-ce pas ce qui lui sert de « motif » et d'impulsion? Dire que certains en rajoutent dans les malheurs qui leur arrivent afin d'y être pour quelque chose et de se ressaisir dans l'excès même qu'ils provoquent, c'est une autre manière de dire qu'ils tentent de *séduire le malheur par le malheur afin de se faire « part » du jeu*, de se regreffer au jeu de leur destinée, de prendre ce train en marche dans l'espoir de le dévoyer. Mais s'il leur faut recourir à un tel « artifice » c'est que la part qu'ils ajoutent à leur malheur, la part qu'ils y retrouvent, ne leur appartient pas « vraiment ». En tout cas la question est ouverte, réellement ouverte. Le lien qu'ils rattrapent dans ce chaos qui les submerge, ce lien était-il *là* et s'est-il perdu? Ou est-ce de l'avoir « trouvé » qu'ils pourront le présupposer? Ces simples questions sur l'absence à soi que recherche la séduction (et que la Loi aussi recherche comme pour vous demander d'en répondre...) ne sont pas simples.

Faut-il aussi cultiver le paradoxe... et déplaire pour plaire? Il ne « faut » pas, et le « faut » lui-même fait défaut. Voici, il y a un temps où le tenant de la Loi (mais qu'est-ce que « tenir » la Loi?) la prend pour seul appui. On comprend en tout cas que ça « tente » la Loi de se retirer comme appui, de lui retirer cet appui, ou de l'encombrer de ce drôle d'appui qu'est son retrait; pour voir un peu ce que ça donne; histoire de faire une histoire; c'est du moins ce qu'on peut *croire* quand on « fait parler » la Loi... comme le Maître qu'elle n'est pas, comme l'homme qu'elle répugne à être. Autrement, si on n'en vient pas à de pareils simulacres, on peut penser que celui qui s'est coulé dans le trait de la Loi aura sûrement à connaître de son *retrait*, quelle que soit la figure qu'elle prenne (texte, femme, histoire...) du moment que c'est la figure du destin, de ce qui nous est destiné et qui, ne serait-ce qu'un instant, s'illumine pour nous en une acuité du langage.

La séduction s'en prend aux conditions de la parole en se demandant jusqu'où on est présent à ce dire qui nous tient; jusqu'où on y est pour quelque chose. Cette question dont la réponse manque, elle la fait consister, persister..., elle la nourrit sans fin. Cherche *ta part* ne veut pas dire que ta part y soit déjà; c'est aussi bien : cherche à faire un partage, produis-toi comme un partage, une frontière vive, incise-toi la langue, coupe dans le vif de sa masse inerte, et de cette coupure fais une limite parlante. Tu n'en mourras pas, je t'en réponds, ou plutôt : je réponds de ce que l'appel que je te fais n'est pas un appel au suicide. Mais lui, le patient, l'impatient, il cherche sa part, bien sagement, et le pire c'est qu'il la trouve; ce n'est pas difficile; « c'est vrai, ce jour-là..., mais non, ce jour-là c'était un semblant de plus; alors quoi? rien? » On peut toujours lui faire une « construction », et il s'y fera une raison, mais cette raison aura tort; car ladite construction ne fait qu'imiter ce qui a pu se passer et qui se répète dans l'approche qu'on en fait : voici qu'en cherchant bien, en se laissant chercher par l'objet de sa recherche, il trouve que tout ce retournement qui a failli le tuer n'a été que pour permettre à un certain *mot* de s'articuler, et d'en passer par lui, un mot dont il se vantera que ça fait partie de son destin puisque l'ayant aperçu il s'en est fait le destinataire; il l'a pris au mot, ou au vol... pourquoi pas, puisque le monde des langues et les langues du monde mènent leur ronde en s'articulant à travers les corps; en faisant des corps leurs jointures, en ajoutant les corps (ça s'appelle sexualité...); rien d'étonnant à ce qu'un être se révèle n'être que l'occasion ou le support fugace pour que telle chose ou tel mot se disent.

Vous me demandez *ma* part, docteur, à qui parlez-vous? à Moi? ou à mon ombre? et mon autre Moi, dans tout l'émoi qui me submerge, est-ce encore Moi ou est-ce déjà ce qui de Moi m'excède et ce à quoi je ne peux rien? Mais le docteur, là, quand il agitait sa question, s'adressait non pas au Moi (le Moi pourri d'imaginaire? vous n'y pensez pas!), il s'adressait au Sujet. On se demande à nouveau, devant les discours qu'on tient dessus, si le sujet ne serait pas le nom propre du Moi dans le langage aseptisé de la Structure, un Moi épuré de toutes ses « méconnaissances », et chargé de toutes les barres qu'il faut pour qu'il sache bien qu'il n'a pas à être ici, ni à être là, mais simplement à être « quelque part... »? Tous ces « raffinements » (pourquoi dit-on « raffinements » alors que ça n'a rien de très fin?) ne changent rien à la naïveté du propos, ils font floculer une langue vaine face au malheur humain, une langue solidement retranchée dans un lieu étrange où la séduction et la Loi se croisent, sous le même signe de l'absence à soi, une langue dont la seule autorité vous rend responsable de ce dont vous ne pouvez répondre. On a déjà vu que le plus vif de la question de Freud à Dora (quelle est ta part [52]...) était dans la *générosité* symbolique qui lui échappait; et c'était aussi un point de renouvellement dans la langue de l'époque : quoi? on pourrait être séduit par le malheur? et du fait de cette séduction on pourrait l'avoir fait sien? et un malheur qui nous arrive serait-il tel un mauvais rêve une façon que nous avons de *nous faire part* de quelque chose?... Il y avait dans cette question de Freud un accent d'authenticité qui lui ne s'est pas transmis : je m'engage à faire avec toi la rencontre du lien qui nous coupe l'un de l'autre et qui nous lie et qui nous revient en partage; ma part sera de te faire part de ce lien entre toi et l'étrangeté de ce qui t'arrive, étrangeté qui, de ce fait, sera non pas dissoute mais modulée par cette limite que je trace et le témoignage que j'en porte. Ça fait beaucoup... Cet homme réel et submergé des

52. ... dans les malheurs dont tu te plains...

images dont elle l'avait investi consentait à se faire pour elle le lien et la connexion soit avec cette part maudite, soit avec l'absence de part dont elle recueillait la malédiction. C'est en cela que son acte et sa question ont une dimension symbolique, y compris dans le coup de force de poser qu'*elle a une part*. C'est presque plus important que de trouver la part en question; les parts qu'on trouve sont échangeables, permutables, du seul fait qu'on les parle; mais leur existence est un acte, qui sans doute a quelque chose d'infondé. Tout dépend de qui l'accomplit, et s'il est en mesure d'y risquer son désir, d'y risquer d'avoir tort ou d'en ressortir tout tordu, retors et pourtant authentique. Et si la question a été « nouvelle », force est de voir qu'elle ne s'est pas du tout renouvelée, puisque cette drôle de phrase est passée comme un faire-part, une lettre postée et que ses destinataires ont reçue comme une sommation judiciaire (éventuellement terrifiante, mais dont l'aspect terrifiant peut... séduire) : quelle est ta part puisque ça t'arrange de « quelque part »?... Pourtant, comme tout le monde, la patiente est prête à faire tout ce qui ne l'*arrange* pas du tout, et prête à toutes les surenchères pour le « prouver », prête à prendre en mauvaise part son absence de toute part pour seulement avoir en part à quelque chose..., mais dans cette « preuve » où elle a une part, elle est *toute seule*. Or l'enjeu est qu'elle n'y soit ni *toute*, ni *seule*. Enjeu symbolique s'il en est ou pour mieux dire : enjeu d'amour du symbolique... Partant de là on entrevoit que la réplique : « si tu es dans le malheur c'est que ça t'arrange... », au-delà de sa cuistrerie éventuelle, est une réplique qui vient du groupe : c'est le collectif qui s'adresse ainsi à celui que son malheur singularise; le groupe vient généreusement effacer la singularité, avec son refrain : on n'a que ce qu'on mérite, c'est... la Loi. En somme, la Loi serait faite pour dire : pas de point singulier dans le langage ou dans l'économie des jouissances... Heureusement la Loi n'est pas aussi folle, même si on la confond avec le cataplasme qu'en fait le discours courant. On comprend aussi que certains y mettent le paquet pour l'empêcher d'être aussi folle, eux qui invoquent une Loi... de la singularité du désir, une Loi qui parle et qui ne laisse pas l'autre *tout seul* avec le gâteau amer de son malheur. C'est bien ce que lui rappelle le groupe : toi et ton malheur vous ne faites qu'un, et si tu crois n'y être pour rien, c'est bien possible, mais ce malheur n'est arrivé qu'à toi, et tu es le seul... à en jouir. Sur quoi l'autre, l'absolu singulier, hystérique ou pas, maintient tenacement : je n'y suis pour rien, ou plutôt, je n'y suis pas, ou pis : j'y suis pour *mon absence là où j'étais*... Héroïque trouée dans la présence et le présent, où les semblants et les serviteurs de la Loi se prennent au pied de la lettre; s'emmêlent les pinces au pied de la lettre qui manque à la Loi pour s'écrire... (Et encore, il arrive que l'élément singulier insiste face au groupe : cette absence à moi où je suis malgré vous à cause de vous, pour vous...) Et il prend la tangente folle, ou simplement « parano »...

Nous pouvons mieux entendre maintenant l'effet Job : ce type qui filait doux, qui était « heureux », a été un beau jour arrêté par les emblèmes de son bonheur : valets, troupeaux, enfants, honneurs, réussite, ça l'a souverainement exaspéré; il s'est engagé (il s'est trouvé ou retrouvé engagé) dans une ivresse de destruction, et c'est lui qui a mis son Dieu, sa Loi, son Idéal, à nu et à l'épreuve (et non l'inverse, comme dit pieusement le texte biblique). Ça a parfaitement son sens de se mettre en guerre avec son Idéal, de le pousser à bout, de le mesurer à lui-même et de se mesurer soi, à cette *absence de mesure*. Apparemment c'est le Dieu de Job qui déclenche le premier les hostilités, mû par le démon... de *Job*. Mais à la limite, peu importe le premier (on y revient, le premier n'a pas eu lieu, et le premier pas s'est perdu), l'essentiel c'est que la guerre est sans merci; et même si c'était Dieu qui avait « commencé » (on ne voit pas bien le sens d'un pareil terme, sinon un sens allégorique [53]...), même si c'est Dieu qui a commencé, du fait que Job se laisse faire et tient bon, c'est lui qui reprend l'initiative des opérations, contre son Dieu qu'il pousse à bout, et dont il jauge mesure soupèse les limites insaisissables, et la distance qui le sépare de lui. Ce qui lui est arrivé? La même chose peut-être qu'à cette femme jusque-là bien sage et heureuse, et qui un jour fait sa malle et quitte son mâle sans raison ni explication, sans même suivre personne, comme en proie à une séduction « démoniaque », qui pousse à la destruction limite, à la destruction des limites, mais à travers laquelle on est comme précipité aux limites de son être, ou aux limites du rapport avec l'Autre en nous gelé. Ça peut exister de se demander la part qu'on a au bonheur dont on jouit, dont on est supposé jouir, et de trouver que cette part ne vaut pas le jeu, et de vouloir reprendre de fond en comble la partie et le partage. *La séduction conjurée, traversée, est revenue sous d'autres formes, férocement pleine de vie, décidée à rechercher d'autres sources de vie au cœur de la destruction même.* Et la Loi, assourdie à force d'être obéie, est aussi revenue chercher, au fin fond du désordre, de nouvelles formulations qu'elle rejettera, qu'elle brisera, sitôt qu'elle en aura assez de voir tout ce monde s'y conformer. On *dirait* qu'elle est revenue se retremper dans

---

53. Où, dans la bagarre générale soulevant le monde c'est « Dieu » qui aurait « commencé », ne serait-ce qu'en faisant le monde, ou en se mettant au « commencement ». D'ailleurs le seul argument divin « contre » Job, ce sera : où étais-tu au commencement? Et comme, pour tout un chacun, le commencement s'est perdu, cela revient à rappeler Job à l'ordre... de l'inconscient, c'est à lui dire : ne sais-tu pas, bonhomme, que tu as un inconscient? Et le bonhomme ne peut que dire : oui, je sais, et du fait même de mon inconscient, je sais que je ne le sais pas... Décidément c'est insortable...

l'absurde, ou plutôt dans l'au-delà de ce que ses serviteurs étaient prêts à entendre. L' « effet Job » est donc simple et quotidien : chacun peut être amené à vivre ce déchaînement, cette pure absence de lien qui est au-delà du bien et du mal, et relève d'une séduction plus ravageante de la limite et de l'écart en quoi la Loi peut consister. Et en l'occurrence, le « mal » qui se pointe n'est pas celui des moralistes ; ce n'est pas un mal qui promet des jouissances qu'il fera ensuite payer par des remords (de quoi doubler la jouissance promise), etc. L'effet Job est au-delà de ce tourbillon. Il s'agit du mal pur, cristallin, la pure et simple destruction, le ravage pour rien, ou pour qu'on se demande si dans le « rien » peut subsister quelque force de rappel ténue qui puisse refaire la Loi. Il ne s'agit pas d' « interroger » la Loi (ça c'est ce que peut croire le héros du *Procès* qui s'enferre ou s'englue dans ses questions)[53 bis], mais de n'être parfois que cette pure interrogation, de s'y dissoudre à corps perdu, comme pour disperser les pièces du jeu qu'on est, pour ressaisir (et se ressaisir dans) le coup qui n'a encore pas eu lieu. « Interroger » la Loi, jouer avec, la titiller, c'est bon pour les montages compulsifs ou religieux ; mais *être cette interrogation*, cet ébranlement, suppose dépassé l'aspect moral, éclatés les liens de la pure culpabilité ; cela suppose de pouvoir restituer à la Loi son étrange gratuité, sa dérive inconsciente par quoi elle peut prendre forme dans ses naufrages, elle qui semble se séduire elle-même, d'elle-même, tel un feu qui s'entretient de se consumer, de se déformer, d'approfondir ses jeux et ses désastres, avec pour seule nécessité de se maintenir en vie et de transmettre de la vie au-delà des aires étriquées où nous scrutons avec des raisons la nuit du sans-raison, et cherchons à nous protéger de la séduction fondatrice du langage par des règles de jeux qui heureusement se dérèglent, par des superstitions qui n'endiguent le flot séducteur que pour le maintenir disponible.

Pour tenter cette radicale dissolution de soi dans la *question* de la Loi, il faut parfois une grande simplicité (disons même « pureté ») d'esprit, à la limite du « débile » ; ou alors une perversion très contrôlée, capable de mettre l'Autre à bout et à nu, mais sans chercher à le pétrifier (comme nous verrons que le recherche la « perversion »). Mais entre ces deux limites qui se touchent (simplicité, et perversion « rattrapée » de justesse), les plus hardis remparts qu'on invente à la séduction, sont curieusement ceux de l'hystérie, remparts qui malgré leur parure et leur parade ou « mascarades » sont pourtant en proie à la séduction fondamentale. Celle-ci, nous pouvons maintenant le dire, déborde la séduction du fantasme, et concerne ce que j'ai nommé *séduction interne à la Loi*, celle qui fissure la Loi de l'intérieur, et qui en fait une *Loi de vie*. Ça

53bis. Et ce « héros » n'est autre que l'ordinaire névrosé.

peut gêner ceux qui croient que la séduction et la Loi sont en simple opposition, que la séduction, étant toute subversive et hors-la-Loi, n'a rien à voir avec la Loi. Or si la Loi peut séduire et se séduire de se mettre hors d'elle, elle séduit aussi ceux qui attendent d'elle qu'elle les décharge du désir par la contrainte et l'injonction. Elle peut séduire parce qu'elle promet le désir, qu'elle se pose et se suppose à la jointure des discours « fondés », aux interstices de langues qui ne s'incluent pas mais qui se touchent et s'articulent, laissant la Loi comme en suspens, aux confins de ce qu'elles peuvent dire, laissant la Loi se soutenir d'être « infondée » mais aussi de faire entendre aux brisures des signifiances, le *oui* précaire et scintillant, l'acquiescement piégé qui nous séduit, nous entraîne, nous déloge hors des retraits mortifères où pour un rien on serait murés. Ce qui nous protège de cette séduction, c'est... le refoulement ; et encore : s'il nous protège trop bien, il ne protège plus rien. Le refoulement c'est ce qui permet de dire non quand c'est oui pour faire croire que c'est oui ; ça laisse un petit délai devant la séduction de la Loi. C'est un pare-séduction, et du même coup une parure de la séduction... Que la Loi soit séductrice de si bien épouser les contours infinis que le fantasme ne peut « fixer », cela peut nous mener loin ; trop loin peut-être, en montrant notamment que « suivre » la Loi ne mène à rien : tout au plus s'agit-il d'être suivi ou précédé ou soutenu par elle en tant qu'elle est un potentiel du dire. La Loi d'un désir n'aime pas les suiveurs, elle défie ceux qui la suivent de s'y perdre pour s'y retrouver ; c'est la pointe douloureuse de la séduction.

L'*éthique* qui s'ensuit est au-delà du tragique, et de l' « hystérie » en ce qu'elle a de tragique. Kierkegaard (celui de *Crainte et Tremblement*, pas du *Séducteur*...) l'a entrevue tout en disant ne pas la « comprendre ». Comment ici la préciser ? Est-ce de « ne pas céder sur son désir » ? Mais une éthique dont ce serait là le principe, suppose qu'on ait son désir bien en main, pour qu'on y tienne (et rien ne vous empêche de baptiser désir ce sur quoi vous ne cédez pas...). Elle suppose donc un « discours » qui ferait du désir un maniement adéquat, délimitant les cessions et concessions ; un *discours* qui *serait* la Loi du désir. De fait, il est plaisant que ce mot d'ordre de Lacan : « ne pas céder sur son désir » ait déclenché une vague de cramponnements narcissiques où *chacun se prend pour son désir et ne cède plus sur rien n'ayant plus, comme désir, que celui de ne rien céder...* Plus sérieusement, Lacan qui avait lancé ce mot d'ordre, ne cachait pas que le Discours en question qui délimite les concessions et les territoires du désir, c'était celui de la Structure, ou plus généralement : le discours psychanalytique... défini comme étant le sien. La boucle était bouclée, la grande métaphore assurée : la psychanalyse avait pris toutes ses aises sur le terrain de la Séduction où elle s'était installée, pour convertir cette installation en une émergence de la Loi, sans voir que *ladite Loi n'était qu'une autre figure de la séduction;* le ludisme de celle-ci faisant place à la terreur devant celle-là. En dehors de ce bouclage, le mot d'ordre en question est assez inutile : quand on est en contact avec son désir, il n'est même pas nécessaire de ne pas céder dessus; ça se tient tout seul; et chacun sait que les ennuis commencent quand le « désir », sans vous prévenir, s'est déguisé en son contraire; alors on est un peu perdu; on se raccroche au symptôme le plus proche, au symptôme de cette perte elle-même, etc. Après tout, le symptôme *c'est* une façon pathétique de ne pas céder sur son désir... tout en le déguisant [54].

9. *La Loi violente et inviolable*

Et quand la Loi se pose comme intouchable et inflexible? Quand elle semble prendre le relais de l'inceste qu'elle interdit? « Ne

---

54. C'est de l'analyse d'*Antigone*, de Sophocle, que Lacan a cru pouvoir dégager ce fondement de l'Éthique : « Ne pas céder sur son désir. » Mais si Antigone face au tyran (à Créon) semble soutenir une éthique exemplaire, ce n'est pas tant parce qu'elle ne cède pas (Créon non plus ne cède pas) sur son « désir »; c'est parce que lui ne démord pas de la règle *écrite*, de la lettre morte, de la loi figée, identifiée à sa trace; tandis qu'elle, ramène la loi au *point critique* d'où elle émerge, au point où sa transmission, au fil des générations, l'authentifie comme loi de vie, cette loi qui justement veut qu'on enterre les morts, même ennemis de la loi; cette loi veut donc le contraire de la loi, elle fait jointure entre écrit et parole, et fait se rejoindre dans son « trait » la vie et la mort, elle s'expose à être « fléchie », et se pose comme l'inflexion de la parole, épreuve d'un jeu qui se déborde. C'est tout cela qu'Antigone dévoile, aux sources parlantes de la vie. Un autre exemple, assez proche du thème d'Antigone, *le Prince de Hombourg*, de Kleist, déploie encore plus fort cette *séductibilité de la loi par elle-même :* le prince doit mourir, d'avoir violé la loi; d'ailleurs il l'accepte, il le veut, après avoir vomi et surmonté toute sa peur de la mort; et voici que la loi se creuse, s'invagine, fait le vide en elle-même, se retourne sur elle-même, et mue par nul autre ressort que la force de rejouer autrement les potentiels de vie, se séduit, résiste à se séduire, et convertit son émergence en une épreuve où elle s'assume, au point où elle se contredit : le roi pardonne au prince coupable (ou plutôt, il n'a même pas à lui pardonner puisque le prince acceptait le verdict), le roi *pose* que le coupable ne mourra pas, et il le pose non *parce qu'*il est « généreux », mais dans un coup de force qui le dépasse : parce qu'il est séduit, tout comme la loi, par une certaine grâce ou force de vie, dont le prince impétueux était marqué à son insu. (Bien sûr, peuvent se greffer, après coup, sur cette force de vie, les intérêts moins gracieux du militarisme allemand et de la mère patrie, mais rien n'empêche la vie d'en passer par la mort, et d'y rester un bon bout de temps...)

touche pas ta mère » devient alors « ne touche pas la Loi... qui te le dit, et ne touche à aucune Loi car ça revient au même ». Dans ce cas pourtant grossier, la séduction est massive, sans qu'on puisse dire si ce qui séduit c'est de « toucher » la Loi (de la fléchir, de l'émouvoir, de la « violer »...) ou de voir réussir ce remplacement où elle se pose au lieu d'un corps. Remplacement bien commode : pouvoir palper une Loi, en caresser les contours, la manipuler, au besoin en la remplaçant à son tour par la forme plus maniable d'un « contrat ». Le masochiste n'est pas le seul à être séduit, fasciné, par l'image d'une Loi froide, implacable, pétrifiée, Loi dont il approche ainsi les contours « contractés ». La tendance est en fait toujours disponible et jouable, à violer à plaisir des liens « sacrés » pour avérer leur insuffisance et en réclamer de plus serrés, de plus consistants ; (au Don Juan qui épouse à tour de bras des femmes, comme d'autres épousent des « causes », il faudra pas moins d'un Commandeur de pierre, un mort vivant, pour désarmer et mourir...).

Y a-t-il dans toute séduction la quête d'une Loi qui aurait la consistance d'un corps vivant et immortel, touchable mais intouché ? d'une Loi « vierge » qui tienne le coup à tous les coups, et ne retienne pas d'autre trace que la sienne [55] ? Pour l'instant, admettons que la « Loi » c'est ce par quoi nos paroles et nos gestes, nos désirs et nos liens, ne sont pas du « n'importe quoi », que c'est ce par quoi un homme est homme, une femme, femme... etc. Il est clair à ce niveau très simple que la Loi va se pointer, ne serait-ce qu'en « question », dès qu'il s'agira d'*origine :* ce serait ce qui à l'origine, donc de tout temps (puisque le temps de l'origine est immobile) délimite les contours de chacun et le fait être ce qu'il est. Dès lors, la Loi subit les avatars de tout ce qui touche à l'origine ; notamment, on ne peut pas la formuler puisque sa formulation exigerait à nouveau sa propre loi, etc. ; les lois édictées n'en sont que des ersatz, voire des fétiches ; les lois scientifiques n'en sont que des éclats provisoires, elles qui cernent des liaisons singulières du cosmos, des rencontres et des jouissances cachées et sans lesquelles le monde serait « n'importe quoi » ; mais elles les cernent avec des énoncés provisoires, précaires, qui ne sont donc pas « la Loi », puisque d'autres lois viendront plus tard les dénoncer... A la limite, même un savant ne sera « séduit » par une « loi » qui prend forme sous ses yeux, avec lui comme partie prenante, que dans la mesure où elle se donne comme un signe avant-coureur de ce que serait la « Loi » ; promesse lointaine toujours déçue, mais séduisante.

De sorte que l'énoncé antérieur, à savoir que séduire c'est à deux faire la Femme et y échouer, peut à son tour être reformulé, « dénoncé », sous cette forme plus *parlante :* séduire c'est à deux

---

55. Tout ceci peut s'éclaircir à partir de la perversion, qui étonnamment fait de *la Loi* son leitmotiv.

« faire » la Loi, lui redonner naissance et renaître à travers elle, la produire et s'y produire comme parole première qui surplomberait les deux partenaires, les inclurait faute qu'ils puissent s'inclure l'un dans l'autre, et leur permettrait de « jouer » dans ses entrailles accueillantes comme des enfants qui auraient produit leur propre naissance. En fait, il est évident que c'est la perversion qui donne à ce montage sa nécessité impérieuse et rigide, qui implique notamment de violer la Loi pour en réclamer une plus forte, mais aussi de se faire violence afin de « sauver » la Loi...

Ce qui est sûr, c'est que l'idée qu'on se fait des « sujets » pliant sous le fardeau de la Loi, et tentant par des détours séducteurs de soulager sa pression ou sa « répression », est très partielle. Le plus souvent c'est la *légèreté* de la Loi qu'ils ont du mal à supporter ; c'est l'infondé, la fragilité de la loi qui les affolent (subtile intuition de Kafka : dans son *Château*, les fonctionnaires de la Loi sont des êtres timides, des sortes d'enfants nerveux et fragiles qui ne demandent qu'une chose c'est qu'on leur foute la paix, qu'on les laisse « étudier » la Loi, ce qui est leur façon à eux d'en jouir et de la faire jouir ; et qu'on ne vienne surtout pas leur demander des ordres...). Dans sa précarité, la Loi semble nourrie de séduction mais semble aussi excéder la séduction, la prendre de vitesse, l'exaspérer d'avance ; et sur la ruine imminente de la Loi, la séduction cherche une Loi impossible à ruiner ; en quoi elle partage avec la perversion le projet de *fixer l'autre part* de la parole (voire la part de l'autre-abstrait, recueil de nos altérations) ; projet d'éterniser son émergence, de la capturer dans sa dérobade même. C'est que l'autre part de la parole n'est que l'autre part de soi-même, *celle qui fissure notre narcissisme pour nous rappeler qu'il existe* (mais béant...), celle qui le comble mais qui nous rappelle en même temps que de lui-même il ne peut pas se combler. Bref, la séduction cherche à *résoudre l'impasse intrinsèque au narcissisme*, impasse qui n'a rien d' « imaginaire », et qui consiste en ceci : comment investir cet « autre » comme une part de moi-même, si en tant que moi-même il est autre et si en tant qu'autre il me rappelle à moi... manquant de lui ? On retrouve ici une constatation que nous avons déjà faite : c'est que le narcissisme qui s'exalte dans la séduction n'est celui d'aucun des « partenaires » ; c'est une sorte de narcissisme qui doit *précéder le leur*, et qui se pose comme originaire mais partagé par tous les deux. Nous verrons que seules certaines expériences de l'amour parviennent à traverser cette impasse, en *détruisant* purement et simplement l'exigence narcissique qui l'obstrue. Le séducteur esthète entrevoit sûrement les risques de telles expériences, puisqu'il s'arrête juste au seuil : la nuit ultime où il « possède » la femme séduite, et où celle-ci le « possède » aussi (détail qu'il oublie de dire) et où tous deux se retrouvent enveloppés dans la féminité qu'ils viennent de faire éclore, voici donc qu'il gémit : « Pourquoi le soleil n'a-t-il pas assez de pitié pour s'oublier? », afin que se fixe ainsi dans un oubli cosmique la vérité enfin saisie... Ce n'est pas la limite « humaine » de la jouissance qui est ici déplorée; il rêve que s'éternise... l'hémorragie de « féminité » que son retrait a déclenchée, et qu'en somme cette féminité naissante-mourante soit identique à elle-même et à sa Loi enfin écrite, dans cette genèse incandescente d'un langage qui s'en tiendra à sa naissance puisqu'il ne saura rien dire d'autre. Et voici son autre cri : « ... Si j'étais un Dieu je la changerais en homme. » On peut rêver des satisfactions imaginaires ainsi visées, mais l'essentiel est que cette métamorphose finale les ferait tous deux identiques, et ramènerait tout le tumulte séducteur à son point mort où après tout il y a d'autres figures de cette homologie, de cette identité pas toujours « homosexuelle »; ne serait-ce que la mère allaitant son enfant lequel en vient à la sevrer, à la sevrer de cette coulée de féminité sans limite qu'il a fait naître en elle du fait même qu'elle l'a fait naître... Et inutile de rappeler à quel point le séducteur en partance évoque pour celle qu'il a, croit-il, menée au seuil de sa féminité, évoque pour elle donc l'*enfant* parti ou mort qui la laisse en pleine éclosion maternelle, parti au lieu de rester partie d'elle-même, tous deux sous le voile transparent de la Féminité naissante... Du reste une mère qui « séduit » son enfant que fait-elle d'autre sinon transférer sur lui une part de cette absence à elle-même qui la tient, qui la fixe hors mémoire? Séduction bien plus radicale que les gestes dont jouent les corps pour se faire plus accueillants l'un à l'autre. La vraie séduction d'une mère sur son enfant est de l'inclure avec elle et de s'inclure avec lui dans la représentation *impossible* de son désir inconscient. C'est par ce biais qu'en le prenant comme poupée ou en le tripotant sans qu'elle le sache, au-delà d'elle-même, elle le prend à partie dans le dialogue impossible entre elle et son absence, entre elle et l'autre part d'elle...

C'est bien cette absence à elle-même qui est ravivée quand la rupture de séduction en est aussi le seuil, le point zéro; l'oubli solaire; la marque intraduisible... Cette marque, on peut toujours l'identifier à l'utérus comme à l'organe du Féminin : c'est une façon comme une autre de rabattre sur le corps l'impasse en question, l'impossible mise au monde de la naissance elle-même, l'impossibilité de saisir le pouvoir de création qui n'est qu'un pur dessaisissement... En effet pourquoi pas l'utérus, organe errant par excellence, puisque l'hystérie c'est d'être en proie à une présence du langage impossible à traduire autrement qu'en corps, en corps saisi dans ses « conversions » impossibles à disperser, et qui en vient, ce corps entier, à n'être qu'un « blanc » en guise de mot, une pure absence où il se veut l'un et l'autre, corps un et autre, part de nulle part?

Est-ce que le « traumatisme » de la « première » séduction ne serait pas la découverte horrifiée, par tout un chacun, de ceci que la Loi comporte elle-même une brisure fondatrice? La Loi dont on attend qu'elle règle les choses, qu'elle fixe les places, voici qu'elle-même ne tient pas en place et qu'elle aurait même le projet sournois de prendre forme en se déplaçant, en s'offrant au déplacement de la parole...? Et qu'ainsi la Loi même est prise dans le tourbillon de ses violations et renaissances? On comprend alors le fantasme d'en revenir à l'origine, à l'absence de toute trace, à l'espace vierge qui puisse conjurer cette horreur. Mais on comprend aussi le paradoxe insoluble où le séducteur veut perpétuer la virginité au moment même où il la viole, de même que l'enfant voudrait sa mère vierge alors que son existence même dément ce vœu. Voyez encore notre Kierkegaard en train de rechercher la situation « qui offre le plus de séduction »... Eh bien il ne trouve rien d'autre que... « le jour des noces » (*Journal*, p. 339) « ... moment précis... quand elle s'avance dans sa toilette de mariée, quand la *vierge tremble* et que le *fruit mûrit*... lorsque le ciel la soulève et que la gravité de l'heure la fortifie, que la *prière* lui donne sa bénédiction... ». Les montages pervers reprennent tout ça plus « sérieusement », bien au-delà de cette visée du *viol dans la Loi pour atteindre une Loi qui interdise « vraiment » le viol*. Mais déjà ce qui est visé c'est un réel de la Loi, réel qu'il croit entrevoir dans ce corps intouché. Et on retrouve la séduction d'*un corps qui ferait Loi faute d'une Loi qui prendrait corps*.

C'est peut-être même *cette* séduction et le jeu qu'elle organise qui structurent les groupes autour de leur « Chef »; beaucoup plus que l'amour du père mort dont le Chef serait l'image. Un groupe tend à chercher autour du Chef qui le dompte, du Maître qui le maîtrise, moins une loi « réelle » qu'un corps réel qui fasse Loi, qui l'incarne; que cette Loi soit « répressive » ou qu'elle s'incarne sous les formes débonnaires et humoristiques qui laissent entendre que la Loi ne s'incarne pas mais qu'on doit faire « comme si » elle le pouvait. Il cherche une loi portée, modulée par le réel d'un corps sans faille (parce qu'absorbant toutes les failles et tous les chocs...), un corps jouissant dont le groupe voile les cassures... Ça tourne mal si la séduction vise le réel puisque ce réel c'est ce qui la fait échouer; c'est parce que la Loi ne peut trouver son origine dans le réel des corps que les groupes « échouent » ou réussissent démentiellement...

Voici : chacun connaît le thème rebattu des masses « violées » par le Chef, trompées séduites par celui qu'elles adulent... Étrange, ce couple masse-chef, foule-maître... Souvent rien n'indique que le violeur ait rencontré dans la « masse » la moindre résistance, même si des « résistances » sporadiques peuvent servir à ce qu'il les surmonte et qu'il déploie d'autant mieux son pouvoir de viol..., à ce qu'il montre son potentiel de violence : s'il *peut* faire plus qu'aucun d'eux, c'est qu'il *sait* de quoi chacun est *capable;* donc la puissance de chacun est comprise dans la sienne. Mais le plus frappant c'est que le Chef, au regard de la masse, est en posture de virginité inviolable : il est appelé à dépasser la Loi (toujours violable) par une Loi qui en finisse avec les lois. Et de cette place il les tient tous, tous les « autres », en échec : échec à le séduire, à le fléchir, à le « toucher »... C'est en position d'idéale virginité qu'il opère : là où il n'y a plus de jeu, et où la séduction est vaine puisqu'elle échoue à laisser trace. Bien sûr le préjugé demeure que la masse a été violée, la masse identifiée à la vierge « légalité », mais c'est devant la masse éplorée et séduite et « doublée » dans sa virginité jusque-là très variable, que le Maître peut déployer son appel fanatique à une virginité absolue, inviolable. De temps à autre il mesurera l'absolu de son pouvoir aux efforts que la masse subjuguée fait *en vain* pour lui plaire, de même que la femme séduite et « abandonnée » est censée déployer « toute » sa séduction pour rattraper en vain le séducteur futile et sa féminité en fuite; mais ce faisant elle est censée s'accomplir dans la plénitude de cette féminité qu'elle déploie, contre son gré peut-être, mais d'autant plus fort. Il y a là, implicite, une théorie de *la séduction comme stratégie pour débusquer en chacun l'altérité qui dort en lui, l'Autre en lui gelé;* et la séduction ne s'arrête que lorsque quelque *un* se prend pour l'Autre, et arrête pour ainsi dire le flux d'altération par où tout autre échappe à soi et à sa mêmeté. C'est parce que l'Autre, l'Autre abstrait, prend souvent figure de femme absolue et première, que la séduction tend à produire la « Femme »; en fait la séduction vise à produire l'*autre abstrait*, ou mieux encore l'impossible inclusion de l'Un dans l'Autre, l'instant d'*avant* que l'Un et l'Autre bifurquent...

Et la « masse » transfère donc sur le Chef la virginité qu'elle ne peut assumer, mais qu'elle ne peut pas davantage abandonner. Elle investit le Chef de la charge étrange de la faire naître et de lui épargner les traces de mort que toute naissance comporte. Elle attend, subjuguée, que le Chef lui montre ce qu'est « vraiment » la Loi, vierge et impossible à violer : d'où son extrême violence... Mais la chose n'est pas simple car si la Loi n'est que la traversée de ses ratures et cassures, il faut bien, pour qu'elle paraisse vierge et sans faille, que certains soient sacrifiés pour annuler ces failles, pour être eux-mêmes la rature qui s'élimine, le manquement qui se dissout et s'abolit. De ce point de vue, le sacrifice christique prend toute son ampleur : un homme abolit la Loi en l'accomplissant dans sa personne, en endossant tous les manquements. La croyance en un Sauveur c'est la croyance en une Loi qui en finisse avec elle-même, en une Loi qui s' « achève », comme on achève les blessés, puisque c'est la blessure de la Loi qui est insupportable. On s'en doute, ce « suicide » de la Loi exige que des humains réels viennent franchir à cette place les limites de leur vie, viennent en quelque sorte dépasser la Loi, la déborder par la voie négative de leur autodestruction. De ce genre d'entreprise on n'a que peu d'exemples (et même la perversion s'arrête judicieusement avant le terme du voyage...). L'histoire nous a plutôt montré des versions scabreuses, où pour identifier la Loi à la non-trace virginale, le Chef (ou la masse : puisqu'ils s'identifient) se dévoue à actionner la machine sacrificielle : il sacrifie son négatif, à savoir le « responsable » des malheurs du groupe, puisqu'il est, lui, le « responsable » de son bonheur. Drôle d'ambiguïté, être « responsable »; répondre de la question sans réponse; c'est comme le jeu subtil et ambigu de la charge et de la décharge : le Chef, qui a la charge du groupe, doit aussi le décharger de son inconscient; il travaille à la décharge du groupe, là où celui-ci se décharge de tout pouvoir de « répondre », pour s'engouffrer dans la jouissance opaque où une trouée de langage trouve de quoi s'obstruer; où ce qui échappe doit être ressaisi, même au titre de l'échappement et du déchet. Loin donc du modèle solaire où les membres du groupe font converger sur le Chef le rayonnement de leurs idéaux, on a une formation plus trouée, plus annulaire, où les rayons *réfléchis* par le Chef refluent sur l'autre « responsable », à sacrifier, pour qu'on retrouve enfin la virginité perdue, la Loi inviolable d'où le groupe s'aime, essaime, se reproduit, une fois sacrifié l'objet de son horreur, qui est aussi son double [56]. Cette croyance, la plus élémentaire sans doute, est la croyance à une solution possible de l'impasse narcissique. Le moins qu'on puisse dire est que ce n'est pas résolu; d'autres solutions se proposent, et d'autres impasses aussi...

Ceux que choque cette référence constante à la « Loi » s'agissant de séduction (et qui le seront encore plus de découvrir que c'est la seule référence solide dans la « perversion »...) objecteront que ce qui séduit c'est plutôt ce qui éloigne des ennuis de la Loi, de l'Ordre et de la Règle... C'est vrai, ça s'en éloigne pour mieux jouir de la distance à la Loi *supposée fixe*, comme pour mesurer encore cette distance, jouer avec, et à tout moment du trajet trouver la Loi de ce trajet si chaotique soit-il, pour jouir de son chaos; mieux : se retourner de temps à autre vers la « Loi » qu'on a laissée, pour lui

---

56. Le modèle allemand, où le Guide fait jouir la masse en la débarrassant des « responsables » de son « viol », peut être repensé dans ce sens. Après l'échec, il reste Chef, le « responsable » de cette « folie » soudaine, donc le responsable de ce qui *comme auparavant* était refoulé. Le peuple allemand peut donc croire en toute bonne foi que le responsable de ses errements fut le Führer, et que sans lui il serait pur, tout comme au temps du Führer il croyait que sans les Juifs il serait pur... Il peut donc retrouver sa virginité abusée par son séducteur; qui dans sa langue se dit *Verführer* : cette croyance-là, décidément, n'a pas fini de *faire fureur*...

demander ce qu'elle en pense, l'interroger, la mettre à l'épreuve, lui demander si c'est une Loi, *se* le demander... Là encore fine intuition de la Genèse : la séduction de la « première » femme questionne d'emblée : est-ce que la Loi qu'on nous a dite en est bien une? Est-ce que l'interdit de toucher au fruit est lui-même intouchable [57]? Le présupposé évident, c'est qu'une vraie loi est une Loi absolue ; elle ne supporte ni déplacement ni métamorphose : ce ne sont pour elle que des écarts, donc des viols purs et simples ; elle est donc supposée, cette Loi, premier et dernier mot de la langue. Elle acquiert de ce fait la densité d'une chose, d'une personne. Il semble bien que l'être « humain » ait avec la loi un rapport « vaguement » pervers qu'il a du mal à traverser : il appuie dessus, pour voir jusqu'où ça fait mal, jusqu'où on peut aller trop loin, avec l'horreur, toujours, de voir son joujou se casser ; l'horreur : car comiquement, sa Loi il la veut incassable. C'est ainsi ; la Loi se pose comme une limite, et lui se questionne sur les limites de la Loi... Qu'il les franchisse et le voilà coupable ; à son tour il demande à la Loi de lui faire « mal », c'est-à-dire de jouir *sur* lui, de jouir pleinement d'être une Loi. Et même le fantasme de vivre « enfin » *dans la Loi* ou selon la Loi, n'est que le rêve de pouvoir vivre sans culpabilité ni angoisse et du coup sans désir. Pas étonnant que des religions aient promis le Paradis après la mort à ceux qui auront vécu « selon » la Loi ; c'est que pour vivre « selon » la Loi il faut être déjà mort, ou être assez fou pour la connaître en tant que telle. L'ordinaire des humains se contente plutôt, se complaît, à sans cesse mesurer ses écarts à la Loi, comme pour interroger la jouissance que la Loi en tant qu'*autre* a d'elle-même, et la *part* de loi qui serait au cœur de toute jouissance. On comprend la séduction du fantasme de jouir « dans » la Loi ; entendez-le au sens physique comme un homme jouit dans une femme ou dans un autre homme ou dans sa main... Faire de la Loi une sorte d'objet fétiche à faire exploser ensuite, enfler cette jouissance jusqu'à faire craquer la Loi, jusqu'à éclater avec elle ; jouer aux abords de la Loi, jouer des bords de la Loi, intensifier le jeu jusqu'à la démentir, l'emporter dans le tourbillon, puis laisser le lieu de la Loi vide, ou hanté par l'appel à une Loi qui serait un corps intouchable, et incluant pourtant – étrange grossesse – le corps de ses fidèles... : dans cette approche, le paradoxe est roi (et Loi...). Voyez cette « simple » Loi que serait l'interdit de l'inceste ; si simple car chacun sait que ce en quoi elle fait loi ce n'est pas ce qu'elle dit ; mais qu'importe, la fascination est là, visible et quotidienne, du séducteur qui remonte aux « sources » pour rechercher sa « mère » avant qu'elle n'ait été « violée » par cet « abruti » de père ; et dès qu'elle a cédé, l'impératif de la laisser

57. En quelque sorte : ne peut-on pas, faute de jouer avec le fruit, jouer avec cet « interdit »?

117

choir doit faire la preuve que ce n'est pas elle (elle, ne cède pas); mais ça prouve aussi que *c'est elle*, car elle a cédé tout comme sa mère a cédé. En l'occurrence, *la preuve est égale au démenti*, et dans les deux cas, qu'elle cède ou pas, *c'est elle*, et la voilà comme telle sacrifiée dans le rituel répétitif qui fera Loi faute d'une « vraie » loi... Le trait de la Loi est re-tiré à vide..., et n'en est que plus cinglant.

Force est donc de constater que *la séduction, supposée « subvertir » la Loi, se déroule entièrement sous le regard froid d'une Loi « idéale »*. Dans la scène de la séduction, le partenaire à double face, c'est-à-dire le « séducteur-séduit » est un *traumatisé de la Loi*. Même dans la scène shakespearienne, il n'en reste pas à l'idée que ce qui séduit la femme c'est qu'il la dise belle. C'est plus radical : sa conduite et son amour « monstrueux », il les rapporte à une *Loi;* il y a une Loi qui les explique et qui ne peut donc les punir puisqu'elle-même en est la cause : c'est sa beauté faite Loi. Son corps de femme fait Loi pour l'homme, lequel la séduit dans cet éclair où les apparences de la Loi craquent devant la Loi d'une apparence plus démoniaque : devant la beauté dont il fait voir, en sa personne à lui, ce qu'elle voile de « monstrueux » et de cassé; sa séduction déchire le voile et arrache la beauté à son « absence »...

En ce point *la séduction se réclame d'une Loi, pour piétiner toute loi*, mais la Loi dont elle se réclame n'a d'autre force et d'autre effet que dans le succès de la séduction. Boucle magistrale, digne du maître qu'elle produit, même s'il ne reste le Maître... que tant qu'opère la séduction.

Dans celle de la Genèse, le fameux « péché originel », c'est encore plus précis : la séduction sépare la femme de ce qui faisait Loi pour elle jusque-là (l'interdit de manger le morceau), mais c'est pour l'ouvrir à une dimension plus complexe de la Loi, plus complexe que ce qu'aucun interdit ne peut formuler. De sorte que la Loi naïve posée au départ explose en événements, paroles, écrits, et voilà l'homme et la femme de l' « origine », dès l'origine, devenus proies de l'engendrement, germes d'un langage, supports d'un Livre qui lui-même, pour ses parlants, devient support énigmatique d'une Loi informulée et qui lance par à-coups des appels à se transmettre donc à éclater encore pour se ressaisir une fois *passée* par l'épreuve de la « génération ». Étrange issue, toujours jouable et disponible : le traumatisme de la Loi ressaisi dans sa réécriture, et l'écriture encore ratée de la Loi ressaisie dans les paroles qui la déforment et la reformulent autrement...

Après tout, même le pervers (que nous évoquerons ailleurs), en proie à son calvaire christique, se ressaisit dans l' « écriture » de son expérience, se résorbe dans cette écriture devenue miroir fétiche et Loi « réelle » de son unité, de son « identité », quand la Loi du « contrat » pervers finit par craquer... A ceci près que l'écriture qui ne se réfère qu'à elle-même est guettée par le fétichisme, tandis que la « première » séduction (celle de la Genèse, ou celle de la genèse de tout un chacun au désir), cette « première » lance un coup de dés infini où l'écriture de la Loi, toujours insuffisante, en appelle à l'épreuve de la parole et de la « génération », ce qui maintient la possibilité de dévoyer l'incrustation perverse du rapport à la Loi à quoi s'en tient toute séduction quand elle suppose la Loi « écrite » ou écrivable (sous forme de symptômes, d'identité, de convention, etc.). La fameuse perversion polymorphe des enfants, diagnostiquée par Freud, tient sans doute à ce qu'ils abordent les mots et les corps, dans le registre vacillant et « premier » d'une *séduction* multiforme; ils n'en sont pas encore aux expériences et aux tensions du langage [58], où ce qui relève de la trace écrite ou corporelle subit la fêlure de la parole, qui du coup inaugure un *dévoiement de la perversion*, un affrontement de « parlécrits » (entre écrit et parole) avec le registre de la Loi. Ce dévoiement n'est jamais *joué*, il reste toujours indécidable, ce qui heureusement n'empêche pas l'ordinaire séduction de battre son plein, et chaque petite Eve de se séduire en se posant comme *l'origine* du désir et le lieu de naissance où se prélève ce qui fait courir les autres : le lieu de leur course et l'unique Loi de leur parcours, à leur insu, le chemin de croix de leur insu... Et on lui a bien donné acte, à chaque Eve, de ce que c'est elle qui présente à l'homme le « fruit »..., de quoi le secouer un peu; ce qu'elle en recueille, elle, c'est *l'angoisse* de la procréation (et lui, la sueur du travail qui fait suer). Mais ce qui la séduit, Elle, ce n'est ni l'homme ni le fruit, c'est de croire savoir ce que *sait* l'Autre-femme (l'autre-abstrait supposé, investi comme Création ou « créateur »); ce qui la séduit c'est de pouvoir être *elle-même* et *Autre*. Bien sûr c'est trop, et la jointure de cet entre-deux est un abîme d'absence à soi ou à l'autre; abîme que ne comble pas l'illusion d'être la « vraie » Loi du désir...

Et si c'était sur ce modèle que se fixe pour un groupe la place du « vrai » Chef?, du Chef que la théorie s'obstine à mettre à la place du « Père »? (Qu'il puisse aussi être pris comme Père, c'est possible, d'autant que régulièrement le père manque à sa place; sa place consiste même en ceci qu'il y manque...) Mais le Chef totalitaire incarne quelque chose de plus général, une fonction plus abstraite. Si je dis qu'il incarne *la Loi achevée*, arrivée à son terme, c'est au sens, un peu général, où la Loi de la chute des corps c'est l'attraction terrestre, où la Loi d'une femme c'est la Féminité (et non pas l'homme, encore moins le Macho, qui n'est qu'un impuissant en état de dénégation surexcitée); le Chef incarne la Loi du groupe, au sens d'une parole ou d'un symbole qui achève ou

58. Expériences dites de « castration ».

complète le lien du groupe, dans une complétude narcissique qui peut être idéale ou abjecte, exaltée ou ravalée.

Car quand un groupe (ou une nation) se fait subjuguer ou « séduire » par son Chef, c'est une manière de se refonder et de se compter *en permanence* comme pour la « première » et dernière fois, une manière de ressaisir la béance de son lien, de la fermer en son point de fuite même, là où se referme son identité de modèle unique, donc irreprésentable, là où s'incarne sa croyance « fondamentale », la croyance de tout un chacun à son unité narcissique, et au fait que demain on sera toujours identique à soi ou à ses images. Or une identité est toujours manquée, entamée ; c'est la *croyance* en elle qui permet de la soutenir. Et si cette croyance se réalise, si elle surgit en plein réel, c'est plutôt l'horreur jouissante de la fusion avec soi-même... ou avec son double qui revient au même. C'est parfaitement visible dans le champ politique : les Allemands des années trente n'ont pas été « séduits » – « trompés » par leur Guide ; ils s'y sont livrés comme *à leur croyance la plus vive soudain mise à nu* : soudain coïncidant avec le réel qu'elle couvrait. Ce doit être très *séduisant* de se délivrer de sa croyance en l'incarnant ; ça doit vous abolir et vous accomplir à la fois ; vous doubler, vous diviser, vous fondre et vous fonder, vous réduire à l'état d'esclave et de Maître du monde ; fierté paradoxale des sujets d'un tel Maître, fierté qui n'a d'égal que leur état d'annulation ; à ces limites on est sans doute fier d'être rien, et de pouvoir à tout moment se poser comme un tout, se reposer (de tout) sur le Tout ; s'appeler par son Chef comme par son *vrai* nom, ça plaît forcément ; et l'excès de loi va de pair avec son vide, l'évidement de la Loi pèse autant que son évidente annulation ; c'est ce qui lie le groupe et qui le pétrifie ; nudité de la Loi ; fête somptueuse ou mortifiée de cette nudité même, terreur de la Loi imminente et absente ; peur du groupe : peur non pas de déplaire au Chef, peur comme dernier rempart contre l'anéantissement, et dernier moyen de croire qu'il y a du désir, unique moyen de prêter corps à ce désir dont le chef serait l'emblème. On peut toujours l'appeler « phallus », ce Chef, dire qu'il l'est ou qu'il l'a, mais c'est surtout le seuil d'une parole imminente et retirée, et soudain restituée dans une plénitude qui fait d'elle un objet total, érotique, impérieux et esclave, oscillant entre l'abjection où Loi et corps s'entremêlent, et l'absence hallucinée où ni corps ni Loi n'ont « encore » émergé...

Curieusement, ça frôle encore le thème de la *naissance* (comme seuil de l'être et de la parole, *Loi* possible de l'identité, qui fascine dans la perversion) ; c'est que le Chef peut séduire ses masses comme l'enfant ses parents ; il les arrache à elles-mêmes parce qu'il les restitue à elles-mêmes... au temps d'avant, au temps où vierges de toute Loi elles n'étaient pas encore nées à leur « mort ». Il serait le revenant de leurs perversions polymorphes qui soudain auraient pris forme de caprice absolu et absolument réglé [59].

10. Virginités...

A tel confin de la séduction, on est « déçu »; manière de dire que la machine séductrice s'est mise en panne sans que rien d'autre ait pris le relais; mais rien de tel qu'une mise en panne pour rappeler le poids écrasant de la machine; en l'occurrence (comme décevoir c'est tromper après une attente, ou tromper l'attente elle-même), la déception dit aussi que l'écart dont joue et jouit la séduction *était devenu une attente*, un bloc de temps suspendu et dont la chute ou l'échéance est écrasante; mais n'était-ce pas déjà un choix que de convertir les possibles du jeu qui court en une attente d'un autre jeu? Et comment cet autre jeu décollerait-il de cette attente qui l'annonce, qui le promet, qui n'est là que pour le promettre?

La *déception* (avec la douleur de vous *arracher* toute attente ultérieure) dit aussi que la machine séductrice peut suivre sa course mais sans l'un des partenaires; il n'y a plus *part*; il a retiré sa « mise » narcissique. Ça n'est pas *ça*... « Mais toi, es-tu toi? » pourrait-on lui dire. Justement, il attendait que ça l'assure d'être lui, ou de n'être pas lui; que ça le fasse se perdre de vue, que ça fasse de lui un autre-soi tout contre soi..., et voici qu'au lieu de trancher, ou de faire quelque chose de cet écart, voici que l'attente est « trompée ». La seule attente qu'on ne peut tromper c'est celle de ce qui ne vient pas, de ce qui n'arrive pas, ou de ce qui met un temps « fou » à arriver; et encore, si ce qui arrive est « fini », et si vous

---

59. **Dénoncer** de tels Chefs parce qu'ils « trompent » est toujours intéressant (et pas seulement vain); on semble exiger des Chefs qui ne trompent pas, et nourrir l'illusion d'un corps qui ferait Loi plus *vraiment* que ça, d'une vérité un peu plus « réelle »... Mais dire que « les masses ont été séduites, trompées... » éclaire peu de chose du désir en jeu (pourquoi se mettent-elles à désirer comme ça, et à se tromper sur ce mode-là?). L'idéologie qui s'ensuit, de la bonne voie, de la vérité, est aussi celle où le désir lui-même est vécu sur le mode persécutif, vu les rapports évidents qu'il maintient avec la tromperie. Ce n'est, bien sûr, pas la première fois qu'une idéologie se fait l'image exacte, inverse ou pas, de ce qu'elle dénonce. Dans les deux cas en l'occurrence, on veut être déchargé de son inconscient. C'est dans cette décharge massive que les idéologies totalitaires se rejoignent. Mais alors, tout accepter? et laisser faire, l'air averti? Pourtant : nulle construction qui ne puisse être déconstruite, nulle trace qui ne puisse être dévoyée, ou dispersée. Et s'il arrive que les forces de mort offrent à l'impasse narcissique sa solution démente et finale, il y a du *reste*, des forces de rappel et de vie, qui s'emploient inconsciemment, follement, à briser le cercle.

attendiez l'infini, où est la commune mesure ? Un exemple d'infini ? sans aller jusqu'au Sauveur ou au Salut, disons seulement que vous attendez *vous ;* vous *vous* attendez ; vous attendez que l'écart à vous-même se comble, ou se creuse, ou se creuse jusqu'au deux que vous pourriez être... ou jusqu'à l'Autre qui à son tour vous attend au tournant.

L'hystérie est une certaine démarche cahin-caha, un pied dans la séduction et l'autre dans la déception, y compris dans la *déception de séduire,* et de s'offrir au tact pour se révéler intact, en quête d'une trace qui puisse s'inscrire, et qui « permette » à la séduction de se dépasser. (Mais c'est bien cette « permission » qui, dans l'hystérie, est refusée par l'Autre-femme, de sorte que la transmutation de la séduction en amour est quelque peu inhibée...) Quand l'hystérique se dit déçue c'est pour rappeler et se rappeler qu'elle n'y était pas, pour se rappeler à son absence à elle-même, et *se retrouver* dans le face-à-face avec l'Autre-femme, avec l'autre part de sa féminité, celle qui lui échappe ; c'est une façon de se retrouver là, en rade et en attente.

C'est que les deux temps (de séduction et déception) adressent la même question fascinée à la « première » trace, impossible, qui doit se nier en s'affirmant et affirmer sa négation.

Le pervers (prenons-le homme) aura beau jeu d'invoquer la Vérité pour récuser telle séduction, et l'arraisonner dans le carcan d'une loi rigide dont il fera un rituel. L'hystérique elle (prenons-la femme...) n'argue que de son absence à elle-même pour dire que telle séduction n'est pas en mesure de la marquer, de laisser une trace. Du reste, la tromperie, que ce soit celle de l'attente déçue ou celle qu'évoque la séduction, n'est pas toujours le contraire de la vérité. Ce n'est pas le mensonge ; un visage qui se maquille pour séduire, pour « plaire » (et se plaire à se *faire* plaisir...), peut séduire parce qu'il déjoue l'idée même d'un « vrai » visage, et que pour ne pas s'en tenir aux apparences... il en accélère le jeu ; c'est un désir de fête et de lien symbolique qu'il prend sur lui, désir de se *faire* fête qui a mis en scène chaque geste, et ce malgré les ombres de mort qui hantent la fête (là encore une mort à démentir) ; pure séduction du geste absurde qui transfigure l'ordinaire ; tromperie jouée et déjouée ; mais qui parlerait là de « mensonge » ? Quand la Bible dit que « mensonge est la beauté », elle met cette parole dans la bouche d'une femme âgée qui met en garde son fils contre la beauté des autres femmes... En tout cas, ce geste simple et essentiel de se « maquiller » pour séduire, et de marquer soi-même les traces qui captent les regards, est aussi une autre manière de *jouer avec l'impossible « première trace ».* Et si la séduction en cours ne s'en tient qu'à ce tracé, à ce maquillage, si elle ne trouve pas d'autre piste, c'est la déception pour celle qui s'est *faite* belle et qui dans l'affinement de ses traits n'avait voulu que déclencher le jeu plus vaste et plus ouvert de la séduction ; ça peut même être son désespoir de le voir tourner si court : quoi ? elle serait elle-même l'auteur de la première et dernière trace ? Au-delà de son dialogue avec le miroir il n'y aurait plus rien ? Il y a de quoi se sentir un peu seule, encombrée, cernée par ce trait intraduisible ; par cette beauté un peu figée ; elle qui avait fait signe aux limites souples et mouvantes du désir, voici qu'elle se retrouve *signe d'elle-même*, premier et dernier mot d'une langue qui ne vient pas. Si elle peut, d'un trait, nommer le désir et capturer le désir de l'autre, que vaut ce trait ou ce désir ?

La *virginité* déploie l'absence de trace, le défi triomphant ou désespéré adressé à l'autre ou qu'il laisse trace, et se mesure à la trace qu'il peut laisser, ou à celle qu'il peut au moins invoquer, faire sentir, et qui leur échappe à tous deux.

Il est clair que la question de la *première* trace, celle, absente, qui s'inscrirait de son absence, a été prise en charge, accaparée, par le fantasme de la virginité, qui peut avoir des formes multiples : cette femme n'a pas « connu » d'homme ; ou pas *encore*, puisqu'il n'y en a *toujours* pas ; sa virginité c'est le refus qu'il y en ait ; c'est son *pas* d'homme navré. La virginité de la femme a souvent séduit ou fasciné ; pas seulement les hommes (dont les fatuités faciles leur promettent d'être le *premier* homme...). Les femmes aussi en sont séduites ; non pas bien sûr, ou pas seulement, par la virginité « réelle » ; là-dessus, ne pas trop railler la coutume de certaines sociétés d'exhiber les draps aux lendemains de la nuit de noces : au moins la « chose » est faite ; cette femme aura « connu » *un* homme, le sien ; la communauté lui en donne *acte ;* et à sa façon, elle l'honore : nul ne pourra dire que cette femme ne veut rien connaître des hommes. On sent le poids de la métaphore et du vœu pieux ; car chacun sait que là où ça se corse, c'est qu'elle peut en connaître des hommes, beaucoup d'hommes, et que ça ne laisse *aucune trace* [60]. On prête au roi Salomon (l'homme aux femmes-sans-nombre...) ce constat navré : que sur la femme, le rapport sexuel ne laisse pas plus de trace qu'un bateau sur la mer... Il s'agit des traces dans le langage du désir, dans le corps pensé, parlé, imaginé. Et si ça ne laisse pas de trace, c'est que la question de la première trace en reste à son impasse, initiale et douloureuse, que ne console pas l'autre constat aussi navré : qu'il n'y a pas d'homme, pas de trace d'homme...

On voit où ça déborde les histoires d'homme et de femme, et de

---

60. Est-ce encore la fascination de la nulle trace qui éclaire l'étrange séduction qu'exerce parfois la *débilité*, ou ses formes plus affinées qui frisent la perversion ?

leurs rapports qui n'ont pas lieu même s'ils ont lieu... Il y va du rapport de soi à l'autre, en tant que rapport « marquant », ou impuissant à produire une marque qui laisse à dire et à désirer. Vierge est l'être sur qui les traces de l'autre n'ont pas de prise, ce qui l'amène ordinairement à rejeter tout autre comme la part imparfaite de lui-même ; il (ou elle) n'a pas dans son langage de quoi métamorphoser la marque de sa cassure narcissique qui de lui fait un autre sans que cet autre qu'il devient revienne au même, et sans qu'il devienne pour lui un pur étranger. C'est donc toute la question narcissique qui à nouveau se réinvestit dans la « virginité » comme déploiement de l'absence de trace ; ou encore, c'est la possibilité d'un langage qui ne soit pas qu'un miroitement de soi à ses images, si multiples soient-elles (puisque dans l'impasse narcissique elles peuvent être multiples comme le monde... pour qui on se prend).

Il n'y a pas lieu d'évoquer tous les vertiges qui tournent autour de la virginité, pôle essentiel de séduction où se questionnent la trace unique et l'effraction première qui serait à elle-même sa propre origine (même le fantasme de viol, dont on sait l'effervescence, n'est là qu'en appel ou rappel d'une virginité que son viol aurait pu marquer... après coup). Il faut bien dire que le christianisme a eu le mérite de vouloir résoudre la question en y allant carrément : il était une fois où *elle* l'était : vierge ; une fois pour toutes ; pour toutes les femmes ; le nécessaire oubli de la « première » trace devenait donc la pure et simple impossibilité de cette trace, impossibilité dont on a fait une *vraie* religion, avec un culte de la vierge [61] ; ça témoigne d'un réel souci de remettre les choses en place, à une place qui soit tenable ; contrairement à l'entêtement de ceux qui maintiennent mordicus que la loi se fondait sur sa propre cassure...

Mais laissons là le champ religieux pour en venir à cet équivalent de la virginité sous le rapport de la jouissance : ça s'appelle bizarrement « frigidité » ; ce serait là où la jouissance ne *prend* pas, lieu d'une jouissance *« retenue » ou sans mémoire*. On peut toujours dire que ça jouit de ne pas jouir, ou que ça jouit inconsciemment, ou que ça jouit du fait que c'est inconscient et que ça s'identifie avec, etc. De fait, à ce degré zéro de sa jouissance, le sujet s'identifie tout entier à la marque impossible de cette jouissance, à cette marque que la séduction élude et recherche à la fois ; le sujet devient ici *repli* d'inconscient dont il garde la place vide. C'est en quoi ladite frigidité « psychique » (comme on dit), semble inaccessible à la séduction, en même temps qu'elle se pose comme une auto-

---

61. Les impasses de la trace et les suspens de l'écriture étant endossés par le Fils de la Vierge.

séduction fascinée par la trace qu'elle-même constitue, et qui demeure intraduisible; hors langage; hors jeu.

Il est curieux qu'on l'impute au souvenir traumatique d'un rapport « sexuel » « unique », sans précédent et sans autre suite que sa fixation hallucinée dans cette absence, cette « froideur », ce repli hors des tourbillons créatifs ou érotiques. Certains montages pervers accentueront l'idéal de *froideur*, la place et la fonction d'un Autre glacé et insensible. Mais déjà on voit que l'ordinaire « frigidité » concerne moins le rapport à l'autre sexe que la *transmission de féminité dont elle traduit l'impasse*, l'arrêt, le suspens éternisé c'est-à-dire mis hors du temps. D'ailleurs on peut remarquer qu'une femme ne se plaint jamais de sa frigidité, sans laisser entendre – de façon plus ou moins voilée – qu'elle aussi, si elle voulait, pourrait jouir, comme les autres, vulgairement; que si elle ne le fait pas c'est qu'elle est absorbée à autre chose; et c'est vrai : elle est absorbée – jusqu'à l'absence – à mettre en place ou à questionner sa possible féminité; et si elle suppose que l'Autre-femme (figure abstraite détentrice de toute la Féminité) est inaccessible à cette jouissance sexuelle, qu'a-t-elle à faire de mieux, elle, que de s'interdire cette jouissance? Ça la distingue au moins des autres. L'ennui c'est que les « autres » cultivent aussi, volontiers, cette différence...

On comprend que si j'évoque ici cette « virginité psychique », c'est qu'elle questionne plus généralement la *transmission d'identité à travers son retrait;* la transmission d'une loi à travers sa cassure, etc.

Ce qu'une femme nomme « frigidité » ne concerne qu'accessoirement sa jouissance avec l'autre, et notamment avec l'homme, lequel serait bien en peine de laisser trace dans un espace où d'avance nulle trace ne compte et nul temps ne s'inscrit. J'ai évoqué des rites du mariage, qui essaient de rattraper la chose, de moduler l'impasse; après tout, en exigeant que la femme vienne « vierge » au mariage, telle culture espère (sans trop l'attendre...) que le mariage mette un terme à ladite virginité, côté « psychique » bien entendu. En ne voulant pas que la femme vienne au mariage avec le « souvenir » de sa relation à un autre homme, ce n'est pas l'autre homme que l'on conjure (ces mêmes cultures admettent très bien une drôle de bête appelée « enfant résiduel », conçu trois ans après le départ du mari, et reconnu par celui-ci à son retour éventuel, sans histoires). C'est plutôt le souvenir du *rien, le pur vide que l'on tente de conjurer,* en reportant ce souvenir de la nuit de noces qui est supposée le marquer, et mettre un terme au fantasme de la pureté. Du moins on l'espère; on fait semblant collectivement de l'espérer. On organise même des cérémonies où le futur époux la ravit à l'autre homme (au père en principe), comme pour faire oublier que c'est à elle-même qu'il la ravit, à son absence à elle-même, ou à la figure abstraite de l'Autre femme qui ne la quitte pas, qui refuse de l'acquitter... Mais peut-il faire oublier que c'est son absence à elle-même qui la ravit? qu'elle est peut-être elle-même le souvenir qu'elle n'a pas, le souvenir de « rien » qui la lie à cette fantastique première figure de la Féminité qui la fascine?

Et qu'est-ce que l' « hystérie » sinon une transmission en impasse de féminité [62]?

Par son accrochage au signifiant « premier », (impasse de la « première » séduction), la virginité s'ouvre donc à cette signifiance paradoxale : la première fois n'a pas eu lieu et c'est elle seule qui *compte*. Du coup, plus aucune fois ne compte : ce qui laisse à l'effraction unique sa force d'appel et de rappel, sa violence à la fois séductrice et inerte. Et celle qui en souffre le dit du fond de sa « déception », et nous révèle qu'à vrai dire ce n'est pas d'un autre, et pas d'un homme, qu'elle attendait « *ça* »; quoi? sa « féminité »? mais celle-ci ne l'invite-t-elle pas à se couper de l'autre part d'elle-même? La féminité n'implique-t-elle pas de se couper de sa féminité? De fait, bien des conduites étranges, une femme les endosse pour le compte de l'Autre-femme, de l'autre partie d'elle-même, de l'autre part de la féminité qu'elle n'est pas; en l'occurrence, la féminité vierge, éludant cette coupure, pose ses voies d'accès comme ne pouvant être que forcées; le viol y est supposé tout comme y est supposé le fantasme d'un « premier viol », d'une « première séduction ». Cette raideur traduit qu'elle en aime toujours un autre, un autre innommable, divin ou pas, *l'autre fictif de sa première séduction;* et cet autre, c'est l'autre part d'elle-même, son « elle » qui n'est pas elle mais qui l'attire à tire-d'aile. L'inconscient c'est peut-être avant tout le renoncement à rejoindre cette autre part, le consentement à en faire une part tout autre, autre que celle qui dans la première séduction nous aurait fait défaut, et nous aurait ainsi empêchés de jouir de l'autre ou de nous-mêmes. Car cet autre de la « première » séduction, qu'il ait violé ou déçu, qu'il soit « tromperie » ou « vérité », a été d'abord une effraction, une séparation, non pas d'avec un « autre » constitué comme tel, mais une *séparation d'avec soi-même* : du seul fait du

62. Cela suffit à fonder le fait qu'elle peut atteindre homme ou femme, précisément parce que homme et femme sont marqués, traversés, par les impasses de cette transmission. Ce qui ne contredit pas le fait que l'hystérie soit « féminine » au sens où elle concerne non pas les femmes mais le rapport à l'autre abstrait et inconscient, supposé comme figure première de Féminité, figure dont un homme ou une femme échouent à se couper. Cela n'empêchera pas les psychanalystes de nous faire des révélations époustouflantes sur l'hystérie masculine, à savoir qu'il y a des hommes (mais oui...) que le rapport sexuel n'intéresse pas, et qui seraient donc sous ce rapport frigides... Qui l'eût cru?...

langage et de son dévoilement *traumatique*, nous sommes dissociés d'avec nous-mêmes, comme les mots le sont avec eux-mêmes, pour être des mots, et pour s'articuler à d'autres. A la place de cette dissociation, c'est un acte symbolique (plus que scientifique) que de *poser l'inconscient*, ou de le supposer; un acte qui après coup peut devenir porteur de « science », c'est-à-dire producteur de quelques bribes de langage, plus ou moins averties, langage qui à son tour se dissocie de lui-même pour se faire autre, se renouveler, vivre, ou au contraire s'identifier à lui-même et revenir à son point mort.

Il faut croire que l'être frigide s'est enlisé à l'interstice de l'inconscient; la frigidité c'est l'amour d'un fantasme, celui d'une première séduction dont le non-lieu prend toute sa place et devient le lieu d'un non, d'un refus; d'une transmission en arrêt; c'est l'inhibition qu'aurait cette trace à se transmettre. Là encore, curieusement, on s'imagine que ce corps « vierge » exige pas moins d'un père idéal pour le déflorer, pour y inscrire une trace. L'ennui est que son caractère « idéal » c'est justement ce qui annulerait cette trace. Le fait que pour une femme ce doive être cela même qu'elle arrache à l'Autre-femme, prouve que la trace en question n'est elle-même que *la trace de cet arrachement*. Quand c'est le Père qu'une femme convoite, c'est en tant qu'il serait arraché à l'Autre-femme, éventuellement à la mère qui de ce retrait serait castrée. Une femme peut vouloir que « son homme » les séduise toutes et se refuse à toutes; c'est sa façon d'arracher quelque chose à l'Autre-femme, à qui elle prête de ce fait cet avoir phallique (et qui n'est phallique que du fait qu'elle le lui prête...). La limite où ça bute, c'est quand l'Autre-femme *a* Dieu : quand Dieu par elle s'est fait avoir; difficile de le lui enlever... (enlever quoi?); c'est bien le fantasme le plus séduisant, pour une femme; c'est presque être l'auteur de la loi; ce n'est pas un mince enjeu de la séduction; à défaut d'enlever ça à l'Autre-femme, une femme peut se retrouver elle-même enlevée, ravie à elle-même; c'est le point de fusion du narcissisme où la séductrice (ou le séducteur) *s'adopte comme objet de son propre désir*.

Là, s'ouvre l'horizon masochiste de la séduction, l'enjeu pervers où la Loi rigide et la Vérité remplacent l'unique trace de l'origine et de la fin. Ici au contraire, dans l'être frigide, c'est la virginité elle-même qui tient lieu de la parole en manque; en manque, puisque malgré le vertige des signifiants (ou peut-être à cause de lui) nulle autre parole ne semble avoir assez d'ombres et de silences pour destituer, désituer, cette trace unique et impossible à quoi le corps s'identifie. Et une fois encore, la question de la *naissance* se repointe; non pas au sens où dans la virginité, la naissance ne peut qu'éluder l'Autre (le père notamment), mais au sens plus rigoureux qui concerne la transmission : c'est qu'avant tout, la naissance chez les humains *marque* un corps *pour* la vie. C'est un effet d'incons-

127

cient qui arrache le corps naissant au fantasme d'*être* cette trace première, rétive à toute métamorphose. *La naissance,* et plus généralement *l'acte créatif, en tant que seuil où s'infléchit la séduction,* c'est d'abord l'émergence d'un dire; (illusion de croire que c'est à un corps qu'on donne naissance); elle métamorphose l'unicité de l'unique trace en un déploiement de nouveaux comptes énonciatifs. La « non-séparation » de l'enfant avec sa mère nourrit on le sait d'interminables litanies; c'est une manière de souligner que le danger pour l'enfant est de rester pris dans le *fantasme* de la mère; mais quel fantasme? Il n'y a que l'embarras du choix bien sûr, il s'agit cependant d'un fantasme privilégié et puissamment séducteur, celui où l'enfant non pas complète la mère ou la remplit, mais constitue ce par quoi la mère frigide ou vierge se séduit elle-même, et trouve enfin le *terme* de sa première séduction où elle restait en rade, en proie à une traduction impossible, à une quête désespérée des bribes d'une langue qui dirait « ça ». Si elle trouve ces bribes dans ce corps qu'elle a produit, le retournement est réussi et la boucle achevée : elle le séduira au sens où déjà elle se séduit par lui, elle n'a même plus à se séduire à travers lui : elle se trouve, et lui avec, à l'au-delà de toute séduction, précisément dans le blanc et l'absence de la pure frigidité; laquelle n'exclut pas de jouir, au contraire : *l'être frigide jouit à condition que l'autre n'y compte pour rien,* et il jouit de ce *rien* à quoi se réduit le compte de l'autre.

C'est par cette voie que se transmettent les séductions en impasses, plus redoutables qu'aucune séduction, puisque là les deux partenaires (mère-enfant, femme-femme, etc.) tourniquent autour de la trace unique et immuable.

CONVERSATION

Il suffit de saisir quelques fibres de « séduction » qui vibrent dans la « conversation » (et qui rendent une musique très variable...), pour qu'à travers cette pratique du bavardage se profile la rumeur d'une tout autre « conversation », celle du « monde » avec lui-même, dans la solitude béante des langages qu'il s'invente.

Qu'une de ses premières patientes ait dit à Freud qu'elle faisait une « talking cure » ne prouve pas que dans ladite cure elle conversait avec lui; mais plutôt qu'elle mettait ses mots, et son corps, en conversation avec eux-mêmes; ses mots figés s'associaient à d'autres, son corps perclus de « conversions » répondait autrement, et au fond, c'est la « cure » qui parlait, qui se parlait à elle-même, comme une petite foule ou une constellation déployée de pulsions de souvenirs et de rêves, le docteur s'insinuant de temps à autre pour dire son mot, et encore, très souvent rabroué (« taisez-vous, docteur!... »), ce qui le réduit donc lui aussi à faire converser entre elles ses « associations », ses rêveries, et ses bribes théoriques. Depuis, l'analyste s'est souvent retranché dans le silence, ignorant que le silence aussi peut être bavard; ou il s'est mis à faire le mort (à « présentifier la place du mort », comme on dit, en langue châtiée) comme si les morts ne parlaient pas, et comme si de *faire* le mort n'était pas une mort supplémentaire qu'on ne *fait* pas impunément, ni sans leurre supplémentaire.

Mais c'est un fait que les rencontres sous le signe de l'inconscient (qu'on appelle « psychanalyse ») ne sont pas de la « conversation »; la réciprocité que suppose celle-ci y est mise à l'écart; soit parce que la réciprocité installe d'emblée entre les paroles un rapport de face-à-face et de miroir qui les capture, soit parce qu'en même temps la réciprocité du lien amoureux (appelé *transfert*) est déjà là de toute façon, déjà à l'œuvre des deux côtés, alimentant des séductions et des ruses silencieuses, et qu'il s'agit justement de la déstabiliser, de briser sa complétude béate ou anxieuse, pour retrouver ou libérer dans cette « brisure » quelques réserves de l'inconscient.

Dans les conversations courantes, cette place tierce de l'inconscient est oubliée ou implicite : elle est occupée par un *lien social*, si tendu ou ténu soit-il ; lien silencieux mais vigilant qui peut même être maternel et tolérant, et transmettre la voix du groupe : « Allez mes enfants, jouez à vous rencontrer, appariez-vous, déchirez-vous, mariez-vous *avec des mots*, séduisez-vous à mort, mais ne vous tuez pas ; croassez et multipliez le langage, séduisez ses limites, mettez-le hors limites, ses " vraies " limites qui vous échappent, j'en tiendrai lieu, et si vos liens de parole vous étranglent, si vos jeux jouissants vous mettent à bout, il vous suffit d'en repasser par mon fil ténu, par l'hypothèse que je suis, moi qui vous lie, et vous serez déliés, épuisés peut-être mais déliés, prêts à repartir de plus belle... » Et les tenants du lien ont entendu, ils tiennent en cachette et « au cas où » cette corde de rappel, et s'élancent par ailleurs en des figures audacieuses, autoséductrices, qui traquent le rien pour s'y ancrer et filer un bout de chemin ; « je voudrais vous dire... » (quoi ? dit l'autre en silence) « ... que *j'aimerais* vous dire... » (déjà de l'amour, et l'autre sécrète déjà de quoi se tresser avec ce fil qui traîne « ... pourquoi j'ai tant envie de vous dire... et que vous me disiez... »). Et dans la réciprocité *apparente*, chacun s'est enroulé dans ses filons dorés, mais parfois, il y a erreur dans l'enroulement, erreur divine ou démoniaque, et ça s'accroche ; le dire scindé s'accroche à lui-même, le point nodal glisse, se multiplie ou se dénoue de l' « autre côté », à l'autre bout d'une des pelotes de fils dorés. Et tel est l'imprévu de *l'impulsion* narcissique : qui vient « accrocher » l'autre peut rester seul et sans accroc, et qui vient pour rester seul est accroché à son insu ; qui vient pour l'autre revient à lui, qui vient pour lui risque de se perdre, mais *la pulsion narcissique* qui altère l'un par l'autre et qui les fait revenir au même, elle suit son cours et s'y retrouve...

Et le langage modelé sur elle semble épouser ses tressaillements et ses secousses, il s'enfle et se désenfle, s'excroît et décroît, s'altère et se ressaisit, s'accroît, s'y croit, et connaît parfois des béances nouvelles ; rarement, car ce n'est pas vraiment l'enjeu de l'agitation « conversatile » ; il ne s'agit pas de « renouveler » le langage mais de le maintenir en vie ; envieux ; de lui « prouver » qu'il est en vie en le consommant, en le célébrant, dans ces plages de la parole – désertes ou encombrées d'agglutinements – où chacun se dore, s'adore aussi, ces oasis du langage où l'on vient avec ses miroirs parlants parsemer des images ou s'aimer dans celle des autres.

La conversation suppose plus qu'une réciprocité : une équivalence des partenaires au regard d'une même personne dont ils sont les servants empressés actifs ou lassés; et cette mondaine (qui s'appelle Conversation) se moque un peu des vérités qui au hasard émergent en elle; elle a d'autres idées en tête que de produire des idées ou des vérités; elle célèbre le lien qu'elle met au monde; elle le jouit, ce lien qu'elle *est*. « Mondaine » n'est pas péjoratif : la conversation met au monde – et se fait un monde de – l'écume d'un langage simplement fait pour être là, pour faire consister de *l'être là*, pour témoigner qu'il y a *du* monde (avec l'espoir que cela suffise à ce qu'il y en ait, du monde); elle ne demande et ne tient qu'à durer; à l'infini; laisser « mourir » une conversation est le pire tort que ses animateurs puissent lui faire... Elle veut bien qu'on l'abandonne par lassitude, mais qu'on la reprenne dès que possible, ailleurs peut-être, avec des forces renouvelées; elle est le feu que ses gardiens ne laissent pas s'éteindre, car le fantasme est tenace de reprendre la parole *à* son point mort, de l'arracher à son silence « originel ». Elle veut *être* sa propre vérité, avertie de ce qu'en un sens, les humains n'ont *presque* rien à se dire, et qu'ils *se parlent* comme pour ne pas se tuer, ce qui n'exclut pas de se « tirer » dessus et de *s'atteindre* en parlant, c'est-à-dire de la seule manière qui permette de continuer à le faire, et de dévier ainsi vers le semblant les potentiels narcissiques et meurtriers de l'espèce humaine, visiblement plus ravageants que dans toute autre espèce...

Mais les raisons d'entrer en conversation sont peut-être plus masquées, comme celles (y en a-t-il?) qui font qu'il y a de l'amour. Hormis l'enjeu narcissique – où on parle *avec* l'autre pour retrouver dans les mots un miroir à perte de vue – on peut parler à l'autre pour se rappeler avec lui à l'*existence* du langage, et se soumettre comme lui aux impératifs d'une parole et à l'absence à soi qu'elle implique...

Et ceux qui des mots ne peuvent rien faire sont non pas morts mais en proie à une mort de l'Autre, à une mort prolongée de la langue.

On évite qu'elle meure, la conversation, et que se fasse entendre ce qu'elle était faite pour assourdir, moduler, « musiquer » dans une dénégation de la mort, un démenti plus ou moins débonnaire, un rejet plus ou moins ferme : morts exquises et cadavres rieurs se convoient aux bords d'une conversation, à ses contours découpés... On peut bien sûr érotiser ses petites morts, manipuler ses manques, et de ses chutes exténuées lui redonner un supplément d'âme et de signifiance. Toutes ces « perversions » du langage supposent qu'il est inépuisable, et il les supporte bien, il en joue et en jouit « naturellement », on dirait presque, si cela avait un sens, que le langage lui-même *est* une « perversion »; en tout cas, il se *plaît* à réparer les perversions qu'il suscite...

A propos de musique, il m'était venu qu'elle s'entretient d'un bruit de fond et des sillages artificiels de parole où la mort doit être conjurée [1]. Que la conversation se sature ou s'évide de sens, et elle devient *musique* : ritournelle et mélodique si elle est pleine de sens, bruitage concret et abstraction musicale si elle en est vide. Cette bifurcation entre le plein du « sens » et les déliés de son vide (ou de sa vidange quand on se force au non-sens) s'enracine dans un même comble narcissique, qui se satisfait d'un flot de certitudes sensées ou des fuyants de ce flot, ou de la plénitude du sens dans le vide de son absence. La conversation « *musique* » autour du *rien* qui lui échappe, du *reste* qu'elle ne perçoit pas; d'abord séduction des partenaires pour s'entraîner dans la ronde autour de la « chose », et pour voiser (à plusieurs voix), apprivoiser la trouée du signifiant, celui de tous les manques et de tous les comblements, elle devient volontiers une séduction de *la Chose* même, dont rien ne sera dit.

C'est une manière de se mettre ensemble sous l'emprise et le voile de ce tiers qu'est le langage...

Là où la langue n'arrive pas à bout d'elle-même, ni au bout de la chose, la conversation s'installe pour exciter, attiser, incanter ce bout tabou, en variations sans fin qui s'insinuent et dérivent entre dire et dédire, entre sens et désens; vu que ce bout est absent, *la* conversation n'a pas de bout, et en un sens ne tient pas debout. On comprend qu'un écrivain authentique en effectue la traversée absolue (Proust et sa *Recherche*), ou qu'au contraire, si déjà pris et consumé au foyer de l'écriture (Kafka), il a *déjà* un point de vue « non humain », il voie en elle le bonheur enviable et interdit d'une autre espèce humaine. En ces cas, *l'écriture* survient, tous bruits éteints, elle recherche en silence les sons uniques et les arêtes de la rumeur. Il n'y a pas plus brise-conversation qu'une certaine écriture (ou cette étrange désécriture qu'est *l'analyse*...), qui suppose la conversation *pour la traverser* ou s'en démarquer. Mais, outre que les cassures de la conversation en disent certaines vérités, la démarcation – autant que la marque – suppose un style; un Kafka se démarque des conversations avec pudeur et « envie », avec l' « horreur » envieuse d'un phobique empêché, ou de celui qui parlerait sans qu'on l'entende, ou d'un oiseau qui se serait mangé les ailes pour mieux savoir ce que c'est que voler... Tel autre, autre style, s'en démarque avec le pincement réprobateur dû à l'imaginaire et au narcissisme (où chacun sait qu'on crache sur l'image pour mieux, en l'essuyant, la faire briller; question de tact). Et le beau jeu que s'offrent les causeurs dans leur ballet de méconnaissance, on a beau jeu de le critiquer : le « critique » méprise cette conversation, mais il en poursuit une autre avec ses pairs et ses

1. Cf. « Musique à l'Un » in *La Haine du désir* (éd. Bourgois, 1978, pp. 229-238).

pareils, ses minces dévotions à la Vérité, sa panoplie de petites croyances ; toute une posture également loin de l'analyse et de *l'écriture*, lesquelles ne sont point réticences à la conversation mais expulsions hors d'elle : quiconque est dans le *dire*, ou la version écrite du dire, est comme chassé de la conversation : dérapage irrésistible, passage soudain à la limite..., pourtant rattrapés dans cette conversation avec l'Autre (avec le silence ou la feuille blanche...) où l'écriture et la parole sont ressaisies, dans une séduction nouvelle; renouvelées.

Quelques fortes écritures sont des conversations solitaires, dépenses de langage, foncières spéculations sur sa profusion : la conversation est un défi à la pénurie du langage; une offrande, faite de son gaspillage; une incantation à ce que même habité par le manque, il ne soit pas en manque, et que même éloigné de la chose qu'il annonce, il se laisse convertir en semblant de la chose : en modalité de son approche, de son éclosion.

Mais toute conversation vise à frayer des aires du langage où le parlant puisse se repaître; il joue à se constituer une *animalité d'être parlant*, s'étire, s'ébroue, s'anime de la pure matérialité du langage qu'en retour il anime et dont il maintient l'effervescence, la profusion. Descente de la parole jusqu'à sa trame pulsionnelle et tendue; chute libre de la « parlance » jusqu'à ce qui la « spécifie » et qui ferait des humains une *espèce* parlante; cette densité pulsion-nelle de la parole est sensible chez ceux qui, ouvertement, ne se sentent exister que par la conversation, dans la réciprocité de l'acte de parole qui s'étoffe et s'ouvre à d'autres : là ils prennent langue et s'abouchent au langage (comme une forme perd forme ou la prend), ivres d'oralité; débordant le plaisir de parler pour se faire chantres de l'humain comme *substance parlante*, ils parlent (comme d'autres chantent ou dansent) le déchaînement exacerbé de la langue, le cramponnement animal sur la substance mam-maire ramifiée de la langue; ils font vibrer ce que serait la voix d'une espèce animale convertie en paroles, et la conversation en eux devient foisonnement d'objets à langage, sillonnement proli-fique du champ ardu de la parole, miné ou séminé par leur passage.

Paradoxe de cette oralité vorace : elle *alimente* la conversa-tion.

Point de fuite : la conversation *signifie* la « futilité » du monde, du monde en fuite de lui-même; fuite nécessaire à ce qu'il se sente plus « mondain », plus disponible à ce qui arrive, et plus sûr de rattraper ce qui lui « arrive ». *Le monde est en conversation avec lui-même*, et se retourne sur toutes ses faces – comme l'insomniaque sur ses côtés – en attendant qu'il lui en revienne quelque chose, en attendant *d'y arriver*, de se réveiller. L'*événement* interrompt les conversations avant d'en relancer d'autres, branchées sur ces interruptions. Mais la conversation se repaît de tout ce qui arrive, dont elle se charge d'incanter l'arrivée « unique », l'émergence particulière, même si ça arrive à *tout* le monde. C'est par l'animalité de la conversation que la mondaine et l'amoureuse se rejoignent et s'apparentent aux rituels et parades d'animaux... Des couples ou des groupes d'oies en réunions ne poussent pas des cris au hasard comme le croit le profane, ils poussent de petites « conversations », élémentaires, avec des fonctions rituelles, pulsionnelles, ritournelles « signifiantes » très précises. Certes, on force la note en prétendant que les humains se parlent pour ne pas se tuer (ou s'entre-tuer); mais de ces meurtres possibles, de ces élations narcissiques, ils font des conversations : formes ritualisées d'apprivoisement pulsionnel; de dissipation chaleureuse.

Que la conversation échoue, et la pulsion de mort se repointe, ne serait-ce que sous forme d'ennui... Célébrer l'appartenance au monde, à un même monde (et le monde *c'est* sa mêmeté assurée et ressassée par un grand nombre d'aires de langages); s'assurer, en conversation, de la mêmeté du monde, et une fois celle-ci obtenue, « fixée », parler, multiplier les démentis à la mort : ce n'est pas là un mince enjeu; des cultures entières ont investi ce seul ombilic du langage lié à la mort, si pressante à démentir qu'elle satellise autour d'elle toute forme de vie... Séduire la mort, la « passer » (ou espérer la traverser...), se séduire à mort, et, de « ce qui arrive », se faire l'objet, s'objectiver dans le flux-reflux du langage : c'est *l'objet* de la conversation qui, comme tout ce qui relève du « mondain », est d'une part futile et vain, et d'autre part unique support de ce qui produit l'événement, soutien nécessaire à ce qu'*il arrive* quoi que ce soit. (Faute de quoi c'est le néant; « tant pis » si on n'échappe à la folie et au néant que par des voies futiles et vaines, des voies dont nul ne peut dénoncer la « vanité » sans... la partager.) Et la futile conversation lance ses ponts fragiles entre le monde et la chose, pour faire de chaque chose un monde, émonder la chose de son vide qui inquiète; envaser le monde dans le charme des petites choses, immonder la parole et l'ombiliquer dans le monde...

Ce n'est pas le seul mensonge par où la conversation rejoint une « vérité », non pas en « profondeur » mais par les faces mobiles du langage, et les papilles entêtées de la langue (les « papilles » sont des bouts de sein ou des lésions sur la peau; du superficiel donc...).

Des exemples de ces surfaces ondoyantes qui semblent porter tout le poids de la langue, et se charger de la faire chanter à l'infini, on peut en trouver dans les fugues ou les cantates de Bach. Ce qui laisse rêveur, si on pense qu'à l'époque où Pascal, Fermat, Leibniz, Spinoza... discutaient, et taillaient quelques veines ou facettes dans le roc du langage, il a trouvé, lui, ces compositions imparables comme pour les surmonter en des accords où *une langue converse avec elle-même* et s'entretient pour ainsi dire d'*elle-même*; ces accords subliment l'appartenance désaccordée du monde à lui-même : ils la « subliment », c'est-à-dire ils l'intensifient, l'aggravent; et si telle fugue semble en accord avec elle-même, son écart est immense à ce qu'on peut en dire ou en entendre (et sans lui elle eût été consommée, annulée, depuis longtemps).

Aujourd'hui le déchaînement de la « communication » entame la conversation, l'enlise dans le communicable, l'alourdit, plutôt qu'il ne l'empêche. En fait, dans le champ social de la parole, l'Occident a produit de grands ensembles organisés et d'immenses terrains vagues qu'il réinvestit ensuite, à zéro, les arrosant avec l'image de leur « demande » supposée, avec du dire cadré réglé, mais qu'on peut toujours « animer » : il y a des experts dans le traitement de ce vide central, des « animateurs » de la vacuole que ménage une conversation; ils savent, eux, l'empêcher de glisser vers le vide angoissé de la chose, et puiser là les ressorts efficaces dont on peut faire sa causette, sa petite musique. L'ennui de ces mises à plat du monde, c'est qu'elles induisent d'elles-mêmes les nostalgies de l'indicible (qui trouvent d'ailleurs à s'assouvir sur le même mode industriel; la vente de l'insignifiable bat son plein, avec l'érection fiévreuse de différences insignifiantes). Mais c'est signe que la conversation du monde avec lui-même ne tarit pas; elle prend seulement d'autres voies; les corps sont là, rappels à l'ordre – à l'aide –, et ils savent faire le plein des mots. Le commerce parlant a beau se régler, connaître des crises et inflations, il y a toujours aux frontières des discours en place, des séductions automatiques qui relancent *la conversation du langage avec lui-même*, et d'une langue avec d'autres. Quels que soient les conventions, les changements de mode ou de règle, les corps sont là, impatients de « parler », de converser; sinon, ils menacent de faire conversion [2]...

Le corps sait échanger la maladie du langage avec la langue du mal à dire.

Pourtant, on ne peut pas *tout* dénouer ou mettre à plat : certains discours ne tiennent qu'à leurs nodalités; on ne peut pas les linéariser, les redresser, les faire tourner, sans les casser. Or ces nœuds-là, on ne les « parle » pas, on tourne autour dans l'espoir de les dissoudre ou de les faire passer dans les liens de la parole qui tournent autour; et là, les conversations les plus « superficielles » peuvent rejoindre les points de « fusion » où des bribes de langue se soudent et s'articulent, et où la conversation se reconnaît dans

2. Il n'y a pas que les conversions hystériques; de nos jours on se reconvertit beaucoup, y compris à la religion.-

le langage qu'elle fonde, plutôt que dans celui qu'elle ressasse.

Et même dans le ressassement – où elle en passe encore par tant de chemins battus d'avance – la conversation cherche; *c'est* une recherche poignante ou dérisoire qui faute de *trouver*, se donne pour ce qu'elle trouve, et se consume, flambe. Elle est l'espace d'une *séduction*, à la fois pauvre et saturé, minimal et « suffisant ». A cette séduction de la parole par elle-même, on ne peut pas – mais faut-il? – échapper. On peut se taire, mais il y a des conversations de silences de réticences, où la signifiance fait pression; et si l'on ne peut dans le même geste conjurer le silence et conjurer ce geste lui-même, on peut au moins faire sentir cette pression, l'alléger un peu, desserrer son étreinte : c'est ce que fait la conversation. Elle charge et décharge le narcissisme de la parole, et célèbre en des rites parfois abjects ceci, que nous sommes nés du langage, d'une naissance qu'elle éternise par tous les moyens, quitte à se donner elle-même pour fin, comme s'il y avait une pulsion à *communiquer*... dont la communication sait faire une compulsion.

Et voici revenir la question « sérieuse », avec un air presque dément : pourquoi les humains se parlent-ils, *encore?* « Encore », c'est-à-dire sur un mode qui ne demande qu'à se déborder; notamment en instaurant des conversations. Disons d'abord que ça se fait rare; et que l'Occident a beaucoup simplifié les choses. De plus en plus, on va vers l'autre, non pour avoir une conversation (avec ce que ça suppose de rituel, ouvertures, parades...), mais on va pour lui dire quelque chose. Et le jargon psychologique aidant, on ponctue : « Voilà, je voulais que ça soit dit. » Ah bon... Comme si cette tautologie suffisait à donner à ce *dit* une vertu décisive.

On passe aussi tout près de l'autre; contact furtif de parole, mais pas conversation; signaux en passant; détresse ludique... Et de même qu'une bonne part de conversation s'absorbe dans le rituel qui lui donne lieu, on en vient aujourd'hui à des conversations entièrement vouées au rituel qui *les refuse*, qui consiste à les effacer... Il est vrai qu'on fait de grandes assemblées – congrès – colloques – véritables grand-messes où l'orateur « communique », et communique aux autres une sainte horreur de le déranger. (Alors que la conversation met sur le même plan la parole de l'un, sa coupure possible, et l'irruption de celle de l'autre.) Donc, on communique, et si débat il y a, on s'y débat selon des lois de prise de pouvoir. Il est très rare de voir dans ces lieux un groupe qui converse et dont la conversation prenne en charge l'objet de la recherche en cours, objet indéfini, ouvert, et justement troué comme une parole qui s'offre. On récuse plutôt ce que la conversation a de futile, de séducteur, mais on oublie qu'elle seule peut « séduire » l'objet en question, l'objet « perdu » qu'on fait semblant de chercher en tirant la langue, en tirant sur la langue exténuée...

Ces banales remarques ne visent pas à déplorer que la conversation se raréfie. De fait, des lieux spécialisés se multiplient pour qu'on y dise ce qu'il y a à dire; qu'on y vide son « besoin de dire », de « s'exprimer ». (Et les lieux « psychanalytiques » sont souvent perçus, et sans doute vécus, comme des ornières organisées où la « parole » doit aboutir... « L'as-tu " parlé " en analyse? », question fatale pour reconduire le dire de l'autre, ressenti comme assez trouble, vers son lieu « naturel ». Et l'idée se répand qu'on écrit, qu'on joue, qu'on s'agite et qu'on *vit*... faute d'en avoir parlé à fond en analyse. (« Si tu avais dit en analyse ce que tu écris!... – Eh bien?... – Eh bien, tu n'aurais pas à l'écrire. – Ah, si j'avais su...) Mais les grandes planifications de la parole débordent ces petits lieux; les grandes mises au pas et mises au point de la jactance, qui sont l'exact opposé de la conversation : tout s'y passe sous l'impératif que chacun vienne y *déposer* sa production parlante et reçoive *en échange* un jeton, une « inscription » qui le reconnaisse. « Merci, cher Untel, de votre intervention »; Mme Untelle a fini de sécréter; elle est finie au regard du *dire :* place aux suivants, puisqu'il faut bien que chacun ait sa mise au point et son content de reconnaissance. A la mesure de la grande consommation de masse, cette gestion mortifère de la parole est creuse et insipide, mais au moins *chacun en a sa part,* même si la langue se meurt d'ennui. C'est comme si, dans une conversation à deux où les mots se touchent, se surprennent, se font vivre, un tiers survenait, obsédé de l'ordre, et décide de mettre au point ces échanges chaotiques : que chacun parle un quart d'heure et que l'autre lui réponde le même temps. Ça semble dément, mais c'est ce qui tend à prévaloir. Et peut-être un jour, devant les désordres érotiques de deux corps qui s'aiment et qui sans y penser jouent à se mettre en morceaux le temps d'une certaine passe, ce même tiers viendra demander que l'un s'exprime d'abord, et l'autre ensuite. Mauvaise plaisanterie, mais qui rappelle l'enjeu de la conversation : non pas de se reconnaître, ni même de se connaître, mais de se sentir vivre comme des *mots* à travers l'autre qui vit aussi de vos mots qu'il partage, et de ceux qu'il coupe, interrompt, dévoie. Plus qu'un besoin de miroir sonore pour s'entendre parler ou s'aimer parlants, ou ne pas rester seuls dans les déserts du langage où siffle un vent d'angoisse silencieux, c'est, à travers l'attouchement par les mots et leur caresse, sentir ce que leur tact et leurs contacts produisent; une sonorité inattendue, singulière, qui suppose et traverse toute l'écume antérieure, le bavardage qu'elle prend de biais dans sa déchirure diagonale, produisant l'éclair – sonore ou silencieux – d'un dire juste, comme une note juste, vécue à deux et qui échappe à tous deux.

La conversation nous dessaisit en douceur d'un langage qui serait le nôtre. En raison de la réciprocité sonore (du « converse »), elle peut éclairer, lancer des éclairs d'autant mieux que *le transfert y va aux mots et à ce qu'ils peuvent advenir quand ils en passent par l'autre*, et qu'on leur est « reconnaissant » d'avoir rendu audibles certaines fêlures de la langue.

Certains discours – le mien en naît – semblent foisonner, aller en tous sens, secouer l'auditeur ou l'angoisser : c'est que dans leur rupture avec l' « exposé » ou la « communication » ils sont à eux tout seuls une « conversation »; non pas un dialogue (qui est autre chose), mais une constellation de cycles différents, avec des places vides, dont l'offre *inquiète*, avec des retours où c'est par d'autres voies que s'éclairent les premiers pas. Discours à la fois narcissiques et démantelés, suffisants et entamés, creusés de leur plénitude et décentrés par rapport aux lieux reconnus d'où la parole se distribue; discours avertis des ressources infinies de leur ruine – ou comme dit Mallarmé, de leur « docte manque ».

Dans certaines conversations, la parole s'entretient de ses récurrences en attendant d'autres retours plus surprenants, qu'elle se garde d'anticiper, *a fortiori* de programmer.

C'est dire que l'opposition entre *communication* et *conversation*, au détriment de cette dernière, est significative d'un plus vaste remaniement du « lieu » à travers la mise en ordre du rapport collectif à la parole. Un exemple, le rapport au travail : vous êtes sans travail, celui que vous faisiez vous rejette ou c'est vous qui le rejetez, bref vous voilà dans un certain vide par rapport à du « faire possible ». C'est tentant d'entrer en conversation avec ce possible, ou avec d'autres sur ce possible inconnu; « conversation » signifiant là, séduction, mouvance, qui tente de se donner lieu. Or, voici que l'institution maximale, le lieu central de la parole, l'État, supposé responsable (et ne demandant qu'à répondre) vous a déjà inscrit, nommé, payé pour être chômeur. Votre possible conversation avec le vide ou le virtuel est déjà mise au travail. L'avantage que cela présente se paye cher : la séduction du possible, la conversation potentielle avec lui, s'étouffe dans l'inscription, lettre morte d'une reconnaissance, devenue celle d'une « dette ».

De même, les grands lieux d'échange de parole se donnent le change d'une lettre morte, c'est-à-dire fermée aux effets de retour, réduite à sa représentation. On en viendrait à dire que *la communication est une mise au travail – à la chaîne – de la conversation*, et que celle-ci au contraire se nourrit du délaissement de ce qui se communique, où elle infiltre du vide.

Mieux, la conversation métaphorise le fait que si nous parlons pour rien, c'est pour le compte du « rien » qui nous fait vivre, et autour duquel les mots cherchent le contact pour l'enchaînement qui leur échappe, puisqu'on ne tient pas à savoir ce que parler veut dire. Ceux qui croient le savoir sont si rétifs à la conversation, que leur réticence passe (ou qu'ils la font passer) pour le signe même du savoir en question. Les humains comme pour *se reposer d'être en proie au langage* (et c'est dans cette prédation que l'analyse les sollicite : là où le langage les fait jouer, ou fait son jeu à travers le leur) entrent en conversation pour jouir de l'illimité imprévisible du langage, y multiplier des liens charmeurs ou fétiches, afin de se croire pour un temps *déliés*. Et quand ce déliement fait figure de délit – horreur – alors il faut un lien plus strict, qui inscrive précisément, qui fixe la lettre et ses jeux. Et la conversation se réduit alors au babil d'enfants sur le corps ravi de la langue ; ravi et distrait.

L'exemple suivant, « ethnologique [3] », donne une idée de la double fonction de la conversation. Chez telle tribu d'Amazonie, à la réunion quotidienne, le Chef parle ; toute la réunion est sous-tendue par sa parole ; et en même temps personne n'a l'air d'écouter ce qu'il raconte ; les gens se parlent entre eux et poursuivent leurs petites conversations, pendant que lui, parle ; il s'interrompt de temps à autre pour leur reprocher le peu de cas qu'ils font de son discours : Vous êtes des ingrats, sans moi que deviendriez-vous, si quelqu'un parmi vous est capable de parler, qu'il vienne ! Vous voyez ? Personne. Et vous prenez ces paroles pour du pipi de chat, etc. Naturellement, personne ne vient relever le défi ; s'il se trouvait quelqu'un pour le faire, ce serait signe que déjà une bonne partie du groupe le soutient, que le groupe est en crise grave puisque le Chef qui est là parlerait sans le consensus de l'ensemble. Donc personne ne vient l'interrompre, mais on ne l'écoute pas pour autant. S'il se taisait, toutes les conversations s'arrêteraient ; on écouterait son interruption, on s'en inquiéterait. A l'évidence, il est là, il parle, *pour assurer une disponibilité de la parole*, peut-être pour la célébrer. Les autres conversent entre eux de leurs petites affaires, et lui, semble *faire la conversation au langage même*, qu'il maintient en éveil ; il en tend la texture même ; peu importe ce qu'il dit ; l'essentiel est que par lui le *dire* soit possible. Par cet aspect, et toutes proportions gardées, ce chef évoque le Dieu biblique qui parle tout seul d'affaires lointaines et qui ne s'adresse à son peuple que pour lui reprocher... de ne pas écouter, d'être ingrat, de se laisser distraire et séduire. Et lorsqu'il se tait et qu'il ne fait plus de reproches, le groupe se sent perdu, et se fait lui-même les reproches qu'il faut pour maintenir le contact avec ce pur potentiel de parole, analogue à celui que les enfants tiennent en éveil, quand, s'éveillant au langage, ils semblent parler pour « rien », alors qu'en fait ils conversent *avec* le langage pris comme interlocuteur enveloppant et distinct, complice et dissocié. On peut aussi s'écrire au lieu de *se* parler.

---

3. Cité par Blanchot, et par un jeune ethnologue, Patrick Deshayes.

La correspondance, appareil d'écriture, est un symptôme d'écriture surprenant; fait pour surprendre; où l'enjeu est de savoir ce qu'une écriture périodique, saccadée, peut faire surgir comme autre écriture, enfouie dans l'Autre. Ainsi fonctionne la machine d'écriture mathématique : on écrit des lettres, on les fait foisonner, se combiner, proliférer, avec l'espoir de susciter dans ce corps opaque de lettres devenu Autre, dans ce corps mathématique, l'émergence d'une tout autre écriture. Écrire pour que *ça* réponde, que ça co-réponde; d'*ailleurs*; mais à côté; pas de trop loin; la béance narcissique rêve toujours de se ressaisir au fil de la correspondance.

Kafka excellait à ce jeu d'écriture où il prenait appui sur la correspondance avec l'Autre-femme, au-delà des frontières, pour *se passer* à lui-même une parcelle de lettre, faire revenir à lui un brin de lettre incandescent, passé par ce « réel », et se faire *passer pour un autre* au regard de son écriture. Cette passe par le réel et à travers lui fait l'enjeu des jeux de lettres, dont le vide se vit dans l'angoisse : en parlant à l'autre de vive voix, on est prêt à donner tout ce qu'il faut de son corps pour le fléchir, le séduire, le retenir...; mais avec une lettre on lance son corps dans le vide, on le risque, on l'aliène sans savoir de quoi il retourne. Certaines correspondances, mieux que des « blocs magiques » sont une topique d'écriture de la psyché, où chaque lettre est une trace risquée, qui sera rejetée, retenue, agréée, ou refoulée..., ou qui trouvera sa suite, son inflexion dans une autre lettre. Et le Tiers absent lie et épelle comme il veut...

Freud, lui, a écrit plus de dix mille pages à sa fiancée; lettres d'amour, conversations avec l'objet aimé, et à la limite : au moyen de cet objet, entretiens avec l'amour qui peu à peu déloge l'objet, le transmue, et crée à sa place un nouvel être fait de lettres et d'écriture de l'amour. On pense d'abord : il faut bien qu'il l'aime pour lui écrire autant, et on mesure cet amour à la grosse lettre qui le porte; puis on se dit : qu'est-ce qu'il a dû aimer l'amour pour l'écrire à ce point, et « retourner » ensuite, superbe conversion, ce déferlement de « lettre » en une question scrutatrice sur la « lettre » d'amour dans l'inconscient...

Mais n'anticipons pas sur l'amour, et revenons à ce qui « cause ».

Il est singulier qu'en français, le verbe « causer », coupé de sa transitivité (alors qu'on dit causer du tort ou du souci), désigne l'espace habité par la conversation : on y fréquente ensemble un même îlot où *la langue « cause » de la langue*, en cycles stables ou en dérive...; l'essentiel est que ce « procès » s'engendre lui-même... comme cause; la « cause » transite par elle-même, devient son propre site, un voile est tiré sur ses effets s'ils ne troublent pas le fait que ça cause, qu'on se cause... dans certaines « fréquences », comme des objets causes de langage, ravivés, attisés, causent d'eux-mêmes. Et quand ces cycles se referment autour de leur vide qu'ils désignent, béant, *la conversation devient tout entière organe du langage*, orifice pulsatile, comme un poisson dans l'eau, qui vibre entre sa bouche et ses ouïes.

Ce qui casse la conversation, ce n'est pas tant *l'événement*, car c'est de lui qu'elle se nourrit, d'autant plus voracement qu'il fait scandale; par la conversation le groupe gère, ingère, digère l'événement. Mais ce qui résiste et qui échappe, ce sont les accents de l'Autre : bien qu'étouffés, c'est eux qui cassent la conversation, ce qui est une façon de la forcer à se renouveler, à repartir à la charge; et c'est ce qu'en un sens elle demande.

Pourtant, il est des conversations qui, totalisées, équipées, une fois accomplie leur exhaustion, donnent sur ce lieu de l'Autre comme les dernières maisons de certaines villes donnent sur le désert.

Les sonorités du *Coup de dés* de Mallarmé (c'était issu stellaire le nombre/existât-il autrement qu'hallucination éparse d'agonie/ commençât-il et cessât-il... par quelque profusion répandue en rareté/se chiffrât-il... illuminât-il/ce serait le hasard...), ces rythmes – avec le germe de pensée inhérent aux rythmes – m'avaient fait d'abord intituler un bout de ce texte : « *conversât-il* [4] »; au-delà du versatile présent dans toute conversation, on y entendait surtout le « il » – l'œil –, le point ou cet *Il* manque et plane à l'horizon de ce qui converse, comme s'*Il* (nombre, hasard, réel ou inconscient, écume pourtant de la langue) ne conversait jamais alors même qu'*Il* (ou Elle), limite et lieu du monde, se trouve appelé, sinon rejoint, à l'horizon du « mondain »...

Je m'explique. Laissons de côté le « mondain » pour voir qu'*un monde se constitue d'entrer en conversation avec lui-même* et de produire parmi les bavardages, les bavures, les chutes et les déchets, des *acuités* locales à quoi il donne lieu et acte; il se constitue de se dévoyer lui-même dans les altérations qui lui échappent. C'est sans doute incongru de dire que les procès de la connaissance inventive passent par là; que les physiciens connaissent les particules élémentaires dans la seule mesure où ils ont pu entrer en conversation avec (et non pas en « communication »); lorsqu'ils ont pu les attirer dans une conversation pour *faire* connaissance avec elles, au moyen d'elles, pour les piéger, les séduire avec des lettres, et les voir leur échapper, signaux lointains, jusqu'aux prochaines rencontres. Et cette drôle de conversation dure jusqu'à ce que le physicien soit à court d'objets mathématiques relativement *séduisants* pour le microcosme; alors, son modèle

4. Paru dans *Communication*.

tourne court et la conversation aussi... Dans ces conversations, on cherche moins à « comprendre » l'autre (il est incompréhensible) qu'à lui répondre, à apprendre sa langue, à voir jusqu'où il sait la nôtre, et jusqu'où il sait la langue que nous apprenons à lui parler, que nous apprenons à parler à travers lui, pour lui donner du répondant, entretenir un bavardage de contacts (surtout garder le contact... même les modernes conversations en coup de vent, où on n'a rien avec quoi « dire », ne peuvent éliminer ces appels au contact minimal : « On s'appelle! – C'est ça! on s'appelle... »; une pure réciprocité est lancée en l'air, comme un dé, on ne sait *qui* des deux appellera, personne sans doute ne sera le « premier » à appeler, si *Narcisse* est chez les deux aussi crispé). Le *contact* donc, et si possible effervescent, jusqu'à ce qu'il cristallise, à force de récurrences et de recoupements, de pièges et de séductions; jusqu'à ce qu'il se formule et se nombre. Un « spécialiste » des particules élémentaires, et plus généralement un chercheur du microcosme, qui interroge des parcelles invisibles du monde – invisibles mais parlantes –, c'est quelqu'un qui non seulement les fréquente abstraitement, mais se *laisse fréquenter par elles*, se laisse mettre sur leurs « fréquences », au point de produire l'effervescence langagière où ce qu'il renvoie trouve en elles du répondant, de la résistance et de l'attrait; et que cette assiduité elle-même, avec tous ses désordres, se régularise, et trouve en elle ses propres règles. Ce qui est « incroyable » c'est que ça entraîne des remaniements *réels*, comme si à force de se fréquenter on finissait par se comprendre un peu, et par prendre pour *nature* de l'autre, enfin « compris », ce qui n'est que la longue habitude qu'on a de lui; l'habitude, c'est l'indice d'une certaine fréquence, du coup apaisée, apprivoisée.

Or, l'inconscient, c'est une de ses fonctions, *mêle l'une à l'autre* et abolit l'une dans l'autre, « objectivité » et « subjectivité »; ce qui donne ensuite du tintouin pour les départager... subjectivement ou objectivement. Bien sûr, telle loi de la physique est « objectivement » vérifiée; mais qu'est-ce que ça veut dire, sinon, qu'*elle inscrit une jouissance qui a fonctionné*, une zone érogène du microcosme formée par la cohorte des physiciens aux prises avec tel *bout* du monde? Bref, elle désigne une jouissance qui a *marqué sa fréquence*, délimité son territoire, installé ses accessoires; en attendant d'en être un jour délogée, elle perdure et se maintient comme un « objet »; « objectivement »; jusqu'à ce que piégée par une subjectivité de *passage*, elle en passe par l'inconscient, seuil de langage, qui déborde cette « subjectivité » comme il déborde tout « objet ».

Et pour revenir à la fameuse *talking cure*, allons-y d'un « malentendu » : c'est la cure qui parle, qui entre en conversation avec elle-même, avec ses points de silence, ses points critiques, faits de peurs, de désirs, d'ouvertures et d'impasses. Bien sûr, l'analyste et le patient y sont pour quelque chose; mais disons (médisance peut-être) que la cure a une certaine autonomie, même si l'analyste, c'est promis, a la barre de l'esquif..., capitaine flottant dans son écoute, ou son écoutille. Eh bien, ce qui « étonne » c'est que cette conversation glissante (de la cure avec elle-même) ait des effets de *réel*, à la fois vers l'avenir (des remaniements *évidents*), et vers le passé : on en repasse curieusement par des étapes qui ont eu lieu, des souvenirs « vrais » (nulle garantie, mais quand même...). Or, comme les lois de la physique visées plus haut, ces effets de réel indiquent seulement qu'ont émergé certaines jouissances qui ont fait trace; points d'eau dans le désert; et que nos deux bonshommes – analyste et patient –, couple hétéro aussi bien, sont pétris de fréquences et de nombres, pas si infinis que ça, mais exigeant pour s'inscrire, pour s'actualiser, qu'un appel à l' « infini » soit entendu, ou au moins lancé. (L'infini n'étant ici que source ou ressource du *nombre* qui les excède tous.) On peut bien sûr s'installer, se « retrouver » dans ces étapes, s'y retrancher même, et attendre que l'inconscient ait de lui-même remanié les enjeux, pour *perdre* à nouveau ces « subjectivités » rayonnantes; pour les mener à leur perte. Mais il y a péril en la demeure...

On voit aussi comment les nervures de la conversation, entendue au sens large, recoupent le nerf de l'écriture; vous êtes lancé (« embarqué », dirait Pascal) dans le désert d'une page blanche à tenter de *converser avec la lettre,* de la séduire, de la capter, de bavarder avec, jusqu'à..., jusqu'à l'instant où elle vous lie, vous assemble, vous fréquente, s'assemble pour vous au-delà de ses semblants, et que se produise, ombilic de l'écriture comme on le dit du rêve, le point limite où ce qui s'écrit ne se laisse interpréter que dans une écriture *autre.*

Une conversation incante les disponibilités de la lettre jusqu'à y capter les *fréquences* de l'inconscient; fréquences, et non « répétitions ».

Mais ce ne sont là que cas particuliers de la conversation du monde avec lui-même, faite de points de fusion où des bribes flottantes de langage acquièrent leur densité. La conversation simule le monde qui se dissimule à lui-même et jouit soudain de fréquences imprévues [5].

5. Et la singularité du monde qui converse avec lui-même se perçoit dans le simple dialogue, entre deux, quand ce que vous dites vous est en même temps donné et arraché; inspiré par l'autre et « repris » par lui, comme une arme qui lui échappe dans cette « guerre d'amour » à quoi sont en proie ceux qui discutent en oubliant de se convaincre, pour seulement glorifier le Dire et ses vaines tentatives de ressaisir le monde. (Auquel cas la séduction sert aussi à s'aimer séduisant l'autre ou séduit par l'autre au détour des Mots...)

PASSAGE II

DE L'AMOUR

Quant à savoir d'où vient qu'on ose parler de l'amour, c'est une énigme – et une impudeur – qui fait partie de l'amour; elle peut irriter les amants, juste au point vif de leur blessure; ou les faire rire, et amèrement s'ils sont de ceux qui ont explosé dans la cassure où l'amour se coupe de lui-même; elle peut; n'était que cette parole relève d'un autre amour, du seul fait qu'elle se tienne, sans égard pour l'usure du mot, en fait inusable. Les mots qu'on prétend éviter parce qu'ils sont « usés » ne sont que le symptôme de l'usage vain qu'on en a fait; ce ne sont pas eux qui sont épuisés, mais le parlant, qui y avait enseveli son désir de dire..., et les avait chargés de parler à sa place.

Tout à l'heure, j'ai fait le vide dans ma tête pour laisser venir la chose à dire, ou à taire; pour susciter la simple possibilité de *dire*...; et ce qui est venu c'est *l'événement,* ce tremblement de terre [1]; il est possible que l'événement *pur* soit toujours un tremblement de terre, un craquage de nos supports les plus acquis; et si les événements qui nous atteignent – qui « arrivent » jusqu'à nous – sont si rares c'est peut-être que nous prenons soin de refouler dans notre langage les mots qui les nommeraient, d'étouffer dans nos pensées celle qui les discernerait; et l'événement arrive quand même, nu comme le destin, il « dénonce » ces refoulements et ces sourdines. L'événement pur, « traumatique », semble traverser la mort qu'il « donne » pour réveiller les morts que nous sommes devenus. Dans certaines cultures, c'est ce qu'on *attend* du Messie : qu'il réveille les morts; mais il suffit de percevoir toute l'acuité d'un événement, pour être expulsé de la tombe où on s'était logé; sans

---

1. De cet « amour », je parlais à Rome, lors d'un « Cycle sur l'amour... », un jour de novembre 1980 (à l'Institut français). Ce jour-là, le tremblement de terre à Naples s'était fait sentir à Rome... Et le dire s'en ressent, du vide où il commence, et dont il a gardé la secousse.

144

oublier ce paradoxe : c'est qu'à *attendre* l'événement on fait le mort, donc on devient insensible à l'événement qui passe, furtif...

Ce n'est pas si loin de l'amour ; car il y a le sentiment, l'affect, l'image..., et il y a, c'est aveuglant, l'amour comme « événement », qui arrive ou n'arrive pas à arriver, qui évide ou fait le vide, qui détruit ou se nourrit de sa destruction.

L'événement pur fait vibrer le vide, ou réduit le reste au vide qu'il fait vibrer. C'est ce devant quoi on est sans recours, et qui pourtant est le recours d'on ne sait quoi à travers nous ; en travers de nous. L'unique sursaut de la parole c'est l'événement où ce qui d'ordinaire nous supporte fait faux bond, fait défaut.

L'amour ; question de l'ultime support ; support manquant de l'ultime question ; sur quoi tient-il, ou à quoi ? En fait d'*événement*, la psychanalyse n'a pas dit plus que : « traumatisme » ; et là où elle le cherche – séduction, scène primitive..., – elle trouve l'insaisissable, qui tient lieu d'événement, un craquement de terrain, sourd et sournois, où on s'est vu à court de mots et même d'images ; rupture de stock (qu'avez-vous ? – *rien*, justement). Les images qu'on s'imagine, c'est une petite drogue *en attendant* que ça arrive. On peut attendre longtemps ; difficile de dire ce que l'*événement* de l'amour a de renversant. L'événement comme tel fait rupture et sollicite la capacité de notre langage non seulement à le « reconnaître », ou à savoir que quelque chose est arrivé, mais à se mesurer avec, à reprendre de fond en comble la mesure du dire. Le « refoulement », c'est d'avoir un langage tel, qu'*en lui* il ne vous arrive pas grand-chose. Heureusement, les ratés du refoulement font qu'il arrive quand même ce que vous aviez méconnu de vous, c'est-à-dire (mal) refoulé ; plus il y a de refoulement, plus il échoue (ça s'encombre...), et plus il arrive des « choses » jusque-là « impensables », qui viennent s'étaler, dire la limite de notre langage, et défier notre pouvoir de renouvellement ; de naissance-renaissance.

Pourquoi la question de l'amour (notamment celle de savoir *à quoi il tient*, et ce qu'il prétend faire consister), pourquoi est-elle restée confinée, dans tout un discours [2] qui crut en avoir le fin mot, pourquoi s'est-elle réduite à l'opposition entre amour de soi et amour de l'autre, entre amour narcissique et amour d'« objet » ? J'aimerais dire d'emblée que *l'amour tient à appeler l'être parlant comme tel* (à la fois pris et lâché par son langage), *à l'appeler au seuil instable où le soi vire à l'autre et où l'autre revient au même. L'amour surgit comme ce qui décompose le soi par l'autre et qui rejoint l'autre comme une part de soi-même ; et il fait de cette corrosion mutuelle du narcissique par l'objet un enjeu de parole.* Mais n'anticipons pas...

2. Notamment « psychanalytique »...

L'amour, comme événement, effet d'inconscient, ne fait pas que trébucher sur une image, ou un débris d'objet perdu qui vous rappelle une autre image, ensommeillée... Il prétend être une jointure parlante entre la mort du désir et son éveil. Relisez ce fabuleux *Chant des Chants* d'amour; six pages, pas plus; très peu lu parce qu'intraduisible *dans* son rythme de pensée (quand le changement de rythme se module en nouvelle pensée); et dans ce recueil de chants transmis du fond des temps, nourris et usés de cette transmission, avec ce titre qui prétend dire ce qui chante en tout chant d'amour, *le Chant* étant ce qui manque à tout chant pour être « celui-là »... comme la fleur absente de tout bouquet, il y a donc un de ces rythmes lancinants : « Je vous adjure, filles de Jérusalem, par les gazelles ou par les biches des champs, *ne réveillez pas l'amour*, jusqu'à ce qu'elle le veuille. » (Elle, c'est l'amour, ou l'amante, ou l'aimée ou autre chose; car l'amour, dans cette langue, est au féminin.)

L'amour, identifié à une femme, serait donc ce qui dort en nous, alors même que la nuit, sur sa couche, l'amante cherche en vain ce que son « âme » a aimé... (ou aimera ou aime, c'est pareil : l'amour au passé est un présent à venir). Le poème ne dit pas que l'amour rejette le forçage; beaucoup se forcent à aimer, et y arrivent très bien. On a même prétendu que certains n'auraient jamais aimé si on ne leur avait *dit* que ça existait; et puis, entre *se forcer* et se trouver forcé, *forcé* comme une porte, il y a un pas, bien sûr pas évident; aux premiers temps de ma « pratique », une femme a débarqué chez moi, très nette : Je viens parce que je n'ai jamais aimé personne, et *on m'a dit* qu'en analyse y a le transfert et qu'on aime *forcément* son analyste; je viens pour ça... Elle venait pour être « forcée » – à quoi? peut-être à ce devant quoi on est sans force. « Force » moi, force émois... De quoi rappeler que l'amour passe autant par les mots que par l'échec des mots à le faire passer.

(Cela dit, on peut comprendre que devant quelqu'un venu exprès pour vous aimer, vous ne trouviez dans sa venue aucune des failles qu'on aime « donner »...)

Quant à l'éveil et à ce qui veille, « *n'éveillez pas...* » vise le vertige banal où on dit que l'amour « s'éveille »..., et on se demande ce qui fait qu'il rêve ou se réveille, ou qu'il dort sans rêver. Les femmes l'éveillent certes (et ce n'est pas le « pervers » aimant les hommes qui nous dément, lui qui *aime* tant la sainte horreur de sa mère, ou l'ivresse mortelle de sa tendresse...). Le vers est précis : ne réveillez pas l'amour, avant qu'il le *désire*; l'amour n'est pas sans *désir*, un désir peut l'éveiller (même si après, on ne sait plus trop ce qu'il en fait de ce désir). Ça tranche avec l'idée un peu facile que le « vrai » amour est au-delà du désir. Il peut bien l'être, au-delà..., s'il a le désir de l'être, d'être au-delà du désir qu'il porte, qui le porte à se réveiller, lui qui, endormi, comme *retiré dans l'instinct de mort*, est donc absent au réveil qui le manifeste; l'amour préexiste au désir qui l'éveille et qu'il traverse; il se précède étrangement : l'amour est d'abord inconscient (et de l'inconscient il aura tous les paradoxes), pris entre le *rêve* possible et l'instinct de mort dont il se dégage à chaque « éveil ». Il rend possible le désir, mais ce qui le rend possible lui, c'est *le désir d'une émergence de l'inconscient*; ça semble un peu tourner en rond, mais : « pourquoi l'amour? » c'est comme « pourquoi l'inconscient? » ou « pourquoi dans le dire, y a-t-il ce retrait qui nous échappe et qui *nous* parle, comme un autre, ou comme si c'était nous qui étions autres? »; ce qui déjà entame les « expressions » les plus égotiques de l'amour, qui ne vont *jamais de soi à soi sans passer*, si peu que ce soit, *par l'autre*. C'est plutôt l'intensité de cette « entame », sa démesure qui fait question : jusqu'à quel point on peut s'y perdre, ou s'y prêter à la perte, et se *fier* assez aux mots pour *croire* qu'on peut s'y ressaisir et y jouir de certains retours, mouvances et vibrations... Que faire de cette perte, si on n'en revient pas ou si on a peur de ne pas en revenir?

La haine est un aller simple en direction de l'autre qui semble avoir pris une part de nous et ne rien vouloir en lâcher (ne pas vouloir notamment laisser les choses se convertir en mots, et suivre leur jeu); alors on se trouve complètement fasciné par cette part, réduit à elle, acharné à la détruire (ou à vouloir s'y détruire) faute de pouvoir la ressaisir; *la haine est ainsi une sorte d'amour trop réussi;* limite; d'ailleurs pour haïr quelqu'un à ce point-là, c'est-à-dire au point où son *être* résiste à se laisser corroder par l'autre que vous êtes, il vous faut bien l'« aimer » un peu, il faut que votre regard l'aime mort, autrement dit : achevé. Le plus étrange est que ce qui l'« achève » c'est souvent cette image de vous que vous retrouvez en lui, en négatif, et qui vous rappelle ce véritable « malheur » : à savoir que vos images vous échappent (malheur essentiel à la vie...). En tout cas, au point où nous en sommes, *l'opposé de l'amour ce n'est pas la haine, mais le sommeil sans rêve ou la mort*.

Mais le lien de l'amour au sommeil est en fait plus riche : outre ses versions mythologiques, et les métaphores usées sur l'amour qui s'éveille, il y a le sommeil de l'homme repu pendant que sa femme insatisfaite a les yeux brillants dans le noir...; il y a le sommeil de la femme cousue dans sa frigidité avec à côté d'elle (toujours dans le noir...) l'insomnie fiévreuse de son homme. Il y a le sommeil des sexes et l'insomnie des sexes...

De fait, l'analyste a à entendre des amours en sommeil, réveillées en sursaut, en plein cauchemar, des amours somnambules, hallucinées, des hallucinations de l'amour... Et pas moyen de distinguer l'amour de transfert que peut vous témoigner quelqu'un du simple fait qu'il vous fait *part*, et quelle part..., des impasses de son passé, pas moyen d'isoler ça de l'amour « normal », dont la propriété la mieux connue est qu'il vous met dans un état très anormal. Si vous dites que dans le transfert on vous aime à la place d'un autre et pas pour « vous-même », vous aurez fort à faire pour démontrer que dans l'amour qui n'est pas de transfert ça se passe autrement. Il arrive qu'on vous aime pour l'autre que vous manquez être ; c'est une façon qu'a l'amant de devenir l'autre qu'il n'est pas... C'est dire que l'amour, qui nous meut et nous émeut, n'est fait peut-être que pour nous altérer, nous déplacer, nous déloger de l'illusion d'être nous-mêmes ou d'être à vrai dire quoi que ce soit d'autre. Certes, il nous offre l'illusion d'être cet autre, de nous *reconnaître* dans cet autre..., mais ce n'est là qu'un premier pas, un passage... L'amour n'est pas que cette illusion ; il arrive qu'il nous fasse vivre « réellement » – dans sa nécessité « réelle » – l'altération dont la limite est la « mort », mais il nous en fait connaître des variantes plus modulées (« mille morts », « mille et trois femmes », « mille et une nuits »... – curieux que l'opinion mette là-dessus dans le mille).

On aime quelqu'un parce qu'on a des choses à lui dire – même en silence –, ou à taire devant lui – même à grand bruit. On l'aime dans la mesure où *c'est une partie de notre langage*, même à l'état d'images, une part de nous qu'à travers lui nous faisons vivre, nous éveillons. Il est possible qu'un des « mérites » du transfert – et par là de l'analyse – soit d'avoir isolé, cadré, une situation où *à travers le « simple » mouvement de la parole, l'amour se présente, à l'état naissant;* surgit (d'aucuns diraient : « s'observe », mais on n'observe de l'amour que ce qu'on peut en vivre sans entraver ce qu'il était voué à déplacer). En tout cas, cet amour qui surgit du seul partage de la parole – ou plutôt de la division de la parole par une écoute « parlante » – n'est qu'une forme « saisissable » et saisissante de l'émergence de l'amour que chacun connaît ou *croit* connaître ; pas plus ni moins « imaginaire », car on aime bien répéter que « l'amour de transfert est imaginaire » ; mais l'autre amour ne l'est pas moins ; on peut aimer une image, aimer quelqu'un pour son image, voire l'aimer parce que son image ne lui va pas. Peut-être l'amour de transfert est-il plus exposé que l'autre, plus astreint, à faire une traversée de l'image, à décoller l'objet aimé de son image, aussi bien de sa propre image que des images de celui qui aime ; peut-être ; c'est à voir ; ou à faire ; ça ne se fait pas tout seul ; et les recettes pour le faire sont usées ; de plus, ce décollement ne « liquide » en rien les ancrages du lien ; il laisse des images nullement éteintes flotter à la dérive sans que pourtant ça cesse d'aimer ; ce qui peut exiger une longue et pénible « réduction » de l'amour à ses prémices inconscientes.

Il est bon que le critère qui pourrait « distinguer » amour et transfert soit ce qui les lie le plus : si le transfert met aux prises les « amants » pour ce qu'ils ne sont pas, c'est en quoi il ressemble le plus à l'amour, puisqu'un amour qui viserait l'autre pour ce qu'il est réussirait sa métaphore, celle que tente tout amour, et s'abolirait dans cette réussite ; à la limite ce serait de la haine (qui n'est qu'un pôle un peu figé de l'amour puisque, répétons-le, il vous faut bien « aimer » certains êtres ou aimer à travers eux, pour faire à leur endroit, la dépense de toute une haine...).

Celui qui pratique l'« analyse » (ou toute autre relation où l'amour naît du seul fait de la parole, d'une parole qui tourne étrangement sur elle-même jusqu'à s'exfolier en amour, et trébucher sur sa coupure d'avec elle-même qui la signe d'*aimance*), celui-là donc est presque trop « averti » des formes massives du transfert ; qu'une dame le mette à la place de sa mère, il le sait d'avance ; trop bien ; oubliant de ce fait plusieurs choses essentielles ; celle-ci par exemple : qu'en entendant d'elle « je *vous* aime », il peut toujours identifier ce *vous* à la mère, la sœur, le père, le diable, peu importe : il croit *identifier* le destinataire de cet amour ; mais que cette femme, prise dans l'ouverture de sa parole, ajoute seulement ceci : « je vous aime... de vous aimer », le *vous* s'est scindé du même coup ; et l'*identité* qu'il croyait avoir cernée se trouve débordée, elle se creuse jusqu'à lui, jusqu'à l'atteindre *lui* comme pure présence de la parole, si neutre soit-il, et l'entraîner dans la virtualité de l'amour, d'un amour *second* mais semble-t-il plus radical, puisque d'être rappelé à la vie il tend à résonner avec le rappel de la vie. On oublie que dans cet amour qui naît du partage – aléatoire – de la parole, il y a plus essentiel encore que tels déplacements projections et transferts opérés sur celui qui écoute (et par celui qui écoute et s'abstient d'en faire part) : *c'est le fait même de ces déplacements*, plus que les scènes plus ou moins lourdes qu'ils charrient ; c'est la nécessité de ce déplacement, qui fait que l'amour et le transfert ne se laissent pas séparer ; c'est en quoi le transfert est non seulement un « amour authentique » (comme dit Freud qui y voyait la *répétition* d'un amour ancien ; pas moins authentique que l'original), mais c'est *un amour de l'amour*, le tressaillement d'un amour qui se moquerait bien de savoir qui il aime ; un amour qui s'aimerait et reporterait ainsi sur lui le narcissisme dont il émerge...

Cela dit, il y a des amours qui se posent sur leur objet et n'en décollent pas comme si ce qu'ils aimaient ce n'était pas cet objet mais le fait de ne pas en décoller. On peut bien sûr évoquer tel amour maternel si ajusté à son « objet », si peu enclin à se tromper, qu'on aimerait le mettre à part (alors même que l'amour « maternel », et son réciproque, l'amour pour la mère, même si ce n'est pas la mère réelle, constituent l'essentiel de ce qui tient les hommes en cette matière...) : il faut avoir senti l'autonomie complète de langue entre une mère et son fils fou, pour sentir ce qu'a de « limite » cette réussite totale de l'amour..., et en quoi la parole ouverte que l'amour invoque n'a dans ce cas aucune « chance » : elle le comprend, il la comprend, ça les surprend; c'est tout...

Pourtant même dans ces cas limites de l'impossible décollement, il y a eu entre l'enfant-objet et l'amour qui le saisit l'événement d'une *naissance*, réduite à sa dimension « réelle »; une naissance indicible, devenue naissance de l'indicible.

1. Séduction et amour

Hors ces « cadrages » précis, et ces exactes « réussites », on se retrouve aux abords de... la séduction. Or, si la séduction est une des passes de l'amour, leur écart n'en est que plus évident. La séduction est l'opération rituelle où l'on joue à s'échapper à soi-même et à l'autre..., au point que pris au jeu, un être est séduit par un autre dès qu'il voit que cet autre était par lui, *à son insu...*, séduit; et tous deux sont dès lors emportés dans le tourbillon rituel contrat mise en scène de la séduction qui consiste à produire l'incantation d'un être mythique et « féminin » qui (à la limite) peut être l'espace de jeu de la séduction, mais cet être évanescent enveloppe la scène dans son absence; et les joueurs sont emportés dans le jeu de coupures-retrouvailles qui doit déclencher et faire battre le cœur de cet être mythique et créateur appelé à prendre vie aux sons du chant noir désespéré rituel dévoyant de la séduction...

Nous avons vu que la séduction organise une scène, une danse noire ou lumineuse, au-dessus de la béance narcissique, d'une béance que chacun des partenaires apporte; l'enjeu de cette « danse » est d'en faire une béance unique, commune. C'est une véritable transsubstantiation qui est visée. D'ailleurs, le « narcissisme » final obtenu n'est celui d'aucun des deux acteurs, mais du « dieu » qui les surplombe tous deux; c'est le narcissisme du langage, de la « Loi », de la Femme, du dernier mot enfin retrouvé, etc. Heureusement, cette solution parfaite de la question narcissique est d'avance récusée, rejetée par la séduction (à laquelle elle mettrait fin); rejetée comme décevante. C'est sans doute pourquoi il faut toute la rigidité d'un montage pervers pour reprendre toute cette affaire et l'utiliser à d'autres fins; notamment pour séduire un dieu ou une loi qui n'existe pas et prouver ainsi son existence par cette séduction même; qui du même coup disparaît comme telle.

Le point faible du narcissisme donjuanesque est trop évident : le

Don Juan peut se flatter de pouvoir avoir *n'importe* quelle femme ; mais il ne peut les avoir toutes-à-la-fois ; or c'est « toutes », toute la féminité en *personne*, qui est le « dieu » qui le surplombe, lui et ses femmes ; sauf à être « toutes », aucune *n'importe*. Et que chacune de ses conquêtes s'inscrive pour lui comme « *n'importe laquelle* » (ou « n'importe quelle » autre), constitue un autre point faible de sa construction – ou ce qui revient au même, un point trop « fort », c'est-à-dire inconvertible, intraduisible dans un enjeu de langage. Cette équivalence, qui pèse du côté de l'autre, élude trop vite le jeu de l'altérité, à commencer par l'altération de soi. C'est en quoi la solution de la question narcissique qu'apporte la séduction, l'amour ne semble pas s'en contenter ; il prend le relais de la séduction – celle d'un instant parfois – mais pour redéployer tout autrement la partie ou la partition, comme si, trop averti de ce que la trace initiale ou finale recherchée par la séduction a d'impossible, l'amour voulait croire à la possibilité d'*un autre langage* en le parlant, ou en le balbutiant.

On peut *aimer* la séduction pour l'arrachement qu'elle produit, le tressaillement de vie qu'elle exalte ; mais l'amour traverse ce qu'il aime[3], et ne se confond pas avec la séduction. Il y a un souffle au-delà de la séduction, un souffle identique à l'amour qu'il inspire, sensible à la voie qu'il libère, plutôt qu'au dévoiement séducteur.

On peut toujours aimer ce sur quoi on prend appui – aimer son symptôme, ce partenaire le plus fréquent, qu'on aime comme la part de nous-même qu'il constitue, comme l'étranger qu'il est en nous – ; mais *de lui-même, l'amour arrache les points d'appui qu'il se donne* et nous assigne à notre plus vive absence, étrangement familière. Si on aime un « fétiche » (et pas seulement si on en *jouit*), cet amour le défétichise, le défait comme fétiche, non parce que l'amour n'« aime » pas la perversion, mais parce que l'amour rend la « perversion » inutile ; en un sens il ne sait pas ce que c'est[4]. Des amants peuvent se manger leurs excréments si ça leur chante, ce n'est pas de la « perversion » (et même pas de la non-perversion) ; c'en serait s'ils ne pouvaient se rejoindre que sur ce mode, ou sur d'autres aussi « précis » qui du coup surplomberaient leur amour ; auquel cas, chacun des amants aimerait l'autre pour cet objet précis qu'il y retrouve et qui serait comme la limite de cet amour, donc son arrêt.

Car l'amour appelle l'amour et se déborde de lui-même ; il assigne l'amant à son absence à soi, pour l'y rejoindre, et le

3. On verra plus loin en quel « sens ».
4. C'est son avantage sur elle ; tandis que la perversion ne rend pas l'amour « inutile » : elle tente en vain de se confondre avec lui.

retrouver en ce point-là. Là-dessus on pourrait dire que l'« hystérique » aime – ou est aimé(e) – par son hystérie si ce n'était son symptôme, c'est-à-dire son unique partenaire, fait d'absence à soi, et avec lequel le dialogue est limité, d'avance absorbé dans le symptôme que c'est. Du reste, le prétendu « narcissisme féminin » n'est que l'effet apparent de ce lien d'amour qui lie l'« hystérique » à son absence à soi – comme à son ombre devenue son « vrai » partenaire.

Ce qui se profile plutôt entre amour et séduction, c'est que l'amour comme ouverture d'un langage, si pauvre fût-il, se pose comme *réponse* à la séduction, ou comme *dépassement* de celle-ci dans un lien élémentaire et absolu, à trois, où le tiers, provisoirement appelé amour, se donne lieu comme une présence : *je t'aime* dit qu'entre je et tu, un tiers lien s'amorce et se signifie de lui-même, un lien qui *est* le symbole de ce qu'il dit. Et si la visée de la séduction est d'inclure les deux partenaires dans la « Femme » supposée, avec pour « preuve » de son existence le fait que tous deux en soient les parts complémentaires (les deux ayant également part à ce fantasme), la visée de l'amour est aux confins où ce fantasme s'en lasse, de ses réussites déçues, comme de ses tragiques séparations; comme si, épuisé ou saturé, il prenait forme ou se donnait lui-même pour la forme « impossible » à prendre. Il aurait donc dépassé ce que la séduction a d'intermédiaire. Pourtant le Socrate du *Banquet* dit que l'amour est « intermédiaire entre les hommes et les dieux », entre le mortel et l'immortel; un tiers « médiaire » qui donne la mesure et rythme l'écart entre humain et divin... Pourquoi pas? changement d'échelle, de mesure, de « médiation » : *l'amour raccorde* – en vain – *la mort qui fait vivre et celle qui détruit la vie;* il fait le lien entre la pulsion de mort qui est le mordant du désir et la pulsion de destruction qui veut détruire tout ce qui est, donc s'égaler à ce qui est, en le rejoignant par la voie de l'être.

Du reste, le même *Chant des Chants* déchante : « Car l'amour est fort comme la mort, la jalousie dure comme la tombe, ses étincelles sont de feu, flamboiement divin. » Côté grec aussi, côté Socrate, l'intrication entre vie et mort insiste, puisque la femme, la sage-femme qui enseigne à Socrate ce qu'est l'amour dit carrément que « le vrai de l'amour c'est la *procréation* dans la beauté ». Et la procréation, comme la beauté, met en jeu avec acuité le prélèvement de vie dans la mort, la vibration de mort dans la vie. Génération dans la beauté; recharge en beauté des générations..., avec l'amour « intermédiaire » entre la vie et l'empreinte de vie dans le tressaillement de mort qui la fait resurgir, dans la secousse par quoi la mort se dessaisit d'elle-même tout en se faisant marquer et « remarquer ». L'amour serait ce qui *interprète* l'écart, la petite erreur, ce qui casse la compulsion répétitive, et qui produit la récurrence de cette « erreur » par quoi la vie et le nouveau sont possibles dans une « matière » pourtant « finie », répétitive, mais dont l'amour relance le jeu, pour rien, pour que ça ne crève pas; pour refaire place à l'infini où se prélèvent et où s'échouent les finitudes.

Bien sûr, assigner à l'amour l'engendrement, et aux sexes la procréation, c'est usé, c'est vieux comme l'amour; mais cette idée ne relève pas forcément d'un obscurantisme fonctionnel où la reproduction de l'espèce serait programmée sans amour-pour-le-plaisir... Il y a la complicité évidente entre l'amour et le geste où la vie *se donne*, se donne à elle-même; ou se donne la mort pour se perpétuer... Puisqu'on ne peut pas aimer la mort : on peut aimer un cadavre, on peut aimer un objet pour ce qu'il n'est pas, mais on ne peut pas aimer la mort pour elle-même. Les anciens Égyptiens aimaient *les formes* de leur mort comme les emblèmes d'une nouvelle vie, comme les signaux formels d'une identification idéale, enfin aboutie, avec... la divinité; justement.

2. L'amour-manque

L'amour, de rendre présent un dire impossible, de partager ce dire qui manque, trouve de quoi se *mesurer* avec la mort et traverser la mort, ou s'en sortir « marqué » par elle, lui arrachant du coup cette « marque ». Quand on aime, on aime les paroles que l'amour échange : elles n'ont pas de sens, ou le sens leur est indifférent, elles s'en passent, mais elles ont l'essentiel du *mot qui se donne lieu*. Aimer serait-ce donc prêter corps au mot qui manque, de façon à en transmettre le manque, et par là même à le faire vivre? Lacan dit qu'« aimer c'est donner ce qu'on n'a pas ». L'ennui, c'est que ce qu'on n'a pas, on peut le reprendre du fait même qu'on le donne; on reprend sur lui le dessus; on en ressaisit la perte; d'ailleurs ce qui fonde cette « parole » en manque, ce n'est pas qu'on ne l'ait pas... A vrai dire la tentation est de l'être, d'être ce mot qui manque, pour suppléer le fait qu'on ne l'ait pas; la tendance est de *se donner à la place de ce qu'on n'a pas*, et dans le don de son corps rendre inutile le don du manque; qui manque.

Il s'agit du *don* de l'inconscient; ceux qui aiment sont *doués* pour l'inconscient ou par lui. Ceux qui aiment répéter que l'amour c'est pas pour eux, que ce truc-là ils y ont pas droit, qu'ils s'y sentent très incongrus..., disent en même temps qu'*ils croient bien n'avoir pas d'inconscient*, que tout est dit et tout est là mis à plat. Ils sentent que

153

l'amour, possible ou pas, se mesure à l'inconscient, comme tel, présent ou retiré, présent dans son retrait ou retiré de tout présent.

Et l'amour, effet d'inconscient, est fait d'une mémoire de ce qui n'a pas eu lieu; il n'est pas du côté de l'être ou de ce qui *est*; et s'il aspire à l'*avoir*, il récuse aussi bien l'*avoir* que l'*être*, il n'appelle l'être et l'avoir que pour leur faire faux bond (subversion de l'avoir par l'être et de l'être par la lettre?). Encore le Socrate du *Banquet* : il dit que l'homme aime ce qu'il n'a pas. C'est bien possible (on dirait plutôt qu'il est *séduit* par ce qu'il n'a pas...); mais lorsqu'il l'a et qu'il en jouit? L'amour ne se laisse pas consumer par cette jouissance de l'avoir; c'est un fait. Celui qui aime peut rencontrer *autrement* ce qu'il a, le rencontrer par le biais où il ne l'a jamais eu... Et quand il l'a, il veut l'avoir-tout-le-temps, donc traverser la *mort* avec. Et le revoilà embringué, avec le peu qu'il a, dans le jeu de la vie et de la mort...

Du reste, on a beau *avoir* une chose, il nous échappe d'elle ce qui la sépare d'elle-même, ce qui la dissocie, par exemple ce qui lui sert de « nom », ou de limite. L'avare de l'argent (exemple bienvenu : chacun est avare d'amour au sens où chacun veut aimer pourvu qu'en chemin ça se retourne, ça lui revienne, en *un peu plus* d'amour de soi...), cet avare, donc, aime ce qu'il a et il en veut *encore*; mais s'il aime l'argent, au-delà de la jouissance amoureuse qu'il en a, on peut dire qu'il le fréquente et le palpe et le cherche là où ce qu'il en a *ne compte pas* : là où cet argent qu'il a en main *ne compte plus*. Peut-être qu'en maniant l'or, ou les chiffres qui le drainent, ce qu'il aime c'est ce que ça fait dans ses mains vides ou dans le fantasme de son dénuement; il aime le fait que l'argent – aujourd'hui jeu d'écritures –, gratte *sans compter* ce vide insatiable; et ce qu'il aime là, c'est peut-on dire le chiffre ou l'emblème ou le *nom* de l'argent : car ce qu'il *tient* est mort pour lui; il « aime » l'argent vivant, la vie de l'argent, le vif... argent. Et comment prendre la vie pour la mort qu'elle n'est pas? C'est là que sa jouissance s'exaspère à remuer les signes morts-vivants d'une vie qui échappe : quelle que soit la somme qu'il a, le « corps » monétaire qu'il possède, au regard de cet amour, il ne *l'a pas*; l'appât d'argent le sustente et le détruit par le biais d'une somme infime, infinitésimale, un rien d'argent suffit à produire ce corps à corps avec la valeur, à rendre présent ce par quoi l'argent fait corps, morceau du corps de l'Autre qui fait signe et récuse en même temps la *suffisance* des signes.

C'est au regard de son symptôme que l'être parlant a quelque chose de cet avare; le symptôme qu'il a est ce qui l'inscrit au titre d'un savoir inconscient; c'est, faute de mieux, son partenaire en amour, qui le met hors de lui en temps de « crise », et le convoque au point où il lui faudrait saisir ce pourquoi le symptôme est mis, à savoir *ce mot d'amour qu'il échoue à formuler*, et dont il maintient ouverte la cuisante virtualité [5].

C'est en quoi aimer c'est « interpréter », dans une *autre* langue que la sienne, son symptôme et l'amour qu'il enferme. Pourquoi ? Il faut croire qu'on se sent mal dans une seule langue, qu'il doit y avoir un narcissisme du langage qui ressent mal cette solitude, cette unitude. Mais changer de langue ce n'est que refaire l'épreuve de s'engager dans la sienne comme pour la « première fois »... Cela rejoint l'invocation du dire qui manque, et dont on cherche pour ainsi dire à s'assurer ; comme si le manque assurait de quoi que ce soit... Mais c'est ainsi ; la seule *sensation* de sa présence mène à tenter sa chance, encore...

Et (tout comme le transfert) *l'amour est pris dans un désir d'interprétation*, qui sollicite un autre dire comme un passage à franchir. C'est surprenant, car on penserait plutôt que l'amour ne veut que jouir de lui-même, s'abîmer, s'oublier en lui, et se contenter de *supposer* une parole en manque, comme à l'image du corps qui manque. Mais ce n'est pas à l'amour qu'on pourrait dire : « Jouis et tais-toi. » Voici, les amants ont leurs corps emmêlés, morcelés l'un de l'autre, exaltés, ivres de s'assouvir, la jouissance est là..., et qu'est-ce qui leur prend de s'engager dans les mots, des mots qui engagent et que nul n'a « demandés », si ce n'est cette folle inflexion des corps vers la parole, qui, elle, est en proie à ce désir d'interprétation, au sens musical, « partition » érotique – mise en morceaux jouissante des corps –, et au sens où l'amour cherche la métamorphose, celle notamment qui lui ferait *absorber l'Autre*, ce à quoi il échoue (même dans la perversion qui est fascinée par l'illusion de capter l'Autre...). Du reste, ce désir d'interprétation n'épuise en rien l'amour (pas plus qu'il ne « liquide » les transferts [6]). L'amour (et le transfert) désire l'interprétation qui permette d'en *passer* par des sources et des ressources érotiques supposées, donc voulues ou aimées, sources dont la seule preuve est ce passage même, cet entêtement « fou » à en passer par *là* pour se signifier.

Dans l'union des corps, un corps en passe par l'autre, l'amour prend corps..., mais on sait bien que cette naissance (comment la

---

5. La preuve que ce symptôme a quelque chose du mot d'amour à l'adresse de l'Autre, c'est que même incrusté il fait mouvement dans le transfert, et vient par ce biais renouveler sa question ; qui portait donc sur l'amour, puisque le transfert en est un...

6. La saine intuition de Freud de ne pas « consommer » l'amour de transfert trouve peut-être sa vraie raison non dans l'idée que cet amour s'adresse « en fait » à quelqu'un d'autre que l'analyste, mais dans l'espoir, à vrai dire poignant, de maintenir vivante la fonction d'interprétation inhérente à tout amour, et qui risque de s'assourdir, de s'enliser dans sa consumation. Mais la question, on y reviendra, est plus complexe.

nommer autrement?) cette incarnation d'un tiers corps, ne va pas sans histoires. L'*idéal*, avec ce qu'un idéal a de cruel, serait que ce tiers corps englobe les deux amants tout en les identifiant. C'est vraiment un « idéal », parce que ça n'a pas lieu (sauf quand les amants baignent dans le corps d'une commune « mère »...). En fait ce n'est pas un corps, mais un seuil de langage par où on en passe pour prendre corps, donc aussi bien pour se dessaisir de son corps afin d'en « avoir » un. Un tel seuil de langage se rattache à ce que j'appelle *lettre* comme confluence singulière de dires possibles dont justement l'intensité de passage atteint un certain seuil, et concerne ce qui se passe de signifiant entre soi et l'autre (ou soi comme autre...). Il est clair que cet effet de lettre, nul corps ne l'incarne même si tout corps en porte la trace, le plus souvent comme *la trace d'un passage coupé*. La jouissance que l'amour recherche, il la porte en lui jusque dans sa souffrance d'être en proie aux douleurs de son propre enfantement comme présence signifiante où s'affranchit la lettre; et si on parle de lettre d'amour c'est comme transfert *sur* le langage – sur ces seuils de langage – du lien des corps qui fait défaut. Kafka est limite là-dessus : il aimait ses femmes *parce qu'*il leur écrivait des lettres et qu'il en recevait; non l'inverse. La lettre d'amour est une métaphore de ce corps tiers, un sexe baladeur dans le corps du langage, un brin d'éros qui aurait tous les traits d'un « corps » mais dont l'effet est de déloger les corps d'eux-mêmes, pour inscrire dans cet écart et ce passage, la mobilité de l'amour, son affairement utopique.

De ce point de vue, la souffrance hystérique, et le refus massif de « faire l'amour » (que s'y ajoute ou pas le « dégoût ») se pointent comme la douleur d'un enfantement impossible, d'une passe difficile où une femme demande à naître à un dire qui ferait d'elle *autre chose qu'un appendice de la Féminité*, ou du collectif abstrait des femmes. Elle souffre de n'avoir pas de corps (ou de n'avoir que ça...) et de ce que son corps, captif d'une transmission qui ne se fait pas, soit le passage d'une lettre en impasse. *L'hystérie est une mise en demeure corporelle du symbolique*, une protestation contre son échec à *partager la féminité*, et à la faire passer par le langage. En quoi elle pose l'ultime question de l'amour comme effet et agent d'une transmission du symbolique, de *l'amour comme maladie du symbolique*, non pas du symbolique en tant que parole qui manque et dont la présence apporterait une jouissance définitive, mais en tant que le symbolique serait *en manque* de lui-même..., simple trace de ceci qu'il est dissocié de lui-même, et qu'il est impossible d'y être conforme.

D'ailleurs, lorsque le transfert exige – avec ruse ou violence – qu'on lui donne satisfaction, c'est souvent dans l'espoir que l'amour des corps, le fait qu'ils en passent l'un par l'autre, soit un nouveau départ à la parole, un partage signifiant qui arrache le corps à une loi sourde et opaque qui l'enferme. Et cet espoir « désespéré », qui se fascine des corps et de l'imagerie des mots, oublie que d'autres pulsions peuvent passer dans l'entre-deux et frayer la tierce voix... Si le transfert exige satisfaction, c'est dans l'espoir d'y inscrire un degré zéro de la lettre, sorte de pacte ou de vraie loi qui, au-delà d'une jouissance, arrêterait la chute libre qu'il a lui-même déclenchée vers le point où l'amour est aux prises avec le mot, ou la lettre, entre la vie et la mort; l'amour « intermédiaire », comme on l'a dit. Or la « lettre » en question n'a pas d'origine; elle est comme telle dispersée; et c'est l'approche qu'on en fait qui en écrit les premiers traits, et fait resurgir, nécessaires puis dépassés, les mots où le sujet s'est accroché. Ajoutons que si des psychanalystes voient dans la « résolution » du transfert une sorte de désillusion, un soulagement désabusé sur la valeur des attachements humains, une déception de l'envoûtement enfin assumée, reconnue, etc., c'est qu'ils ne retiennent du transfert que la projection sur un objet déterminé, projection illusoire comme elles le sont toutes, et comme tout père jaloux peut le démontrer à sa fille qui lui étale les qualités de son bien-aimé; heureusement, elle ne le croit pas, car c'est l'amour qui l'intéresse, et pas le fait qu'un tel soit en mesure de le porter, ou qu'il en soit le « vrai » destinataire; de même, dans le transfert ce qui importe c'est l'émergence de l'amour aux sources inconscientes jusque-là figées; on peut aimer radicalement quelqu'un dont la seule qualité est d'avoir permis cette émergence de l'amour; double niveau, déjà, de l'amour, bifurcation, dont aucune des deux voies n'est en elle-même servitude pure et simple.

3. L'amour au-delà du narcissisme et de l'objet...

Quant à savoir si l'amour est narcissique ou pas, il est de bon ton d'afficher, l'air navré, qu'on n'aime que soi; et Lacan s'est fait le porte-parole d'un désabusement général, en proclamant : *« Il n'y a d'amour que narcissique. »* J'aimerais faire sentir que ce n'est pas « vrai », et ce sans invoquer un instant les élans sirupeux des dévouements oblatifs... où on s' « oublie » pour n'aimer que l'autre.

Curieusement, en disant « aimer c'est donner ce qu'on n'a pas », le même Lacan n'a donné qu'une autre formule... de l'amour « narcissique »; car, on l'a vu, *donner* ce qu'on n'a pas c'est aussi le rattraper dans l'autre, c'est ressaisir cet « a-pas » qu'on lui donne et qui, parcelle absente de nous, se serait perdue en chemin; c'est s'octroyer la supposition que ce qu'on *n'a pas,* on l'a puisqu'on le donne; c'est aussi bien *se retrouver s'aimant dans l'autre* à qui on « donne » ce manque que du même coup on récupère. Au sens habituel du narcissisme, c'est plutôt une réussite. On semble ainsi nous dire qu'aimer c'est étendre son narcissisme jusqu'à l'autre, jusqu'à y inclure l'autre qui jusque-là n'y était pas, l'autre qu'on *n'avait pas* en sa possession. Mais qui nous dit qu'en se déformant ainsi (jusqu'à faire place à l'autre), notre narcissisme reste identique à ce qu'il était?

On voit par où cette certitude qu' « il n'y a d'amour que narcissique » rejoint l'idée selon laquelle l'*identification* est le pilier de l'amour; si on n'aime que soi, on n'aime l'autre qu'après l'avoir rendu (fictivement) identique à soi, ou qu'après s'être rendu identique à lui, ou à une part de lui; ou après s'être mis, avec lui, sous le signe d'une identification ou d'une identité retrouvée. Cette idée est très ancienne, même si c'est Freud qui l'a le mieux développée, et qui en a fait jouer les variantes cliniques (« identification hystérique ») ou mythiques (identification à un Modèle ou à ce qui de l'autre me revient comme modèle... de Moi, tel un écho imagé de ce que j'aimerais avoir été..., ou encore identification à un Père archaïque, qui est tout près, à son tour, de s'identifier au langage, au Passé idéalisé mais aussi bien à l'Avenir, tout aussi idéalisé...). Sans sous-estimer la portée de l'identification pour l'être parlant dans la constitution de son désir et sa mise en acte dans le langage, notre démarche ne s'en tient pas à l'idée que l'identification soit le socle ultime de l'état amoureux (ou à l'idée, équivalente, que les amants sont les deux points d'appui d'une même métaphore). Si on pense à cette joie étrange et banale qu'ont les amants d'avoir pensé à la même chose au même moment, alors qu'ils étaient loin l'un de l'autre, on peut toujours dire que c'est la joie d'être identiques, ou identifiés par cette pensée qui les synchronise. Pourtant c'est leur distance et leur différence qui conditionnent la joie de la coïncidence. Un pas de plus et on s'aperçoit que les amants jouissent d'avoir perdu le carcan de leur identité, d'en avoir perdu le fil, et de ce que pourtant, loin de chuter dans le néant, ils se rencontrent, ou se croisent par les fibres les plus singulières, celles de l'inconscient; la mêmeté qui les traverse leur dit qu'ils sont *dans* l'amour que le langage a de lui-même, et que s'ils s'aiment ils n'y sont presque pour rien (quelle est « ta part » dans cet amour qui te partage?...). Joies subtiles de la destruction démentie. Du reste, une tradition qui évoque implicitement la création de la femme à partir d'une côte d'Adam dit que l'homme va vers la femme comme vers ce qu'il a perdu de lui; en allant vers elle il va vers sa « perte », qu'elle est devenue, sa perte qui l'anime, le déplace, le fait jouir et souffrir. Il va retrouver le côté de lui-même – la part de son corps – qui s'est perdu. Cette course inclurait donc le retour vers la femme qu'il a perdue, la précédente, ou la première, ou l'impossible femme; en fait, c'est plus précis que l'éternel « retour à la mère ». Car ce que la tradition ne dit pas, c'est qu'en retrouvant cette chair de sa chair entamée (retrouvaille qui *suppose* l'amour puisqu'elle suppose que ce soit « sa » femme), il se retrouverait comme avant la perte, avant le sommeil où il avait halluciné cette créature prélevée en lui (à moins que ce ne soit l'inverse). Autrement dit, s'il retrouvait cette perte il se retrouverait *idiot*. C'est qu'entre ce qu'il a perdu – sa « côte », ou son *roc* – et cette femme concrète sur quoi, esquif, il vient se briser, il y a l'écart d'un bloc de temps vivant, bloc d'inconscient et de mémoire, mais aussi durée nécessaire à ce que ce manque prenne forme, *cette forme-là* précisément, sous l'action créatrice d'un désir divin, qui tient précisément à ce qu'ils soient *deux*, munis de la croyance à *Un* passé et à *Un* a-venir..., séparés par l'irréductible et double perdition, qui fait que le narcissisme lui-même est en proie au double mouvement de l'amour.

Cela dit, de gros efforts (de pensée, bien sûr, pas plus...) ont toujours été faits pour tirer l'amour hors de la sphère narcissique. C'est une vieille histoire. Si on prend loin son élan on trébuche déjà sur ce curieux : « Tu aimeras ton prochain comme toi-même », qui bizarrement suppose acquis l'amour narcissique; ça semble même s'y résigner, comme pour dire : il n'y a d'amour que dans le narcissisme, tant pis, mais alors essayez d'aimer le prochain comme s'il en faisait partie..., il n'y a qu'à l'aimer comme on s'aime. *L'ennui, c'est qu'on ne s'aime pas;* en tout cas ce n'est pas évident; on serait même porté à se donner, à soi, des preuves d'amour sous le regard des autres pris à témoin, ce qui d'ailleurs aggrave le paradoxe : on semble appeler leur amour en leur montrant d'avance qu'il est inutile, qu'on y supplée déjà en s'aimant soi-même, alors que justement on désespère de s'aimer, *on n'y arrive pas tout seuls.* Il ne faut pas confondre avec l'amour l'*intérêt* immense qu'on a pour soi. Cet « intérêt » (outre ses visées d'autoconservation évidentes) est souvent une manière touchante qu'une personne a de « ne pas comprendre » qu'on ne l'aime pas; ce qui reflète son désarroi de ne pas *aimer.* D'ailleurs, dans la béance expansive du narcissisme, il n'y a plus personne pour dire « je m'aime »; il n'y a plus de « je », théoriquement; et si néanmoins il se montre, il est déjà trop absorbé à ravaler la façade, à faire *face* et à ramasser les morceaux, pour pouvoir s'aimer-semer si peu que ce soit. Le narcissisme s'il y en a « trop », c'est qu'il y en a trop peu, et trop peu ce n'est pas assez pour être « sûr ». Ça se veut la « certitude », et c'est foncièrement incertain : il lui faut ce qu'on peut appeler une *croyance narcissique* pour se supposer plus de consistance qu'il n'en a, et pour juguler ses petites hémorragies.

C'est qu'il n'est pas de l'ordre du plus ou du moins, mais du oui ou du non; avec un jeu subtil entre le non qui s'affirme et le oui qui s'éclipse.

Mais la croyance est un succédané de l'amour, c'en est une variante économique, qui n'est pourtant pas de l'amour.

Et il arrive, le narcissisme prenant une telle place, une telle autonomie, qu'une personne vienne à aimer le narcisse qui la double, mais *elle* ne s'aime pas pour autant, puisqu'en dehors de cette doublure il n'y a plus personne[7].

Or, il est possible que cet appel (« tu aimeras ton prochain comme toi-même[8]) ne repose sur rien d'autre que sur son désir d'*être dit*, de se poser là; comme un appel; à quoi? à ce que l'amour soit partagé? à ce que le partage qui se fait entre soi et l'autre relève de l'amour? Il y aurait beaucoup à en dire; en tout cas ce n'est sans doute pas l'appel à aimer l'autre comme on s'aime, ou à investir l'autre narcissiquement, car alors un tel appel serait inutile : aimer le prochain comme soi-même, c'est ce qui permet le plus souvent de grossir son « soi-même » en lui annexant ses prochains; c'est du narcissisme « bien compris »; ce n'est pas si mal, puisque le narcissisme relève plutôt de l'incomprenable (et de l'imprenable), et que le support narcissique invoqué par cet « appel » est assez vacillant. Heureusement, car ce support serait-il plus stable, qu'on aimerait nos prochains comme nous-mêmes : on n'en ferait qu'une bouchée pour mieux les assimiler et savourer leur « proximité ». Le chat « aime » sûrement sur ce mode l'oiseau sur qui il va sauter : leur proximité ne fait pas un pli, leurs distances sont calculées de tout temps, d'avance; la proie appartient – appartenance sans mémoire – à l'espace du prédateur. Mais dans l'amour il y a un au-delà évident de la prédation; être « en proie » à l'amour ça dit bien qu'on se dévore soi-même et qu'on enrage d'y échouer, l'autre ne sert que d'ingrédient, qu'on tente aussi d'assimiler en le faisant part de nous-mêmes, le résultat étant plutôt de laisser en *suspens* les deux parts – soi et l'autre – appelées à fusionner, et qui semblent attendre, en vain, d'être un peu mieux définies[9]. Et puis, il y a les

7. C'est comme de dire que les psychotiques ne « transfèrent » pas; bien sûr qu'ils vivent des transferts, et de violents, mais on dirait qu'ils n'y sont pas, que ça transfère à travers eux, qu'ils sont réduits à cette paroi de transfert qui peut bien se déplacer, mais sans eux...

8. Attribué au Christ, bien qu'il s'étale textuellement dans la Bible...

9. L'autre jour une femme-écrivain poussait littéralement et en public des cris de bête, pas bête de proie, bête simple : « Je suis foutue! foutue! rien à faire!... – À quoi? » Sa mère, eh oui, ne l'avait pas, dit-elle, « *assez* aimée »... « pas du tout, même! elle m'a plaquée »... Ce n'est pas à elle qu'on allait dire les ouvertures que ça peut faire, ce genre de plaquage... D'ailleurs elle les trouvait toute seule, ces ouvertures, elle rattrapait à coups d'écrits, à coup de glyphe sans pardon, ce corps absent que sa mère lui avait légué; l'amour de la mère elle l'avait tout entier, devant elle, dans ces pages blanches où elle l'épelait avec les mots arrachés et puisés dans

mots, le don des mots, dont on peut ou pas dessaisir l'autre : j'ai dit que les enfants parlent en se libérant de la langue qui les contient, qui les comprend; ils parlent du fait de rencontrer un corps maternel dessaisi de la langue qu'il transmet. Ils parlent *de* cette rencontre, et déjà à ce simple niveau, on est *au-delà de donner ce qu'on n'a pas*, si le corps maternel fait *don* de son absence à la langue dont il est dessaisi, et offre l'absence à lui-même qu'il appelle à nommer, et dont il transmet les noms épars. Même ce don qu'il fait lui échappe, et il n'y consent qu'après coup...

Mais revenons à la question, et à ce qui semble admis (dans la « théorie » et la rumeur) qu'il n'y a d'amour que narcissique; c'est admis avec l'air un peu navré que prennent les gens avertis de ces « affrosités-là [10]... ».

Les efforts que j'évoquais, pour tirer l'amour du champ narcissique, s'ils semblent empreints d'une exigence éthique un peu lourde (« compter avec l'autre... » – l'horrible expression, heureusement ambiguë), laissent entendre à leur insu que l'autre amour – celui qui ne serait pas narcissique – consiste en ces efforts mêmes pour se dégager de soi et de la sphère narcissique. (Sauf que l'amour « ignore » l'effort...) Il y a là l'intuition, vague, lointaine, de ce que *l'amour comme tel n'appartient ni au champ narcissique ni à celui de l'objet*. Et c'est à partir de là que l'énoncé « il n'y a d'amour que narcissique », qui semble un roc sans interstice par où passer, se révèle assez fragile. Les termes de la question sont à remettre en question, en raison même de leur évidence. Dire que l'amour est avant tout narcissique ne veut rien dire dès qu'on ébranle ce narcissisme en tant qu'amour, non pas de soi, mais d'une limite qui, de soi-même détachée, se ferait le support de cet amour... C'est comme de savoir si une lettre arrive toujours à « destination » ou pas. La question porte plutôt sur ce qu'est une

cette absence. Et, nouvelle prédation, elle détruisait sa mère en lui donnant naissance, en l'absorbant avec elle dans l'écriture... de son absence. Au fond, elle disait qu'elle ne s'aimait pas à cause de sa mère, ce qui suppose que sa mère était encore pour elle une part d'elle-même, celle qui précisément la rejetait, l'assignait à un autre amour. On ne sait même plus si c'est à elle ou à sa mère qu'elle arrachait ces mots écrits dont elle se refaisait une texture – ô combien narcissique, et pourtant si altérée...

Le seul ennui de ces dispositifs d'écriture, qui se donnent non sans raison pour une métaphore de l'amour, c'est que même s'ils vous « renvoient » autre chose que votre image, cet « autre chose » est une image de vous-même à peine plus enfouie que les autres. Heureusement, ces montages narcissiques ne vivent que d'être démontés, détruits, par le souffle d'une inspiration, s'il y en a une...

10. Il est vrai que c'est difficile à contester sans « preuves »; mais l'amour se moque des preuves; et quand « il n'y a que des preuves d'amour », il n'y a pas d'amour : s'il arrive qu'il demande des preuves, c'est pour faire croire qu'il les lui faut, et jouir un peu de leur gratuité (et se distraire de sa propre épreuve...).

« destination », un lieu de la lettre, une lettre. Et s'il se révèle que la « lettre » *c'est* son propre surgissement, sa propre occurrence en tant qu'elle *a lieu* et qu'elle donne lieu, alors il est aussi vrai qu'elle arrive à une destination qui n'est pas elle, et qu'en même temps elle n'y est pas, son destin étant ailleurs. Elle prend corps mais elle n'a pas de corps ; elle « narcissise » mais elle n'est pas narcissique. Autre exemple, le rêve, qui est aussi une passe de la *lettre*, et un certain rapport à l'Autre ainsi qu'aux autres images de soi... ; est-ce que le rêve est « narcissique » ?

Ce n'est ni vrai ni faux. Le rêve met en scène sans relâche un désir qui tente sa chance, sa remise en jeu et en scène ; ce qui comporte à la fois un certain dérangement narcissique, et une double satisfaction de ce même narcissisme : d'une part le désir est « représenté », c'est-à-dire mis sous la coupe de son « réalisateur » (le rêve), et d'autre part une exigence narcissique encore plus radicale est satisfaite : on ne se réveille pas, on continue à dormir. *Le rêve s'insinue entre ces deux parois du narcissisme :* que l'objet ne soit pas hors d'atteinte, mais qu'il ne soit pas assez proche pour nous réveiller. *Le rêve évite et entérine à la fois un effritement du narcissisme.* J'évoquerai tout à l'heure un petit poème de l'amour « narcissique », un de ces chants qui trament la complicité collective sur l'amour *à l'intérieur* d'un lien social, mais déjà le *Chant des Chants*, qui lui se met aux limites du lien social, aux confins de la complétude que le social a de lui-même, ce *Chant* avait bien dit : Ne réveillez pas l'amour avant qu'il n'en ait le *désir* : y compris le désir de ne plus dormir... L'amour en sommeil n'est pas l'absence d'amour, c'est l'amour narcissique « pur », dérangé pourtant par ses rêves ou ses rêveries éveillées, donc par sa jouissance narcissique la mieux protégée [11]. Par cet appel, *une femme* adjure *les femmes* de ne réveiller l'amour « narcissique » que s'il y a le désir que l'amour rompe ou interrompe sa complétude narcissique. Elle évoque donc la possibilité d'un amour narcissique en éveil mais sans autre désir que de retrouver sa jouissance narcissique (son « sommeil [12] ») ; et de cela, au moins *une* femme ne veut pas, celle qui poétise dans le poème, et qui en appelle à l'amour, qui le guette, au seuil où il aurait épuisé ses jouissances narcissiques, où il en aurait assez de lui-même, et s'exposerait à la cassure du désir, au désir d'une altération radicale.

Le désir ici invoqué est celui qui, de l'intérieur, mettrait l'amour hors de lui (hors de chez lui, de la demeure de « ma mère ». C'est dit en toutes lettres...).

11. N'est-ce pas ce qui horrifiait Hamlet ? qu'on puisse, dans le sommeil éternel, rêver *encore*!...
12. En ce sens, pour l'amour qui serait « narcissique », éveil ou sommeil se valent.

4. L'amour-langage

Pas simple, ce lien entre amour et « désir ». Il passe par la genèse des mots...

L'amour peut bien se « détacher » du désir, mais pas sans être passé par le rapport et le mélange des corps en proie à ce que l'amour les consume ou les use à la force du langage. Côté analystes, on a dit que « l'amour supplée au rapport sexuel ». Si c'est dire qu'il vient à la place du rapport sexuel ou de ce qui lui manque pour avoir lieu, la suppléance est plutôt ratée : elle reproduit le manque inhérent à ce rapport; ce manque ou ce non-lieu ne sont pas plus supportables dans l'amour que dans le rapport sexuel; ils répètent les mêmes tensions entre soi et l'Autre. Même dans l'amour courtois, on ne peut pas dire que les amants s'aiment *faute* que le rapport sexuel ait lieu. Ils *excluent* volontairement que ce rapport ait lieu, ce qui leur donne à croire qu'il aurait lieu s'ils le voulaient; c'est ce qui les branche d'emblée sur le régime où ce rapport a toujours lieu : le régime de l'inceste; et l'inceste se sublime dans la construction du poème. C'est de là qu'ils partent pour lancer le chant d'amour courtois, pour prendre au corps et donner corps à la « lettre » d'amour, à partir de l'écart qu'on lui impose au regard du corps. Même quand un mot est mis pour l'*autre* (aimer n'est-ce pas aussi se dissoudre dans les mots de l'autre et en revenir à la tension extrême et dépouillée où *commencerait* une langue?...), même quand un mot passe pour un autre, ce qui l'emporte c'est le désir de cette passe, le désir de faire passer entre les deux mots une intensité de langage. Le remplacement, qui est le nerf de la métaphore, s'éclipse devant le don risqué où *un mot se donne pour un autre*, pour l'insuffisance de l'autre à lui-même. On pourrait donc penser que l'amour métaphorise le « faire l'amour »; mais voilà qu'à la racine de cette métaphore, dans le *désir* de la « faire », il y a... l'amour; un amour qui veut sortir de lui-même, se disperser dans le langage, *essaimer dans la parole son attrait pour lui-même qui l'écarte de lui-même, et qui fait parler cet écart.*

À la rigueur, ce qui tente de suppléer au rapport sexuel c'est par définition le symptôme, qui prend appui sur le ratage de ce rapport comme pour s'en assurer; comme si d'avance l'horrifiait sa réussite incestueuse. Le symptôme n'est pas pour autant de l'amour, même si certains symptômes se donnent comme des mots d'amour en arrêt, horrifiés de leur imminente formulation [13].

---

13. On peut toujours dire que l'amour est le symptôme de l'être parlant; tout comme le langage; mais ce serait un abus de langage, ou plutôt, ce

Voici donc l'amour narcissique un peu secoué, mais non traversé. Il nous faut pour cela en repasser par les liens de l'amour au symbolique, et par le sens de ceci qu'on ne s'aime que du symbolique. Il ne s'agit pas de ce que *dit* le mot d'amour. Le *Chant* déchante en douce l'un des sens du « je t'aime » : son élation vers un narcissisme à deux ; comme si ce *Chant* visait plus loin que l'invocation qu'assure ce mot, qui, dans sa meilleure réussite, invite bien plutôt au silence : *ne dire rien...*, expression qui elle-même est en trop. Mais le *Chant* parle de « *Toi qu'aime mon âme* ». Ce n'est même pas lui ou elle qui aime, c'est un *tiers* qui s'appelle *âme*. Ils sont déjà trois, et plus, car la dispersion est en cours, dans ce *Chant* d'amour où se dit, en poème nécessairement, la féminité comme jouissance du symbolique, la séparation de la Femme avec elle-même : à savoir ce qu'une femme peut avoir de commun avec elle-même, et faute de quoi elle se largue dans son absence ; c'est cette coupure d'avec soi qui la lie, redoublée ou ressaisie d'une coupure de l'Autre avec lui-même [14].

L'amour, dans son rapport au symbolique, en appelle à cette double coupure. Pour l'homme, on sait que sa coupure d'avec son sexe conditionne pour lui la possibilité de « faire l'amour » (ou le risque d'être simplement « un amour », un amour de phallus, un instrument de l'amour). Il semble difficile que l'homme s'engage dans l'amour sans être marqué par cette coupure d'avec son sexe où s'inscrit pour lui sa part au dit du désir... Pour une femme, cette coupure est plus radicale : coupure non pas d'avec le pénis dont elle peut bien avoir « envie » sans que cette envie la *définisse*, mais coupure d'avec elle-même, et d'avec l'Autre-femme qu'elle n'est pas, et qui serait censée détenir les emblèmes de la « féminité ».

J'ai dit quelques bribes de cette affaire dans *l'Entre-deux-femmes* [15], et les échos que j'en ai eus furent éloquents ; j'y expliquais tout simplement que le « problème » d'une femme est avec l'Autre-femme, plutôt qu'avec l'homme ; que ça se passait entre une femme et l'Autre en tant que Femme impossible ; et que l'homme là-dedans n'avait qu'une fonction contingente ; une femme peut par exemple lui en vouloir moins de ce qu'il ait le pénis que de ce qu'il soit impuissant à soulager sa tension à elle avec l'Autre-femme à qui elle suppose l'avoir total de ce qui lui manque. Outre l'arrière-plan clinique, j'y prenais comme exemple un montage d'écriture, où une femme se trouve « ravie » et comme figée dans un état d' « absence », au *passage* d'une autre femme qui

serait se placer à l'écart de l'espèce humaine, sans avoir *produit* l'écart et de quoi le franchir ; quelque part entre l'humain et le surhumain, par exemple...

14. S'il faut de temps à autre recouper le « jargon psy », c'est exactement *cela* que j'appellerais « castration féminine »...

15. Dans *la Haine du désir*. J'en donne une « suite » ici, p. 240.

lui ravit son fiancé... ; le nerf de l'histoire étant moins qu'une femme y perde son homme, que *le passage d'une autre femme* en ouragan qui « ravit » la fiancée et l'absente à elle-même. La coupure d'avec l'homme, la confiscation réelle, dit seulement que ce *passage* s'effectue ; et la femme qui le décrit, l'écrivain, vit d'ailleurs à son tour le ravissement de ce même passage, qui lui en a fait inventer, avec justesse, la victime ; qui la lui a « soufflée ». Eh bien, les échos que j'en ai eus, venant de femmes, ne manquaient pas d'intérêt : c'est tout à fait ça ! c'est évident ! mais vous là-dedans, où étiez-vous pour le savoir ? Justement, en tant qu'homme je n'y étais pas ; et leurs questions me rappelaient bien que je n'avais pas à y être ; c'est *ça* que je disais ; et mon texte articulait l'inutilité de l'homme dans l'impasse de l'entre-deux-femmes, et me mettait non pas à la place de l'homme mais du *mot*, et encore : au voisinage du *mot*, ce à quoi je suis sensible, puisque à l'évidence, le passage de cette Autre-femme (tout comme le passage d'une mère réelle) à la place du « mot », a fonctionné comme un clapet, comme une fermeture du mot d'où *une* femme s'est vue chassée expulsée...

En tout cas, cette entaille par laquelle une femme traverse l'Autre comme femme et se remet, pour ainsi dire, de son absence à elle-même, et du « ravissement » où l'Autre-femme la fascine, semble être la passe et le seuil par où une femme s'engage dans l'amour ; passe pas facile, puisque le plus souvent c'est l'*identification* qui l'absente à elle-même, qui la « ravit », et la met en retrait de ce que j'appelais « jouissance du symbolique » qui à l'évidence est essentiellement jouissance *féminine* : c'est dire que les femmes n'y ont pas facilement accès ; ce qui ne veut pas dire que pour les hommes ce soit « donné » ; souvent ils ne s'aperçoivent même pas que ça existe, tant qu'ils sont pris et stabilisés dans la jouissance d'organe : c'est-à-dire tout le temps... Pour une femme, c'est la difficulté d'advenir comme *une* femme... Cette jouissance, qui tient à la langue en tant qu'elle se donne ou se transmet (seuils, littéralités...), suppose que la langue n'est point femme, et que la femme qui la transmet s'en dessaisisse et transmette ce dessaisissement, celui-là même où l'hystérique reste en rade, « ravie » ou pas. La jouissance féminine a ceci de symbolique, qu'au-delà du point où pour une femme se passerait la jouissance d'organe, au-delà de ce point, il y a *la jouissance d'être le support d'une langue dont le « passage » la dessaisit.* Et si l'hystérie relève de cette double impasse de la jouissance féminine et de la jouissance symbolique, c'est dans la mesure où par la voie du fantasme elle réalise *violemment* cette coupure d'avec soi, qu'elle maintient dans le fantasme.

C'est en quoi l'hystérie est une maladie du symbolique, non pas qu'il lui « manque » du symbolique, mais qu'elle est partie pour en réaliser le « programme » par la voie de l'identification : elle se *charge* de ce qui manque au désir-Autre; elle en est toute « chargée »; même s'il lui faut arracher à l'autre ce qu'il n'a pas (exemple très « simple » : elle demande à l'autre, notamment à l'homme, de la trouver où elle n'est pas, mais où elle serait... s'il l'y trouvait); et cette conjonction du lieu, du corps, et de la « lettre », évoque l'amour, puisque *l'amour invoque l'autre au point où il est en défaut de lui-même, où l'identification craque, où Moi n'est pas Moi, et où on se demande ce qu'on a de commun avec soi-même.*

L'amour c'est peut-être la seule chose que les bêtes parlantes que nous sommes ont de commun; c'est l'*hypothèse* qu'on a en commun; elle parie sur ce qu'on aurait de commun (quitte à dégénérer en lieux communs... et à invoquer l'*Un*, et qui plus est, comme un Lieu; c'est une expérience qui n'est justement pas à la portée de chaque un). On objectera que les êtres parlants ont « quand même » pas mal de choses en commun, sans qu'il y ait à faire cette hypothèse de l'amour... Mais quoi? leurs images? leurs silhouettes, qui après tout se ressemblent? (même chair, chair de ma chair...). Or c'est bien là-dessus que chacun se veut unique; et qu'on ne vienne pas lui déranger sa silhouette. Le langage alors? Là encore : « Je regrette, on n'a pas le même langage », dit l'un pour couper court. « Justement, ça permettrait de se parler », dit l'autre. Mais c'est qu'à deux dans le *même* langage, ça sent l'étroit, le tiers en cause étant mourant ou étouffé; et à deux dans deux langages différents, le tiers est un abîme... C'est dire qu'il fait problème, ce tiers, qu'il soit Un ou Autre.

Autant dire que *l'amour est la seule hypothèse qui permette à chaque être parlant d'avoir quelque chose en commun avec lui-même*, qui dépasse son image, son unitude – comme sa turpitude – imagée...

Mais ce n'est là que le premier pas dans ce qui lie amour et inconscient, dans ce par quoi l'amour tient à l'inconscient au point d'en être l'*interprète*, interprète d'une partition non écrite qui se donne comme le lieu d'une parole [16]; ou encore : il y a de l'amour chez les humains parce que c'est leur chance de ne pas être trop vite expulsés du langage, du leur; c'est leur chance de se ressaisir, de se relier au langage – au risque de s'y enliser... (« une chance » : c'est dire qu'on pourrait se contenter de savoir qu'elle existe, sans la courir; mais c'est elle qui court comme le hasard et nous rattrape...). C'est en quoi *aimer comporte un transfert à du pur inconscient*, à ce qui de ne pas se dire est le supposé de tout dire, de tout appel, notamment de celui par où l'amour *appelle* l'amour (et non pas « demande » : étaler la *demande* d'amour, c'est formuler

---

16. Interprète n'est pas prêtre ou serviteur du sens, mais tenant du souffle où le mot s'inspire, se rythme, et se passe...

par là même la demande à s'en libérer, de cette demande qu'on porte, et qui ne décolle pas d'elle-même...). La demande vise l'appartenance (appartiens-moi et tenons-nous à part), alors que *l'amour métaphorise l'appartenance dans l'être-avec.* C'est pourquoi *il n'y a pas de demande d'amour;* « aime-moi » c'est d'abord : fais en sorte que je puisse t'aimer car je ne t'aime pas, et c'est amer...

Tout ceci n'est bien sûr qu'un premier nœud du lien de l'amour à l'inconscient; l'essentiel y tient aux *conditions minimales de la parole,* et n'a rien à voir avec « amour narcissique » ou « amour objectal », puisque *l'amour c'est ce qui les convertit l'un dans l'autre,* c'est ce qui dans l'étendue narcissique ouvre la blessure de l'objet *autre,* tout autre, et c'est ce qui dans l'abîme de cette blessure (celle de l'amour d'objet) fait retrouver des points d'accrochage narcissique. L'amour est le point de retournement entre le narcissique et le non-narcissique, entre l'objet et ce qu'il manque être, entre moi et ce qui n'est pas moi, entre le « sujet » et ce à quoi il est sujet... Dans ce passage qu'il produit, dans ce retournement, l'amour se révèle le seul « moyen » de faire exister l'Autre, de le forcer presque à exister, de l'inventer en l'aimant, et déjà en le produisant pour ainsi dire de toutes pièces. De ce cycle incessant entre *moi* et *« autre »,* se vit et se profile le tout-autre.
Or le plus souvent, le langage est supposé donné, il est *là,* déployé et invariable; son émergence est refoulée; de sorte que le *lieu* aussi – comme événement où on a lieu – est supposé donné (le lieu où ça a eu lieu, le lieu où *ça* s'est passé, mal passé – catastrophe, image, méconnaissance, etc.); du coup est close et résolue la question que l'amour, précisément, ne cesse d'ouvrir : celle de la possibilité de donner lieu, de se donner lieu, de *produire un langage ou une parole au travers de leur fissure,* de cette fissure que l'amour produit et franchit en faisant passer l'amour de soi par l'amour de l'autre et inversement. L'amour déstabilise les symptômes enkystés, secoue le retranchement de mots incrustés dans le symptôme; il restitue aux mots leur jeu, et tout en les mouvant il *sépare* les mots d'eux-mêmes pour les exposer à d'autres regroupements, d'autres compositions. Par là est rejointe l'*élémentaire fonction du « mot »* (en tant qu'unité de langage...); c'est que la chose qu'il nomme ou qu'il vise, il la sépare d'elle-même; il dérange son identité, l'empêche de se prendre pour elle-même, et dans cette foulée séparatrice, il me sépare de moi, moi qui dis le mot (et il se sépare de lui-même puisque sitôt énoncé il appartient à ce même monde qu'il dissocie). Le jet des mots lance un appel, voire une supplique, pour obtenir une dissociation, une présence de frontières et des passages de frontières qu'ensuite il rattrape; le mot redonne consistance à une texture de langage; le mot qui *dit,* qui interprète,

qui se donne lieu, traverse, l'éclair d'un instant, sa résonance poétique qui l'absente à lui-même, lui par qui la *chose* se fait faux bond, et par qui de ce fait elle s'anime comme une bête vivante, un fétiche, un morceau de langage à partager, à parler ensemble. D'où cette possible « définition » de l'amour (si ridicule qu'il semble de définir cet *infini*) : c'est la rencontre sous le signe de la possibilité d'une « langue » nouvelle, et l'acte de s'y retrouver en proie à une impulsion de parole qui tente de se découper, de se renouveler, dans la texture et les lambeaux d'un langage existant (c'est du reste pourquoi on peut être « dans l'amour », seul, sans que ce soit de l'amour narcissique, comme on peut y être à deux ou plus, puisqu'aux limites où ça se passe, c'est innombrable et infini ; ces limites sont comme les origines ou les confins de la vie, les seuils où l'amour et la mort s'échangent). On peut y être « seul », d'être pris par la pure *possibilité* d'un langage, ce que j'appelle amour de la « lettre », qui fait refluer sur vous cette dissociation permanente du monde par le langage ; et par cette dissociation qui vous revient, vous n'êtes ni « dans » *le narcissisme* ni « dans » *l'objet*, mais vous êtes nécessairement *plus d'un*... La séparation impossible des amants (si connotée de mort) et leur fusion tout aussi impossible (connotée de vie *mortelle*), sont comme la séparation qu'un « mot » *produit* avec lui-même pour se lier à d'autres, et sa retrouvaille avec d'autres parts de lui-même pour se dire autrement.

Mais c'est plutôt rare que « dans la vie » on se rencontre sous le signe de la pure *possibilité* d'un langage. Les rencontres supposent que le langage on l'a déjà ; qu'il soit « ambiant » ou qu'on l'ait dans sa poche ; on est fin prêt aux échanges commerce investissements transactions... avec des mots usés ou pas, séducteurs ou saturés..., mais c'est rare qu'on se rencontre sous le signe de l'« est-ce possible ? » (question qui se dissout parfois dans une dérive indéfinie de fuites et de dénégations). Lorsque deux êtres se rencontrent sous ce signe-là, on peut dire que l'accrochage est aussi solide que l'ancrage des mots eux-mêmes, aussi satisfaisant ou déchirant. L'amour *est* le mouvement de cette parole naissante qui de n'être pas là, mais de naître, lui a redonné naissance. Lisez les *Lettres à Félice*, de Kafka, lettres presque vides, qui ne parlent que de leur venue, de leur échange, de leur attente ; lettres *insipides* mais où l'amour naît du seul fait que la lettre se fraie, que le travail des lettres prend assez de force et de consistance pour faire apparaître cette *ligne de partage* de la langue, frontière interne dont le franchissement est amour, frontière en parfaite résonance avec celle qui sépare le scribe de la femme aimée, aimée pace qu'elle est le creux qui supporte cette circulation folle de la « lettre ». La frontière *dans* le langage n'est pas préalable (entre amour et non-amour) ; c'est son émergence et sa traversée qui *font* l'amour ; et le livre que compose cet échange de lettres ne s'identifie à

168

personne : nul ne s'y retrouve autrement que partagé ; par lettres.

C'est un fait que la rencontre psychanalytique est sous le signe de cette pure question : la possibilité d'une parole ; et c'est en quoi le « transfert » qui aboutit à cette rencontre ou qui se déclenche avec elle et se déploie au long de la cure, même s'il répète d'autres événements, déborde cette reproduction et s'en prend à l'émergence de ce qui n'a jamais eu lieu. *Du seul fait que deux êtres se rencontrent sous le signe de la possibilité d'un langage, il y a de l'amour.* Bien sûr, si l'un des deux croit détenir son langage [17], ou s'il y tient tout à fait, ou s'il n'a aucun désir de se risquer à s'en dessaisir, l'amour en question, en tant que question, a plutôt du plomb dans l'aile ; il ne déborde en rien le repérage répétitif, le balisage de la route par la répétition, *des deux côtés* : car s'il est vrai que les patients répètent dans leurs dires, et dans les signes d'amour qu'ils manifestent, l'analyste *se répète* en le leur disant (en leur disant qu'ils répètent) ; plus généralement il répète chaque fois qu'il s'étale et s'installe dans le soi-disant « discours psychanalytique ». Mais la rencontre, elle, *c'est* de l'amour ; c'est un appel et une séduction de l'amour, du seul fait de la question qui plane sur elle et à travers laquelle chacun s'éprouve comme potentiel de langage ; quitte à ce que cet amour, aucun des deux n'en veuille parce qu'il coûterait trop cher à chacun d'échanger contre lui son symptôme. En tout cas cela suppose que l'analyste, qui fait profession de *donner lieu* à cette rencontre, cela suppose qu'il *aime* l'amour ; donc qu'il aime. Comme les mots aiment et s'aiment dans ce qu'ils nomment, avec leur échec à le nommer. Est-ce possible ? En principe non. Mais l'inconscient lui aussi est en principe impossible (comment savoir plus qu'on ne sait, et être là où on n'est pas ?...). Et pourtant l'inconscient c'est cela (au point que la plupart des explorations philosophiques qu'on en fait n'y relèvent que des tautologies ou des contradictions). Ça fait partie de ces choses « impossibles » dont c'est la folie interne que de s'éprouver ou de « s'interroger » comme possibilité, d'autant que celle-ci est redoublée de cette étrange question sur la possibilité même d'un langage. C'est ce qui lui donne sa chance... Et devant cette impossibilité, on comprend que la position de l'analyste soit vécue si ordinairement sur le mode de la perversion ou sous cette forme simplifiée de la perversion qu'est une certaine débilité.

En fait de naissance, on dit « l'amour aussi fort que la mort » pour signifier que lorsque l'amour est exclu, retranché, c'est la mort qui triomphe ; ou plutôt, car elle n'a pas besoin d'être triomphante, elle est là, en silence, dans le silence même où les mots de l'amour se

17. Ce à quoi la psychanalyse – comme théorie ou comme pratique – l'invite instamment.

retranchent. Car l'amour c'est la mise en acte, la possibilité des *mots* et des *gestes* de l'amour; il renvoie donc à lui-même; « je t'aime » est un de ces mots étranges revêtu de l'intensité des mots possibles qu'il *remplace*, qu'il a l'air de rendre inutiles; des mots qu'il présuppose mais qui, pour être des mots de l'amour, l'avaient aussi, de leur côté, *supposé*. Ils sont comme lui en suspens; l'amour est un langage en suspens, imminent décollement des pressions de tout langage...

De sorte que l'amour non pas aspire au symbolique – drôle d'idée : il n'aspire qu'à l'amour, à prendre vie – mais il s'inspire du même souffle que *ce qui assemble les lettres pour faire un mot*, et les mots pour faire un dire qui se donne le mot qu'il constitue; le « je t'aime » sert parfois de fétiche pour arrêter cet engendrement étourdissant du mot qui frise toujours la confusion, la catastrophe : « je t'aime » dit que ça a *lieu*, et parfois l'acuité d'un tel lieu, son intensité, rend inutile ce mot qui le nomme...

Que l'amour se relie si fort à la possibilité d'un langage (et à la question incongrue de ce qu'on peut *faire* avec les mots), certains silences en analyse le font entendre, où la « résistance » à dire, à donner le mot, est la même que l'impuissance à s'engager, ou à se révéler engagé, dans un lien d'amour. Il s'agit de la possibilité de l'amour, vécue dans l'instant même où le *dire* s'actualise ou pas. La résistance à dire, à se laisser dire dans ce « mot » étrange identique à sa *possibilité* même, fait consister l'aveu d'amour dans la tension du mot à s'articuler avec l'autre pour se produire en un morceau de langage *partagé* avec l'autre (que ce partage fait exister, substitut d'un morceau de corps mais exigeant qu'un « corps » soit là qu'il échoue à nommer et que pourtant il constitue, qu'il construit et détruit dans la dissociation et l'identité retirée).

C'est ce retrait qui fait hésiter ou qui pétrifie sur place celui qui « hésite » à *dire*, et à se laisser prendre ou supposer dans la relation de l'amour : il craint en parlant de perdre le contrôle... de son « identité », oubliant que celle-ci n'est plus faite que de cette peur de se perdre. Cette peur de perdre son identité (ou de *se retrouver* dans sa perdition) menace *également* les deux partenaires – sauf que l'un peut l'ignorer à mesure que l'autre s'y cramponne. Dans l'amour, les mots dérangent mais sont eux-mêmes en plein dérangement; on ne peut les utiliser comme s'ils étaient « donnés », il faut les « refaire » complètement; l'amour consent à la défaite des mots, et consent à faire passer sa jouissance par là; ce qui ne veut pas dire à la loger dans le silence; c'est même le contraire : il connaît la rage de faire parler les silences. J'évoquais ces corps emportés l'un par l'autre quand ils « *font* » l'amour; pourquoi tiennent-ils tant à faire passer cette jouissance par la voie des mots? cette jouissance acquise pourquoi la risquer dans les mots, sinon pour jouir de leur possibilité, se parlant à l'autre ou à soi-même comme autre?

Qu'est-ce qui leur prend de dire des mots qu'aucun d'eux n'a demandés, des mots qui vont les engager, les encombrer, et qui ne sont rien d'autre que *la possibilité béante de se parler* et de s'aimer au cœur des mots et du silence des mots? C'est de ces mots encombrants qu'ils l'engagent, l'amour, dans le langage. C'est l'amour (comme possibilité d'un langage) qui les traverse et demande son content de jouissance, ou les fait déchet de cette demande. Ils jouissent des mots que leur amour implique, ils jouissent de nommer leurs gestes réels ou fictifs, et ils s'aiment des mots qu'ils ont ainsi rendus possibles, des mots qui étaient là, mais dont ils ont fait vibrer la possibilité.

Le régime inconscient des mots est celui où un mot *peut* valoir son contraire; c'est donc celui où un mot est coupé de lui-même, pure frontière entre lui et lui-même, non pas identique à sa négation (ce qui est le régime obsessionnel du mot), mais *producteur de sa différence avec soi*; ça peut engendrer des contradictions, et la logique est là pour dire qu'à partir d'un seul énoncé contradictoire elle peut démontrer n'importe quoi; c'est dire qu'il y a non pas à fuir la contradiction, puisque sa cassure est le contact même à l'inconscient, mais à ne pas s'en tenir aux énoncés qu'elle produit; dès l'aube des temps philosophiques on a posé des « principes » d'identité... Mais l'inconscient c'est la cassure de l'identité; on l'a toujours su; non qu'il n'ait pas les moyens de formuler la négation : il se donne plutôt tous les moyens de l'ignorer, il est le point de retournement des mots, le point limite où le mot est par sa propre dynamique poussé à bout et retourné en l'« autre » face. Il est ce qui empêche un langage de se fonder, et qui par là même lui permet de vivre et de se dire. C'est plutôt la névrose et le discours conceptuel qui constituent un effort désespéré pour *fonder* leur langage... et y échouer; et laisser place, contre leur gré, au retour en force de l'inconscient et de la vie. L'hystérie par exemple : travail immense, titanesque, épuisant, pour s'*assurer* du mot « femme ». Comment une femme pourrait-elle se reconnaître comme *une femme*? se reconnaître dans le mot « femme »? Après tout, elle pourrait éluder le problème en se disant : je suis une femme puisque l'autre *avec* qui je suis, ou que je désire, est un homme... Mais justement l'hystérie consiste en ceci qu'il n'y a *pas d'homme*; et l'homme lui-même a bien du mal à se reconnaître ailleurs que dans ses impasses, dans son impasse à se reconnaître; ça tourne en rond. Eh bien, les détours que peut faire une femme pour recueillir en retour un *trait*, si infime soit-il, où se retrouver comme femme, ces détours sont prodigieux; visibles à ciel ouvert; pas besoin d'« analyse ». Que dire par exemple de cette mise en scène, où elle s'interdit de rencontrer aucun autre homme que son alcoolique compagnon avec qui elle a un rapport sexuel « une fois par mois quand il dessoûle », elle qui aime le spectacle (qu'elle voit ou qu'elle fait...)? Elle s'enferme avec celui-là « pour les raisons physiques », dit-elle : « je l'ai dans la peau »; et ce lien posé par elle comme valant tous les autres... qu'elle refuse, ce lien « infini » comme eux, et qui de faire barrage à tout autre lien peut se permettre d'être réduit à presque rien, lui sert à elle à signifier (ou à maintenir signifiable) la *possibilité* de *faire* l'amour, littéralement : d'avoir l'autre sexe dans la peau (avec qui il n'est donc plus nécessaire de faire l'amour...). Elle recueille en retour une marque de féminité, à partir d'un présupposé où elle peut se dire : pour en être là il faut que je sois submergée de ma féminité, ravagée par la « chose » même, pour avoir à faire pour elle autant de sacrifices qui du coup prennent toute la place de la « chose ». C'est humain d'accélérer le chaos où on se trouve, dans l'espoir d'en recueillir de quoi signifier son destin, quelques traits en retour qui viennent d'ailleurs; de quoi s'accrocher; à croire que ce trait étrange, ce « mot », ne doit pas venir n'importe comment; *il faudrait que soit donnée, avec le mot, l'absence où il est de lui-même;* son retrait de son identité; donner un retrait cela a un sens. C'est bien ce que vise, aux limites de sa mise en scène, la femme que j'évoquais : tenter à grands frais et sacrifices faits à un dieu absent (mais que les sacrifices en question visent à rendre présent), tenter de recueillir un effet séparateur avec sa « féminité », qui lui permette de mobiliser sa féminité interne, interne ou absorbée dans le vertige de sa reconnaissance. Autrefois on attendait ça d'un rituel; mais si le rituel collectif est efficace, les rituels solitaires ou duels ne le sont pas, pas plus que ne le sont les rituels (tel celui de la « psychanalyse ») qui se réclameraient d'un groupe n'ayant d'autre autorité que celle de chercher un rituel..., ou une reconnaissance culturelle.

Que devient alors, de notre point de vue, l'idée que l'amour c'est ce qui pousse deux êtres à faire Un? ce qui pousse les humains à s'unir, à se rassembler?... L'accent érotique dans les agglutinements humains est rarement perceptible; c'est bien plutôt la pulsion de mort, qui d'un groupe fait bloc, quitte à ce qu'à l'intérieur, les miroitements d'agressivités célèbrent l'amour narcissique du groupe pour lui-même, et désespèrent d'y arriver. Alors pourquoi dire que l'amour pousse le groupe à faire Un? Pourtant il se met sous le *signe* de l'Un (et qu'est-ce que l'Un quand il devient signe?...) de l'Un en tant que *lien qui lui échappe.* Cette idée de l'Un comme effet de l'amour, les scribes de la Genèse y ont tenu : « l'homme quitte son père et sa mère, se colle à sa femme et ils font une chair *une* »; qu'il quitte ses parents c'est douteux, qu'il colle à sa femme c'est fréquent, mais qu'ils fassent ensemble une seule chair, c'est une plaisanterie : à moins d'entendre qu'ils procréent, qu'ils se mettent à deux pour faire (naître) une vie, une et tierce?

On remarquera que cette phrase biblique tient à quatre, et non au seul trio œdipien; ici il y a le père, la mère, l'homme qui les quitte, l'autre femme qui l'attire, et en plus : le fantasme d'unitude, le rêve d'une seule chair...

Pourtant le rapport existe entre l'Un et l'amour. L'amour c'est ce qui pousse à *faire qu'il y ait de l'Un.*

L'Un ; qui n'est pas l'Universel mais l'Unique : étrange relais que cet espacement de l'unicité (et ce narcissisme en dérive) où, en marge des répétitions, se revit *l'unicité de la « première » fois,* émergence ponctuelle extraite pour *une fois* de son fantasme. Car on peut toujours affirmer qu'« il y a de l'Un [18] ». Le problème n'est pas qu'il y en ait, mais que *ça se produise,* que ça advienne, que *ça se passe.* Et faire qu'il y ait de l'Un, c'est reconnaître et renouveler le potentiel même de la parole, la possibilité d'*un lien en retrait de sa répétition*; lien où la langue, avec ses voix rythmes et couleurs, a pris forme dans le chaos; c'est en quoi l'amour ramène les amants aux conditions, au contexte, au contact d'une *création :* si j'ajoute « création du monde », ça peut choquer, et pourtant cette création chaque être parlant a dû la mener d'une façon ou d'une autre (la plupart créant leur monde un peu trop vite; trop pressés de s'y adapter...).

Curieusement, c'est en repassant par l'idée de l'Un (où se concentre le *lien entre amour et narcissisme),* c'est en y repensant qu'on voit à quel point l'amour n'est ni narcissique ni « objectal »; mais c'est le seuil par où le narcissisme et ce qui lui échappe s'abolissent l'un dans l'autre, se dépassent l'un par l'autre, dans une pulsation qui fait passer du un au deux, du un au multiple, et qui dans le multiple fait passer l'« un » de l'unicité, *constitue le multiple en un lieu, un espace,* un corps pluriel, en proie, « *uniquement* » à sa pluralité.

Qu'est-ce que l'espace vient faire ici, en quoi a-t-il rapport à l'amour? L'amour c'est ce qui donne *lieu;* ce qui donne lieu à un espace de la parole, d'une parole qui passe entre l'un et le deux, l'un et le multiple. Bien sûr, pour beaucoup l'espace est un de nos universaux, univers sots où l'on suppose donné ce qui est à faire; affaire de désir. Ce qui nous importe c'est *l'espace comme occurrence de la lettre,* texture ouverte dont on se demande non pas ce qu'on met dedans, *mais de quoi c'est fait*; c'est lui qui désagrège l'opposition entre ce qui est narcissique ou pas quant à la visée de l'amour, et qui en fait une frontière dynamique.

Chacun sait que la passe du Un au deux (ou au multiple), et l'émergence du un dans le multiple, fait question – la *même* question – à tous points de vue, *philosophique, logique, esthétique, culturel,* et même à ce niveau *subjectif* élémentaire qui se vit dans les menues « histoires d'amour » (lesquelles butent curieusement

18. Lacan, après la tradition juive, l'a souvent répété.

dans « nos cultures libérées » sur le lien – mariage ou désir d'enfant – comme sur l'épreuve de leur vérité...). Du point de vue *culturel*, tout lien collectif où un langage est *partagé* se heurte à ce qui pose chaque membre comme *un* au regard de l'Autre qu'est le groupe, et à ce qui pose le groupe comme Un traversé par du tout-Autre ; et c'est l'amour et la haine qui brûlent à ces entournures de l'espacement collectif. Au point de vue *esthétique* : que font les artistes authentiques sinon se prendre pour le monde et prendre le monde pour eux, s'éprendre de lui jusqu'à se détruire en le « détruisant », et partant de sa ruine, le refaire, quitte à être par lui refaits (tout comme nous autres...), mais s'en sortir quand même en construisant un espace dont les unités qui le composent soient sous le signe de l'*Un* qui les rassemble, qui vient s'adjoindre à elles, alors que c'est un de leurs effets – et peut-être une de leurs causes [19] ?

19. En somme, pour que le commun des mortels puisse dormir un peu tranquille sur la forme de « notre espace » et de nos universaux, pour qu'il puisse donc être en forme, garder la forme voire l'uniforme, eh bien il en faut qui veillent à ce que l'espace tienne le coup, il en faut des qui s'interrogent sur sa texture..., des poètes donc, des peintres, des tenants de la lettre, qui prétendent même, quelle folie, le suivre et le poursuivre, l'espace, dans ses passes ultimes, tenter de le construire, de l'apprivoiser, de le piéger, de se laisser piéger et traverser par l'ébranlement des formes sur le point de prendre forme. Qu'est-ce qui le fait, l'espace ? Qu'est-ce qu'il fait de nous ? On peut pardonner aux « créateurs » leur fameux « narcissisme » qui, au sens vulgaire, veut dire qu'ils se prennent pour le monde entier ; or il faut bien ça pour le refaire, ce foutu monde, même en peinture. Il faut bien se prendre pour Lui, pour l'Autre, au point de s'en déprendre, de s'en détacher, en laissant là quelques taches de lumière, de cette hache tranchante parfois dite H de la connaissance...

Appliquez ça à des constructions « plastiques » d'espace. Aux confins abstraits où un espace calcule ses limites et questionne ses premiers tressaillements, il y a ce travail de taille, de tailler dans le vide et l'absence, dans le blanc des formes et de la lumière, pour détacher-détailler les éléments minimaux prêts à soutenir un espace, à l'avoir en mémoire, à lui donner un souffle de vie, une nécessité, à le faire s'appartenir et subvertir ses appartenances, et surtout à lui permettre de s'enrichir des dimensions qu'il implique, qu'il appelle. Il y a des espaces parfaits qui ne peuvent ni mûrir ni se creuser de complexité : saturés de leur perfection, bien nourris des reflets qu'on leur « renvoie » pour les images qu'ils nous « évoquent »... Et il y a les espaces – entailles d'espace – inassouvis de leurs dimensions, inattentifs aux ritournelles, traversés recoupés de l'incomplétude dont ils s'inspirent, et qui vous donnent rythme et souffle, qui déstabilisent vos points d'appui parce qu'ils concernent l'espace de vos textures, l'espace que fait en vous un trajet de lettres ; celui de vos signifiances dispersées...

Actualiser cette « loi » reproductive qui fait *passer du un au deux* est un passage complexe ; comment deux *un* se laissent « passer » pour se l'espacer leur espace ? pas facile ; dans la vie, ça consiste à faire couple ; coupe le... un ; (couple adieu, dit le poète, je vais voir l'ombre que tu devins...) ; et même avec des tas de coupures on a du mal à se couper assez de son sexe... au point d'y accéder...

Au point de vue *logique* : la mathématique a donné au *passage* du un au deux (et sous le signe du Un qui les surplombe, à savoir l'univers des ensembles, qui n'est pas un ensemble), elle a donné quelques idées ; cette idée simple par exemple, qu'*en nommant le vide* on obtient *un* (l'*un* s'identifiant à l'acte de *donner* un nom...) ; et en *nommant l'un* et ce qu'il contient (à savoir l'ensemble vide) on a le deux, etc. ; l'ennui c'est que nommer *présuppose* du symbolique, et suppose qu'une certaine jouissance de la lettre *consente* à se laisser marquer... (Or, c'est bien là tout le problème de la trouvaille, mathématique ou autre, et dont nulle « science » ne parle...)

Mais dans ce consentement, il y va de l'amour puisque l'amour est dans un *oui* sans précédent, capable pour cela de traverser tout ce qui le précède...

Quant au point de vue *philosophique* – ou éthique – l'Un qui fascine les présocratiques et l'Un fondateur du Dieu des Juifs témoignent assez de l'enracinement qu'une pensée – un langage – y trouvent, ayant ensuite à résoudre l'énorme question de penser le multiple en fonction de l'Un, de penser ce qui arrive, et d'articuler l'histoire par rapport à l'Insu.

Si entre le Un et le deux mathématiques, il y a l'*appeler*, l'accolade [20] et le vide (l'ensemble vide), disons que dans *tous les cas, entre le Un et le deux, il y a la plaie de l'unité narcissique que l'amour « atteint »* et reproduit ou disperse – constellation éparse de fureur, d'agonie, d'éclatement jubilant ; les deux amants, à eux deux, sont tout un monde, une même divinité, pourtant malade d'elle-même, coupée d'elle-même, de l'« elle-même » à quoi elle est présente. Donc *le « un » qui parle entre les amants, c'est la coupure qui les lie*, l'errance de vide qui les traverse : rien de tel qu'un même rappel du vide pour lier d'amour deux espaces étrangers, deux espacements d'étrangeté ; une coupure, comme une langue, ne peut parler que *dans* une autre dès que leur histoire s'étoffe ; et l'histoire que fait l'amour s'enracine dans cette alliance de la coupure, qui incise et bride l'unité narcissique en donnant lieu à une parole qui la traverse, et sans laquelle l'unité narcissique bascule de l'amour dans la mort ; à la naissance de l'amour, une impulsion métaphorique où un corps se donne pour un autre, tous deux à la recherche du lien-langage où se lie l'amour ; à la lettre ; devenant même amour de la lettre qui le lie.

De tout ceci l'expérience « courante » ne donne que des indices, mais clairs. Chacun sait comment la virtualité amoureuse de la rencontre peut se précipiter vers les signes de l'amour (on s'enlace, *donc* on s'aime...). Il y a là plus qu'une impatience de jouir, il y a

20. [ø] = 1 ; [ø, [ø]] = 2 ; où ø est l'ensemble vide.

le désir de régler cette question – cette angoisse – d'un langage naissant, en arborant d'emblée les symboles déjà faits, les signaux reconnus, sous le signe desquels – ou la protection desquels – on place l'amour en question. Et au fond, cette hâte à résoudre l'acuité d'un langage dans le *signe* qui *dirait* que c'est résolu, on la retrouve aussi dans la séduction, celle qui tourne et ressasse sa compulsion jusqu'à ce que se déclenche le signal automatique, où se consument et se mêlent le « premier mot » et le mot de la fin.

Mais revenons à l'*unité narcissique* à quoi s'en prend (et d'où s'éprend) l'amour qui fait acte, acte créatif de détruire cette « unité » pour en faire une autre (celle du multiple qu'il constitue, et qui est elle-même à vivre et à passer comme un mot passe pour un autre...). Force est de rappeler que le narcissisme n'est pas ce qu'il y avait « avant » (avant la rencontre, avant que l'espace prenne forme et que l'acte passe à l'acte) : « avant » y avait même pas « y avait » ; avant, *il* n'y avait pas... lieu ; « il » n'y était pas. Vous y êtes ? Je n'ai pas dit : « avant il n'y avait pas d'avant et après il n'y aura pas d'après » ; une autre sagesse, africaine, s'en est chargée. Ce que je dis concerne le *il* qui s'engendre dans le retrait de l'unité narcissique ; si je vous dis que dans certaines traditions Dieu lui-même, supposé créateur de tout, n'a pu éviter de se produire, de se donner naissance en ménageant après coup son retrait narcissique, ça peut vous surprendre ; mais au fond, le poète – petit dieu dans son genre – ne dit rien d'autre quand il évoque, tel Mallarmé, le « creux néant musicien » à travers lequel « filial on aurait pu naître », autrement dit se donner naissance à partir de la paternité (ou maternité) déchue où on serait vis-à-vis de la langue qui nous porte, faite d'un étrange rapport sexuel de soi à soi-même divisé... (Et cette scène de Mallarmé a lieu dans une chambre où la « dentelle » de son écriture est en proie au « Jeu suprême » du jour et de la nuit, dans un espace habité par une « absence éternelle de lit » – cette absence toujours là dans le lit des amants [21].)

Toute cosmogonie « sérieuse », y compris celle dont se charge l'enfant ou le poète, est en proie à cet auto-engendrement, où *le narcissisme lui-même est un sous-produit* et non un socle originel [22].

21. Ce poème est repris dans *Partage de la parole* (à paraître).
22. C'est de la coupure d'avec autre chose que se constitue le narcissisme, comme fermeture et enroulement du *reste* sur lui-même ; c'est une fois le trait tiré, avec sa vibration « noire » et infinie, que le retrait s'opère, le retrait où se forme le réduit narcissique. La jointure du trait au retrait n'est pas facile. Ça tend à l'inarticulable... Et celui qui crée son acte, l'instant secret où il crée son petit monde, pour autant que ce n'est pas une image qu'il « exprime », fissure l'espace de son regard et le constitue de cette fissure : il s'aveugle juste ce qu'il faut pour voir ; pour voir s'éclairer – prendre formes et lumières – un point unique, une simple ponctuation de

Ce que j'appelle ici commencement d'espace, ou tressaillement d'une langue : là où l'amour fissure l'unité narcissique avant d'en être à « atteindre » le narcissisme de l'Autre, lui-même transféré à la lettre. Transfert à la lettre du craquage des corps, à partir de quoi une éthique de la lettre peut prendre forme. Ce n'est pas rien qu'elle parte de là (de cette limite où *l'amour est en proie à son impulsion signifiante*), et non d'une transcendance a priori de l'Amour. L'amour de la lettre, c'est ce que la lettre appelle et produit du fait même qu'elle advient et se donne lieu, *exigeant des êtres parlants qui l'articulent*, la fassent passer. Elle n'est pas donnée, mais se révèle après coup; en tête du dire, il y a l'enfouissement et le retrait de ce qui se révèle après coup. Lettre et littération créative du monde; translittération érotique. On n'échappe pas au tourbillon à travers quoi se constitue l'espace qui donnera lieu... à la lettre qui le produit et le localise.

On entrevoit alors comment l'amour, même s'il s'incruste dans le narcissisme, tend à en être délogé, du fait même du narcissisme et de ses paradoxes. Vous pouvez toujours aimer l'autre du seul fait

l'espace en deçà de laquelle rien n'est su que la scissure..., rien n'est tu, mais quelque chose, en ce point, se laisse passer. Le commencement de l'espace (comment c'est l'espace? question non pas d'origine mais d'infini actuel, d'actualité sans fin de l'espace), c'est là où le temps se laisse *passer*, où un désir cesse-passe le temps de sa folie. Il faut cette faille qui s'éclaire de la tension la plus extrême du cataclysme, cette faille blanche chauffée à blanc ou éclairée jusqu'à la limite d'aveuglement où la perception de la lumière s'abolit; à cette extrême tension où l'espace se crève et où – brûlure glacée vrillée brillée – se tranche le trait absurde sans fin d'un commencement qui n'a de cela que le nom; et l'atteinte hors d'atteinte. La teinte. Puis c'est le déploiement – étale ou turbulent – ou l'enfouissement de ce qui se révèle, après coup, après qu'une lettre, *au moins une*, soit là pour que l'espace fasse deux, ou s'accouple en lui-même : non pas se dédouble, mais se diffère, se différencie, à la manière des sexes.
Le sème se dissème et s'ensemence d'être à la fois le sous-produit de cet espace et son unique support, son évidement-contenu, son contenant évident. Paradoxe de l'espace incréé qui se retire en lui-même pour fomenter son espacement...
C'est dire que la genèse de l'espace rejoint, rattrape sa destruction où s'est déployée la singularité du point le plus singulier, issu de la fissure éblouie. L'espace-tout-seul, il n'y en a pas; ce n'est pas non plus le lieu architexturé, architecturé, où l'on habite. C'est qu'il y a à côté, au-dessus ou nulle part (ou dans l'annulation de toutes parts), une copule splendide. Ce qui existe est l'effort pour stabiliser l'espace et la fissure; l'espace et le reste... Et ce qui ressort de ce couplage, déploiement, stabilité, en-tête et entêtement, c'est des signaux enfouis, des lettres refoulées, enveloppées, à développer, le germe d'une loi qui procède de ce point-là..., des déplacements pulsatils de ce point en diverses directions.
Si cette note vous échappe, elle qui concerne le point d'échappement de l'amour, n'y entendez que la pointe d'amour en quête de lieu... Et passez.

qu'il vous aime (ça peut suffire à vous attendrir) ou du fait qu'il ne vous aime pas (lui, au moins...), et qu'il sait peut-être la vérité de cet écart qui vous secoue le narcissisme en même temps qu'il vous le restitue. Mais en tout cas (pardonnez cette folle expression ; pour chacun, les cas de figure sont infinis, et on ne connaît même pas les siens ; mais ça se dit : « en tout cas »...) *le double mouvement de l'amour* se repointe, et fait échouer chacun de ses retranchements : *si le « but » de l'amour est narcissique, sa « réalisation » même le dénarcissise ; si son but est « objectal », son accomplissement le narcissise...*

Par ailleurs, si on dit qu'aimer c'est aspirer à entrer dans l'autre qu'on devient à soi-même, on voit poindre les formes archaïques de retour à la « mère », figure supposée du « soi-même » en question, à la fois autre et partie de nous-mêmes ; et sans qu'un analyste vous force la main, vous touchez d'emblée aux idées de mort, d'inceste, de retour à l'amer vide d'où nous venons... Et si : aimer c'est aspirer à travers l'autre qu'on devient à soi *du fait qu'on aime ?* Alors l'amour ne renvoie qu'à l'amour, et c'est du même mouvement qu'il nous précipite dans l'Autre et qu'il nous en sépare...

Du reste, le narcissisme lui-même ne consiste pas à s'aimer ou à se plaire. *Le narcissisme c'est se séduire soi-même de se prendre pour un autre en l'absence de tout autre ;* autant dire qu'à cette limite désertique, la folie est proche, ou la mort, et qu'il n'y a même plus de *je* pour reconnaître la séduction, ou pour y échapper.

Le brouillage de la référence narcissique, c'est Freud lui-même qui en témoigne, puisqu'on l'a déjà remarqué, un des « exemples » qu'il donne de l'amour par étayage (par opposition au narcissique) c'est la mère en tant qu'elle nourrit, donc la mère du temps où le sujet faisait corps avec elle, et avait la mainmise sur son sein, senti comme partie de lui-même (quand l'enfant dit ma mère comme s'il parlait de sa glande mammaire). Mais alors, l'exemple majeur du « choix d'objet par étayage » se révèle identique à celui du choix « narcissique » que Freud donne en même temps (choix de « la personne qui a été une partie du propre soi »). C'est dire. De sorte que le texte freudien sur le narcissisme, fait pour délimiter les choses, dit lui-même entre les lignes que le narcissisme persiste dans l'amour d'objet, que la libido prêtée à l'objet investi ne cesse pas pour autant d'appartenir au Moi ; que l'autre, l'objet investi de libido est *supposé* pouvoir la porter ; or tout l'amour est dans cette supposition, qui fait qu'on aime l'autre (en tant qu'image de soi ou image du tout-autre), qu'on l'aime du fait qu'il rend possible ce présupposé, ce « prêt » où l'on se prête à sa perte pour s'y retrouver...

Si dans l'amour on accède à l'autre qu'on devient à soi-même, l'autre a toute chance de s'assimiler à nous du fait que nous l'aimons comme autre; il devient notre pâture (« libidinale ») du fait que nous l'avons nourri (de libido...). On comprend qu'il ne puisse, de ce point de vue, nous satisfaire (« il n'y a pas d'amour heureux... »), car s'il nous restitue notre mise, nous voilà de nouveau encombré par elle, acculé dans le meilleur des cas à la rejouer ailleurs, mais pas « autrement »; et s'il nous offre des nourritures non déjà investies par nous, par notre libido « narcissique », des nourritures non humectées par notre salive et de ce fait indigestes, nous voilà plus déroutés qu'un chien à qui on lancerait un recueil de poèmes pour l'enivrer de nourritures supérieures. La situation peut être plus simple, ou plus terrible : l'autre, une fois qu'il nous tient par les signaux qu'il nous lance, signaux de reconnaissance dont nous lui sommes reconnaissants (puisqu'il nous fait reconnaître en lui les impacts de notre « narcissisme »), cet autre donc, au-delà de ces signaux, nous fait l'offre absolument déroutante de son altérité même, sans autre contenu que son *être-autre*, son manque-à-être et ses manquements à nos appels. Et c'est bien cette altérité, en elle-même fissurée, qui fait que l'amour, si « narcissique » qu'il puisse être à sa source, trouve d'autres inflexions que la béatitude ou la mortification narcissiques. Parce que l'amour subvertit les notions d'appartenance et de propriété sur quoi roule l'économie des investissements narcissiques; il subvertit l'appartenance, au point que la libido narcissique, qui « appartient » au Moi et qui s'investit sur un autre, qui va donc se faire voir par un autre comme identique à elle-même et au Moi dont elle émane..., cette libido investie sur l'autre, nous ne cherchons peut-être qu'à la perdre; et, parti pour triompher narcissiquement, cet investissement ne demande qu'à perdre son pari; il se peut que son vrai « but » soit d'être vaincu ou arraché à lui-même, bafoué dans ses droits, et que notre libido investie sur l'autre en vienne à être si dessaisie d'elle-même que toute retraite lui soit coupée, et que, dans ses calculs de possédant, le Moi soit complètement dépossédé, exproprié, floué. Point n'est besoin de « masochisme » pour penser que *cet amour de soi qui se porte sur l'autre y va pour mourir comme tel*, pour s'anéantir en tant qu'amour de soi, pour se suicider en tant que narcissisme, et pour avérer ou célébrer cette illusion qu'on a parfois en pensant que la vie c'est la mort de la mort, le dérangement destructif de ce qui, sinon, allait se détruire en silence, dans l'inertie.

« Faire » l'amour – comme on dit faire le clown ou le malin – est au-delà de confier au corps le soin d'interpréter cet écart impossible entre soi et soi-même, écart que l'autre est chargé de relayer; faire l'amour implique ce rythme où le Moi plonge dans l'autre et s'en retire, moins pour retirer sa mise et se retrouver « en soi », que pour recréer l'Autre comme tel et le retrouver étranger; et s'y *retrouver* perdu. Il y a un *déséquilibre interne au narcissisme*, par quoi une part de celui-ci cherche moins à se reconnaître qu'à se perdre, comme si Narcisse, « ravi » par son image, y plongeait pour retraverser (dans l'autre sens...) le miroir de cette mort (et renaître; autorisé enfin à d'autres images que fatales). Le caractère narcissique de la rencontre n'est que le début de l'aventure amoureuse, ou plutôt un temps de son rythme, et non sa fin ou son impasse. Et le narcissisme qu'on présente volontiers comme premier, originaire (ce qui est tout sauf évident), semble exploser ou s'égarer devant ce constat navrant : qu'il n'a pas lui-même de temps premier... Ce déséquilibre donc, qui nous amène à ce qui de l'éros nous échappe, « s'explique » par ce que l'amour porte d'inconscient à féconder et à transmettre; ce déficit volontaire induit l'oscillation ou plutôt *la vibration de l'amour : entre la plongée dans l'autre qu'on devient à soi-même, et le retrait loin de l'autre à cause du même qu'il prétend être.* Vibration qui ouvre sur une étrange transmutation : le présupposé qu'on faisait sur l'autre, sur cet autre aimé dont on a fait son hypothèse, ce prêt de soi consenti à l'autre, bascule, à travers l'inconscient que porte l'amour, dans *l'amour de l'inconscient à lui-même.*

Le narcissisme est alors remplacé par l'Un et l'unicité de l'inconscient.

Ainsi, dire qu'il n'y a d'amour que narcissique, c'est en un sens ne rien dire; c'est supposer le « narcissique » comme une donnée originaire alors qu'il se constitue et s'anime à travers sa perdition..., tout comme l'amour, et à travers l'amour qu'il rejoint et qu'il traverse dans son double mouvement.

L'incohérence de Freud sur l'impossible coupure entre narcissisme et objet n'est ni plus ni moins grande que celle dont on fait preuve en posant qu'on a des idées dont on n'a pas idée, des représentations de désir irreprésentables, etc. Bref c'est l'inconsistance de l'inconscient qui, si elle produit des pensées inconsistantes, n'en a pas moins sa consistance propre, littérale, au sens où même si aucun site n'est l'inconscient, l'inconscient, de se désister, est ce qui permet de faire des sites relativement situables [23].

23. Naturellement, cette inconsistance de l'inconscient, redoublée de l'acte qui consiste à la poser, reparaît avec violence dans le développement de la théorie, et à mesure que la théorie prétend couvrir de plus grandes surfaces, ce dont apparemment elle a du mal à s'empêcher.
Les exégètes de Freud ne peuvent que retrouver sur leurs pas cette « inconsistance », sous forme de contradictions incontournables; c'est l'énigme même de l'inconscient, qui casse les belles linéarités du langage kantien où Freud voulait l'enfermer; et elle casse du même coup les commentaires chargés de suturer la plaie entre l'inconscient et les prédicats qui en parlent; elle les « casse » et les relance à l'infini.
En un sens, Freud n'a pas fait une « théorie » de l'amour, il a simplement

L'incohérence de certains énoncés sur l'inconscient ou sur l'amour peut être l'indice de leur plus grande proximité à leur objet ; on dirait que les tautologies à quoi semblent se ramener les énoncés sur l'inconscient [24], ces tautologies ressemblent à l'*identité tourbillonnaire* qui circule entre les amants et qui les fait se prendre l'un pour l'autre et s'abîmer dans leur mêmeté, tout en les maintenant « autres ». Par exemple, on parle du Moi, et on insiste sur sa texture « imaginaire », puisqu'il se forme à l'image de..., de quoi au juste ? D'un idéal ? C'est-à-dire de ce qu'on aimerait avoir été ou de ce qu'on aimerait devenir ? Mais le paradoxe, toujours le même, démarre ainsi : était-il là le Moi, pour la voir cette image, l'enregistrer, se modeler sur elle ? Ou est-ce qu'elle lui préexiste ? Et si oui, où donc ? A ce paradoxe du « commencement », la pensée spéculative s'agace, et feint de se fatiguer. En fait il n'est pas sans issue ; en voici une (il y en a d'autres) : le Moi c'est la consistance même de l'image selon laquelle il se forme, se modèle, et échoue à se modeler. La possibilité d'avoir une image ayant valeur d'inconscient (et c'est en cela qu'elle est vivante), cette possibilité n'est pas donnée d'avance ; en témoigne la souffrance de ceux à qui elle fait défaut. Le fait qu'elle soit envisageable, cette possibilité, pourrait bien être le socle vacillant sur quoi le Moi s'ouvre et se ferme, et se donne après coup pour le socle ultime. Le Moi n'est pas « imaginaire », il est le potentiel d'image qui nous fait vivre au prix d'un leurre irréductible, ou plutôt au prix d'une croyance, qui ne semble folle que lorsqu'on est obligé d'y recourir sans cesse, comme pour recoller les morceaux... Autre exemple de paradoxe « indigeste » pour le Concept : comment l'idéal du Moi (c'est-à-dire l'amour de ce qu'on voudrait être) peut-il coïncider ou cohabiter avec l'amour « narcissique » de ce qu'on a été, ou de soi tel qu'on est ? Il y a en effet l'abîme du temps, l'épaisseur d'une volonté et d'un fantasme. Mais ça devient praticable si on admet que l'inconscient a pour fonction de faire le joint entre... ce qu'on a été et ce qu'on voudrait être, entre le vœu d'avoir été ceci dans le passé, et

mis en résonance l' « inconsistance » de l'amour et celle de l'inconscient, la cassure de l'un et celle de l'autre. Et les commentaires de son œuvre (qui est elle-même le commentaire de sa propre trouvaille) ne peuvent que viser (et échouer) à annexer au concept cette cassure du concept où prend racine l'existence de l'inconscient, qui fait tourner en rond les conceptualisations réparatrices. Pourtant, non seulement cette cassure, ou cette catastrophe de l'être, n'interdit pas de penser, mais elle est peut-être ce qui appelle à penser, d'autant plus vivement qu'elle est elle-même impensable...

Cette petite remarque rappelle une évidence : c'est que la cassure entre le narcissique et l'objet, où d'aucuns voient une « impasse théorique », n'est rien d'autre que la béance de l'amour, celle que précisément il est là pour animer, dévoyer, disperser, féconder...

24. Y compris ceux de la psychanalyse qui est censée, justement, être un discours de l'amour.

le vœu d'être cela dans l'avenir. L'idéalisation consistant précisément à rendre manifeste (pour le combler) cet écart entre avenir et passé, que l'inconscient maintient tout en libérant un bloc de temps entre *passé* et *avenir;* ce qui confirme que l'inconscient *c'est* le temps... qu'il ignore. Et s'il y a du désir dans cet écart, si cet écart est celui du désir, si en somme on « aime » cet Idéal auquel on désire ressembler, c'est que d'abord, et de toute évidence, on ne lui ressemble pas du tout. J'investis « narcissiquement » cette chose qui est mienne, à savoir mon idéal du Moi, *parce qu'elle ne m'appartient pas.* D'où cet autre paradoxe : qu'on s'aime soi-même pour être hors de soi, et parce que déjà, Moi n'est pas Moi ; parce qu'on ne se « reconnaît » pas, qu'on ne ressemble pas à soi-même, et encore moins à son Idéal. Pis : on a un Idéal pour ne pas se ressembler, et pour avoir en soi quelque chose à aimer... hors de soi.

Tout ce qui touche à l'amour, donc à l'inconscient, est voué au paradoxe, c'est-à-dire au retournement qui le ramène à son contraire. Prenez cette simple idée à quoi Freud semble tenir très fort : l'idée qu'on aime l'autre pour sa résistance à aimer. Freud évoque ces femmes d'autant plus aimées qu'elles sont plus « narcissiques » ; les hommes fuiraient les femmes nourricières (est-ce si sûr ?) pour aimer les intraitables qui leur montrent ce qu'ils n'ont pas : un narcissisme « inentamé », etc. Soit ; mais voici le retournement inéluctable : il peut vous arriver d'approcher ces êtres au « narcissisme inentamé », non pour le leur envier, mais pour qu'il vous « serve » à entamer votre « narcissisme » sur le roc du leur ; pour élargir l'abîme entre vous et vous-même ; loin de vous enliser à demander l'amour qu'on ne peut pas vous donner (et à le demander d'autant plus fort qu'on vous le refuse), cela peut au contraire vous porter à élargir, à faire éclater l'espace du « voyage » (car le narcissisme n'est qu'un voyage à travers les lieux où l'on peut être, et à travers les êtres *avec* qui on peut subsister... ; « narcisse » étant celui qui *ne peut être avec personne*). Vous voici donc non pas en adoration devant un narcissisme « accompli » et « fini », mais en pleine recherche d'une tension d'infini ; et à vouloir ainsi votre mise en morceaux infinie, ce n'est pas la « mort » que vous cherchez mais l'amour. L'amour n'est ni Eros ni Thanatos, c'est ce qui les fait passer de l'un à l'autre et s'insinue entre les deux.

5. *Traces d'aimance*

Du tourbillon narcissique...

1. Elle l'aima et le haït de s'être montrée à lui telle qu'elle était, et de s'être *vue* sans « intérêt »... pour elle ; dépouillée de ce qu'elle

appelait son « jeu ». Elle n'aimait en elle que son fard ludique, sa mise en scène qui l'enveloppait et en même temps lui tenait lieu d'*autre* à aimer. Et voici que cette présence autre avait produit une dimension assez étrange pour lui révéler qu'elle n'était pas à la hauteur d'elle-même, ni de l'amour qu'elle croyait se porter...

2.   L'amour peut être narcissique parce qu'objectal, et objectal parce que narcissique ; chacun de ces termes met l'autre en défaut, et de cet échec relance l'amour. Partage *indécidable* entre ce qui revient à l'amour d' « objet » et ce qui revient au narcissique ; ou *oiseux*. Exemple : une femme immobilisée pendant un an à l'hôpital y reçoit les soins élémentaires qu'on donne aux nourrissons ; elle finit par être amoureuse de la cohorte des soignantes qui de longs mois a manipulé son corps ; elle les aime comme si elles ne faisaient qu'une seule femme ; d'ailleurs elles portent l'uniforme, ce qui les embellit à ses yeux (elle les trouve vulgaires et détestables quand elles viennent la soigner toutes maquillées, vêtues de robes, prêtes à sortir après le travail ; avec on ne sait qui...). Elle s'est mise à trouver très belles les femmes non fardées : si vraies, si naturelles... On peut bien ramener cela à une « régression infantile » vers l'amour pour la mère ; cela supposerait que le nourrisson aime sa mère parce qu'elle lui donne ses soins ; si c'était le cas (et comment savoir ?) il pourrait aussi la haïr de sa dépendance si totale à son égard. Il est évident que les soins ne sont que le cadre l'occasion le prétexte à une relation qui prend forme d'*amour*, pour des raisons (si l'on peut dire) aussi complexes que chez les adultes. Toujours est-il que cette malade aimait sa multiple soignante comme son corps, comme elle aurait aimé son corps s'il lui était restitué ; or il l'était bel et bien : elles lui rendaient par morceaux le contact de ce corps qu'elle « retrouvait » dans leurs mains expertes, sans qu'on puisse dire qu'elle les aimait comme de simples pseudopodes, ou comme les membres qu'elle ne pouvait mouvoir. Elle les aimait *narcissiquement* comme des *autres*, comme des objets investis non pas à la place de son corps mais à travers la dépossession de son corps, à travers la fuite retenue, érotisée, négociée, de son corps devenu autre à elle-même, devenu objet aux mains de ces autres. On peut aimer les « autres » *au moyen* de son narcissisme (et non malgré lui), et rabattre en même temps l'altérité de ces autres sur ce narcissisme qu'on leur avait « confié »...

3.   Elle le haïssait de ne pouvoir faire autrement que de l'aimer, et se surprenait à l'aimer de le voir si démuni devant sa haine ; et de s'y voir elle, aussi perdue que lui. Et elle en venait à l'aimer pour leur perdition commune...
Depuis longtemps déjà, elle en voulait aux mots d'être tels qu'elle

en faisait ce qu'elle voulait, et de l'entraîner à des déceptions toujours nouvelles; mais là, il ne s'agissait plus de mots, mais de corps, avec leur densité, et cette lourdeur qu'ils ont à vous prendre dans leurs vertiges faits d'images, et à résister aux défaites de l'image...

4. Elle cherchait en lui l'autre à aimer, et ne trouvait qu'elle-même, que des images d'elle; car entre-temps il s'était réduit à n'être que l'ensemble de ce qu'elle aimait; il avait commencé par aimer les mêmes choses qu'elle, puis il était devenu *celui* qui aimait *comme elle* ces choses-là; il était devenu le signal de ce qu'elle aimait, le signe de ce qu'en l'aimant, c'est elle-même qu'elle retrouvait. Elle se mit alors à le briser comme un miroir, aux éclats duquel elle se blessait avec délices.

5. Si l'amour n'était qu'amour de soi, il serait toujours partagé; il suffirait de *prendre* l'autre ou une part de soi-même, et de s'aimer à travers lui. Mais comment le lui faire *savoir ?*...

« Amour » narcissique : « Souvent j'ai aimé des hommes parce qu'ils m'aimaient; ça m'a touchée... », ou encore : « Je vous aime... parce que je sens que vous me ressemblez. » Est-ce seulement amour de soi? ou de la ressemblance? ou amour de la perte de soi... ressaisie dans cette image de soi devenue autre? Cela peut aller plus loin, jusqu'à cet étrange retournement de l'amour de soi en amour autre : aimer l'autre de toute la destruction de soi qu'il induit, à partir d'une décomposition de l'amour qu'on croyait se porter; on ne saurait dire alors que l'autre prend la place de notre image (comment le savoir...) mais *il s'implante dans les débris de notre image,* dans ses lézardes qu'il élargit, aux nœuds du lien qui nous liait à elle et qu'il fait sauter; on l'aime alors comme le nom qu'on n'a plus, qu'on découvre n'avoir jamais eu.
Cela suggère qu'aimer c'est fonder à travers l'autre cette place inconsciente de ce qui nous échappe à nous-même; c'est donc se munir, à travers lui, d'un inconscient; se le donner à travers l'autre. A certains, ce don ne suffit pas, ils n'en sont jamais sûrs et pour s'assurer absolument de ce don d'inconscient, ils se le donnent à travers un amour achevé de l'autre : la haine; donc ils haïssent l'autre pour s'assurer d'avoir ainsi un inconscient; l'autre leur en tient lieu, d'inconscient. C'est le noyau de l'immense diversité de haines « raciales », où l'on tolère bien que l'autre soit différent mais ce qu'on ne supporte pas c'est que cette différence soit trop proche : s'il est différent qu'il se tienne à distance; s'il s'approche qu'il cesse d'être différent! C'est l'horreur de voir l'inconscient prendre forme à travers nous, au-delà de nous.

Et c'est « folie » de vouloir être aimé pour « soi » en tant que libre de tout trait et dépouillé de toute trace qui dépendrait de l'Autre et de son désir... Timon d'Athènes, jetant de l'or à ceux qui l'avaient aimé pour son argent, leur arrache par ce geste la valeur que l'argent a pour eux, comme si en piétinant les *raisons* qu'ils avaient eues de l'aimer, il allait obtenir qu'on l'aime enfin pour « lui-même », c'est-à-dire pour-son-argent-en-tant-qu'il-n'en-aurait-pas...

Une femme peut se donner brusquement à celui qui la désire et qu'elle n'aime pas, pour mieux le couper d'elle et s'arracher à lui; pour en somme l'arracher à son désir (il n'aurait plus rien, n'ayant plus rien à attendre...). Mais c'est qu' « en plus » elle veut qu'il l'aime indépendamment du désir qu'il aurait d'elle, hors des traits et des attraits qu'il lui trouve; elle témoigne d'une impasse avec l'Autre-femme en déployant cette haine du désir, où il ne reste que le désir de brûler à l'instant tout désir, sous le coup du narcissisme qui détruit l'objet en l'accomplissant.

6. L'amour n'est pas toujours réciproque, mais il se déclenche en même temps chez les amants; il leur fait savoir en même temps sa venue, sa présence étrangère et fugace, et à eux de répondre, ou de questionner leur propre réponse, différemment, symétriquement, etc. Mais qu'ils se fondent ou se détruisent, ou se confondent pour se détruire, qu'ils se rapprochent ou s'éloignent, ou qu'ils s'éloignent pour être proches, l'amour peut leur être commun, étant l'*être* grâce à quoi aucun n'est *seul;* c'est leur remède à la solitude. Même ceux qui n'aiment que leur image, il faut qu'ils l'aiment vraiment (et en même temps qu'elle les reconnaisse) pour n'être pas seuls avec elle...

7. Elle avait tant joui de lui ou plutôt à travers lui, qu'il devint captif de cette jouissance, et il se prit à l'aimer, sans savoir si ce qu'il aimait c'était elle, ou le fait de cette jouissance qui le submergeait sans l'inclure; qui le portait comme un corps étrange et familier...

8. L'idée que l'amour n'est ni narcissique ni objectal mais désir de briser l'un sur l'autre (et d'ouvrir l'un à l'autre) le narcissique et l'objectal, de les débusquer et de passer outre ou à travers, cette simple idée, je vous propose de la voir jouer dans un chant populaire comme il en traîne par centaines, un chant brésilien de l'amour apparemment narcissique, qui fait entendre ce tressage tragique entre l'amante et l'objet qu'elle se donne, pour, toute « narcissique » qu'elle est, se perdre dans cet objet qu'elle s'approprie. C'est qu'il faut en mettre un sacré coup pour s'offrir de l'amour « narcissique », vu qu'il doit, quoi qu'il fasse, en passer par

du tout-autre. Ce petit poème est « populaire » au sens non pas de ce qui fait masse, mais des séparations ponctuelles qui font la tension secrète d'une langue ; il y a une déchirure qui grince dans toutes les langues, et qui s'offre à ce qu'elles en fassent leur « réserve » amoureuse. Ici, les paroles il vous faut les moduler non seulement sur les rythmes subtils qu'instille la voix de Maria Bétania, une de ces voix rauques habitées par l'inaudible, mais encore sur les sonorités de la langue brésilienne, dont la sensualité est écrasante d'autant plus que retenue.

Voici donc la chose, c'est écrit par un homme et c'est une femme qui parle, de « lui », et qui chante :
Chaque jour il fait autrement/je ne sais s'il revient de la rue/je ne sais s'il m'apporte un présent/ ou s'il va rester dans son quant-à-soi...
Peut-être va-t-il rentrer fâché/peut-être va-t-il déchirer ma robe/ ou va-t-il deviner mes désirs?...
Les jours impairs j'ai du chocolat/les jours pairs je vis de brise/les jours ouvrables il me bat/les jours saints il me caresse.
Loin de lui je tremble d'amour/en sa présence je me tais/le jour je suis sa fleur/et la nuit son cheval/sa bière est sacrée/sa volonté est la plus juste/ma passion... son sourire qui me fait peur.
Sa bouche est un cadenas/et mon corps un brasier/quand il dort lourdement/je me roule seule sur la natte...

Une femme tente ici de faire l'homme, ou plutôt de le refaire, de le produire, de l'élaborer comme étant ce qui lui échappe, ne serait-ce que pour lui inventer, par amour, le désir qu'il ne « tient » pas, qu'il échoue à soutenir. On comprend qu'ainsi elle ait peu de chance de lui voir « deviner » ses désirs, sauf peut-être ceux qu'elle s'invente pour rester à sa portée, ou faire de lui son appendice. Ce qui se passe est au-delà du cliché « femme adorant son macho » ; c'est un projet amoureux plus fort, où le chant veut produire l'écart que l'amour « narcissique » puisse abolir ; cet écart que l'amour « narcissique » veut démentir, *il faut le faire*; il n'est pas donné : sois un peu à distance pour que je t'aime comme moi-même, comme la distance que j'ai à moi... L'enjeu dépasse et la candeur de ceux qui croient qu' « elle » roucoule pour eux et pour leur volonté de fer (« sa bière est sacrée », comme pour une mère de faire pisser son fils chéri), et la feinte naïveté d'une lecture « féministe » (voyez où en est la femme, à attendre ces pauvres types qui ne peuvent même pas la satisfaire : « je roule seule sur la natte... »). L'enjeu du chant est autre, il insinue un peu de parole, de signifiance, dans ce narcissisme (ou plus simplement, dans cette *solitude*) de celle qui aime elle ne sait quoi, et qui s'arrache de sa voix rauque à son encombrement par elle-même, dont nul semblant ne suffit à la tirer. Les premiers psychanalystes auraient dit que ce qu'elle aime c'est son mouflet ou son père sous l'apparence de cet homme viril. C'est possible, mais elle essaie de s'en dessaisir, en lui *supposant* autre chose, en s'*inventant* un peu d'oubli et d'égarement : d'où va-t-il lui revenir? aura-t-il un cadeau? du chocolat?... Elle se fait petite fille pour le faire homme de la femme qu'elle n'est pas; si ça peut lui donner consistance... en même temps qu'à elle; en même temps qu'à elle ça redonnerait un peu de son corps perdu. Car son corps, elle ne l'a pas pour s'aimer de le donner; elle se ressaisit de s'être donnée comme ne s'ayant pas. Son chant est celui de son adhérence à la féminité dont elle échoue à émerger; adhérence à ce que j'ai appelé l'Autre-femme.

Et c'est sur cette blessure que se referme l'hymne « hystérique » qui la laisse en rade après l'échec à *se* séduire au moyen de lui. Pourtant elle y a mis le paquet : je suis sa fleur, son cheval, mon corps est un brasier... pour qui? pour lui; mais l'ennui c'est que « lui », l'autre-étalon de son narcissisme, c'est elle qui le porte à bout de bras ou de paroles. Quelqu'un peut vous séduire pour la fracture qu'il opère dans votre image, ou la panique qu'il sème dans votre collection de clichés; mais si c'est vous qui le produisez, votre image n'est pas fêlée, mais agrandie et intacte. Et dans ce simple petit couplet la femme est aux confins de la séduction exténuée : « va-t-il deviner mon désir? » S'il peut la deviner c'est qu'elle est imprévisible et qu'en même temps il l'emporterait sur ce qu'elle a d'imprévisible. Mais justement, côté imprévisible, les ressources du bonhomme sont plutôt limitées; forcément (même s'il fait n'importe quoi, c'est repérable par elle, comme les jours pairs et impairs).

Le couplet coupe les images, distribue le jeu, l'humour, répartit les places à la recherche qu'il est des signaux du désir, et avant tout de ce qui signale que l'autre existe; elle est prête à tout pour qu'il existe, cet homme, elle est prête à le faire exister, à le *créer* de toutes pièces comme l'ultime miroitement de son image, les flamboiements du « brasier » qu'elle est; elle va jusqu'à accrocher sa *peur* aux petits riens qui viennent de lui, à son sourire (aux signes figés dont il annonce qu'il passe à l'acte). Bien sûr ça bute sur les besoins butés du bonhomme (bière, cheval, dodo...), mais elle en est réduite dans sa solitude narcissique, où l'autre s'il existe est appendu à elle, à en faire l'agent infantile et tyrannique de la loi, loi complètement érotisée, ancrée dans son corps à elle [25]. Mais c'est en quoi cette ritournelle de l'amour « narcissique » (ou de la suspension de l'amour à son « temps » narcissique) dit la béance sur quoi il bute :

25. La version politique de ce montage semble assez répandue en Amérique latine : la loi ancrée dans la Mère Patrie tient lieu de femme introuvable, et ses enfants les plus infantiles, chargés de la faire jouir, sont des marionnettes tyranniques; golpistes de leur « état »...

au moment où les corps s'apaisent et où l'amour sombre dans le sommeil, pèse le désespoir du mot; un certain vide.

Et de même que certains se mirent dans leur image (via l'écriture ou la musique) pour aimer quelqu'un d'autre, ne serait-ce que l'image, de même un amour narcissique a un vide à franchir, un chemin à faire pour arriver à soi, et revenir à sa source (où se mirer, etc.). Et en route il lui arrive des chocs dont il ne revient pas.

9.   Narcisse est un maudit, à qui il est interdit de voir son image, donc de rencontrer un semblable; une telle « rencontre » signifiant pour lui la mort. Mais cela nous éclaire sur toute rencontre à deux, notamment sur ceci qu'un couple formé de deux êtres *semblables*, c'est-à-dire pris dans la même image, est sous le signe de la mort; la copulation homo-sexuelle n'a pas de meilleur lit que la tombe d'une mère morte... Heureusement, l'homme et la femme ne sont pas de la même espèce; ils disposent donc en principe d'un capital de « différence », souvent très vite dilapidé ou méconnu : ils se retrouvent alors couple narcissique, fait de narcisse *et* de son image, sans qu'on sache qui est narcisse et qui l'image; seul le sait ce tressaillement de mort qui les confond ou les écarte...

10.   Et il dit : « J'arrive dans cet amour n'ayant rien à perdre parce qu'il ne me reste – moi qui ai perdu tout – que cette perte unique à quoi me raccrocher, et c'est elle peut-être qui me revient dans cet amour. »

Il ajouta : « Comment vous dire que je vous aime, moi qui redoute autant d'être agréé que d'être rejeté, d'être entendu que d'être ignoré, et qui reste ainsi en proie à ce qui de mon désir excède les agréments et les refus? »

Puis il se dissipa en questions : « Qui j'aime quand je vous aime? vous? ou l'amour que je vous porte? ou moi qui de vous le porter ne suis plus moi? comment vous aimer vous que je ne connais pas? et comment puis-je aimer autre chose que *cela?* pourquoi, de seulement vous dire à quel point je suis par vous atteint, je me sens séduit par moi au moment même où à la place de " moi " il n'y a plus qu'un désert, un vide qui me fait croire que vous étiez déjà moi quand je vous ai connue [26]?... »

11.   C'est bien connu : à la rupture d'un « amour », ce n'est pas l'autre – perdu – qui manque, c'est le manque qu'on ressentait en sa présence, inséparable d'elle, le manque dont son corps était le nom... Cela seul suffit à trouer l'amour « narcissique » par l'amour

26. A partir de là, le texte de ce curieux questionnaire est illisible.

de l'objet, qui n'est pas plus un « objet » que narcisse n'est lui-même.

12. Les amants « interprètent » l'inconscient, comme des musiciens une partition pour *la première fois*, à quoi ils donnent ainsi la fugace existence de tout temps ; mais la musique n'entend qu'elle-même, et s'assourdit d'elle-même... L'amour lui, même dans le noir des pulsions de mort, entend ce qui le prélève dans le langage, et s'entend à y revenir.

...à l'amour de la lettre

13. L'amour, aux frontières entre le mot et l'image, suppose que le mot s'exténue dans l'image lorsque, dessaisie de sa splendeur, elle *passe* à la « lettre ». C'est en quoi l'amour rend inutile la perversion, que pourtant il suppose.

14. Selon une légende, l'amour existe afin que nul n'oublie de rejouer au moins une fois son rapport précaire aux noms et aux corps. L'occasion n'est pas de trop, car la tendance « naturelle » est de prendre noms et corps comme donnés, évidents, naturels ; à n'en savoir que faire. Or l'amour est tout sauf « naturel », c'est la possibilité d'un langage où l' « *autre* » est à inventer, avec au-delà du plaisir le déchirement ou la douleur qu'implique l'éruption du tout-autre ; d'autant plus aiguë cette douleur que l'autre en question est presque inventé de toutes pièces, prélevé en nous-mêmes... Ce qu'on nomme parfois amour narcissique c'est le désespoir d'inventer l'autre, quand la fascination pour l'innocent, le vierge, l'intouchable, a été prise au pied de la lettre, et qu'un plaisir est venu sceller cette fascination, plaisir qui peut n'être qu'une douleur plus ou moins jouable, de quoi permettre l'amour-langage, où chacun répète les impasses initiales de sa vie, et parfois les surmonte...

15. Comme pour résoudre une fois pour toutes cette « question » de l'amour, les humains ont inventé Dieu, et ça a marché ; quelquefois ; trop bien parfois : identification immédiate de l'Homme avec la Divinité (toute la civilisation de l'Égypte ancienne en donne un bouleversant témoignage). Côté grec aussi on a pu animer longtemps le langage avec les noms des dieux, et indexer les gestes humains, fibrer des événements de la cité, sur les allées et venues des dieux, sur leurs humeurs.

Au contraire l'invention du Dieu biblique s'est inaugurée dans une sorte de guerre d'amour entre lui et ses inventeurs ; la question de l'amour redevenait passionnément insoluble, l'identification étant exclue comme départ et comme « but ». Certes, après deux millénaires d'histoire d'amour, l'innocence et la virginité ont bien tenté de reprendre l'affaire en main, et d'ébaucher un modèle d'amour, celui du Sauveur pour les sauvés. Résultat variable...

16. La douleur de l'amour, dans son désir déchiré de faire deux, n'est pas un vain mot : peut-être proche de ce qu'éprouve un enfant en proie aux mots qu'il ne peut pas articuler ou faire entendre.

17. L'amour, effet de langage, procède d'un oui radical, en deçà du langage, oui d'agrément du corps à la présence de l'Autre, acquiescement à sa présence comme autre. En quoi l'amour est aussi cause de la parole, et de cette folie qui la suppose déjà partagée, et qui nous pousse à la partager encore. L'amour cherche non pas l'un, mais l'un-en-plus, et cette dimension de plus qu'il ajoute lui fait perdre la jouissance de l'Un qu'il a trouvé.
Et chacun en recueille l'impression navrante que l'amour échoue dans sa propre réussite.

18. Pudeur. Une manière d'investir son corps d'une différence informulable, d'un reste, qui échapperait au jeu purement séducteur de *cacher-faire voir*... Ce jeu existe, et a rapport à la pudeur et aux vibrations de l'image, mais la pudeur excède ce jeu, elle est un désir et un consentement anticipé à être habité par une différence.
Les femmes que les nazis menaient nues à la chambre à gaz, et que des photos montrent les mains sur le sexe ou les seins, témoignent au seuil de la mort de cette différence qui proteste, qui se dit, et ne consiste en rien d'autre que ce *dire*. Évidemment, ce geste ne relève d'aucune séduction. Cette différence concerne, moins le regard des autres, que le regard de l'Autre absent, mais maintenu comme possibilité et socle ultime de l'existence. Dans des situations moins extrêmes, la pudeur consiste en la pure *affirmation* de cette *différence* (et dans les formes les plus concrètes : tu ne sauras pas tout de mon désir, et moi-même je ne veux pas tout en savoir ; tu ne verras pas tout de mon corps, etc., pour éviter la mise à plat qui ravagerait ce corps et en ferait du pur « réel »...).
A l'autre pôle de cette situation extrême : on peut imaginer qu'une différence soit en *germe* (et non en reste), et à l'état naissant (et non finissant), au seuil de la vie érotique (et non de la mort). Le geste de cette femme à l'entrée de la chambre à gaz n'est donc pas un simple résidu où son humanité se proteste : mais la différence qu'il maintient est tout entière un *reste*, le reste inhérent au désir. C'est que la pudeur est un des premiers contacts vibrants avec l'Autre, la découverte des stigmates de l'Autre dans nos images du corps ; et l'effort pudique pour que cet Autre n'en sache pas tout est aussi le désir de le protéger, cet Autre, de ne pas l'abolir comme tel. C'est dire que la pudeur est radicalement un rapport à soi-même

sous le regard absent de l'Autre, sous le regard de son absence.

Faire preuve de pudeur avec un autre concret, c'est le mettre pour un temps, le temps de l'énamoration, à la place de l'amour, ou encore à la place du contact avec ce qui nous fait vivre dans le langage, à savoir la présence de cette différence-Autre. L'autre concret, avec son visage son regard son image..., aura été pris comme symbole de l'amour.

Ce n'est donc pas l'amour qui est *imaginaire*, ni l'expérience vécue de l'amour, mais c'est le fait d'assigner cet être concret et imagé à la *place* de l'amour, en tant que vibration de cette différence.

Où est-elle, cette « place » de l'amour? Les traditions disent qu'elles n'en savent pas le chemin, et que quiconque paierait pour qu'on l'amène jusque-là serait ridicule. En effet, cette place se trouve pour chacun aux jointures et entournures limites de son langage, aux articulations subtiles, tendues, fragiles, qui font tenir pour lui l'univers du *dire*. Dans ce qu'on appelle le coup de foudre, on sent ces jointures craquer, et l' « univers » vaciller, alors que ces jointures, jusque-là inertes, n'ont fait que vibrer trop violemment, n'ont fait qu'entrer en action, d'où l'impression de naissance qui rythme les détours de l'expérience amoureuse. Naissance quelque peu douloureuse. On a l'impression de renaître, alors qu'on ne savait pas qu'on était mort.

Il est clair que celui qui est chassé de l'amour (« exilé... ») n'est pas pour autant exilé de son Imaginaire (au contraire, il imagine d'autant plus que son vertige s'accélère, et que son désœuvrement s'intensifie). En revanche, il est exilé des chemins secrets qui mènent *de l'image à la parole;* de l'image de l'être aimé à la place qu'il occupe ou plutôt qu'il *engendre*. Et si ces pistes lui deviennent interdites ou impraticables, on peut dire qu'il se trouve livré ou *réduit* à son imaginaire. Dans ces cas, on reste avec son imaginaire, mais on n'a pas de quoi le renouveler; il y a bien les rêveries, les rêves douloureux, mais leur douleur marque cette fois l'irruption de l'Autre sous forme de pure absence. C'est là soit un processus de deuil, où l'on tente de ressaisir autrement la perte de l'autre, soit (plus souvent) un deuil de soi-même : on se résigne mal à ne pas aimer. Les articulations évoquées plus haut, où notre langage s'anime, semblent alors nous faire mal à force de rester sans usage ; douleur d'un membre amputé, ou plutôt douleur d'un prisonnier qui d'être violemment coupé du monde se sent coupé de lui-même ; c'est cette coupure abstraite qui fait mal.

19.   Au regard de cette place nouvelle qu'engendre l'amour, plage de langage, l'amour maternel est exemplaire. En effet, une mère investit généralement son enfant comme partie d'elle-même, prolongement d'elle, contact retrouvé avec ce qui lui manquait, etc.

Cela ne signifie pas que l'amour maternel soit automatique, obligatoire, ni qu'il soit un instinct universel : une mère peut parfaitement confier son enfant à d'autres, il peut lui être indifférent, et d'autres (le père par exemple) peuvent lui servir de mère..., peu importe. Ce qui compte c'est que l'amour maternel comme tel, *en titre* pour ainsi dire, ne fait pas question, dans la mesure où l'enfant, prolongeant la mère, occupe avec elle la place du langage qu'elle incarne pour lui, le seuil du langage qu'elle lui donne et qu'elle occupe. De sorte que l'*image* (toutes les images nourricières qui s'y rattachent) se trouve d'emblée confondue avec la place du langage, c'est-à-dire avec le lien où il se *donne*. C'est pourquoi l'amour maternel résout d'emblée la question de l'amour, presque aussitôt qu'il la pose : les deux partenaires sont en effet enveloppés dans le même langage auquel l'un des deux (la mère) s'identifie. C'est aussi pourquoi l'amour maternel se profile comme un paradis ou une solution idéale, toutes les fois que dans les souffrances « infernales » de l'amour, l'image et la parole échouent à se rejoindre.

Il va de soi que l'enfant, devenu adulte, ne peut à son tour aimer et désirer qu'en faisant pour son compte l'expérience de ce *don* de langage à travers la coupure et l'absence de langage, donc l'absence parlante de la mère. Il ne peut aimer qu'en métamorphosant les cassures de l'amour et de la langue maternels. Si cet amour ou cette langue se révèlent pour lui incassables, l'amour maternel reste pour lui le roc indépassable de sa rencontre avec l'Autre, la mesure ultime de ses ravissements, de ses abandons, de ses affolements, de ses certitudes. L'être parlant n'a pas tant d'occasions que ça d'assumer quelques cassures de l'amour maternel. Il y a bien les sevrages, les séparations ; il y a bien le père qui tente avec son peu de corps de chambouler le décor... ; peu d'occasions tout de même ; c'est dire qu'il a beaucoup de chances de les rater et de répéter ce ratage aux occasions qui suivent.

20. Figures de l'amour. Peut-on convertir l'absence de l'autre en absence de soi à soi-même, à partager avec lui[27] ? Peut-on rencontrer l'autre à travers cette absence, si sensible quand il est là ? Lorsque l'être aimé est là, justement on tente de l'absenter, de faire vaciller cette présence pour accéder jusqu'à lui ; jusque là où il manque être ; dans cette visée, son corps encombre...

Aimer c'est mettre l'autre à la place de ce qui nous échappe de nous-même (et du coup recréer cette place, la faire exister) ; et l'on

---

27. Sans s'identifier avec ; on identifie l'Autre à une partie de soi perdue, délicieusement égarée, retrouvable ; par l'amour, on se sent *divisé ;* on peut même contempler cette division, et constater qu'on n'y est pas..., sans pour autant disparaître.

s'étonne après que l'être aimé nous échappe, et qu'on le « recherche » pour cela...

21. Une des jouissances de l'amour : lorsque l'image ou la pensée qu'on a de l'Autre devient une *perception;* concrète; physique. Alors inconscient et conscient se mêlent, et les choses les plus contradictoires, comme la mémoire et la perception, coexistent.

Cette perception est une des formes de la *certitude absolue* dont relève l'amour. Certitude que c'est bien ça, et que l'Autre ne peut pas être autre que lui-même. Certitude d'une véritable saturation du langage : toutes les possibilités de la rencontre ont joué en faveur de la même convergence; palpable, reconnaissable : on « reconnaît » ce qu'on n'a jamais perdu, on retrouve ce qui n'avait pas manqué. Mais *le fait de trouver* et de reconnaître nous est pleinement familier.

Or l'amour est le moyen (peut-être le seul) de faire en sorte que ce soit *ça;* ou d'en témoigner. Moyen d'identifier l'être aimé... sans s'identifier avec; paradoxe de reconnaître que « c'est ça » sans que Ça soit Moi. C'est là entériner la marque d'une Autre dimension, où l'on aime sans le savoir. (D'où l'absurdité relative de la question : pourquoi c'est lui ou c'est elle que j'aime, et pas quelqu'un d'autre?) L'amour c'est précisément ce qui fait que *c'est* lui ou elle. C'est comme d'expliquer quelque chose sans la ramener à du déjà connu; l'expliquer en lui donnant existence, consistance, en la faisant fonctionner, en s'affairant avec. Telle est aussi la dimension magique du « je t'aime », qu'il suffit de dire pour avérer. C'est un performatif *et* un constatif absolu.

22. L'amour ne peut se passer de l'image, mais il peut du moins la traverser, ne pas y voir son ultime refuge.

L'altération de l'image de l'autre, de l'image de l'être aimé, c'est aussi bien la présence en lui d'autre chose que de mon idéal, qui devant cette concrétude dense et presque pourrissante, bute sur l'image, lui qui ne se nourrit que de belles images. Cette altération est donc un seuil et un passage éprouvant vers d'autres faces de la chose...

23. On a souvent dit de l'être aimé qu'il est inqualifiable, on a même *pour cela* échoué à le qualifier : tout mot qu'on veut mettre à sa place, s'en trouve délogé, à croire que cette place est celle où se renouvellent et se « cassent » tous les mots. (Certaines traditions ont judicieusement mis Dieu à cette place : source et but de tout amour, innommable pour cela.) Cette constatation banale comporte sa réciproque : c'est moi qui de l'aimer me retrouve impropre à tous mes noms, délogé de mes lieux et de mes retranchements; l'amour

étant la nulle part de mes petits partages, la vacillation de toute part...

24. Celui qui aime n'est pas « celui qui attend », mais celui qui dépend, qui retrouve la *dépendance* radicale aux moindres bribes de langage ; il entre dans le champ d'une dépendance renouvelée, que les êtres « normaux » ne connaissent plus, qui ne se manifeste plus à eux.

25. La catastrophe de la « rupture » amoureuse (analogue à la rupture où naît l'amour) a deux aspects. Perte de l'image idéale : on est soudain *renié* par notre image la plus proche ; comme si le « miroir » refusait de nous renvoyer notre image et l'engloutissait tout simplement dans sa brillance glauque ; on est *effacé*. Mais du coup le sujet est rebranché sur une autre perte : celle de son support symbolique. Dans ce cas, ou bien il vit le symbolique comme une entité purement positive, et c'est l'écroulement ; ou bien il consent à cette cassure et y retrouve un point de rebondissement ; c'est en quoi la catastrophe de la rupture est isomorphe à celle de... la naissance même de l'amour. Sauf que dans ce cas, c'est la naissance d'un amour... sans objet, sans aide ni accessoire...

D'où un troisième temps issu de ce rebond : l'expérience de cette perte fait chavirer en retour toute référence et toute image. On ne saurait dire qu'on y a tout perdu, mais qu'on *est* dans la perte, dans la perte où le langage se trouve de lui-même. A croire que le Langage, la Loi, et Dieu lui-même, ont besoin d'êtres vivants et concrets pour incarner cette perte-là à des moments particuliers, à des temps critiques. Les amants sont ces êtres surpris à cette place.

Dans l'expérience de cette « catastrophe » (celle de la rupture dans l'amour, ou de sa naissance dans la rupture de l'être) on ne peut pas dire qu'on ait affaire à un ennemi plus fort que soi ; il n'y a même pas d'ennemi ; simplement on se trouve déporté dans une région du langage où les soutènements et les supports habituels font défaut ; où les reprises bien rodées qu'on attend de soi-même ne fonctionnent plus. Le sujet, qui a vite fait le tour de ses ressources réduites à *rien*, se voit volontiers « foutu ». Non pas, encore une fois, devant un ennemi écrasant à qui il serait livré (pendant que les tiers ou les témoins laisseraient faire) ; au contraire, c'est la fonction même du tiers qui vacille parce qu'elle est radicalement mise en cause, mise en jeu, prise à partie.

26. Le passage de l'amour par l'ombilic du langage a fait remarquer le côté vide et purement déclamatoire du discours amoureux [28]. Cette tendance de l'amour à l'invocation, au déploiement de la pulsion invocante est en effet évidente, comme façon élémentaire de prendre racine dans les mots.

Mais à la différence de Socrate pour qui l'amour sert « à engendrer de beaux et magnifiques discours », disons seulement qu'aimer « sert »(?) à *engendrer le discours*, le langage ; les amants sont les victimes élues par le destin pour assurer et perpétuer cet engendrement ; ils ne le savent pas toujours, trop ahuris qu'ils sont, ou trop pris dans leur jouissance-souffrance [29]. Ce qui me le fait *dire*, c'est outre l'expérience spécifique, celle du transfert ; le transfert qui a fait exister de manière audible et palpable un moment de l'expérience amoureuse qui passait inaperçu. Aux points aigus du transfert, on dit que le patient résiste ; soit ; mais résister ce n'est que manifester l'existence de l'inconscient et son approche. C'est proprement *un amour* (de l') *inconscient*, seuil du langage.

Un amour inconscient ça veut dire qu'il n'y a pas à sans cesse accoupler amour et imaginaire. L'amour, inconscient, est aux seuls les plus symboliques des langages ; ce qui est imaginaire c'est de prendre l'être aimé pour l'amour même ; l'amour sans objet, donc sans image, ne vivrait pas. Il *carbure* à l'imaginaire, comme certains à l'alcool, mais ce n'est pas ce qui lui donne des ailes. C'est un partage de la parole ; et chacun sait que c'est ce partage que recherche jusque dans sa vulgaire magie le mot « je t'aime ».

27. Quand le Phèdre du *Banquet* [30] rappelle qu'on craint « plus que son père » le jugement de l'être aimé, il formule au niveau de l'image ceci que l'amour prend le relais des instances connues (« paternelles »...) du symbolique, un pas de plus et on dirait qu'il les fonde, et qu'il les avère infondées...

L'amour inconscient non pas subvertit le lien social, mais le « remplace ». Que de ce fait il le subvertisse ou en révèle les dérisions, c'est en plus, mais cela confirme qu'il est un point de renouvellement de ce lien. Il ne s'agit donc pas, pour l'amour inconscient d'intégrer – ou de réintégrer – le lien social, mais de le rendre – en un éclair – *inutile*, en retrouvant l'inspiration qui l'a fondé, juste « avant » qu'il ne soit livré, ce lien, aux tiraillements qui l'entretiennent.

---

28. Voir Barthes, *Fragments d'un discours amoureux*, p. 110. Barthes ajoute curieusement : « L'événement amoureux... c'est ma petite histoire sainte que je me déclame à moi-même. » Quand c'est le cas, quelle place y occupe-t-on ? celle du petit dieu ? ou d'un de ses saints ?

29. Qu'après coup ce soit « beau », comme une présence parlante et retenue de l'Autre, c'est ce que les amants ne se privent pas de constater...

30. Cité par R. Barthes (*Fragments...*, p. 137).

Donc si l'amour rompt les liens collectifs, c'est parce qu'il en tient lieu, dans son principe, et non par quelque « subversion » de principe; il en tient lieu tout simplement, étant de la même texture que ce qui fait l' « origine » d'un lien; ce serait même la preuve que les liens humains prennent leur source en lui; même s'ils le contredisent et le contrarient comme une pensée contredit la précédente pour la recouvrir, la découvrir... Ajoutons-y un autre indice, essentiel et dérisoire : ce lien social qu'est le bavardage se retrouve tel quel, à peine sublimé dans l'amour : il y a une sérieuse raison au babillage amoureux (pathétique romantique poétique, bref avec ou sans tics), c'est que l'amour étant aux « sources » du langage, il suffit semble-t-il de dire *je t'aime* pour que moussent écument des jets de langage qui d'emblée font sens; on peut dire *n'importe quoi*, ça fait d'autant mieux sens, pour peu que l'image ait assez de force et que la langue qu'elle libère veuille bien lui prêter vie; toutes ces fadaises, fades pour ceux qui n'aiment pas, il suffit de les dire, pour que ça fasse sinon poème du moins projet poétique, écume où s'ébattent les amants pour faire mousser la source de langage qu'ils ont mise à nu. Ça promet même l'au-delà du sens, puisque les mots se donnent pour la recherche du vrai nom – introuvable – de l'amour. On apprécie d'autant mieux la règle inventée par Freud : dites *n'importe quoi*. Son inconscient avait repéré que ces femmes étaient malades d'amour; si donc elles pouvaient dire n'importe quoi on entrerait sûrement en résonance avec l'amour qui les a rendues malades; et surtout qu'elles ne regardent pas l'analyste car cet amour ne le regarde pas. Il suffisait d'y penser... La meilleure confirmation : ceux pour qui la chose la plus difficile au monde c'est d'aimer et... de dire n'importe quoi (en analyse).

28.   Dans le jeu de la séduction chacun peut croire qu'il est un autre tout en étant soi-même, ou en n'étant qu'un égarement *en soi*, mais assez près de soi pour jouir de son altération supposée. Dans l'amour inconscient – ou l'inconscient en tant qu'amour –, je suis ce par quoi je suis autre que Moi; je ne suis donc ni Moi ni Autre, mais leur commune cassure, l'autorecoupement qui les lie.

29.   Le *oui* fondateur [31] n'est autre que l'*amen* qui prend racine dans la « croyance narcissique » de l'Autre (pouvant être transmise par la mère); cette affirmation primordiale – qui est *une* – on croit naïvement qu'elle « doit » être niée pour qu'émerge l'inconscient; en fait, elle est le oui radical à quoi s'accrochent tous les *noms* et les *non* qu'ils supposent. Le plus étrange c'est que « je t'aime » reprend vaillamment toute cette affaire à sa source : bien sûr, tout

---

31. Le oui de la *Bejahung*...

symptôme est un « je t'aime » – ou je t'émeus – en vain ; mais au-delà de ce niveau, et du rapport spéculaire, « je t'aime » c'est je te dis *oui* (je t'*amen*...), tu es pris dans mon *oui* radical, que tu le veuilles ou non ; tu y es, dans ce lieu qui me précède et où tu m'as rejoint. (Déjà il y a l'amorce d'une « réciproque » : si « je t'aime », tu es aimé(e) par moi, je t'ai mis en main ou en tête un dire qui t'embarque et te désitue...) Si tu dis oui, je jouis de voir en toi ce qui me fonde (l'*oui* de l'image et de la parole « initiales »...) Sinon, il me reste – à te voir, à t'évoquer – la blessure vive et intraitable de mon *être*, par quoi je vis, puisqu'elle m'évite de basculer dans l' « être » [32]...

Les deux lettres qui en hébreu sont à la racine du verbe *aimer* (H B) « symbolisent », entre autres, l'une la *vie*, l'autre la *demeure ;* ça dit en somme qu'*aimer c'est faire demeurer la vie ;* aimer donner lieu à la vie. Cela peut servir presque de critère : les tressaillements autodestructifs ou mortifiés de l'amour ne sont déjà plus de l'amour ; et de le savoir – de ne pas raisonner sur la mort comme sur la vie – remet parfois, bizarrement, les idées en place.

Tout le reste de la constellation autour des deux lettres (H vie... divine, B lieu matériel) concerne, on s'en doute, l'acquiescement, le oui, l'appel, le père, l'appel à ce qu'il se passe quelque chose, et le consentement, *amen.*

Celle qui dit « toi qu'aime mon âme » (dans le *Chant*), ce vocatif et cette âme tierce la protègent ; mais dans « je t'aime », *je* s'avance à découvert, prêt à recevoir de plein fouet le retour de tout ce qui lui échappe et qu'il ignore pour exister ; il y a là une folle outrecuidance, alors qu'on est réduit à du conscient, à vouloir inventer dans un même geste énonciatif le *je*, le *tu* et le lien par-dessus l'abîme essentiel où brille la *peur*, peur que l'Autre manque être... (et non peur de n'être pas aimé : demandez au névrosé quel soulagement le prend quand, à son avance risquée, on répond *non*... ; ce non tombe en plein dans son deuil anticipé, donc intact).

Du reste, il y en a pour qui le deuil c'est faire en sorte que ça n'ait pas été ; ils trichent dans cette annulation rétroactive. Ils croient que la mort c'est le fait que tout ce qu'on a vécu se révèle vain ; c'est curieux, car là encore le deuil est éludé et ça reste dans le morbide... Le deuil est le déchirement vivant qui fait en sorte que ça ne soit pas... ça ; que la mort ne soit pas la mort ; et qu'à nouveau la cassure de l'être fasse son œuvre de vie.

30.   Deux êtres qui se rencontrent et se parlent sous le signe de la possibilité même de la parole (est-ce possible de *se* parler?)

32. On comprend qu'avec cela, celui qui s'entend dire « je t'aime » puisse parfois être horrifié : être, même en parole, le support d'un autre être...

finissent, pour peu qu'ils arrivent à fissurer ce *signe*, par être en proie à l'amour ; de même, des êtres amenés à se rencontrer sous le signe du corps (rapport de soins par exemple sous l'aile vibrante de la maladie) finissent par être, aussi, en proie à l'amour ; car le corps, si réduit et mutilé qu'il soit, irradie son langage, ne serait-ce que le langage qu'on lui suppose, c'est-à-dire qu'on *aime* lui prêter, quand il n'arrive plus à faire signe...

Mais inutile d'aller quêter l'exemple à ces limites réelles où le corps se convertit en amour et l'amour en corps ; où l'amour convertit les corps en mots et les mots en corps... Une femme peut aimer l'autre comme elle aimerait son absence à elle-même ; comme elle aimerait sa « mort », du moment que ce serait la sienne. Et voici une fois de plus, qu'aux fonds les plus funèbres du narcissisme, pointe l'amour de l' « autre ».

31. Le refus de l'amour n'est pas la mort, mais le sommeil sans rêve ni réveil. C'est une certaine installation, assez solide, dans un langage qu'on veut maintenir *jusqu'au bout* (et la haine tente de réussir ces retranchements imprenables...). Sans en venir à ces limites, on obtient l'endormissement de l'amour par l'usure répétitive du même trajet et des mêmes rencontres à quoi on finit par s'identifier ; au point de croire alors qu'on n'aime plus que soi-même ; alors qu'en fait on n'aime personne...

32. L'amour sait tendre son propre lien, voire éclater ensemble au lieu d'une métaphore intenable ; au lieu abstrait des métaphores exténuées ; s'il se nourrit de métaphores c'est pour les récuser toutes...

33. Dans tout « symptôme » se fomente un amour en lambeaux, misérable et sublime. Le symptôme est une horloge « abstraite », trop enveloppante pour être consultée, un bloc du temps de l'Autre en nous gelé, brûlant ou fiévreux, réglé ou chaotique, mais qui tient du mot d'amour difficile à articuler, ou à faire entendre. La névrose, ça veut dire qu'on s'entend mieux avec son symptôme qu'avec ses partenaires en amour, sauf quand ils s'ajustent eux-mêmes *au symptôme qu'on fait d'eux*. Alors ça tient ; ça marche, jusqu'à ce que le tictac tique, ou dérape sournoisement vers un temps immobile ; ou qu'un tressaillement d'inconscient émeuve encore ce temps : on peut aimer l'autre parce qu'il fait voir ou savoir à son insu qu'il vous a remarqué, qu'il portait sans le savoir une de vos traces en lui ; alors vous l'aimez de pouvoir déchiffrer en lui ces traces, dont vous croyez être l'origine : fantasme d'être l'*insu* de l'autre, d'être sa réserve d'inconscient, et l'encre où se calligraphie son symptôme.

34. « Écris-mois une lettre » : ce n'est pas seulement donne-moi des signes de ton amour, fais-moi toucher des yeux, des mains le langage de l'amour; c'est aussi : écris-*moi;* comme si j'étais une lettre, fais de moi une lettre à écrire; écris ma lettre celle que je suis; prête-moi vie au-delà de mes images. Transsubstantiation, où l'être aimé passe à la lettre, aimée pour l'écriture à quoi elle se prête et se dérobe; au détour de cette Lettre, on aime surprendre les points vifs de sa vie.

35. La poésie *partage* les enjeux de l'amour [33] : comme lui elle veut donner vie à des mots à quoi on puisse se lier d'amour, comme à la genèse de la langue, et aux vacillations du monde naissant. C'est déjà un sommet d'arriver à lui faire produire *un mot,* ou quelques-uns; ça suffit à déclencher tout un langage.

L'amour vit de désir comme le poète de mots, passés l'un par l'autre ou l'un pour l'autre; et pour la coupure qui les lie, il sait se faire un passage.

36. La grande trouvaille sur le rêve, c'est qu'il suffit d'en parler pour n'être ni dedans ni dehors, mais à la limite du désir que réveille le rêve; en plein dans son interprétation, dont on ne sait où elle part et où elle s'arrête; l'important est qu'elle soit « partie », et qu'il se trouve quelque *un* pour en être *partie* prenante; pour s'y prêter. S'il y avait un lieu tiers réel il arrêterait l'interprétation; c'est par son absence qu'un tel lieu se produit, comme signifiant l'impossible arrêt du désir. C'est l'absence « réelle » de l'Un qui est sa plus grande acuité symbolique. Et les scribes, qui ont transcrit que l'homme et la femme s'aiment et font une seule chair, savaient bien que ça n'a pas lieu; que tout au plus homme et femme font que se procrée entre eux quelque chose qui prend corps, et qui signe *différemment* leur incomplétude.

C'est que l'amour ce n'est pas de faire Un, mais c'est ce qui pousse à *supposer* qu'il y ait de l'Un, et à vouloir *compter* avec.

Et c'est le paradoxe : ceux qui s'aiment ne s'unissent pas, c'est évident, mais ils remarquent (et on remarque sur eux) les stigmates de l'Un; ils s'aiment pour l'Un qu'ils ne sont pas; pour l'unitude qui leur échappe. (S'ils se retrouvent unis par ailleurs, c'est dans un « machin » qui leur échappe, les retourne et les déloge de toute visée d'union.) Dire qu'il y a de l'Un, de l'Autre, de l'Inconscient, laisse intacte la « question », celle non pas de ce qu'*il y a*, mais de ce qu'*il se passe* (et par-là, dire qu'il y a de la parole n'est plus du tout évident); peut-être même que si on parle tellement, c'est pour en venir à ce point où la parole épuisée ne trouverait d'autre soutien qu'en elle-même. En ce sens, faire qu'il y ait de l'Un, c'est toucher

---

33. On dit qu'elle est sa métaphore, son langage...

au point de renouvellement de la parole, à la possibilité d'*une parole en deçà de sa répétition.* Dire, comme on l'a fait, que l'amour n'est que le désir d'être Un, c'est viser la limite mystique, *donc narcissique* de l'amour : être le Dieu... dont on veut avoir la peau. Cette identification avec la divinité n'est sûrement pas la seule possibilité de jeu. On peut désirer qu'il y ait de l'Un... et désirer ne pas l'être. Cette sorte d'interdit de s'identifier avec l'Un est une manière assez rusée de laisser toutes ses chances à l'Autre.

Même ce constat effaré que font certains : je crois bien que je n'aime que moi-même... est loin d'être le premier ou le dernier mot, le socle ultime de tout amour ; bien sûr ils semblent dire : j'aime quelqu'un d'autre, et cet autre est moi (émoi : aime-moi, émeus-toi et meus-toi...), mais loin d'être l'ultime réduit c'est aussi un seuil de l'amour, un nœud qui se traverse lui-même, et se retrouve ou se rencontre avant de se perdre dans l'Un-supposé, l'Un-décidable, l'Un-transmissible, etc. C'est aussi pourquoi je n'ai pas dit que l'amour est narcissique, même si on peut être effrayé par l'aisance avec laquelle l'amour de l'« autre » revient à soi. J'ai reçu l'autre jour cette lettre d'une inconnue : « Permettez-moi de vous supplier, Monsieur, de caresser les rythmes de votre prochain livre... » J'ai d'abord pensé que les rythmes en question la gênaient, qu'elle me demandait d'y prendre garde pour le prochain (en somme, spontanément je ne cédai à l'inconnue aucune mainmise même caressante sur mon écrit...). Mais le sens plus évident s'est vite imposé : elle demandait de prendre soin elle-même de ces rythmes en gestation. Et je m'étonnai une fois de plus de ce que l'amour qu'elle formulait, et pour un texte, elle l'adressait à elle-même en tant qu'elle n'est pas (mais qu'elle peut être) à la place du scripteur, maternant croyait-elle ces petits rythmes, elle à la place de mon absence au rythme de ce qui m'échappe ; et pourtant cette ambiguïté nous faisait nous rejoindre dans l'absence même de notre rencontre. Les exemples foisonnent, mais à quoi bon : l'amour, pas plus narcissique qu'« objectal », est tout au plus *le sillage de l'objet dans le narcissisme de l'Autre qu'il fracture, où il se découpe et se ressaisit.* Il faudrait, pour mieux entendre que l'amour n'est pas « par essence narcissique [34] », en venir au point de suspens d'une analyse, quand, loin de se trouver comme on dit devant la Vérité ou la Mort ou l'Inconscient mis à nu, on est à une

---

34. Lacan, dont beaucoup d'énoncés sont « réactionnels », avait là réagi, avec raison, contre le prurit séreux de l'oblativité et du don de soi, en maintenant que « l'amour est narcissique ». Mais la vérité d'un dire est souvent limitée par la « clôture » de ceux qu'il combat. Et cette clôture de Lacan s'est transmise intacte à certains de ses zélotes ou adversaires qui, tout en restant aussi fermés qu'ils l'ont toujours été aux choses de l'inconscient, font du lacanisme la *langue* de leur clôture, et lui en veulent de leur impuissance à trouver une autre langue pour *dire.*

naissance des signifiants, qui relaie comme elle peut les signifiants de la naissance ; quand les sacrés *noms du père* eux-mêmes peuvent être déposés comme des fétiches inutiles, remis en circulation, avec toute la signifiance de la parole qui se *donne*... Ce qui « reste » alors, ce sont des potentiels de transfert, vides de tout contenu, pouvant même être douloureux d'être si peu habitués à cet état décontenancé, transferts à la lettre déchirée, passante, patiente, sans destinataire, se moquant d'être détournée ou mal tournée...

37.   Tel amour peut s'infléchir en vœu de non-être, envie de mourir ; il peut revenir à sa racine mortelle, s'empoisonner, et se maudire d'avoir à le faire... Dans son testament, Sade s'écrie : « La fosse une fois recouverte, il sera semé dessus des *glands* afin que, par la suite, le terrain de ladite fosse se retrouvant regarni, et le *taillis* se retrouvant *fourré* comme il l'était auparavant, les traces de ma tombe disparaissent de dessus la surface de la terre, comme je me flatte que ma mémoire s'effacera dans l'esprit des hommes [35]... » L'étonnant ici n'est pas ce vœu de mort radicale et sans trace ; c'est qu'il se formule *dans les mots de l'amour*, et qu'il raccroche la mort à un coït définitif : le cul du divin marquis – fosse très peu sceptique – demande à être *couvert* de *glands*, l'entaille ou le taillis qu'il présente se retrouve *fourré* (signifiant radical de l'amour sadien) ; et les mots de l'amour sont dans le même geste retournés, jetés *contre* leur propre inscription, contre les traces de la mémoire que du coup ils nourrissent, témoins impuissants mais indestructibles de l'effacement dont ils maintiennent l'impossible. Ce rejet de la trace est un jet de l'amour qui s'épanouirait dans la mort, en arborescence vivante, increvable. Ce n'est même pas un « retour » à l'amour narcissique, car cet amour, enfin revenu à lui-même, serait dressé contre la mémoire des hommes, qu'il nourrirait de la combattre.

38.   On a senti de tout temps les *présupposés* de l'amour, ceux dont il se nourrit ; mais on s'est tenu à leur contenu en délaissant leur signifiance productive. Ainsi : « l'amour n'aime que les perfections qu'il *suppose* » (Chamfort) ; mais il les suppose pour les aimer comme *autres*, et il les aime pour s'y retrouver... perdu, et se signifier de sa perte, et s'aimer de les supposer... Il prête sans compter, ce qu'il prête lui revient, mais lui n'en revient pas.

C'est en quoi l'amour « s'ignifie » *pour* se consumer..., et y échoue. Condamné à ce terrible « toujours » avec quoi le font rimer les chansons...

35. Cité dans *l'Echec du principe de plaisir* (éd. du Seuil, p. 82), de M. Safouan, qui semble négliger les « pièges » du texte sadien, ne remarquant que le « vœu de mort » apparent, et non l'*amour jusque dans la mort*.

39. L'amour passe par le corps, et l'amour n'a rien à voir avec le corps; curieuse passe donc, s'il faut qu'il en passe par là pour que le corps soit « écarté », pour que ces viscères exaltés, ces téguments exaspérés, ces corps emmêlés, laissent passer dans leurs élans du « je t'aime » (que nul n'appelait, mots inutiles et dangereux...), pour que ces corps en appellent à ce que ça se dise ou que ce soit dit même en silence, et que leur ivresse n'ait de cesse qu'à s'engager dans une « parole ». Il faut bien que pèse sur le corps une impulsion qui l'arrache à soi et l'engage au langage comme à une défaite nécessaire que les mots signalent et préviennent à la fois. Les mots de l'amour arrêtent la mort des corps qui dans l'amour peut s'accomplir, devrait s'accomplir, puisque l'amour est le seuil par où les corps défaits en passent pour se recomposer autrement, ou pour, écartelés, s'oublier comme tels, si les absorbe la contemplation de ce qui par là se recompose.

Quand les corps ont touché leur limite, ou maudit leur dernier « mot », l'amour mêle les corps avec les mots, et dissout en germes de langue les corps excédés [36].

40. Quand Job, sur qui fondent des catastrophes bien qu'il n'ait « rien fait » (ou *parce qu'*il n'a rien fait), se met à maudire sa *naissance*, il veut retrancher du temps le jour qui l'a vu naître, la nuit où il fut conçu, comme pour produire une folie qui puisse l'accueillir, une folie faite d'aucune trace puisque toute trace le blesse; c'est compréhensible : quand on devient fou de ce qui arrive, on cherche à *l'avoir été*, fou, *dès l'origine;* on cherche le rien où s'accrocher du fait même qu'on le cherche. Lui, cherche une sorte de néant où *défaire* sa naissance, et où, de n'être pas né, il n'aurait pas à se mortifier. Alors, dans ce déchirement impossible, il lance un cri étrange : « Que les maudisseurs futurs du jour le nomment brisure de leur étreinte [37]. » Job sait, car il n'est pas fou, qu'il ne peut pas retrancher ce jour de la chaîne du temps, et que d'*autres* voudront aussi décharger sur *ce jour* leur amertume. Alors il leur offre, il leur demande, de maudire ce jour en l'appelant à

---

36. Du reste, il semble que dans la dynamique des langues, dans le mouvement où elles se forment en se déformant, on ait remarqué une vieille guerre entre l'« esprit de clocher » (qui retient les particularismes, les quant-à-soi narcissiques de la langue), et la force d'« inter-course » qui fait que les langues entrent en contact, se touchent, se dévorent, se consument... (Saussure a dit là-dessus des choses belles et vraies.) Eh bien, la parole, sinon le dernier mot, reste à l'« inter-course », qui dans certaines langues nomme le rapport sexuel.

37. Les lecteurs de traductions bibliques n'y trouveront pas ce verset, que je traduis d'après une tradition médiévale espagnole, qui joue, subtilement, sur le rythme du verset : yqévouhou ORéré yom ha'atidim/ orér liviatane. (Job, III, 8).

être le jour où s'interrompt l'étreinte, la liaison amoureuse, le lien qui met ensemble, l'un avec l'autre, compagnons alliés ou amants. Or toute étreinte est vouée à s'interrompre, tout lien se délie, ne serait-ce que pour changer. Job leur propose donc de maudire ce jour par le narcissisme dans le lien érotique; ce « mot » dit l'essentiel.

41. Quand Spinoza dit que « l'amour de Dieu pour les hommes, et l'amour intellectuel de l'âme envers Dieu sont une seule et même chose », il dit l'évidence aveuglante où on n'aime qu'à partir d'où on est aimé par l'inconscient, par l'amour, là où le départ de l'amour est identique à son retour, identique à ce qui, par l'amour, se signifie et se produit. Il est clair que cette jouissance, car c'en est une, est celle d'un signifiant dont vous êtes dessaisis alors même qu'il vous identifie, ou que vous vous identifiez à travers ce signifiant, à travers sa constellation dispersée; mais pas *avec* lui [38].

D'être identifié *avec* lui vous mettrait dans un *narcissisme du signifiant*, qui au moindre détour où le signifiant se fait faux bond et se surprend, vous rejetterait dans une jouissance mortifère du signifiant. Or, à cette pointe de l'amour, il n'en est rien : ce qui vous porte c'est le narcissisme qu'aurait le signifiant de lui-même, l'amour que la langue aurait d'elle-même et de ses « enfants »; et il faut bien lui supposer un tel amour, sans lequel elle ne « passe » pas.

42. En un sens, tout ce que nous faisons, et qui implique notre image, nos gestes, nos mots, nous le faisons nécessairement par amour : l'obsessionnel aime son symptôme, le pervers son fétiche, l'hystérique son absence, etc., et même pour haïr quelqu'un (j'ai dit que la haine est un amour trop réussi) il faut bien l'aimer assez pour l'embarquer dans l'élaboration éruptive de mots qui puissent porter la haine; car une haine « toute seule », pur éblouissement ou fulgurance de l'être, n'arrive pas à subsister, il lui faut se ressaisir, se lier, se piéger de mots..., tout un travail d'aimance même mortifiée.

Donc tout ce qu'on « fait », c'est par amour, même la recherche d'un pur plaisir est l'amour d'une image de soi qui fleurit là où on se plaît, là où on *se fait pur plaisir*...

Mais alors, qu'est-ce qui fait la différence, par quoi l'amour *existe* comme « événement » et acuité bouleversante?

38. Ce qui diffère sensiblement de la définition que Safouan, dans son étude, *prête* à Spinoza, à savoir : « L'amour n'est autre chose que la jouissance d'un signifiant et l'identification avec lui. »

43. Enigme de l'amour comme vie expansive et capture de vie, sous le signe de la « première » lettre, que nul n'a pu écrire.

De par son *double mouvement* où il corrode l'un par l'autre le narcissique avec l'objet, l'amour trouve d'autant moins le « repos » qu'à chacune de ses étapes il est guetté par l'image de l'autre, et par le risque de se perdre dans sa propre image. D'où la vanité de tout ce qui veut cerner l'amour, ou le marquer, lui qui est l'origine de toute marque en tant que rétive à sa répétition, prête à toutes les erreurs pour déjouer son usure et échapper à son errance.

Mais voilà que l'amour se cerne dans l'Idéal, et se pétrifie dans la peur de voir craquer cet Idéal.

Beaucoup doutent tant de l'amour (et du leur pour commencer) qu'ils croient devoir assurer son existence en idéalisant au maximum l'objet qu'ils aiment, de crainte que son écroulement, qu'ils pressentent, n'entraîne avec lui *toute* possibilité d'amour.

Bien des veuleries et soumissions passent par cette voie, ordinaire, où l'on oublie seulement que l'amour n'a pas besoin d'être soutenu, mais « éprouvé »... Et pourtant cette voie est si fréquentée qu'on la dirait incontournable : vous l'aimez ou plutôt à travers lui vous aimez un « idéal » (image de ce qu'on aime être ou de ce qu'on veut avoir été...), et soudain vous *le* voyez en pleine déchéance, viré de sa posture d'Idéal; et vous voilà prêt à *réparer* ce virement au prix fort : déni de la réalité, refus de savoir, détournement de vous-même... Que pense-t-on sauver par là? L'être aimé? ou le *fait* d'aimer? Après tout, sacrifier une vérité à l'amour est bien normal : la vérité de l'amour, qui est de se maintenir envers et contre toute autre vérité, sa vérité donc vaut bien toutes les autres, et peut donc *se permettre* de les contredire... Mais en quoi *exige*-t-elle de les contredire? de les démentir presque systématiquement? Il arrive qu'on aime quelqu'un malgré sa bassesse, ou même à travers elle : il a peut-être ruiné un de nos idéaux, mais l'Idéal n'est peut-être qu'une *mémoire* de l'amour, une façon d'apprendre par cœur que l'amour est possible; si donc on ne vit pas réellement l'expérience, qu'a-t-on « besoin » de *savoir* qu'elle existe, et de le savoir par les signes conventionnels que sont les idéaux? Il arrive même qu'on soit reconnaissant à l'être aimé d'avoir rendu inutile l'Idéal où au départ on l'avait mis en attendant de le « connaître ». Il peut donc en déchoir, mais on l'aimera encore; si du moins on n'est pas réduit à ses idéaux. Or le plus souvent le idéaux fonctionnent comme les fins mots les mots de la fin de notre langue, étalons phalliques et normes du désir; auquel cas, si on refuse d'admettre, contre toute évidence, que l'être aimé a commis telle bassesse, c'est sans doute qu'on ne s'aime pas aimant un être « bas », et que la position idéale où on l'a mis lui était bien antérieure (qu'elle ait une valeur narcissique totale ou relative). En ce cas, très ordinaire, l'amour est vécu non pas comme expérience, mais adéquation, ajustage à l'idéal considéré. En tant qu' « aventure » il est plutôt appréhendé, voire rejeté ; alors l'amour est déjà achevé par l'idéal qui le porte, tout comme les jeux et les variations les plus inventives de la langue peuvent être d'avance surplombés, clôturés par des limites *idéales* ; il semble aussi difficile à certains êtres d'envisager une langue sans limite que de s'engager dans l'expérience de l'amour. Ils défendent alors leur Idéal (quelle que soit sa valeur narcissique) exactement comme ils défendent leur refus d'aimer. Les cas les plus flagrants sont ceux de l'amour qu'on porte à ce « père Idéal » qu'est le Chef d'un groupe, d'une nation. Contre toute évidence les foules lui maintiennent leur amour (les foules c'est-à-dire la partie « primitive » de nous-mêmes...) et lancent des regards de haine à quiconque le ferait vaciller (regard de « haine » : c'est-à-dire revendication d'un amour *achevé*, total, donc assuré de sa propre annulation). Leur seule excuse c'est... la croyance que l'abandon de cet Idéal incarné ferait vaciller tout l'univers, tout le langage, et qu'à défaut de ce père il n'y aurait plus aucun repère.

Ce n'est pas si loin de l'identification.

Un amour qui se retire nous fait vivre le retrait – et seulement le retrait – d'un amour « premier » qui n'a sans doute pas eu lieu. Le retrait ravive la cicatrice du trait manquant et impossible, le trait de la coupure avec l'Autre, avec le monde, et par ce biais, dans l'amour – qui est d'abord amour de ce « trait » – c'est aussi sa propre mort qu'on aime, l'amour et la mort semblent se rejoindre en douce.

Cela confirme qu'il n'y a pas à trop tirer sur la corde de l'identification, s'agissant de l'amour. S'identifier à l'objet en tant qu'idéal du Moi c'est prendre appui sur une croyance, donc sur une forme d'amour *arrêtée*, disais-je. S'identifier au « père de la préhistoire » ? autrement dit au « symbolique » ou au « langage », serait s'identifier à la cassure où le symbolique se transmet. Dans ce cas pourquoi appeler « identification » ce qui vous désidentifie et *objet* ce qui se révèle un non-objet (de l'avis même de ceux qui y tiennent) ? A moins de tout noyer dans le discours de la métaphore ? L'être que j'aime est une métaphore de moi-même, ou du « sujet » que j'échoue à être ; mais alors ce serait une métaphore dont le fonctionnement comme telle est cassé, dévoyé, presque perverti. L'amour inconscient est au-delà de la métaphore.

L'Identification, on en oublie le paradoxe. S'identifier à l'autre qu'on aime... est-ce pour s'assurer de cet amour ou pour le provoquer ou pour retrouver à travers l'autre l'amour de soi perdu ? L'identification *suppose* l'amour, et s'il est là que fait-elle ? Rattraper par à-coups une séparation continue où l'amour trouve sa force ? remettre en mémoire – mémoire perdue ou impossible –

cet amour qui revient? symboliser donc le fait que *deux* sont en proie à la même chose? ou symboliser cette chose elle-même? Tout ceci tient de l'incantation, qui tente de conjurer sa propre réussite, c'est quelque peu circulaire : être celui qui me ressemble ou « qui a la même place que moi [38bis] » ; si telle est l' « opération structurale » de l'identification, on voit qu'elle tourne en rond, car si l'autre est à la même place que moi c'est que je l'y précédais, mais qu'aussi il m'y précédait par son identification. Ce genre de paradoxe tourne autour d'un abîme, celui d'un « premier » lieu qui s'identifie à sa perte, mais dont la seule présence mène à leur perte les montages duels. Une issue : identifier l'autre à l'abîme même de l'inconscient, qui me désidentifie de moi ; le brûler et moi avec, dans la naissance – incandescence – d'une langue (dont les livres d'amour, ou sur l'amour, donnent l'illusion...).

44. Le sens biblique de *faire l'amour* : se « connaître », est à prendre au « sérieux ».

La connaissance qu'éveille l'amour, ou qu'il relance au-delà des plaisirs de la « reconnaissance », est faite d'ouverture, à la lettre : faire une ouverture dans l'autre, ou en soi-même altéré, une entaille (qui va d'emblée, dans sa protestation de vie, au-delà du suicide ou du meurtre), entaille qui ne dit rien d'autre que le désir (« fou »...) d'un au-delà des noms et des corps, où puissent se recréer d'autres noms et d'autres corps. Les plus aptes à aimer, les plus « doués », ont une fenêtre sur cet au-delà, cette sorte de vide qui attend l'heureuse rencontre, ce chaos *en souffrance d'une création*, d'un coup heureux du « Jeu suprême ». D'autres ont plutôt de fausses fenêtres, pas toujours en trompe l'œil car l'œil ne s'y trompe pas et s'y enlise, mais peintes comme des tableaux, des images qu'il faut croire « saintes » : ceux qui les portent les adorent comme les fenêtres qu'elles ne sont pas ; le jour n'y arrive pas ni le regard d'autrui. Nommer cela amour « narcissique » est impropre, car l'impulsion vers l'autre y est bel et bien représentée, mais enlisée dans son image.

D'autres encore passent par la fenêtre, la vraie fenêtre qu'ils portent en eux, et n'en reviennent pas de leur première « mort » où l'on se donne tout entier pour se révéler, étrange partition, n'être qu'une partie de soi, et un don partiel du « possible ».

Feu naître, brûler, s'ignifier de l'amour...

La psychanalyse, entendue comme une certaine fréquentation de l'inconscient, une certaine mise de la parole sur les « fréquences » de l'inconscient, n'a de sens qu'à produire la *révélation* de ce que *C'est* possible. Quoi, « Ça »? Disons l'amour. Ce n'est pas ici le lieu

38bis. R. Barthes, *Fragments*, Seuil, p. 153.

de dire comment *ça* se passe ni pourquoi; ça n'est en rien automatique (il arrive même que ça aboutisse aux fausses fenêtres, peintes de toutes pièces aux couleurs de la... psychanalyse qui prend le relais de la langue nouvelle à recréer : elle a assez de mots à combiner, à joujouter, qui se renvoient les uns aux autres dans une parfaite autonomie). Et ce n'est pas toujours une « révélation » très heureuse pour le patient : lui qui patiemment faisait l'impossible pour l'éluder, voilà qu'il trébuche sur du possible...; c'est traumatique. Et que dire si par ailleurs l'analyste s'est mis en tête de le mener jusqu'au « réel » qu'il définit comme l'« impossible »? Il est vrai que le « possible » dans certains cas, quand la névrose a mis le paquet, peut se révéler être insupportable, « impossible »; mais alors pourquoi se complaire à entretenir la confusion? J'ai dit « révélation », pas conviction ou preuve : on ne prouve pas à quelqu'un que l'amour est « possible ». Alors quoi? on le met en acte? oui : en acte de parole, d'autant plus nourrie de réel que la voie du réel est coupée, est coupure d'avec elle-même. Il ne s'agit pas de la connaissance de soi, mais de la naissance d'avec soi-même à travers l'Autre (qui n'est réel que pour avoir à subir le retrait du réel).

Quant à la « Loi » qui se profile, elle est moins une « parole » à aimer (pour sa « symbolicité » dès lors fétiche) qu'un certain rebranchement sur l'ouverture en soi, traversant cette sorte de loi qui nous régit; à la manière dont une marionnette soudain inspirée aurait ressaisi les fils qui la mouvaient, et ainsi accédé à un autre ordre de vie que celui, déjà intense, qui était le sien.

La connaissance (c'est bien connu, naissance *avec* ou selon une altérité longée jusqu'au désert de ses limites) se lie à l'amour, et jusque dans sa forme superficielle (il est bon que « j'aime cette viande, ou ce paysage » se dise en anglais I *like* it : similitude claire entre nous, et non identification; la joie que me donnent, de venir si *volontiers* s'inclure en moi ou m'inclure en elles, ces bribes du monde...); la connaissance lie l'amour au point que ce lien est productif de lui-même : il suffit qu'il se fasse sentir pour donner lieu à de l'amour, maintenant dans sa violence ce défi à toute origine : puisqu'on n'aimerait pas si n'aimait déjà...

Triple nœud de la connaissance : porte du temps, ouverture du regard qui fait signe de ce qu'au-delà de la vue (ou en deçà de la source), un vide s'est offert... au regard que le signe porte au-delà de ses limites.

D'où ce glissement insensible vers la « pensée », comme densité parlante du corps et de la lettre; que faire pour qu'elle se trame? Rien : je suis la trame jusqu'au déchirement dont j'ignore si c'est le sien ou le mien, et l'idée qui est venue, je l'ai mue – je l'aimais – assez pour m'en faire un mobile et m'embarquer avec.

Un drogué – mais les drogues sont multiples ; l'écriture en est une – peut facilement comprendre l'ivre perdition d'une *lettre* supposée *d'amour* : elle ne contient rien d'autre que son existence de lettre, elle dit seulement qu'il fait beau ou que la mer est grise ou que la montagne brille, et que la collègue a un bouton sur la lèvre ; rien. On ne peut donc pas croire que le charme de ces lettres ou leur vertige tient à ce qu'elles nous parlent de nous ; mais *elles nous « arrivent »*, et apportent avec elles le lien qui les fait naître et qui leur donne lieu, l'écart qu'elles ont à elles-mêmes et à l'attente qu'elles ravivent. Qu'ont-elles besoin de parler de nous, ou du « narcissisme » qui les écrit, ces lettres dont la seule existence dit qu'on est ravi à soi, et que la lettre nous fait signe d'un possible retour ?

45. La « beauté »...

S'aimer comme les *mots* qu'on n'est pas mais qu'on fait naître, et qui jouissent, eux, de donner lieu à cet amour ; de faire partager l'amour de la langue pour ses créatures, pour sa création même, la langue dans son incandescence inconsumable.

L'amour, effet et cause de la parole qui se révèle.

Pourquoi aime-t-on les femmes « belles » ? Question absurde, car direz-vous, on jette sur elles le regard qui les embellit... (Mais la question demeure, et pas si bête : pourquoi « belles », qu'elles le soient d'elles-mêmes ou dans votre regard [39] ?) Bien sûr, on peut aimer les femmes « belles » parce que les autres les aiment (transfert d'images, économie florissante de l'image) ; mais on le peut aussi parce qu'on surprend sur elles les signes de ceci : que l'inconscient les a aimées, à leur insu. *La beauté est une somatisation de l'amour* ; de l'amour inconscient du plus-de-vie qu'il a créé. Certains êtres sont beaux, juste le temps qu'ils sont « dans l'amour », surtout si l'amour du partenaire est assez aigu pour rendre présente cette dimension de l'inconscient, de l'amour de l'Autre qui manque à être. Il arrive que la beauté s'en tienne là, à ce degré zéro de la parole, que souverainement elle récuse. Il lui manque alors ce décollement d'elle-même, qu'on appelle « grâce », avec raison : demander grâce c'est dire *assez ;* ça suffit : ce serait le geste par quoi la beauté coupant avec elle-même, au lieu de seulement vous couper le souffle, connaîtrait la finitude pour la faire jouer, pour commencer le « voyage » plutôt que de sombrer en elle-même. Elle passerait comme du *soma* au *germen*, de l'image incarnée à la transmission ; même si c'est *à elle* qu'elle transmet

---

39. Certains sans être pervers n'aiment que les femmes qui passent pour « laides », ils jouissent à leur inventer ou à leur trouver une beauté au fond de son déni...

quelque chose, mais *autrement;* l'essentiel est l'altération nécessaire où la beauté se signifie dans son *passage.*

Quant à l'« amour procréation-dans-la beauté [40] »..., difficile de
s'y retrouver : est-ce de l'amour parce que ça procrée (mais alors,
amour de quoi?) ou est-ce de l'amour parce que la beauté et la
procréation n'ayant en principe pas grand-chose à voir ensemble,
le déchirement de l'une par l'autre *suppose* l'amour, et... le
reproduit? L'amour s'aimerait du fait qu'il sème et qu'il s'y plaît?
Pourtant, procréer c'est proposer à une *possible* création. La
création est une rupture qui fait corps dans un état antérieur habité
par l'absence; mais cette rupture, pourquoi se fait-elle « dans la
beauté »? Si la beauté s'en mêle c'est comme trace retenue de
l'amour, rappel ou appel de l'amour.

Il y a comme une circulation entre ces trois termes *amour-
procréation-beauté* : deux quelconques d'entre eux en appellent au
troisième. Telle tradition rapporte qu'« une femme est créée pour
être belle [41] ». Curieux retournement par rapport à Platon, de
référer ainsi la création au Créateur divin, et la beauté à la tension
d'un projet; au lieu de l'amour c'est la femme qui vient, tel un feu
divin. Ce texte entend visiblement qu'une femme a été « créée » en
vue de l'effet de beauté qu'elle est vouée à rendre présent, aux
instants d'acuité de sa présence à elle-même, ou plutôt à sa
« féminité ». L'effet de « création » est ici   le déplacement de
« féminité », qui de Dieu passe à une femme; c'est ce *transfert de
féminité* qu'une femme peut échouer à soutenir; et son pouvoir de
procréer lui rappelle qu'une part de sa « féminité » lui vient
d'ailleurs, la quitte autrement, lui est donnée et retirée. Qu'une
femme soit dite « créée pour être belle » signifie que le seul fait pour
une femme d'*advenir* est en soi un appel ou une présence de
l'amour; c'est loin du « sois belle et tais-toi »; c'est l'invocation d'un
rapport à la parole tel qu'à travers lui la beauté se produise, qui
ferait converger les dérives du corps et ses égarements vers ce point
vif d'une autre *présence.* Elle passe, la beauté, par *les absences à
cette présence,* et dépasse les dialogues au « miroir » et aux
constellations où miroitent nos images.

Déjà au simple miroir, que cherche telle femme dans son
dialogue avec l'image (telle femme « belle », que sa « beauté »,
donc, harcèle)? Le point de vue d'où vue par l'Autre elle serait
belle? Mais l'Autre c'est elle (en impasse dans le transfert de
féminité...) et elle sait mieux que toute autre par où cette beauté la
fuit; par la blessure de sa mort – ou de sa naissance – rebelle aux
usures fécondes du langage. Cherche-t-elle alors à perdre de vue
cet *Autre elle-même?* elle le retrouve dans l'égarement où elle

40. Dont parle Socrate...
41. Talmud : Icha nibrét lihyot yafa...

pensait l'avoir semé; égarement de la vue qu'à perte de vue elle donne à voir. Cherche-t-elle à mettre son narcissisme au compte de l'Autre qu'est son image, pour, sur elle, l'emporter? sûre d'elle, à tire-d'aile?... (Amère victoire d'être plus belle que soi quand la seule mesure est ce vertige du face-à-face.) Et le narcissisme fait le pas de plus pour dépasser l'horreur du miroir glacé (quand même trop objectif), il fait le pas de se fabriquer un autre miroir fait de vos traces ou de vos débris (de vos enfants, de vos écrits...), pour maîtriser ce tiers inerte qu'est le miroir. Une femme l'écrit exemplairement : « Mon écrit figure la seule femme que j'aime et que je n'envie pas. » (Je n'attendais pas de mon « Entre-deux-femmes » une si violente confirmation.) On se demande ce qu'un tel écrit peut remanier, puisqu'il ajoute : « Avant, je me regardais, maintenant je n'ai plus à cœur que de regarder mon regard... lorsque j'écris... je respire du regard, j'absorbe l'Autre en Moi. » Au moins c'est clair qu'à travers l'autre c'est la lettre qu'elle aime, à ceci près que *la lettre c'est elle*; de même qu'en ce miroir le regard cherche sa déroute... pour absorber l'Autre qu'il croit devenir, une femme au miroir cherche à perdre de vue l'Autre qu'elle est, juste au point où cet Autre la saurait belle, et saurait les limites de cette beauté; entreprise sans espoir : se séduire au moyen de son image comme elle le ferait d'un partenaire, tout en sachant que cette image est la sienne vue par elle... La victoire est immédiate et décevante, ou laborieuse s'il faut suturer une à une les fêlures narcissiques; généralement un moyen terme est offert, aliénant mais en douceur : c'est de se voir belle *vue par l'image qui plaît à d'autres*, faite par d'autres pour qu'on s'y retrouve, alors même qu'on s'y perd; aliénation facile, fournie par les codes sociaux qui montrent des êtres supposés beaux pour baliser le terrain vague de la beauté; cette aliénation n'a qu'*un temps*; or la question de la beauté met le temps au défi.

Dans ce combat douteux entre la « beauté » et le regard où elle se voit, l'espace instable où elle s'inscrit, écartons la voie de la victoire facile quand le combat n'a pas eu lieu, ainsi que la voie commune où le modèle est donné (une star par exemple) et le doublage immédiat. Il reste celle, aride et sinueuse, où s'entretient la lutte pathétique de la beauté avec elle-même, et où (comme dans tout entretien infini) *le refoulement se constitue à mesure qu'il se conteste*, se masturbe et se ravit de ses égarements : dialogue infini avec ses images en déroute, où l'on triomphe de ses semblants en les forçant à la débâcle qui les reproduit. Ce va-et-vient de la perdition qui s'observe elle-même et se ressaisit, peut être une veine « littéraire » (plutôt que littérale) de certaines proses « intelligen-tes » modulées sur le balancement où la lettre ressasse ses dérobades et s'endurcit de ses vertiges... Laissons cela aussi, pour en venir au rapport de la beauté avec l'Autre, dans l'altération où elle puise, hors des duos démesurés avec elle-même, la force d'une autre mesure, celle où s'invente le *corps abstrait* dont elle inscrirait le *passage* (et non l'insipide jeu de cache-cache des effacements qui l'affirment et des signaux où elle s'efface).

C'est en quoi toute beauté vous interroge sur le *passage* de votre désir, surtout si elle passe pour la belle qu'elle n'est pas, ou si elle semble afficher l'absolu qui figerait le désir... (Il n'est que de voir le peu de succès d'un homme qui aimerait une femme belle... pour sa beauté.)

Il y a la beauté qui est souffrance de son propre voile indéchiffrable, indéchirable, où se cache hors d'atteinte la blessure qui pourrait lier; et il y a la beauté qui organise son absence à elle-même et se complète de cette absence; le coup de ciseaux de Michel-Ange à son Moïse – « lève-toi et marche » – pour redonner vie à sa statue, ce geste dans sa violence désordonnée n'a rien à voir avec celui d'un marchand de mode pour déranger l'impeccable arrogance de ce qui passe pour beau afin de le faire voir encore plus beau et de lui « donner vie ». Le premier geste transfère de la vie dans la cassure de sa propre loi, le second fait le plein des conventions pour jouer à leur faire faux bond, petite mouvance de séduction, pour faire « marché ».

Mais il y a un enjeu qu'impose, du fait de sa seule existence, la beauté; c'est l'enjeu d'annexer ou de seulement *raccrocher la beauté au langage* d'où elle s'était retranchée, et dont elle *semble* pourtant être une limite nouvelle. Des femmes belles connaissent ce sort ingrat où, d'autant plus belles que *retranchées* de leur beauté, elles semblent n'y être pour rien; elles convoient une ombre de mort dans cette beauté qui les possède; et l'une d'elles peut passer des heures à se farder un visage déjà éblouissant, elle a ses raisons : l'écart, infime, qu'ainsi elle produit, elle y est pour quelque chose; et par cette voie coûteuse elle annexe un rien de cette beauté à quoi elle ne peut rien, où elle n'était pour rien; elle s'y raccroche par la voie très humaine du *travail*, où on paie de son corps l'espoir d'en ressaisir une partie. Cette femme paie pour un « élément différentiel » de beauté, pour un germe dont elle attend qu'il accroche et arrache *toute* sa beauté à l'emprise des morts, et la ramène vers les mortels.

Mais le *travail* n'est qu'une des formes du *symbolique;* pas la plus « légère »... Il y a l'intuition, l'inspiration, l'atteinte de l'inconscient, le don d'interprétation hors des méthodes et rituels; il y a le « souffle »... Pourtant, le geste de cette femme qui se maquille impose l'équivalence d'un brin de cette beauté avec un brin de symbolique, et pose ainsi que *cette beauté est le produit d'un événement*; que c'est une singularité de la parole en butte à ce qu'elle a d'unique, d'inconvertible. Elle peut même être un objet dont se pare la femme – au risque de s'y résorber – mais dans l'espoir d'entraîner l'*autre* à une passe de désir qu'il peut en faire. En tout cas, cette singularité, on lui cherche un précédent pour éluder la violence du point de contact à l'inconscient qu'elle constitue, *en l'absence de tout événement nommable.* Et ce précédent peut être d'une accablante banalité : longtemps, j'ai trouvé – je trouve encore – une trouble beauté aux crépuscules et aux aurores ; je ne parle pas des couchers somptueux ou des levers à grand spectacle, mais du simple clair-obscur sur une route ou dans les rues de la ville. Cette double guerre quotidienne du jour et de la nuit, qu'elle soit un thème rebattu, n'est pas forcément ce qui m'incita dès mon enfance à y trouver une « réelle » et intense beauté, bien que mon émotion ne fût au fond que ma quote-part à celle des humains et des animaux aux couchers et levers du soleil. Un souvenir d'enfance pourtant m'éclaira : j'avais peut-être sept ans, à Marrakech dans la vieille ville où j'habitais ; et ce jour-là je me réveillai dans mon lit tout habillé, je sortis en me réjouissant de m'être levé à l'aube, et je déambulai dans la médina en attendant le lever du jour ; les gens qui partaient travailler paraissaient bien fatigués, les marchands dans leurs boutiques de misère déjà épuisés, et surtout ma promenade se prolongeait et le jour ne venait pas : il s'attardait curieusement, il se retirait en semblant venir, et en guise de lumière c'est la nuit qui venait ; le jour prit fin ; ce que j'avais pris pour l'aube était un crépuscule ; les gens qui partaient au travail étaient en fait sur le retour, les marchands qui commençaient mal la journée l'avaient finie ; et moi je n'en revenais pas de voir mon temps mis à l'envers à cet endroit, et de toucher du regard une attente sans issue. Est-ce que la beauté étrange et physique, que j'ai toujours sentie depuis – comme beaucoup – aux deux extrêmes du jour, s'est liée pour moi avec le fait que cette fois-là, *l'un est passé pour l'autre,* me laissant avec cette dépouille d'une métaphore dont j'étais le spectateur ébloui, pour une fois que j'avais dormi le jour ?... Bien sûr, la ville, l'attente, la ville nimbée dans mon souvenir d'un désespoir désaffecté, les corps immobiles et mouvants, faisaient l'événement concret, vivant, qui dans le souvenir restait témoin de cette attente ouverte et retournée sur elle-même ; mais l'événement n'était sans doute qu'un relais de la beauté, une métaphore parmi d'autres de la *différence* absolue que telle langue signale dans « c'est le jour et la nuit », ou le premier acte de la « Création », *fiat lux,* première différence dicible... On donne le nom qu'on désire – ou le nom d'un désir – à l'événement où à tout prix on veut ancrer la sensation de la « beauté », et qui, lorsqu'il est « rien », ou simple extinction de langage, s'appelle « traumatisme », pur événement qui s'abîme en lui-même, mais qui suffit à ce qu'on s'accroche. Car l'événement qui m'est revenu – la nuit qui se lève comme le jour – n'est qu'un relais, un point d'attache provisoire, au-delà duquel d'autres événements de mon histoire, et surtout de ma préhistoire, ont été cadrés marqués par le lever d'un jour et la tombée d'une autre nuit que l'attendue (notamment un certain rêve à l'échelle – de Jacob –, une certaine lutte avec l'« ange »), ces « faits » qui ont compté pour moi se passent, l'un juste après le crépuscule, l'autre juste avant l'aube [42], l'« ange » – en fait « *un homme* », dit le texte, une ombre de soi dans la nuit – demandent d'ailleurs qu'on le laisse partir « car l'aube venait » ; le spectre d'Hamlet aussi s'en va à l'aube. Et si la beauté se profile dès qu'on remonte la série des « événements » ou qu'on trébuche sur des poèmes (des « événements » de la lettre), c'est que cette *incrustation de l'amour* (qui est la beauté, et qui menace l'amour de mort...), cette trouée de l'être en suspens, trouve dans le flot des événements et des lettres de quoi se prêter au langage, aux mots qui modulent les effets ou les approches du traumatisme ; sachant que le traumatisme lui-même, c'est là où ça ne se prête pas au langage, là où on s'arrache (à) la langue pour envisager de parler, pour laisser un mot *passer* pour un autre ; passe radicale de l'échange des noms ou de leur recoupement ; c'est que *l'acte essentiel du langage ce n'est pas de nommer, mais de changer les noms* comme pour les empêcher de se pétrifier, et pour les empêcher d'y croire. (C'est aussi ce qu'un patient peut espérer d'une analyse : de *pouvoir s'appeler autrement que par son symptôme...*)

La beauté serait-ce qu'un corps vivant ou un événement matériel soit l'otage d'un désespoir du symbolique, ce qui par là même l'empêcherait de sombrer ? Il y a dans la beauté un naufrage retenu, une mémoire « sublimée » de la mort, en vie ressaisie de *justesse :* la justesse de l'acte qui l'arrache à la mort. La simple rencontre de la beauté fait sombrer certains dans *ce risque mortel que la beauté*, précisément, *a surmonté...* Ce risque maintenu et surmonté de justesse, tient à la part de mort prélevée, mise à l'écart d'une mort, pour que naisse la vie. La beauté concerne non pas toute la vie qui naît sur fond de mort, mais la nécessité d'une mort trompée par elle-même, aveugle sur la totalité de ses effets, et *produisant le lieu* (l'espace, le corps) *où cette erreur s'authentifie,* c'est-à-dire trouve la langue où se dire, même si elle se tait et reste indéchiffrée. Et s'il est dit que la beauté est inhérente à l'amour, c'est pour le lien instable, corrosion réciproque de l'un par l'autre, où la métaphore ne tient pas et où pourtant *quelque chose de l'un passe pour l'autre... à son insu ;* lui échappe. J'entendais l'autre jour un texte de M. Duras ; ça disait : « je t'aime, *je t'aime plus loin que*

---

42. A l'analyste qui en redemande, on peut même ajouter par-ci par-là quelques scènes primitives, pour faire bonne mesure.

toi... » Pourquoi « plus loin » ? Là pointe l'inclusion d'un amour de « mère », ou plutôt d'une femme qui serait la mère de son amour, l'*auteur* de ce qu'elle aime (peut-être l'auteur de son écriture où elle s'aime plus loin qu'elle), au point de se retrouver *plus loin* que son produit ou que son texte qui en parle; projetée par lui ou expulsée, arrachée à cette phase narcissique de l'amour où on ne décolle de soi que pour y *inclure* l'autre. L'amour détruit ces inclusions et les ramène à la présence de lettres qui ne s'incluent pas, mais qu'attire le vide du monde qui entre elles se produit.

Aimer est-ce se retrouver *avec* l'Autre, non conjoints d'une même métaphore, ou manquants l'un de l'autre pour faire un, mais bords d'un creux qui s'est produit dans la langue quand y surgit le désir de *se* dire? On peut aimer l'autre simplement pour la place qu'il tient dans ce rapport au dire, aimer cette place, même si personne n'y passe, l'aimer pour le terrible manque de passage qui s'y fait sentir... Cet amour, sans autre objet que la flèche immobile qu'il a lancée dans son vide, cet amour qui creuse le lieu que lui-même constitue, peut dévorer l'Autre comme constellation de langage, s'y consumer, viser l'Autre comme lettre, s'écrire pour lui en toutes lettres... : ce n'est pas pour autant l'amour de la lettre comme objet; on peut toujours aimer l'autre *comme* la lettre qu'il n'est pas... et qu'on croit être. La lettre ne garantit rien, et ne suffit pas à extraire l' « amour » de son espace narcissique, espace paradoxal ou à s'éloigner le plus de soi on s'y enlise avec passion, ayant déjà intégré l'objet qui déroutait (ici, la lettre...); l'amour, dans son temps narcissique et passé un certain seuil, se passe du corps; il peut dévorer l'autre sous forme de mots, des mots qu'il en fait. On peut se déposséder de son corps (quel(le) hystérique ne dit pas que son corps n'est pas le sien?...), si par cette voie on croit posséder l'*autre* corps, pris au mot pour l'occasion [43].

Ce dialogue de la belle au miroir, nous l'avons vu, c'est au miroir de l'Autre-belle, ou de la beauté de l'Autre, qu'il s'aiguise, ou se brise; là où l'hystérie est ombiliquée et s'entretient de s'arracher à elle-même, arrachement de masques dont elle nourrit la « mascarade » qu'on lui impute [44], alors que rien ne l'exaspère autant que

43. N'est-ce pas le fantasme majeur de certains écrivains, que de se monnayer en mots et de s'aimer ou de se mirer dans ces mots qui sont les leurs et par où ils rejoignent l'ombre de l'Autre qu'ils ne sont pas?, répétant ainsi le dialogue tragique de la belle au miroir : ils *s'écrivent*. Ce narcissisme aux ruses variables peut saisir tout un corps social, formant un écrivain multiple qui s'écrirait sa vanité, chaque membre de la cohorte regardant l'écrit de l'autre pour s'y regarder... faute de « dire ».
44. Mascarade ici n'ayant pas le sens péjoratif; c'est un déploiement du masque, lequel est lié au mot hébreu archaïque *massékha*, signifiant,

ladite mascarade, et les semblants dont elle croit que la beauté s'entoure. Tout cela est clair; mais il s'ensuit que ce dialogue au miroir est, au-delà de la belle qui questionne sur sa « beauté », le dialogue de *quiconque interroge* sur « sa » différence ou son identité *un regard* qu'il croit neutre mais qui se révèle très vite en connivence avec le savoir de cette différence. Ce partage de la beauté est analogue à celui de l'inconscient, ou à ce qu'il faut de « travail » et de tension pour annexer au langage un élément de cette beauté, conçue comme cri insignifiable du regard, ou de toute autre pulsion.

Là-dessus, une femme s'écria tout à trac : « Y en a marre qu'une belle femme feigne d'ignorer qu'elle l'est! » Pourquoi voulait-elle assigner toute belle au savoir de sa beauté, et, la mesurant à ce savoir, la révéler insuffisante? Elle avait perçu, malgré ou grâce à sa colère, que la beauté a partie liée avec ce lieu de non-savoir à quoi toute belle *tient* avec raison comme à une marque d'incons-cient qui la sauve de la mort, un geste conjuratoire pour aveugler l'Autre malveillant ou détourner son mauvais œil[45]. Et voici qu'excédée, moins de n'être pas belle que de voir l'autre *ancrer sa beauté dans de l'inconscient*, l'une veut imposer à toute autre : *il faut* que tu saches que tu es belle pour qu'il soit dit que tu ne l'es pas tant... Heureusement, la beauté a partie liée avec l'inconscient dans la mesure où il en revient, au corps, quelques effets d'acuité.

Autant dire que la beauté est un greffon de l'inconscient, inerte ou immobile, qui en appelle à se dissoudre... C'est dire autrement que la beauté est une somatisation de l'amour qui tente de se « résoudre » en corps à modifier ou à faire naître. Et la mort là-dedans? (puisqu'on ne pense pas la beauté sans connotation de mort...) Justement, certaines formes de la beauté sont une *érotisation de la mort* pour elle-même, pour la vie où elle s'abîme; érotisation qui tente de se somatiser, de prendre corps même si c'est pour y échapper. (Une vraie somatisation ne tient pas en place, elle est mobile, au point que naguère on voyait l'hystérie comme utérus mouvant sur le corps, et mouvant le corps.)

Et devant l'œuvre d' « art », ou devant tel effet cosmique que la recherche du physicien vient de surprendre? ou simplement devant cette chaîne de montagnes que je trouve belle et au pied de laquelle, scribe accablé je m'enchaîne aux mots qui viennent dans l'espoir sournois de déchaîner l'Autre? où est le soma et de quel

au-delà du masque où s'invoque la divinité absente, la fonction même de l'*abri* (soukka...); que l'hystérique s'abrite dans l'hystérie ne rend que plus poignant le non-lieu qu'elle y trouve...
45. La question du mauvais œil revient dans la suite de *l'Entre-deux-femmes*, p. 240 de ce livre.

amour s'agit-il? (Serions-nous les *soma* multipliés de quelque grand corps – ce cosmos – oublieux de lui et de nous, absorbé qu'il est à *être* la vie? Serions-nous la trace ou les déchets de son oubli de soi?) Le soma en question est ce nouveau lieu où s'excroît la vie; dans ce passage entre le Soma qui se prolonge, se supplémente et se transmet, et la Transmission d'inconscient qui prend corps et se somatise, l'amour se retient pour un temps, quitte à être victime de son consentement au sommeil.

Bien sûr, viennent accentuer cette beauté, l'aggraver, quelques détails, comme cette absence totale de rapport entre nous et cette « chaîne », ou cet enchaînement du cosmos : absence sur fond de quoi elle se pose pourtant comme réserve infinie de nos « périodes », de nos rythmes, de toutes nos morts, mais en laissant poindre l'infime point d'accrochage où elle se « somatise » en nous, au sens où elle nous réduit corps et biens à notre mesure ponctuelle; ce simple consentement est une forme de *l'amour*, puisque par lui on est doté d'une mort et d'une vivante limite, celle-là même qui se laisse dire, formuler, dans telle loi physique qui se découvre. Dans ce rapport, l'Autre, la chaîne, l'effet physique... m'avait complètement perdu de vue, et au fond de cette perdition j'inscris un point, je m'inscris : simple ponctuation (c'est-à-dire rythme) qui nous lie, et lie nos deux mortalités, nos dérives imparfaites [46]...

La beauté, corrosion de l'être qui se creuse un supplément d'être, incandescence ou mine pétrifiée de l'amour, tantôt prête à se dissoudre tantôt rétive à toute mémoire... Les deux extrêmes se croisent en un même point : la beauté de la femme frigide, absorbée par l'Autre qui peut n'être qu'elle-même, ou qu'elle remplace en vain, et la beauté de la femme jouissante égarée par l'Autre qu'elle absorbe en vain, et dévoyée des emblèmes de sa beauté.

C'est donc au *passage* de la beauté que je m'en tiendrai, à son effet de transmission fugace par des mots qui seuls trouent les images. Une telle passe, entre femmes, ou plutôt *parmi la femme* (d'une part à l'autre de l'*elle* qui vibre) est question de vie ou de mort. En voici un effet de déchirure plus signifiant que l'exaspération devant le non-savoir ou les semblants. C'est au mariage; la mariée, « en soi » pas très belle, était belle ce jour-là comme la rumeur dit qu'elle doit l'être (et pour cause : elle somatise l'amour en beauté; l'amour du lien à quoi elle donne lieu; elle prend sur elle la richesse d'un lien symbolique); et on voyait à peine que dans la trame de ce lien l'homme était plus falot que d'ordinaire. Il figurait, prêtait corps (à l'Autre), et ça suffisait; l'essentiel se passant de la mère à sa fille. La

---

46. En jargon psychanalytique, on pourrait dire qu'en ce point de contact s'articulent deux « castrations »..., de Soi et de l'Autre.

mère, voyant toutes les belles-sœurs brus et cousines dans leurs arrogantes et « naturelles » beautés, murmure pour sa fille qui se mariait, sur le mode d'une prière, et assez haut pour que, témoin, j'entende, ceci : « La beauté que *tu n'as pas eue*, que ce soit Dieu qui te la donne... » Je restai coi devant cet appel, inutile du reste puisque « Dieu » avait déjà compris, envoyant un sûr rayon de beauté sur ce visage ingrat, qui justement rayonnait. Alors, que faisait la mère ? A l'évidence, elle n'avait rien laissé passer de « féminin » à sa fille qui s'était jusque-là débattue pour se faire une image, recoller les morceaux, rattraper des débris signifiants. Et cette âpre lutte pour la vie, dans sa plus mince trame symbolique, ne laisse pas le « temps » d'être belle ; pas la place ; quand les moindres gestes ou expressions doivent parcourir un vide immense pour se trouver un point d'appui... La fille semblait se débattre dans sa robe et ses voiles, encombrée par ces emblèmes trop réservés aux autres femmes – et à la seule « vraie » femme, sa mère – comme si, au service du féminin dont elle agitait l'attirail, elle devait par sa maladresse garantir l'arrogance des autres, de même que son visage ingrat et son corps neutralisé avaient dû garantir à sa mère sa souveraineté sans rivale. Et voici que la mère, au temps limite de cette coupure, *donnait* quelque chose en reconnaissant que si elle n'avait rien donné, *ça avait été plus fort qu'elle*. Dans son appel à l'Autre lieu, elle faisait signe de son impuissance, abolissant après coup le barrage qu'elle avait fait ; après coup et un peu tard, c'était un geste conjuratoire pour *délier* l'interdit qu'à son insu elle avait mis autour d'elle : l'interdit de vie sur l'autre femme...

On sent l'autre enjeu, celui non pas d'annexer la beauté au symbolique mais de faire passer le symbolique par la beauté ; le symbolique comme parole non pas idéale mais identique à sa transmission inconsciente (c'est-à-dire à ce qui, justement, la désidentifie...) parole porteuse de ses lignes de fuite, et constructive d'un désir. Cet enjeu a quelque chose d'insoutenable ou de futile : on ne *cherche* pas la beauté ; elle signe de surcroît l'instant fugace où ça se passe, et où le dire qui se cherche trouve le passage de justesse...

Pour chacun il y a des temps des gestes des mots qui sont le comble de la beauté. Parfois ce qu'ils *signalent* semble évident : telle posture d'un corps, par exemple, promesse apparente d'une jouissance limite. Le plus souvent ces signaux sont opaques ou « absurdes » ; pour l'Homme-aux-rats soigné par Freud, c'est le son du cor que fait le cocher dans la rue qui le bouleverse par sa « beauté » ; pour tel pervers c'est l'éclosion inattendue de son fétiche ; sans doute ces signaux satisfont secrètement quelque symptôme, irriguent dans l'ombre les racines de quelque attache inconsciente. Cela signifie déjà qu'au-delà d'une « satisfaction », il y a des mots, des gestes, des moments habités d'un rythme inconscient, modelés sur lui, et qui à leur retour rayonnent une telle autonomie de la signification qu'ils semblent au-delà ou en marge de tout ce qu'on peut en dire. On répète assez la beauté ne « veut » rien dire, mais son apparition fait acte, son autonomie se passe de nous, et nous relègue dans une sorte de passivité passionnée. C'est par cette autosuffisance que la beauté peut être source de fétiches ; elle nous promet ou nous donne de quoi faire des objets « divins » saturés de signification ; au point qu'inversement pour tel pervers, son fétiche est « beau » parce qu'il assure l'autonomie de signifiance que chacun attend de la beauté. On l'a vu dans la séduction : cette autosuffisance narcissique qui prend forme de beauté nous séduit par la promesse qu'elle nous fait de pouvoir la faire vibrer, la faire vaciller, y être pour quelque chose, y avoir part, la « partager », y compris au sens de la « casser ». C'est ce corps à corps avec la beauté qui nous importe : la beauté est une trouée de notre champ narcissique par la présence en lui de l'Autre, de la dimension du tout-autre. Et curieusement, nous produisons de manière factice cette trouée, en enveloppant ce qui nous semble beau, ne serait-ce que par le regard. On ne pourrait sans doute pas dire que cette montagne ou cette peinture est belle si notre regard ne pouvait en faire le *tour*, et se constituer ainsi, nous constituer, comme l'enveloppe fragile et factice de cette « beauté » qui semble à la fois nous appartenir et faire irruption en nous comme un corps étranger ; et c'est sans doute cet effet de bord, cette inclusion-exclusion, qui est décisive dans notre *enthousiasme*, dans notre sentiment d'être aux prises avec la beauté et peut-être de faire corps avec, de la supposer inséparable du rapport que nous avons avec elle, nous qui sommes là à la trouver « belle ». La langue l'a comme retenu, cet effet d'encadrement vacillant, lorsqu'elle dit de ceux qu'on n'aime pas : qu'on n'arrive pas à les encadrer. Toujours est-il que dans le champ de notre présence à nous-mêmes, cette trouée insinue une sensation d'autosuffisance du côté de l'Autre, soudain couplée à notre insuffisance. Ce que devient ce couplage est une autre affaire, mais on sent à quel point c'est proche de ce qui fait la *douleur* : une irruption de l'Autre comme tel dans notre champ narcissique. La parenté des deux trajets, celui de la douleur et celui de la beauté, est peut-être encore plus intime ; ce qui ne signifie pas que la beauté fasse souffrir ou *soit* douleur (encore que des expériences perverses la visent de ce côté-là). Mais elle présentifie une figure de l'Autre qui, se parlant à lui-même, réaliserait la plénitude autonome du langage qu'il est. Bien sûr, ce que se dit une chaîne de montagnes à elle-même, on n'est pas très initié pour l'entendre (encore qu'on ne se prive pas d'y projeter bien des choses, sans être un fanatique panthéiste), mais ce que se disent entre eux les fragments d'une peinture, les éléments d'une sculpture ou d'une construction, ou d'un poème, nous essayons de l'entendre, nous en faisons même une « science », un « art », ou simplement une manière de s'insinuer entre les parties de l'œuvre d'art auxquelles on *suppose* une trame interne, que nous prétendons « retrouver », ou du moins prolonger, conscients de ce que cet Autre absolu qui fait intrusion et trouée dans notre champ narcissique, et qui semble nous réduire à rien ou presque, nous laisse pourtant la possibilité de le cerner par fragments (ce qui entame sérieusement son autonomie), et nous permet même quelquefois de capturer l' « animal », de le dompter, de le dresser, en vain, car le *mouvement* qu'il a déclenché est *infini*. L'Homme-aux-rats trouvait beaux les bruits du cocher, et Freud trouvait sûrement encore plus beau de ramener toute l'esthétique de son patient au bruitage anal de son père à travers le cor du cocher. Et nous retrouvons ainsi le mouvement infini par lequel la signification prend vie, s'étiole et se transmet par d'autres niveaux. Nous avons vu qu'à remonter jusqu'à l'événement « traumatique » qui revient se nourrir dans la « beauté », ce qu'on trouve est plutôt un foisonnement, un branle-bas de langage ; non l'origine ou la source du langage, mais un langage en train de prendre forme et de se couper de lui-même.

La beauté séduit parce qu'elle semble avoir surmonté notre fantasme fondamental – d'un langage ressaisi à son origine, d'un inconscient enfin redevenu transparent, dans son opacité même ; car la beauté se pose comme transparence de l'invisible, triomphe sur les brisures du symbolique dont elle relaye, ailleurs et au-delà, les liaisons manquantes ; alors même qu'elle est aussi une castration du langage (parfois elle vous « coupe » la parole), dont elle entame les acuités les plus « symboliques » : elle est un point de mutation (ou d'effritement...) du langage.

« C'EST LUI – C'EST ELLE »
(ou du « premier amour »)

Un mot d'abord sur l'*unicité*, cet accent inéluctable de tout ce qui est « premier ». L'objet de l'amour (comme on dit l'objet du litige) est unique : c'est l'amour; mais ce qu'on appelle l'*objet* (au sens de l'être qu'on aime) ne l'est visiblement pas; c'est la place où on le met qui est « unique » : convergence d'intensités inconscientes qui captent l' « objet »; elle est faite du rapport à ce qui dans notre langage nous déborde de son manque. L'unicité de cette place (y compris dans sa difficulté à trouver place) est telle que d'aucuns y mettent n'importe quel « objet », pourvu que par au moins un trait, un *seul*, il s'y rattache.

Il est comique qu'on appelle *genre* (« c'est pas son genre »...) le type d'être qu'on peut ainsi se mettre dans la peau ou sous la dent, autrement dit l'être qu'on inclut exactement à cette « place », qui n'est faite pourtant que d'être *déplacée*, et de porter dans ses déplacements la question sur nos chances d'avoir lieu.

S'il y a tant d'abjection liée à cette « unicité » autour d'amours qui se veulent « uniques » et qui prennent fin pourtant, non sans veulerie à forcer la prolongation – c'est que la place ou plutôt le lieu de l'amour étant un niveau de « lettre » et de langage, on répugne à reconnaître que tel corps n'est pas un nom, qu'en somme il n'est pas identique à la fissure du langage, qu'il est un *passage* en ce lieu mais non le lieu lui-même. On se refuse à ce qu'un être soit « divin » sans être Dieu – ce qui résoudrait commodément, une fois pour toutes, cette béance de l'origine; bref on aimerait bien reporter sur l'être aimé l'illusion qu'on se fait sur sa Mère lorsque, enfant, on l'identifie au langage en personne. C'est pourtant une chance pour l'être qu'on aime, pour le corps qu'on aime, de n'être pas à cette place; au moins il n'y sera pas sacrifié, crucifié...

Cela n'exclut pas qu'on puisse, fortuitement, aimer un être « unique ». Mais de façon délibérée, arrêtée, cela impliquerait une forme de haine, en tant que la haine est un achèvement de l'amour, une forme arrêtée de l'amour (aimer quelqu'un *exprès* c'est le haïr). L'exemple le plus banal de ceux qui n'aiment qu'une seule fois – unique amour – nous est fourni par ceux qui pour ainsi dire n'ont pas d'amour : toute rencontre possible trouve chez eux l'amour absent ou interdit, c'est-à-dire réservé à l'être *unique*, parfois nommable (le père, la tante, le frère...), le plus souvent innommable et fantôme, figure exsangue et incrustée de ce qui manque à chaque être pour être *celui-là*..., et à chaque *fois* pour être *celle-là*. C'est donc la cohorte de ceux qui n'ont d'amour que pour leur fantasme, ou dont les potentiels d'amour sont inclus, cernés, à l'intérieur du fantasme qu'ils n'ont jamais traversé et qui devient « la fois » qu'ils aiment, celle qui n'a pas d'*autrefois*. Ce fantasme était conçu pour faire place à l'amour, pour que le langage tourne un peu rond, soit praticable ; et il y arrive trop bien, le fantasme ; ça tourne en rond.

Pourtant, ces êtres corsetés de leur fantasme peuvent rencontrer l'amour, lorsqu'ils trébuchent comme par lapsus sur un être assez *inaverti* de ce fantasme pour le traverser à son insu, pour le « retourner » sans le savoir, ignorant même le danger mortel qu'il courait de s'y ajuster trop bien.

C'est comme pour la frigidité, surprise par un non-savoir plus distrait et consentant qu'elle n'était vigilante.

Mais plus souvent, l'*unicité* sert à nommer l'être qui déclenche notre amour : il est unique. Et c'est dans la rencontre que son effet est éclatant, non pas ouvre un seuil, mais constitue, invente le seuil où on s'engouffre. Le « *c'est lui/c'est elle* » qui scande ou qui nomme certaines rencontres fulgurantes est plus complexe qu'on ne croit ; une fois exclu le cas banal où le fantasme a figuré, tel un portrait que lors de la rencontre on sort de sa poche avec l'ahurissement d'en voir le double devant soi (et dans ces cas on sait troubler sa vue juste ce qu'il faut pour voir double), reste l'événement plus inspiré où le « c'est lui/c'est elle », – c'est Ça – s'impose comme traversée soudaine, infinie, exhaustive de tous les risques que ce ne soit pas ça, et en même temps, au même *instant*, tous ces « non » écartés mettent à nu l'affirmation primordiale, celle d'une trouvaille qui saurait qu'elle en est une ; le savoir, inconscient où elle était (joint à l'ignorance distraite qu'elle avait pour nous) n'a pas empêché la rencontre. La rencontre avait risqué la perte ultime, qui lui est revenue en gain submergeant.

L'impression de hasard, d'un coup heureux du sort, cède vite la place à la sensation aiguë que « ce n'est pas par hasard » ; que plus il y avait de « hasard », plus nos actes antérieurs se révèlent l'avoir piégé, nous avoir piégé *avec*. D'ailleurs les amants *rient*, moins de leur trouvaille réciproque (celle qui les fit se trouver) que du « *plus de jouir* » débordant qui leur arrive, de voir après coup leurs actes et leurs mots les plus simples avoir contribué, par une nécessité inflexible et ténue, à *créer* la rencontre, à faire qu'elle en soit une, et à faire jaillir du coup la source infinie d'une signifiance maximale, celle qui jaillit aux cassures, aux *singularités* instables de nos dynamiques les plus établies. (Poincaré définissait le hasard comme singularités structurellement instables d'une dynamique.) N'est-ce pas le moins à attendre de l'amour : qu'il mette hors d'elle notre dynamique et nous retrouve à ses confins?

Cette nécessité est du même ordre que celle qui d'ordinaire précipite un être dans son fantasme, ou deux êtres dans un enchaînement de pièges qu'on dirait préparés pour eux; sauf qu'ici l'enchaînement est d'amour; c'est dire qu'il est ouvert, béant, et qu'il inclut son déchaînement; ce piège est un jouet, un potentiel de jeu, une jouissance... Les amants peuvent toujours dire : j'aimais, et je ne savais pas que c'*était* toi; là où c'était... toi, je suis **venu(e)**; « c'est ça » (cessât l'ennui...). Mais d'évidence ils aiment l'inconscient qui les a recueillis ensemble, à leur insu; ils aiment l'amour auquel sans savoir ils ont su faire place, et qui en retour leur donne lieu.

C'est lorsqu'il s'agit d'*habiter* ensemble ce lieu fugace que les choses se gâtent; pour la plus simple des raisons : l'un, ou pire chacun, prend l'autre pour son fantasme ou se prend pour le fantasme de l'autre; si la rencontre n'a pas trouvé l'impulsion, l'inspiration de briser l'un sur l'autre les deux fantasmes; c'est « bien dommage », car la rencontre, justement, était une traversée du fantasme qu'elle rendait presque « inutile », ou plutôt elle le « rendait », elle le remettait à sa place, apportant en échange la possibilité renouvelée de « fantasmer » à profusion, puisque l'autre qu'on aime est un pan de notre inconscient.

Cette impossible inclusion réciproque des fantasmes, cette impossible méprise (où chacun s'est pris s'est mépris – c'est mépris – pour l'autre, où chacun s'aimait pris pour l'autre) produit le sabotage bien connu, impraticable, où chacun pleure le déferlement de leurre et se récrie d'avoir par l'autre été pris pour son fantasme et pas « pour Moi tel(le) que je suis ». Ces pleurnicheries ne seraient rien si, ayant pris l'autre pour son fantasme, on n'avait justement *horreur* de vivre avec son fantasme à l'état de « réalité ». Le fait que notre fantasme prenne corps semble déchaîner (ou consister en) un jet d'instinct de mort, de destruction, assez ravageant.

Cet effet intrinsèque de la rencontre amoureuse, cet effet d'unicité signifiante que nous appellerons « c'est lui/c'est elle » (ou « c'est ça »), nous allons voir sa mise en place dans deux formes très étrangères en apparence de « Premier amour » : celui de Beckett, et le premier amour dont parle la Bible, qui n'est ni celui d'Adam et

Eve (dont on dit seulement qu'ils se « connurent » : qu'ils ont baisé et enfanté), ni celui d'Abraham et Sarah (puisque s'ils s'aimaient, leur amour courait déjà bon train quand le récit les prend en charge), mais c'est la rencontre d'amour entre Isaac, le fils d'Abraham, et Rebecca. Dans les deux cas, c'est la mise en place d'un dispositif d'inconscient, d'une machine à coupler les inconscients, même s'il arrive que le couplage la mette en panne aussitôt (Beckett). Auparavant quelques remarques. L'attention qu'on porte dans l'état amoureux aux faits de « hasard » (en sachant qu'il n'en est pas un) et à tout ce qui, occulte ou pas, alimente les « superstitions », bref toutes ces attentions écorchées à tout ce qui peut venir d'ailleurs nous signifier l'ailleurs où nous sommes (l'exil qu'est l'amour, hors du Moi et du non-Moi), toute cette stratégie signifiante vise à fléchir l'inconscient, à l'inventer presque car on en doute, à en forcer le passage à l'acte, l'acte de rassembler les amants dans le Lieu étrange qu'il constitue. La question qui a beaucoup excité les surréalistes, sur la part de hasard et de nécessité dans la rencontre de l'amour, est donc assez naïve (d'où son charme pour certains), car chacun voit que dans ses rencontres les plus méditées calculées réfléchies, il travaille à susciter l'aléatoire ou le « hasard », et que c'est sa façon d'en appeler à l'inconscient, au point de disfonctionnement de sa dynamique; c'est sa manière de vouloir vivre la nécessité de son hasard pour ouvrir grand, aux vents du destin et de l'inattendu, ses constructions les plus enkystées; car aux êtres pétrifiés dans leur « être », l'amour inspire l'envie de se détruire pour trouver l'interstice de vie, briser le cristal qu'on est devenu, au risque de partir en fumée, fumée d'un sacrifice que la mort fait à la vie.

N'était cet effet d'inconscient, on comprendrait mal ce fait étrange et fréquent : que pour savoir si l'autre m'aime il me suffit de savoir si je l'aime, mais d'un savoir tel que j'en sois pour ainsi dire abstrait, exclu que je sois, à ce savoir, présent comme autre, représenté par l'autre que je puis être; alors je suis sûr qu'*il y a* de l'amour, et le fait pour moi d'y être présent (« pour moi » : pour ce qui reste du Moi au terme de cette évasion moïque) est identique au fait que l'autre y soit aussi. (Ce qui n'implique en rien une plate réciprocité : je l'aime donc il/elle m'aime. Nous avons vu ailleurs des formes plus fines de réciprocité : je l'aime donc il-elle est aimé(e) par moi; c'est déjà énorme : l'autre supporte mal d'être seulement pris comme complément du verbe *aimer* en pleine conjugaison. Mais déjà « je te regarde » ou « je te suis » ou « je t'attends » l'engagent, cet autre, à être presque pris en gage; à fortiori, le « je t'aime » semble lui mettre en main un explosif, le risque de voir son identité exploser, son disque se rayer, son espace se scinder...) Le « critère » que je donne n'est donc pas « opérationnel », car l'état d'esprit que j'évoque et d'où émerge la certitude de l'*amour réciproque* ne se produit que si précisément l'amour a lieu. C'est bien parce qu'il ne ment jamais que ce « critère » absolu ne peut servir en cas d' « incertitude » : pour que je puisse à ce point m'abstraire de moi, il faut que l'autre déjà occupe la place, m'y précède pour ainsi dire (si tel n'était pas le cas, on serait en pleine toute-puissance de la pensée...). Ce « critère » ridicule ne sert qu'à dire : oui il y a amour, et partagé, dans tous les cas où c'est vrai, et où par conséquent le oui qu'il fournit est *inutile*, du moins comme indication ou réponse ; car comme jouissance, ce oui est béni : dans l'amour il n'y a pas de jouissances « inutiles ». Autrement dit c'est une « grâce », et la grâce, elle est là ou pas ; quand elle est là on ne se pose pas la question de le savoir ; l'inconscient en *est* le savoir, lui qui signale l'*unicité* de l'amour, et ce préjugé bien connu que l'amour vrai ne connaît pas le temps et la durée ; on ne peut mieux dire qu'il est inconscient, sachant que l'inconscient aussi ne connaît pas le temps, puisqu'il l'est.

Venons-en au premier amour ; celui de Beckett et de la Bible, donc ; ils ont quelques points d'attache qui justifient la « folie » de les rapprocher : la place faite au père, à sa mort, à la transmission de vie, et au dispositif d'inconscient qui d'un être quelconque et semble-t-il indifférent fait dire : c'est lui/c'est elle, et fait coïncider cet avènement d'inconscient avec l'étrange mot qu'est l'amour. Des deux textes, ce sont ces rares fibres, essentielles, que nous allons tendre et entendre.

« *Premier Amour* »

Dans *Premier Amour* de Beckett, le narrateur nous précise que son « mariage » (qui se révélera une cohabitation déréelle avec une putain) s'*associe* dans le temps avec la mort de son père. (C'est d'ailleurs de devenir « père » lui-même qui l'expulsera littéralement de cette « union ».) Il nous transmet aussi la seule parole du père à son endroit, dans la maison familiale : « Laissez-le, il ne gêne personne » ; le père a donc authentifié le fait que *le fils fait bien le mort*. Du reste, ce lien unique mais essentiel entre père et fils ne concerne pas les êtres humains mais les légumes, les tomates : « Il n'y avait que mon père et moi pour comprendre les tomates dans cette maison. » Sont aussi évoquées quelques visites au cimetière (revoir la date de la mort du père, c'est important) où le narrateur « mange avec plus d'appétit assis sur une tombe » et il « butine les inscriptions. Elles ne m'ont jamais déçu les inscriptions, il y en a toujours trois ou quatre d'une telle drôlerie que je dois m'agripper à la croix ou à la stèle ou à l'ange pour ne pas tomber ». Quant à la manière dont se fomente et se met en place la *rencontre* de l'amour, c'est justement en plein dans la question la plus pure et dérisoire de la *place* : le lieu est un banc où le narrateur va s'allonger tous les soirs et passer la nuit, faute d'autre lit, dans un endroit retiré ; et voici qu'un soir une femme s'approche et dit : « *Faites-moi une place.* » Le banc était pourtant « bien situé, adossé à un monceau de terre et de détritus durcis, de sorte que mes arrières étaient couverts », entre deux arbres morts, n'ayant en face que le canal, « ce qui faisait que de ce côté-là non plus je ne risquais pas d'être surpris. Et cependant *elle* me surprit » ; d'une parole radicale qui l'oblige lui à se replier, à replier ses jambes du moins. Elle s'assoit donc, il ne se passe rien et l'absence d'autre lieu où aller facilite cette première infiltration de l'autre. Le jour suivant elle revient. « Je lui demandai s'il était dans ses projets de venir me déranger tous les soirs. Je vous dérange ? dit-elle... je croyais que nous étions bien, dit-elle. Vous me dérangez dis-je, je ne peux pas m'allonger quand vous êtes là... Vous tenez tant que ça à vous allonger ? dit-elle... vous n'avez qu'à poser vos pieds sur mes genoux... Je ne me fis pas prier. » *Le piège du langage* (« le tort qu'on a c'est d'adresser la parole aux gens ») *s'est refermé*, vite relayé par la prise de corps, l'entrelacs des corps, qui devient leur lieu commun, le lien des corps ; métamorphose de la place : elle glisse ses genoux sous les jambes de l'homme ; levier ; le soulèvement commence : « Elle se mit à me caresser les chevilles » ; c'est le pied qu'elle caresse, mais sans avoir consulté de bréviaire psychanalytique le narrateur prend son pied pour un substitut d'autre chose ; et sur le mode plutôt agressif : « Si je lui envoyais un coup de talon dans le con, me dis-je. » C'est d'ailleurs lui qui parlera de « phallus » : « Les femmes flairent un phallus en l'air à plus de dix kilomètres et se demandent comment a-t-il pu me voir celui-là ? » Dans ce second temps du soulèvement, le langage est à bout de lui-même, relayé par le nouement des corps, plutôt chaste et grotesque dans sa métaphore, mais déjà tout y est dit : ça bande, « le lot de chacun... moi-même je n'y coupai pas... elle s'en aperçut naturellement », c'est bien sûr très « dérangeant » pour quelqu'un qui a choisi de se livrer avec ivresse à l'instinct d'une certaine mort, à « l'assoupissement de l'idée de moi et de l'idée de ce petit résidu de vétilles empoisonnantes qu'on appelle le non-moi, et même le monde par paresse ». Mais quand, aux limites du langage les corps s'en mêlent, justement on n'est plus « soi-même » ; à croire que l'amour prend de vitesse l'instinct de mort, et veut réaliser par d'autres voies et d'autres moyens l'exil de soi et l'exil du monde ; par le biais non de l'assoupissement, mais du dérangement extrême. Et c'est sur le terrain du corps que l'amour s'avance, dans les plates-bandes et le haut lieu de ce même instinct de mort, dans le temple des principes de plaisir et du minimum d'excitation. Au temps suivant du « soulèvement » la greffe a pris entre noms et corps : elle dérange en prenant de la place, mais voici qu'*absente* elle le dérange aussi. Elle a pris la place du manque, elle y a mis le pied, elle est devenue un élément de langage (il pense à elle « beaucoup, beaucoup, vingt minutes, vingt-cinq minutes et jusqu'à une demi-heure par jour »!); pour qui a choisi de sombrer dans la non-pensée, sinon dans l'impensable, c'est énorme d'encaisser cet élément vibrant vrillant blessant de langage. Il lui aura donc fait place jusque dans son désir de n'avoir place nulle part; comme quoi on peut aimer *avec* son instinct de mort; avec toutes ces histoires où on s'aime à mort... Mais pour l'instant on n'a pas encore prononcé l' « horrible » mot d'*amour*. L'homme se débat, il le faut bien, et son désir d'être mort ou plutôt de n'être pas né s'exprime dans cette veulerie banale : il lui met son désir sur le dos et à elle de décider : lui, il en a assez, qu'elle vienne « seulement *de temps en temps* »; ce qui ne veut rien dire, si ce n'est peut-être cette énormité : qu'elle fasse battre son désir à elle au rythme du sien mais *sans qu'il le sache*, sans que ça le dérange... La demande semble minimale, elle est exorbitante. D'ailleurs l'autre se défend; la question des *rendez-vous* est essentielle et dérisoire, c'est ce qui signe les rencontres : « Elle voulait savoir ce que j'entendais par *de temps en temps*... Tous les huit jours?... tous les dix jours?... Je lui dis de venir moins souvent, beaucoup moins souvent, de ne plus venir du tout si *cela* se pouvait, et si cela ne se pouvait pas de venir le moins souvent *possible*. » Il en appelle à une force tierce et abstraite, à « *cela* », pour définir la fréquence, ou alors la fréquence sera définie par ce qui à l'autre sera « *possible* ». Ce passage essentiel où flotte une vague demande de prise en charge par une mère se ponctue curieusement d'une réflexion sur la « douleur »; le rêve de n'être que douleur; ce serait pas mal pour n'en ressentir aucune; mais ce serait « une concurrence déloyale faite à la vie »; et elle ne le supporterait pas... Que vient faire ici la douleur, sinon comme irruption de l'Autre pour masquer le rêve de *ne rien sentir*? Ah, si l'*Autre* n'était pas né ou était tout, si la vie n'était pas née, on n'en serait même pas là à le déplorer bêtement en prêtant flanc à la critique (le désir d'*être* pas-né est un des réduits les plus fous du narcissisme). Autre réflexion marginale et dont il ne voit pas le rapport avec le reste : un des « charmes » de son pays est « qu'il est peu peuplé malgré l'impossibilité de s'y procurer le moindre préservatif... tout y est à l'abandon sauf les vieilles selles de l'histoire ». Dans ce pays on n'est pas père volontiers, la paternité, comme passe de vie, est plus qu'inerte, submergée par le déchet; et malgré une volonté supérieure, étatique, de pousser à la fécondation, le tout flotte dans l'analité, qui seule inspire quelques élans (le narrateur avait déjà abondamment décrit ses scènes de constipation ou de diarrhée dans la maison paternelle). Et le voilà dans une étable, devant des « bouses sèches et creuses qui s'affaissaient avec un soupir quand j'y piquais le doigt » ; c'est là que « pour la première fois de ma vie... j'eus à me défendre contre un sentiment qui s'arrogeait peu à peu dans mon esprit glacé l'affreux nom d'amour ». « Oui je l'aimais... » La lutte n'est pas simple puisque notre homme souffre – ou plutôt jouit, bénéficie – du symptôme absolu, à l'état pur, c'est que faute d'être *pas-né* (signifiant ombilical de son texte), il veut être mort à l'intérieur de la vie, être mort et enrobé ou protégé par de la « vie » contre l'autre mort ; coupé de l'autre mort par une couche de vie bien dure et sèche à l'image de ces bouses de vache qui seront le vrai lieu de l'émanation amoureuse [1]. Le signe évident qu'il était atteint par l'amour, malade d'amour, c'est qu'il se voyait « tout d'un coup en train d'écrire le mot Lulu [le nom de l'être aimé, deux fois lu] sur une vieille bouse de génisse... ». Et pour qu'on ne s'y trompe pas, qu'on ne croie pas que c'est le nom ou son signifiant qui lui servait d'appui, il pense à elle sous un autre nom. « J'en ai marre de ce nom Lulu, et je vais lui en donner un autre, d'une syllabe cette fois, Anne, par exemple, ce n'est pas une syllabe mais ça ne fait rien. Alors je pensais à Anne, moi qui avais appris à ne penser à rien, sinon à mes douleurs... » Nous voilà avertis, ce n'est pas *tel* nom qu'on murmure avec un ravissement romantique, c'est la possibilité d'un nom, d'un brin de langage à inscrire avec son doigt sur ce corps merdique, ce doigt qu'ensuite il suçait. L'image est riche (je vous laisse la développer, objet métonymique, etc., bouclage oral-anal dans le court-circuit de l'écriture et de l'inscription...). L'amour se love au cœur du mot, et pas de tel ou tel mot ; c'est en quoi il permet de dire, il pousse à dire n'importe quoi. Et pour qui ne veut penser à *rien*, trébucher sur le nom d'un être en tant que ce nom est indifférent mais existant, persistant, c'est buter sur le langage même, sur l'ombilic des mots à arracher – vacherie – au corps même de sa génisse génitrice (si ça faisait du père un taureau...). Du coup, les corps et les gestes qui avaient pris le relais des mots viennent à nouveau se dissoudre dans les mots : « Si je ne l'avais aimée... aurais-je senti sous mon crâne ses cuisses palpiter comme deux traversins possédés ? » Le soulèvement est complet : les cuisses lui montent à la tête de sous les mollets où elles étaient au départ. Tout comme le nom de l'être aimé, ses cuisses acquièrent une mobilité abstraite et deviennent plus qu'un signifiant, un potentiel de *pensée*, trouée virtuelle des mots, traînée de poudre dans le langage.

Et c'est en ce point qu'il « monte », sans le savoir, le piège

---

1. Cette sépulture vivante où enterrer sa vie, protégé de l'autre mort, de l'Autre tout court, et de ses irruptions déplaisantes qui sont en l'occurrence l'amour : voilà qui semble une *définition* du symptôme.

d'amour inconscient, le dispositif où c'est l'amour qui nomme l'être rencontré, et qui le nomme au moyen de la rencontre où par « hasard » il s'est pris ; et d'être ainsi nommé, pris dans les lianes de la rencontre, cet autre sera aimé et s'imposera comme étant « autre » et pas un-autre ; étrange, familier – je vous ai toujours aimée... – c'est elle, c'est *ça*... En l'occurrence c'est très simple : il va au banc, au lieu de la rencontre « première », sans qu'elle en sache rien, mais avec l'idée que si elle est là, alors c'est que... c'est elle. Cela semble absurde, mais combien, après une rupture de lien amoureux, se sont rendus distraitement à un lieu familier de rencontre avec l'autre, et l'y ayant rencontré *cette fois-là*, comme à partir de rien, se sont retrouvés partant de ce rien intégralement réengagés dans la relation ? Il y va donc, au banc, pour la capter dans son absence ou pour, en la perdant, la retrouver dans le réel comme surgie de lui-même, ou répéter sa retrouvaille dans son absence, ou... etc. Or elle sera *présente*. (C'est ce qui la caractérise ; il arrive qu'on aime l'autre pour sa seule présence, dans le vide qu'on avait pris soin de faire.) Elle est *là*, le lien inconscient est donc bien serré, jusqu'à l'étranglement ; « Quel intérêt pouvait-elle bien avoir à me poursuivre ainsi ?... Elle me répondit qu'*elle ne le savait pas*... Que pouvait-elle voir en moi ? Je la priai de le dire si elle le pouvait. Elle me répondit qu'*elle ne le pouvait pas*. » L'autre confirme donc en toute simplicité son être-là, sans savoir ni pouvoir ; et pour finir : « C'est pour moi que vous êtes venue ? dis-je. *Oui*, dit-elle. » Autrement dit, cet inconscient où l'autre se trouve, et qui en un sens est le sien, enveloppe aussi de son *oui* le partenaire, le narrateur, on n'ose dire l' « amant », lequel saisit soudain le dédoublement qui s'est produit en même temps que la confusion où ce dédoublement se dissout, puisqu'il ajoute : « Eh bien, me voilà, dis-je – Et moi, ce n'était pas pour elle que j'étais venu ? *Me voilà, me voilà*, me dis-je. » On ne peut mieux dire qu'il est confondu avec l'autre et qu'il en est complètement distinct[2]. Bref, maintenant il sait que c'est elle. Mais relancé par l'instinct de mort, qu'il a plutôt vif et qui ne demande qu'à mettre l'avenir au compte du passé, il se demande, lui, si ce ne serait pas déjà fini (après tout, pourquoi ne pas dire : *c'était* elle ?...) : « Je m'assis à côté d'elle mais me relevai aussitôt, d'un bond, comme sous l'effet d'un fer chaud [n'oublions

---

2. Cela suggère de préciser l'*extension de soi* que réussit à faire l'amour, en s'inspirant d'analogies mathématiques ; posons que l'autre, l'être aimé soit l'ensemble de tout ce qui nous « annule », c'est-à-dire de tout ce qui, composé avec nous-même, nous ramène à une sorte de point *zéro*, originel ou pas ; eh bien, dans un second temps, l'amour nous transforme en un nouvel ensemble : l'ensemble de ce, qui composé avec l'autre, l'annule, c'est-à-dire le ramène avec nous à ce degré zéro de l'être. Ce nouvel ensemble est plus « vaste » que ce qu'on était, avant l'amour.
Si cette note ne vous dit rien, n'insistez pas...

pas qu'il a l'âme gelée, et que d'ailleurs il fait froid]. J'avais envie de m'en aller, *afin de savoir si c'était fini.* » Là encore, dans cette texture qui gratte jusqu'au rien le dérisoire, c'est une « grosse » question de l'expérience amoureuse qui est soulevée : est-ce que je l'aime *encore?* D'aucuns vont même se tortiller ou se torturer sur des divans d'analystes pour « seulement savoir si je l'aime », ne se doutant pas qu'en posant cette question à un tiers, c'est l'absence de tiers, l'absence d'Autre dans leur amour, qu'ils déplorent. Quand il n'est pas question d' « amour » mais de copulation, c'est quand on n'est que deux; (modèle : Adam et Eve). La question : « Est-ce que je l'aime? » est rigoureusement *impraticable* à deux; et c'est ce qu'illustre comiquement le narrateur. « Mais pour *plus de sûreté*, avant de m'en aller, je lui demandai de me chanter une chanson [...] elle chanta [...] puis je m'éloignai et tout en m'éloignant je l'entendais qui chantait [...] d'une voix [...] qui allait s'affaiblissant de plus en plus à mesure que je m'éloignais, et qui finalement se tut, soit qu'elle ait fini de chanter, soit que j'en fusse trop loin pour pouvoir l'entendre. » Ben oui : comment savoir? La *voix* de l'Autre peut bien servir de Tiers mais si on la déclenche *soi-même* pour mesurer à son intensité nos petits mouvements, il n'y a pas d'Autre, et le vertige duel se résout en va-et-vient. « Je fis donc quelques pas en arrière et je m'arrêtai. D'abord je n'entendais rien, puis j'entendais la voix... je ne l'entendais pas puis je l'entendais, je dus donc commencer à l'entendre à un moment donné [inférence d'une *origine*] et pourtant non, il n'y eut pas de commencement, tellement elle était sortie doucement du silence, tellement elle lui ressemblait. » « Puis me désespérant, me disant comment savoir à moins d'être à côté d'elle... je m'en allai pour de bon plein d'incertitude. » Si elle est devenue son inconscient à lui, comment en aurait-il un? L'identification est totale, mais non pas comme on le croit, de lui à elle, ou de l'un à l'autre des amants, mais d'un fantasme à l'autre, d'un inconscient ponctuel à un autre point d'inconscient. D'ailleurs il y retournera plus tard par hasard et elle y sera, non qu'elle vînt tous les soirs, elle venait « seulement de *temps en temps* ». La capture est d'autant plus forte que le lien tient aux bords les plus ténus du non-dit et de l'insu. Il ne l'entend même pas ni ne la voit venir au banc, lorsqu'il y va et qu'elle arrive après lui. Il n'y a plus alors qu'à déplacer la rencontre vers le nouveau lieu de l'amour, son deux-pièces-cuisine à elle. Il habitera dans le « salon » vidé de ses meubles, dans le sofa tourné contre le mur où il grimpe « comme un chien dans son panier ». C'est déjà essentiel *d'être avec elle pour ne plus penser à elle*, et pour commencer à dissoudre cette intrusion d'un corps étranger (qui n'est pas elle, mais l'amour), grâce à ces « descentes lentes vers les longues submersions dont j'étais depuis si longtemps privé, *par sa faute* ». Anéantir l'autre comme langage, en l'ayant justement devant soi, l'annuler comme langage dans la *perception* qu'on en a, après quoi il n'est même plus nécessaire de le percevoir ; il suffit de penser à sa présence, et cette pensée, à force d'être identique à elle-même, cesse d'être une pensée. Être avec l'autre pour ne plus y penser, pour ne plus penser, n'est-ce pas le lot des liens d'amour, mariage ou pas, inspirés par le désir d'être *enfin tranquille*, enrobé chacun dans son symptôme comme dans un sarcophage, côte à côte ; que cela s'appelle principe de plaisir (minimum de dérangement) ou instinct de mort revu et raffiné : faire le mort.... d'instinct ?

Mais n'oublions pas la nuit d'amour, la *première*. Il dort seul dans son sofa-niche, tenant un « faitout » à la main, qu'elle lui avait donné pour ses besoins, faute du « vase de nuit » qu'il avait demandé (les mots vase de nuit le faisant penser à Racine ou Baudelaire ; culture...). Le lendemain il se réveille après une nuit très agitée, Anne (*sic*) à côté de lui, « nue naturellement... Ce qu'elle avait dû se dépenser ! je tenais toujours le faitout à la main. Je regardais dedans. Je ne m'en étais pas servi. Je regardais mon sexe. Si seulement il avait su parler. Je n'en dirai pas plus long. Ce fut ma nuit d'amour ». Il tenait le faitout – permutable avec son sexe – mais c'est elle qui a *tout fait* ; elle s'était « dépensée ». Elle lui avait « fait » l'amour, ou le lui avait fait faire, comment savoir, puisque le sexe, tiers possible, s'entête à se taire. A l'oral-anal des affres de l'amour devant la bouse de vache, succède le sexe-anal, entre le faitout qu'il tient et le tout faire qu'elle maintient, elle qui (se) dépense et subvient aux besoins. Car elle lui apporte ses repas... « de temps en temps », l'oral-anal insistant dans cette espèce de casserole.

Concluons vite : il s'expulse de là, d'abord gêné par les bruits qui viennent de l'autre chambre, gloussements jappements de ce qui se révélera le travail de la putain avec ses clients ; puis parce qu' « un jour elle eut le culot de m'annoncer qu'elle était enceinte de mes œuvres [...] elle venait tout le temps m'assassiner avec *notre* enfant, me montrant son ventre et ses seins [...] me disant qu'elle le sentait qui bondissait déjà. S'il bondit, dis-je, il n'est pas de moi ». Entre-temps, il lui avait fait cette demande étrange : « S'il n'y aurait pas moyen, *de temps en temps*, de manger un *panais*. » Le signifiant pas-né insistait déjà dans le subtil agencement qu'il avait fait de sa propre « mort », isolée avons-nous dit de sa vraie mort par un cordon de vie inerte [3]. Du reste il associe le panais dans un éclair vaguement délirant aux violettes. Et surtout : « Un panais ! s'écria-t-elle, comme si j'avais exprimé le désir de *goûter du bébé juif.* »

---

3. Et dont l'écho arriva jusqu'à l'épitaphe qu'il s'était préparée :

> « Ci-gît qui y échappa tant
> qu'il n'en échappe que maintenant. »

Est-ce le désir de se manger comme fœtus, ou de manger le père comme cadavre-fœtus ? Le signifiant « bébé-juif » renverrait à la Pâque où l'on accusait les Juifs de manger leur pain délayé avec du sang de bébé chrétien ; ·il renverrait aussi au Christ (célébrant la même Pâque : mangez, ceci est mon corps...), donc à la mort du Fils pour sauver le Père, sachant d'ailleurs que la Pâque est la « fête » qui intéresse les nés, les aînés : le sacrifice pascal que font les Juifs célèbre le fait que leurs *premiers-nés* furent sauvés lorsque le Dieu biblique fit une descente en Égypte au moment de leur libération, et tua tous les aînés humains ou animaux. On voit que les panais de ce *« premier* amour » sont branchés sur un sacré micmac. Le narrateur fuira donc cette maison, chassé par le bruit du premier-né, du premier pas-pas-né... « Ce qui m'acheva, ce fut la naissance. J'en fus réveillé !... Les hurlements défiaient toute concurrence [laquelle viendrait de qui ?]. Cela devait être son *premier.* » En fuyant – étrange sortie d'Égypte, mais c'était à la recherche d'autres « sépultures où l'on peut vivre » – il répète avec la *voix de l'enfant* la même expérience qu'avec le chant de la femme lorsque naissait son premier amour : s'approcher, s'éloigner, tenter de maîtriser cette voix de l'Autre à défaut de l'étouffer ; ou parce qu'elle s'était de tout temps étouffée. Il ne trouve pas le seuil, le passage, dans cette voix de l'Autre. « Je ne savais pas bien où j'étais. Je cherchai parmi les étoiles et les constellations, les *chariots* [allusion aux chariots égyptiens qui sombrent ?...], mais je ne pus les trouver. Ils devaient cependant y être. C'est mon père qui me les avait montrés *le premier.* » Le signifiant « premier » fait se rejoindre le père mort et l'enfant qui vagit dans la même impossibilité, la même « sépulture » où le narrateur a choisi de vivre, condamné à sans cesse marcher pour couvrir ces cris d'enfant du bruit de ses pas, puisque chaque fois qu'il s'arrête, qu'il suspend son errance, les cris si faibles soient-ils se font entendre. Ce n'est pas une sotte métaphore pour piétiner son enfance, ou passer dessus...

Premier amour biblique

Le premier amour que la Bible raconte, dans sa Genèse, est lui entièrement centré sur le piège d'inconscient, le dispositif chargé de faire surgir et de capter toute cette série de « coïncidences » et de « hasards » qui après coup éblouit les amants en leur « interprétant » leurs actes antérieurs comme le tissage point par point de l'actuelle rencontre, et celle-ci comme l'aboutissement non pas d'une errance mais d'une recherche précise et concertée à leur insu, dans leur insu fomentée. Le dispositif doit faire en sorte que l'objet de désir soit « reconnu » (certitude du *ça*, et pas d'autre puisque l'*autre* c'est *ça*, sans réserve puisque l'autre est cette réserve infinie) et sans que ce soit une simple reconnaissance *duelle* où les amants se noient dans l'image l'un de l'autre. L'amour qui nous concerne *consiste* dans le fait que cette « reconnaissance » vienne comme un don de l'inconscient. Et la « folie » de l'amour, aussi dénigrée que chantée, vient de là; la fameuse capture hypnotique n'en est qu'une forme ou un effet.

Mais voyons d'abord le montage d'écriture (sous le signe du Rire, et prenant sa source... à « la source »); montage au cœur duquel sera placé le piège en question. Abraham est vieux, comblé et béni « en tout »; il vit à Canaan, terre promise à ses descendants, et il charge son serviteur Eliézer d'aller dans sa terre natale quérir une femme pour son fils Isaac. Ici la transmission de vie, l'impulsion générative, voulue par le père, est mise sous le signe d'une chaîne symbolique stricte et complexe : pourquoi en effet retourner à la terre d'origine du père pour y prendre femme? Est-ce pour honorer partiellement l'inceste, en prenant femme *du* père, côté père? mais c'est ambigu car ce serait du côté de ce qui a engendré le père et que le père a dû rejeter. Est-ce aussi pour que la femme en question soit de celles qui sont capables de couper avec leur origine-coutume-famille, et de faire la même longue traversée qu'a ouverte le désir du père, Abraham, pour venir vivre en *étranger* dans une terre promise aux siens pour *plus tard* [4]?

Le Serviteur s'en va donc, avec chameaux chargés de cadeaux, il arrive au pays d'Abraham, un long voyage, c'est le soir, il est devant la source, c'est le moment où sortent « celles qui abreuvent », autrement dit c'est un défilé de jeunes filles qui vont puiser à la source; l'objet de désir est là, comme toujours en pleine circulation; mais il s'agit de reconnaître, de savoir que c'est « celle-là » qui conviendra au désir de l'autre absent, et dont le Serviteur signifie à la fois l'absence et la présence. C'est ce « convient » que dans un lien d'amour il s'agit non seulement de tramer, mais de révéler déjà en cours.

En fait on peut se demander si l'expression « c'est celle-là » a un sens; après tout voilà un homme porteur d'un désir ouvert, indéterminé, qui n'est d'ailleurs même pas le sien (mais là, la métaphore est plutôt fine : notre désir est toujours « autre », et ici, c'est un autre en personne qui le représente), il porte donc un désir ouvert, la femme qui acceptera de le suivre sera « celle-là »; où est le problème? C'est plus complexe; notre homme est porteur non d'un désir de femme, mais du *désir que ce soit « celle-là »*; son désir

---

4. Dans *Premier Amour* de Beckett, le narrateur, qui se retrouvera « uni » à une figure de la mère lourdement fantasmatique, la prostituée, n'avait au départ qu'un seul désir : ne pas décoller de la maison familiale et y vivre sa vie de « mort ».

de prendre femme, si ouvert soit-il, se love sur lui-même, se noue, et il s'agit que ce nœud soit *celui-là* même d'un certain lien d'inconscient qui passe par des mots, des mots qui ont un passé, un passé qui leur échappe et qui les *porte* à la « rencontre ». Il s'agit que ce soit « celle-là », là où le passé archaïque et l'avenir lointain se rejoignent ailleurs que dans l'instant présent qui serait, par exemple, celui du regard. Il la voit, elle est belle, « donc » ce serait celle-là? Non, ici l'imaginaire a tous ses droits mais il n'est pas souverain; il est présent mais en marge; il faut voir et scruter, et avec les yeux d'un autre, mais pour trouver « celle-là » – qui est au-delà du regard.

En tout cas le Serviteur fait une prière où il invoque le Dieu de son Maître, Dieu qui justement l'avait poussé à quitter sa terre natale, et il demande que ce Dieu fasse une *« grâce »* pour qu'il puisse, lui, trouver la femme qu'il cherche; il invoque le Dieu de la « Rencontre » : « Fais qu'il y ait *de la Rencontre* devant moi [et non pas *pour moi*] aujourd'hui »; et la rencontre ce n'est pas seulement ce sur quoi on trébuche, mais ce qui fait appel, et dans l'amour force de rappel. Il en appelle à de l'Autre pour qu'il y ait du rappel, mais il y va lui, pour sa part, d'un petit piège à désir, très concret : voici, celle à qui je demanderai à boire, et qui me répondra : Bois et tes chameaux aussi je les ferai boire : « C'est elle que Tu as choisie pour Ton serviteur Isaac, et par elle je saurai que Tu as fait une grâce à mon maître. » On appréciera au passage le croisement entre *ton* serviteur et *mon* maître.

Ainsi il y va d'une demande (là encore d'une jouissance orale, à une femme) et celle qui répondra avec un certain écart par rapport à la demande, un écart dans le sens du don, et du don signifiant, sera celle qui est prête à se donner à cet amour possible, et qui même se révélera y être déjà prise. La « grâce », c'est que la première à qui il s'adresse, Rebecca, lui fait exactement cette réponse, cet écart qu'il attendait, doublement signifiant : d'abord il témoigne que c'est une femme qui ne satisfait pas des besoins ou des demandes dans l'abstrait (un homme a soif, il boit); elle est prête à entrer en contact et par un geste concret de vie (abreuver) mais en inscrivant l'autre dans l'espace où il se présente et qui le dépasse, en le situant dans son désir et sa constellation matérielle : ici avec son entourage, son « appareil » d'étranger en *déplacement*. Son intérêt peut donc aller jusqu'à envisager elle-même de changer de place, le déplacement qu'elle observe, les chameaux, peut donc rejaillir sur elle, l'impliquer déjà, la supposer partie prenante, capable de s'engager dans un processus ouvert... Mais tout cela ne « fait » pas l'amour, et reste dans le domaine du raisonnable. La demande du Serviteur est raisonnable, même dans son désir qu'on s'en écarte un peu. C'est l'autre signification de cet écart qui en fait toute la valeur d'inconscient : c'est que la réponse de la femme, en établissant la coïncidence, fonde le recoupement, donc le lien et la rencontre, dans un appel qui l'anticipe. En somme, une femme dit à un homme : *c'est moi* qui peux dire, à mon insu, ce qui te tourmente ; j'avais donc *déjà* part à ta question, j'y avais lieu à mon insu et au tien puisque tu ne faisais qu'espérer ou questionner à mon sujet. C'est cette dimension de « hasard » accompli et surmonté qui après coup élève la partie raisonnable de la réponse (faire boire *aussi* les chameaux) à une dimension d'inconscient. En apparence la femme a pris une place qui s'offrait ; en fait c'est elle qui par sa réponse constitue cette place et lui donne lieu en y advenant. Dans l'esprit du Serviteur l'interprétation de tout cela est claire : c'est seulement à Dieu qu'il avait fait savoir la réponse qu'il attendait, si une femme la lui donne, c'est que c'est Dieu, le Dieu de la Rencontre, qui la lui a soufflée. Mais le Serviteur ne s'emballe pas pour autant ; il sait qu'un processus complexe vient seulement d'être ouvert, que tout doit être repris et à nouveau risqué pour être ou pas confirmé. Le dire de l'amour est possible mais ce n'est pas dit, même si le dire a pu trouver un point d'attache « originel » qui puisse le soutenir, le précéder. C'est comme un début de phrase qui attendrait le recoupement signifiant qui lui donne sens ; mais la possibilité de parler a été ouverte. Or c'est bien ce retour aux sources, au degré zéro du lien, qui était visé ; et sous forme d'une demande vitale faite par le père : tu ne dois pas ramener mon fils là-bas (à mon lieu d'origine), ni lui prendre femme ici, mais là-bas ; et le Serviteur a fait serment, la main sur le sexe du père, qu'il en sera ainsi. Il avait pourtant objecté : et si la femme ne veut pas me suivre[5] ? Alors tu seras quitte de ton serment, répond Abraham, tout en invoquant le Dieu qui l'a appelé à quitter ses origines : « Lui, Il enverra un messager devant toi, et tu prendras femme pour mon fils, de *là-bas*. » En clair, tout cela signifie que si « celle-là », cette femme de là-bas, ne se manifeste pas, c'est la catastrophe : ou le fils retournera aux origines du père, régression évidente, ou il prendra femme là où il est, une femme qui ne saura rien et n'aura rien fait de ce qui touche à cette « rupture » signifiante dont il est l'effet et qu'il peut donc transmettre (ce n'est pas de lui que le père a dit : il ne gêne personne..., il a été sur le point de l'égorger) ; une femme donc avec qui il ne pourra partager cette cassure, de sorte que l'amour éventuel qui les lierait serait en marge de ce qui fonctionne pour lui comme transmission du langage[6].

Pourtant le dispositif n'a rien d'une compulsion où il s'agit de convertir en commandement, en impératif, un signe arraché au

5. Le mot « vouloir » utilisé est du même filon que l'amour et la paternité...
6. Ou alors, troisième cas, le fils n'aurait pas de femme du tout, et c'est carrément la promesse divine qui se trouverait invalidée dans une impasse *réelle* de la transmission.

« hasard », tel l'Homme-aux-Rats de Freud en pleine angoisse dans une gare, ne sachant quel train prendre, et qui s'embarque pour Vienne parce qu'un porteur l'a déchargé de sa valise en lui disant : le train pour Vienne? Rien ici qui sente l'injonction ; il s'agit de donner consistance à une place, à partir de quoi tout sera rejoué et repris, l'être à aimer aura à l'authentifier par des paroles qui sans lui resteraient béantes, des paroles qui la révèlent partie prenante depuis toujours, depuis le début de cette histoire qui s'amorce. Il s'agit donc de la reconnaissance *d'un désir*, par la voie de l'image mais au-delà de l'image, au cœur du langage.

La réponse de la femme déborde la demande qu'on lui a faite, mais la déborde elle aussi en l'engageant dans un processus de paroles et inscriptions qui se révèlent après coup être celles de l'amour inconscient. Le « piège » tendu était une amorce ; par différence avec l'appât de la séduction qui promet une jouissance, ici l'amorce promet plus qu'un jeu de mots, ou une décharge du refoulement : un jeu *des* mots qui fera lien entrecroisé dans le mot d'*amour*.

Tout cela est en même temps très simple et quotidien : imaginez que vous êtes assis au café, que vous êtes même pour simplifier André Breton en train de regarder une belle femme qui écrit ; et vous rêvez que cette lettre qu'elle écrit est pour vous et vous attendez la femme à la sortie pour la suivre et elle vous dit que cette lettre était pour vous et elle vous donne rendez-vous à minuit et vous vous parlez vous vous séduisez en découvrant que parmi des poèmes que vous aviez écrits il y en a un qui l'annonçait elle précisément ; d'ailleurs, sous le coup de cette « folie » de l'amour vous y allez d'un autre texte, *l'Amour fou*. Eh bien, c'est cela qui est pris et compris dans le montage biblique, avec ce raffinement supplémentaire que tout l'aspect égarement du moi que l'on ressent à ces moments où « on n'est plus soi-même tout à fait » est pris en charge par la présence d'un autre à votre place, du Serviteur qui fait cassure en somme dans les fusions imaginaires. Ce qui reste est un contact d'inconscient qui émerge. C'est la même suprise ou émerveillement qu'on ressent parfois en associant librement, soi-disant au hasard, autour d'un symptôme (qui n'a pas moins de réalité objective que cette femme qui passe) et en découvrant avec stupeur que l'essentiel de ce qu'on pense converge avec une force impérieuse vers ce symptôme, et devient essentiel pour ça. Que dans nos histoires d'amour ce soit un corps vivant, et pas un symptôme – pas au départ –, qui nous parle cette capture, la sienne et la nôtre, dans une parole ou un écrit qui passent ailleurs venus d'ailleurs, ça dit surtout ce que le phénomène a de *réel*, de palpable. Ici, la rencontre se raccroche à une autre « lettre », un tout autre flot d'écriture que l' « amour fou » de Breton et son « hasard objectif » ; le désir du père avait juste *donné* le mot ; le mot *prendre*; et ça a *pris* : le vieil Abraham avait invoqué le Dieu « qui *m'a pris* de la maison de mon *père*... Lui Il enverra un messager devant toi et *tu prendras* une femme... ». La prise, déjà en place, à l'œuvre, rebondit en surprise, surdétermination de la « prise », prise de la Lettre avant le corps. A la limite ce n'est pas telle femme dont on entrevoit à peine l'image, qui est mise à l'épreuve c'est la prise possible de cette parole sur le corps, dans sa capacité de faire lien, et lien transmissible, c'est-à-dire lien qui *se passe* et qui prend. On peut bien sûr d'un point de vue « moderne » et « démocratique » déplorer que « tout cela soit pris dans le désir du père », et que l'intéressé (le fils) ne soit pas lui-même présent, avec tout son « soi-même ». Mais ce n'est que la métaphore de l'état d'absence réciproque qu'induit la rencontre de l'amour, et qu'elle suppose. (Cet état d'absence était présent sur le mode de la veulerie et du renoncement dans *Premier Amour* de Beckett : venez quand *vous* voulez mais le moins souvent *possible*...) Si avec toutes ces absences et médiations par la parole et le messager (redoublé : messager humain-messager divin) cette femme vient soutenir le lieu de l'amour qu'elle engendre, alors cet amour s'ancre dans l'inconscient. Et la suite du texte est là-dessus formelle : Isaac *l'aima* et avec elle il « se consola de sa mère » qui venait de mourir. Double amour, ou secousse redoublée de l'amour ; il peut l'aimer pour la femme nouvelle qu'elle est et pour l'ancienne qu'elle remplace : la « première »; la réserve d'amour passée, ravivée même par la mort de la mère, se trouve à nouveau réinvestie [7]. La femme en question, Rebecca, se trouve d'ailleurs être de la famille même du père, donc en plein dans l'origine qui s'évide (la femme d'Abraham étant d'ailleurs aussi sa sœur... Ma sœur ma bien-aimée dira le *Chant des Chants*). L'inceste frère-sœur, vieil idéal d'amour.

Le processus de l'amour s'était dès le début enclenché comme une écriture inspirée, de celles qui annoncent et anticipent leur avenir qu'elles révèlent après coup au cœur de leur passé, du passage qu'elles frayent; au cœur ou au battement de la parole, où on ne savait pas (que) ce qui se disait, c'était *ça*. L'amour sait faire parler le piège d'inconscient qui lui donne lieu, piège où deux êtres se relaient l'un de l'autre l'impulsion du tiers qui les dévoie d'eux-mêmes. Jusqu'à l'amour (ici sous le signe du Rire qui est peut-être une rencontre amoureuse des sens), l'épreuve est ouverte; pendant qu'elle abreuvait ses chameaux, « l'homme la regardait *pour savoir* si Dieu avait fait réussir sa voie ou pas »; le signe ayant fonctionné, il y avait à le dessaisir de son état de signe, à le faire

7. L'expression : « Le Dieu qui m'a *pris* [comme qui dirait la folie qui m'a pris] enverra Son messager et tu *prendras* femme pour mon fils », rejaillit en retour, pour « redéfinir » l'amour : le lien qui met les deux aux prises avec le tiers pris comme pur surgissement de la parole. Ce qui rejoint nos premières remarques.

vraiment parler, et que se soutienne le désir qu'il signale, une fois l'objet de désir « reconnaissable ». On sait que l'identification de l'hystérique invente à l'autre le trait qu'il faut pour pouvoir le reconnaître comme objet, tout en s'y retrouvant; son propre état d'*absence* tenant lieu d'inconscient. Le trait capté au « hasard », inventé en état d'absence, doit tenir lieu d'inconscient. Cela *peut* produire de la rencontre; l'ennui c'est que pour cette raison même la rencontre doit échouer; la réponse névrotique à cette rencontre pourrait se dire ainsi bizarrement : *puisque* c'est ça, *alors* ce n'est pas ça. Et c'est la fuite ou la rupture. Car si c'était ça, et que soi-même on l'ait produit, *ça* entrerait dans un régime signifiant tel qu'on peut en faire ce qu'on veut, comme du reste des mots : n'importe quoi; il faut donc annuler la part qu'on y avait (voir le narrateur de Beckett qui s'éloigne pour *savoir* si « c'est fini »). Dès lors l'état d'absence qui a servi à produire l'objet sert à le fuir : l'« hystérique » voudrait reconnaître l'objet *sans que ce soit elle qui le reconnaisse*; reconnaître en lui sa propre perte de connaissance; ce qui implique d'être le tiers, ou de suppléer l'Autre en défaut. C'est difficile; d'où la fuite répétée; ou ce qui revient au même, le fait que n'importe quel signifiant se présente comme d'avance récusé, menteur, impuissant à faire émerger un « oui » sans réserve parce qu'il serait lui-même, ce oui, la réserve de désir, ce oui « primordial » de l'inconscient (qui d'ailleurs ne sait pas dire non : ça tombe bien, mais ça ne résout pas la question de déloger ce oui de son retranchement). Le piège à inconscient tente de présentifier un *oui* qui se dirait d'*ailleurs*, d'autre part, mais d'une part qui en serait partie prenante. (Ce serait par exemple le porteur de gare *s'embarquant avec* l'Homme-aux-Rats pour célébrer dans leur rencontre homosexuelle l'amour du père retrouvé.)

Quand elle eut fini d'abreuver, il lui donna un bracelet (elle devait bien se douter – tout à son honneur – qu'un riche étranger n'allait pas la faire travailler pour rien), et il lui demanda : « Fille, de qui es-tu? Et y a-t-il dans la maison de ton père un lieu pour nous pour dormir? » Là encore grâce à l'écart entre l'homme qui parle et l'intéressé, la métaphore peut suivre sa route et en appeler à l'engagement direct mais non indécent : est-ce que dans la maison de ton père on peut nous *faire une place*? Une place qui concerne la nuit ensemble donc l'amour? La coupure par rapport à la maison et l'origine paternelles revient, insiste, décidément essentielle, pour faire place à de l'amour. Cela confirme en tout cas que la rencontre première et « miraculeuse » avait seulement *fait place* à la possibilité de dire; tout reste à faire pour rejouer ce dire et accoucher de l'amour à partir d'une origine factice et inconsciente. En l'occurrence l'arrachage de la femme à sa maison natale ne sera pas une mince affaire. « Mais est-ce qu'elle veut, elle? » demanderont le père et les frères, sûrs qu'elle ne voudra pas; elle veut; du coup c'est eux qui rechignent... Déjà l'élément d'inconscient surgi écarte ces cramponnements ; le piège une fois monté peut être retiré, il se révèle vide, pure articulation, en ce premier amour où le nom du fils (Isaac) est « rire » et « jouir » ; ce fils dont le sacrifice éludé est au cœur de l'alliance en question. Le cycle se reboucle sur un écart...

Ajoutons que la *seule* parole que son père ait dite, à ce fils conçu dans le rire et sur le tard, c'est en allant vers le lieu du sacrifice, quand le fils avait demandé : « Mais où est l'animal ? », le père avait répondu : « Dieu Se pourvoira de l'animal pour le sacrifice mon fils. » Ça vaut bien le lien « surhumain » qui liait père et fils du *Premier Amour* de Beckett : leur compréhension intime de la tomate [8]...

Et lorsque ayant suivi le Serviteur, après la traversée du retour qui est aussi exil de soi, elle aperçoit de loin un homme, elle « sait » que c'est lui, et elle « tombe » du chameau ; on ne nous dit pas qu'elle tombe amoureuse mais l'idée y est. La rencontre et la capture des mots est sans valeur si elle ne déplace pas les corps, les corps qui s'emmêlent pour suppléer au mot qui manque. Et c'est après être « tombée » qu'elle demande, non sans humeur : « Qui est *cet* homme qui vient... à notre rencontre ? – C'est lui mon maître », dit le Serviteur (c'était pourtant Isaac et pas Abraham, mais là encore le déplacement a sa valeur) ; alors elle se voile ; le dévoilement reste à faire. En tout cas elle est *tombée* sans raison, donc « amoureuse », rien qu'en voyant cet homme qui venait de loin, sans savoir que *c'est lui* ; de sorte que l'effet « c'est lui/c'est elle » est d'un seul tenant ; c'est le fait d'y être pris qui révèle l'amour dont il est l'effet d'après-coup. On pourrait l'appeler l'effet Rebecca – pour sa rigueur fulgurante, avec de plus cette correspondance des pulsions : Isaac *leva les yeux* et vit les chameaux... Rebecca *leva les yeux* et vit Isaac... Après le récit, « Isaac l'amena à la tente de Sarah sa mère et il *prit* Rebecca, et elle fut pour lui [une] femme et il l'aima, et Isaac se consola après sa mère » (Genèse, XXIV). Tout est dit : l'amour, porté par le récit du Serviteur, qui amène cette femme en gage de grâce ou de parole authentique ; le désir sexuel et dans un lieu où la mère pèse de toute son absence (de sa toute-présence chez Beckett), la traversée du deuil ouverte par l'autre amour (« et il l'aima »...), l'entre-deux-femmes surmonté, par elle et par lui...

8. La tomate figurait sur le mode dérisoire le lien tiers entre père et fils ; mais on a vu que plus sérieusement c'était le sacrifice de l'aîné, la malédiction du « panais » qui les liait dans l'impasse... que l'amour précisément tente d'ouvrir en se produisant comme *piège du symbolique* : piéger un mot de passe, le mot d'amour, en tant que geste qui a ses effets de retour...

238

Cet effet d'inconscient qui est au cœur de l'amour, et qui se dit au passé (« c'était elle/c'était lui/c'était ça »), il est étrange de l'entendre résonner avec un grand principe freudien : « Là où *ça* était, *je* dois advenir. » En somme, là où c'était *ça*, c'est le sujet qui « doit » advenir [9]; et ce « devoir » nous est présenté comme une exigence de culture et de civilisation, puisque Freud avait parlé à ce propos de l'assèchement du Zuiderzee en Hollande ; il n'a rien dit des tulipes et des tomates qu'on y cultive en serre, mais il met un *je*, un sujet, là où c'était *ça*. Or il se trouve que l'amour se met lui-même là où « c'était ça », et qu'à la fois il assujettit les amants et les désubjective, il les sépare d'eux-mêmes sans pour autant les identifier entre eux mais en étant, lui, leur jeu insituable, leur lien illisible, cela même qui brouille les petits « je » et les « Moi »...

D'ailleurs même la religion chrétienne (une *vraie* religion, on l'a dit) a trouvé bon de régler un peu ce lien père/fils, là où ça déborde, où ça se sacrifie et s'entre-tue en vain ; elle a donc inventé d'implanter là le Saint-Esprit. C'est sûr qu'il fallait un sacré esprit pour transmuer en forme d'alliance le meurtre entre père et fils. Et il fallait sûrement un fils (comme ce fut le cas dans cette histoire) qui soit gagné de justesse sur la vieillesse et la mort, sur le sacrifice qui a manqué se passer et s'est retenu, mis en mémoire, pour que le Livre consente à nommer ça « amour ». Or toutes ces choses sont d'une banalité effarante, qui prête sacrément à Rire.

9. Si donc, pour des analystes, c'est le Je du Sujet qui « doit » venir ou advenir à cette place, est-ce que cela expliquerait le narcissisme second et d'autant plus inexpugnable qui marque ce « sujet » (analyste ou en « fin » d'analyse) advenu *à la place de l'amour*?

SUITE 2

L'ENTRE-DEUX-FEMMES

Le désir mimétique : je désire cet objet parce que l'autre le désire, l'autre dont par le fait de mon désir je veux prendre la place... Nul doute que dans le chaos du désir cette forme-là existe aussi ; mais elle est limitée dans le champ des possibles, et ce serait abusif d'y voir *la* formule du désir. Elle dit bien le régime spéculaire du désir, la pression du visuel que « notre » culture aime déployer, où la vue du désir est son incitation majeure, où est beau et désirable ce que des « *revues* » spécialisées font *voir* comme tel, y compris celles spécialisées dans ce que « les autres » ne voient pas... Hors ces indices un peu brutaux où l'on doit *avoir* ce que l'autre *a*, et désirer ce qu'il désire faute de quoi on n'est rien, la formule du désir mimétique bute sur ceci : je veux ce que mon « frère » veut, mais l'ennui c'est que tout comme « moi » *il ne sait pas ce qu'il veut* ; et j'ai beau lui supposer ce savoir et ce libre accès au « désir », je « vois » bien, pour peu que je prenne sa place, qu'il y est aussi perdu que moi à la mienne. Et qu'est-ce que je veux au juste, quand je désire ce qu'il désire ? m'emparer de cet « objet » précieux dont je *suppose* qu'il jouit ? ou bien prendre sa place, tout simplement, et du coup être un autre et me prendre pour un autre ? Mais alors, l'« objet » par quoi mon semblable s'est attiré ma convoitise n'a plus grand intérêt, ou plutôt son intérêt vacille aussitôt qu'à travers lui j'ai perçu que *c'est mon identité à moi-même qui me pèse*, et que j'aspire à être un autre, à être en quelque sorte la métaphore de moi-même. Et me voilà en proie à un élan de haine et d'amour pour cet autre (et non plus pour l'« objet » qu'il désire) ; plus au-delà encore, me voici en proie au désir de ce tout Autre en moi, qui peut s'appeler mon inconscient, et qui faisant de moi une métaphore, m'introduit à mon langage par cette voie étrange où je me vois parler comme l'autre que je suis, sans que j'aie à prendre pour autant la place d'un « autre » déterminé, sinon dans la rêverie et dans l'image.

240

Ainsi, quand le désir est « avant tout mimétique », ou on sort du désir ou on sort de la mimésis ; plus le lien semble serré entre désir et mimésis, plus vite il se desserre ; il n'est donc pas l'essentiel.

Mais ce qui conteste le plus que le désir soit mimétique, c'est ce que j'appelle l'*entre-deux-femmes* [1]. Une femme peut penser, en évoquant une autre : « je veux cet homme, ou ce bijou qu'*elle* a ou qu'*elle* désire ; je veux prendre sa place pour l'avoir, cet objet, moi aussi... » On croirait que l'impasse, faite de haine et d'amour, entre deux femmes, se formule ainsi ; et que l'enjeu c'est d'avoir l'objet comme s'il n'y en avait qu'un pour deux. Tel n'est pas le cas. A la rigueur, une femme peut vouloir l'« objet » *pour* prendre la place de celle qui l'a (et non prendre la place de celle qui l'a *pour* lui arracher l'objet, objet que d'ailleurs elle lui *suppose*). En fait, le but n'est même pas de prendre cette « place », mais d'advenir comme *femme*, comme ce qu'elle *suppose* que l'autre *est*. Certes, ce n'est pas toujours flatteur pour l'homme de voir que loin d'être l'enjeu de cette lutte ou de cette tension entre-deux-femmes, il n'est qu'un comparse, un signe fugace qui signale à la rigueur sa détentrice comme *une* femme (ce qui peut le supposer homme, mais ne suffit pas à le faire tel, même si on dit que l'hystérique fait l'homme : justement, elle le défait ou le refait aussi bien). Reste que l'enjeu est une fois de plus, au-delà de l'objet, la quête du trait ou de la parole qui la ferait femme, qui « la femmerait » d'elle-même. Et pour satisfaire cette faim, beaucoup d'objets s'offrent qui assurent à leur détentrice une certitude de féminité partielle, une féminité reconnue dans un rayon d'action respectable. Mais au-delà de cette frontière ? et c'est l'au-delà qui compte, la limite, puisqu'elle fait se profiler pour chaque *une*, la figure inentamable et fascinante de l'Autre-femme, de l'Autre en tant que Femme, insurmontable, impossible, mais condition essentielle d'une féminité transmissible ; car il s'agit de *transmission de féminité*, et non de l'arrachage d'objets qui en seraient les emblèmes. L'impasse dans cette transmission, l'impasse de l'entre-deux-femmes, inclut ce qu'on appelle « hystérie », formation « résistante » (c'est-à-dire branchée sur l'inconscient), qui pose avec un sublime entêtement la question d'une parole-Autre, capable de couper dans le flot submergeant de la Féminité, d'y couper pour qu'une part de celle-ci puisse se transmettre ; pour dégager une parcelle d'Un-transmissible.

Et si ce que veut une femme c'est être-une-femme (ça arrive) ? alors même que tout l'enfonce dans le fantasme d'être la Femme (y compris l'homme qui la prend pour sa « mère »). S'il en est ainsi, que peut-elle arracher comme « objet » à une *autre* femme en face d'elle ? *Rien*. Ou du pur semblant, dont elle a assez souffert, prise

---

1. Cf. *la Haine du désir* (éd. Bourgois, 1978).

qu'elle fut dans la violence de ne pouvoir rien arracher, précisément. C'est pourquoi l'hystérique a eu recours, et de tout temps, à quiconque est supposé avoir partie liée avec l'Autre (n'est-ce pas de cela que l'accusaient ceux pour qui l'Autre étant le Démon, elle était donc une sorcière?).

L'Autre-femme, ce pourrait être la *première* femme ou la *dernière*; l'*extrême* de la féminité, sa limite; ce qui, au regard du féminin, se relie à l'ombilic du fantasme séducteur où tournoie ce qui relève de la « première » inscription. Par là, une femme se mesure avec la féminitude qui la *précède*, et avec la tentation d'être *sans précédent*. Ce serait très simple si un « ensemble » existait, celui « des femmes », avec une cérémonie précise pour y admettre sans conteste *telle* femme, qui de ce fait en serait *une*. Or cet ensemble n'existe pas en général; il prend forme, pour une femme, en même temps et dans le même geste où elle advient comme telle. Un pareil ensemble ne peut se définir en « lui-même », ni par différence avec celui des hommes qui du point de vue qui nous concerne (transmission d'inconscient) est aussi rétif à la définition (au prix de quels détours en vient-on à dire à un homme qu'il n'est *pas un homme?*...). De fait, celle qui s'enlise dans l'affrontement à l'Autre-femme, et qu'on baptise « hystérique », a pris soin de déclarer qu'il n'y a *pas d'homme*; déclaration qui n'est jamais aussi fausse que lorsqu'elle est vraie...; c'est même au point que certaines femmes inventent leur homme pour croire qu'il y en a un, plutôt que de se trouver face à face avec l'Autre-femme, scène ingrate d'où elles ne peuvent rien arracher, pas même une *ombre*, surtout pas l'ombre d'elles-mêmes enlisée.

Et croire qu'il y a un homme (celui qu'on « *fait* » pour y croire) c'est une façon pas si bête de signifier qu'il n'y en a pas, ou de répéter l'empêchement à ce qu'il y en ait; de même qu'on peut croire en Dieu pour le tenir à distance; sauf qu'ici, le dieu en question on l'a soi-même créé, et on est donc averti de son peu de poids. De même encore, une femme peut « faire l'homme » non par « singerie », mais pour être sûre qu'il y en a un (elle), sachant qu'il lui est arrivé autrefois, enfant, d'en aimer un, et de constater peu après qu'il ne l'était pas « vraiment »... Il arrive qu'elle en veuille à l'homme, non pas d'avoir ce qu'elle n'a pas, mais d'échouer à la soulager de cette tension de l'entre-deux-femmes; lui qui semble si bien manier les mots (mais justement les « mots » ou la « langue » ne sont pas l'*acte* symbolique...), que ne donne-t-il le mot de passe qui la tirerait de là? Sa déception éclate alors contre ce bavard qui croit tout nommer, et qui ne nomme même pas le désir..., ce bavard qui la contraint, elle, à y aller de tout son corps pour réparer ses bavures.

Tant il est vrai que les impasses avec lesquelles se débat une femme concernent non pas les « représentations viriles » qui lui seraient imposées (tout au plus, et encore, les faillites patentes de ces représentations auxquelles elle se croit tenue de suppléer, à corps perdu...). Bien sûr, à un niveau imaginaire très simplifié, elle peut « agresser » l'homme pour le « phallo » qu'il promet d'être et le falot qu'il se révèle, lui qui tant promettait... Prométhée, lui, avait volé le feu aux dieux, et voilà que le mince bonhomme n'est pas foutu de la voler elle, feu divin, à l'asphyxie à quoi elle la voue son affrontement à l'Autre-femme, d'autant plus désespéré que cette Autre-femme n'existe pas, et qu'il lui faut l'inventer pour la haïr, ou pour se dégager d'elle. Elle en veut à l'homme de ce qu'elle ne puisse l'aimer, et le hait pour l'arrachement qu'il aurait pu (et qu'il échoue à) imposer, au regard de cette prégnance de l'Autre-femme qu'elle porte dans son corps, infiltrée dans son image, à même la peau ; et lui, enlisé dans sa « gentillesse » qui vaut toutes les brutalités, empêtré dans le leurre d'être quitte avec la Loi, impuissant à « forcer » le passage, incapable de fureur créatrice. Lorsqu'on est comme elle en deuil de soi insoluble « tout seul », on bénirait quiconque homme ou femme est assez fort pour forcer à desserrer l'étreinte mortifère, où la solitude elle-même sombre... Or dans l'« hystérie », dans l'impasse de l'entre-deux-femmes, une femme est en deuil de son corps ; elle est le corps absent dont elle porte le deuil.

L'*Autre-femme* est donc une scène, une scène duelle dont les tiers sont exclus, et qui consiste pour une femme à voir sa féminité confisquée, mise en réserve dans l'Autre-femme (sa « féminité », et non pas simplement le pénis, le phallus et autres objets censés symboliser le désir) ; dès lors, elle peut interpeller toute autre femme qui passe, comme responsable de cette confiscation : c'est là que le piège se referme, car ou bien cette autre femme en est *une* et donne des signes de vie, et l'agression est « justifiée » ; ou bien elle ne compte pas comme femme, et c'est l'identification mortifère sous le signe d'une même exclusion hors de la « féminité » ; alors même que la féminité n'est pas un trait qu'on a ou pas ; elle évoque plutôt ce qui dans une femme lui porte ombrage d'elle-même, et la porte pourtant, de ne pas la laisser seule avec l'oubli d'elle-même ; c'est sa cassure d'avec l'Autre-femme, et l'assomption par elle de ce qui lui échappe du fait même qu'elle l'assume, qu'elle affirme à sa façon cette coupure de l'Autre-femme, assumant du coup sa jouissance féminine comme jouissance du symbolique, comme don de la langue dont elle est dessaisie du fait même de la donner et de donner ainsi ce qu'elle n'est pas, pouvant donc convertir en partage de la langue sa part d'absence à elle-même, et soutenir l'amour comme caducité du monde où pourtant il se renouvelle, loquacité du monde désespérant de ses langues. Ce partage d'avec l'Autre-femme, du seul fait qu'il devient possible, se transforme en partage de la parole, ancrage dans l'amour inconscient, dimension

poétique de l'être; de l'être comme embranchement de l'inconscient [2].

Il faut croire qu'un tel passage n'est pas facile; d'ailleurs la
solution qu'en donnent certaines mystiques éclaire bien sa difficulté. Leur idée est simple : supposer que l'Autre-femme c'est Dieu;
et toute une stratégie de la parole et du corps vise à avoir la peau de
Dieu en se confondant avec lui, à l'abolir en se retrouvant abolie en
lui, et de ce fait réaffirmée dans cette unité retrouvée. (Sainte
Thérèse, exemplaire, dit au confesseur, d'un des saints qu'elle a
aimés tout comme elle a aimé son père, qu'il fut sur terre « le père
de Dieu »..., petit indice du fait que Dieu est figuré comme Autre et
Femme.) En tout cas dans son union intime avec Dieu, où elle « ne
sait que jouir », tout désir autre et tout contact inconscient est
résorbé dans cet *investissement narcissique de soi-même comme*

2. L'« hystérie », *même concernant l'homme*, est une impasse de la
transmission de féminité; moyennant quoi ce qui s'en transmet est une
impasse; un refus que ça se passe.
Il s'agit de la difficulté pour une femme de *se compter* parmi les femmes.
Et de ne pouvoir se compter comme *une*, elle se résigne à se croire unique.
Son affrontement à l'Autre-femme dépasse le rapport spéculaire au
double; le simple exemple de ce qu'on nomme ordinairement « passion
jalouse » (une femme qui se consume des dragues de son homme)
rebondit, vu que la femme est mise hors d'elle du seul fait que sa rivale
n'est pas belle... Une histoire juive en a bien joué : parvenu au sommet de sa
réussite financière, un Juif polonais dit à sa femme que comme tout le
monde il faut qu'il ait « *un* maîtresse »; elle y consent, puisqu'*il* faut; et
lorsqu'à une réception il lui indique de loin les maîtresses des différentes
personnalités, puis la sienne, sa femme s'écrie : « *Notre* maîtresse est la
mieux!... » Elle ne sublime la jalousie qu'en prenant possession de cette
autre-femme comme d'un bien marchand, d'un attribut de sa réussite,
parlable dans la langue du commerce qu'elle maîtrise. Dans la passion
jalouse au contraire il est insupportable pour une femme de se retrouver
dans l'image d'elle que lui offre l'autre-femme, et de s'y retrouver
dépossédée d'elle-même (et non pas tant de son homme ou de son
instrument...), munie ainsi d'une image d'elle baladeuse comme un sexe
qu'elle ne maîtrise ni ne possède, petit utérus errant; en même temps, c'est
cette image qui la fonde dans son désir « de » femme. C'est semble-t-il en
supportant, dans cet entre-deux, le passage d'un objet ressenti comme
perdu, qu'une femme y ressaisit la jouissance de son sexe; « perdu » *ne*
signifiant pas annulé, mais seulement propre à être marqué ou remarqué
par le langage...
Beaucoup de symptômes « hystériques » massifs, par exemple la
fameuse identification, sont des appels désespérés à se rebrancher sur
l'inconscient et à *en appeler au-delà de l'Autre-femme* à un dire qui lui
échappe; le père tousse, et la fille se met à tousser, moins par mimétisme
que pour rejoindre ce père, là où son symptôme lui échappe, là où il serait
en contact avec l'inconscient.
Dans cette quête, la danse des signifiants est plutôt un piège; l'hystérique
à juste titre en veut aux mots de pouvoir en faire ce qu'elle veut; et
recherche avec passion un signifiant qui puisse interrompre cette ronde, et
qu'elle puisse, dès lors, aimer.

Dieu; ponts subtils que certaines mystiques font passer par Dieu pour rejoindre l'unitude narcissique à elles-mêmes : n'être *rien* par exemple, pour doubler Dieu dans sa volonté qu'elle ne soit pas tout ni toute, et, ainsi confondue en lui, redevenir le tout qu'il est, puis en passant appeler à témoin les « pères » pour qu'ils assurent que c'est bien Dieu qui lui parle, à elle (Sainte Thérèse), et que s'il lui parle c'est qu'ils sont deux, et qu'il est donc exclu que ce soit elle qui se parle à travers Dieu... D'ailleurs ce n'est pas ce *deux* qui l'intéresse; le « duel » avec Dieu, le lien religieux le gère très bien; *deux* n'est qu'une étape provisoire (qui doit être d'autant mieux affirmée) vers l'Un qu'ils deviennent; et c'est le corps perdu endolori mais présent, qui dira la plénitude de la loi retrouvée dans la béatitude; et réalisera une sorte d'*autosuffisance* symbolique de l'amour... *La mystique somatise l'Autre tout entier*, corps et biens; elle se l'endosse; et curieusement cet itinéraire mystique se retrouve aujourd'hui rebalisé, touristiqué, par un jargon psychanalytique où Dieu devient le « grand Autre » et la femme... l'« origine du langage » (mais oui...); et même le procès qu'on peut faire au savoir et à la science raccroche sa nouvelle formule à l'ancienne mystique, où sainte Thérèse recommande aux femmes : « Lorsque vous méditerez les mystères de notre sainte foi... ne pas vous fatiguer ni user votre pensée à en chercher les subtilités; ce n'est pas pour les femmes... c'est une faveur que Dieu nous fera quand sa majesté le voudra, et nous découvrirons que nous avons *tout appris* sans souci ni travail... »; donc comprendre et savoir le moins possible (certaines femmes craignent, à comprendre, de se retrouver un peu moins « femmes »...), mais découvrir qu'on *savait* tout, via l'*identification* avec Dieu, ou avec l'« origine de la langue », etc.; en fait, via l'identification avec l'inconscient comme tel.

L'essentiel de la jouissance supposée à la femme a toujours procédé de cette identification (elle aussi supposée) avec l'inconscient, avec la coupure, etc. Et Dieu sait si on s'est inquiété de la jouissance de la femme : est-elle consciente? inconsciente? consciente d'être inconsciente [3]?... Mais n'est-ce pas simplement une jouissance de l'inconscient dont l'amour procède en tant qu'il ouvre des seuils de vie? Du coup, cette « jouissance féminine » c'est ce à quoi une femme peut avoir un certain mal à accéder (pour l'homme n'en parlons même pas si, encombré qu'il est de son instrument, il ne peut en faire l'*abstraction*). Cette jouissance féminine qui est jouissance du symbolique et de l'émergence de la langue, une femme bute pour y accéder non pas sur son corps ni même sur l'absence à son corps, mais sur l'impossibilité de

---

3. Lacan dans son élan lui a même « accordé » (ça se dit comme ça), outre la jouissance « phallique », une *autre*.

symboliser seule cette absence (d'en faire en quelque sorte son « abstraction » inconsciente); seule, c'est-à-dire dans le seul face-à-face à l'Autre-femme. Cette jouissance atteint quiconque est en proie au don des mots et au partage des langues, même si une femme est mieux placée que quiconque pour jouir *des mots qui font place au corps,* des mots qui se creusent jusqu'à toucher le corps et lui redonner une autre mesure; elle a, plus que l'homme, sa jouissance branchée sur l'« arbre » du symbolique, lui-même fibré, souvenez-vous, sur l'arbre de vie... Vu l'acuité de cet enjeu, l'étonnant c'est que dans le rapport sexuel elle jouisse, si tendue qu'elle est à sacrifier cette jouissance sur l'espace vide d'une parole en manque... Et pourtant, il lui arrive d'en jouir ; même si c'est de ne pas « jouir »; question de marge et de retrait...

Et il est dit que certaines femmes « stériles » ont un rapport tel aux limites de la langue [4], qu'elles ne *conçoivent* pas d'en lâcher le moindre signifiant qui risque de les expulser du leurre d'*être* la langue; au point que l'enfant lui-même devient « inconcevable » (alors que d'autres femmes conçoivent bien de le mettre au monde et acceptent l'épreuve que cela implique avec l'Autre-femme, épreuve assurément « narcissique » puisqu'il s'agit de savoir qui on est, qui on fait naître, et où le mettre ce vivant résidu de « soi-même »; et la *douleur* vient s'en mêler pour certaines, comme ultime moyen de se signifier l'Autre, l'irruption de l'Autre dans leur champ narcissique). Elles font donc, les « stériles », avec l'enfant, ce que d'autres font avec la jouissance, celles notamment qui se disent « frigides » et qui affichent d'emblée le refus de *se dessaisir d'un non-savoir sur la jouissance,* d'une identification avec l'inconscient comme tel. L'*innocence* dont elles se parent au regard du désir sexuel, et dont elles voient à quel point elle relance le désir de l'autre, s'élabore en elles comme un trou de savoir, comme un non-savoir abyssal, inentamé; elles se comblent de ne pas savoir, elles prennent corps (comme on prendrait goût) à ce non-savoir qui se protège de lui-même, qui est à la fois le rêve et la « réalisation » du désir en question [5].

Et il arrive que la femme qui se dit « frigide » explicite ce non-savoir du rapport à la mort : « je veux bien la mort intérieure, celle que je me donne; mais celle qui vient de l'extérieur, je ne veux rien en savoir ». A traduire : que je puisse me donner la mort c'est le

<hr />

4. Au « phallus » disent les psychanalystes, pourquoi pas? surtout s'ils précisent que c'est un signifiant limite, signifiant même du désir, etc., autrement dit pointe extrême du langage en tant qu'il concerne l'inconscient et le désir inconscient, ce qui nous ramène précisément... aux limites du langage ci-dessus évoquées.

5. Car le rêveur aussi ne sait rien du désir qui revient, et que son désir « réalise » pour n'en rien savoir.

signe le plus vif du fait que je *suis* la vie ; mais la mort « extérieure » *signe* ce qui m'échappe, le non-savoir, le *ne pas s'avoir*, et là, pas question de se faire avoir...

Ce non-savoir, ou ce savoir replié sur des rives escarpées de la « psyché », d'autant plus difficile d'*abord* qu'il est la cause pour elle et du désir et de son éclipse, il arrive qu'elle l'abandonne lors de certaines rencontres fulgurantes qui laissent après leurs vagues et leurs écumes de jouissance ce curieux débris : je sais que je sais, et qu'un autre le sait ; quoi ? Que dessaisie de cette érection de non-savoir, de ce recours périodique au naufrage dans l'inconscient (naufrage sans cesse ressaisi), son « innocence » fût, non pas combattue ou déniée ou ébranlée, mais simplement reconnue comme telle ; déjouée ; défense dès lors inutile : dans la tension de l'entre-deux-femmes, quelqu'un est passé, absorbé ailleurs mais présent au désir, et qui a pu interrompre cette tension. L'innocence de la femme qui se dit « frigide », est-ce ce dont elle protège son désir ? La « frigidité » comme l'anorexie ne peut être « combattue », étant elle-même un combat saturé, dont l'enjeu est non-savoir, et savoir ramifié d'un nom, d'une signifiance qui puisse assurer le passage ou la transmission de féminité. La « frigidité » comme repli d'inconscience, savoir impossible devenu corps, sexe devenu matière absente et désertée, est dans l'attente d'une figure de l'Autre qui *consentirait* à n'en rien savoir, et qui, si c'est un homme, ne serait pas l'otage d'une impuissance de l'Autre-femme à se dessaisir d'elle-même. Concrètement la frigidité cède lorsqu'elle trébuche sur un autre *non-savoir*, soutenu, assumable, soit sur le mode débile de l'amant sauvage qui figurerait l'inconscient même, soit dans une parole trop à l'écart de l'« entre-deux-femmes » pour s'attarder à en savoir quelque chose...

Autrement, on peut toujours dire que la femme « frigide » jouit inconsciemment ; c'est commode ; et si elle jouissait *du fait que c'est inconscient* et par là même inaccessible ? Mais voici qu'en cette virginité abstraite et sans faille, « jouir » est impropre : elle jouirait comme on jouit d'une propriété dont l'usufruit est *à d'autres* ; elle jouirait du titre de propriété, du nom de l'appropriation, disons même du nom propre... Ça laisse peu de place au corps ; au corps qui ne cesse, têtu, d'en appeler au langage ; après tout, même le fantasme de viol est un *non* donné à l'autre sexe pour quand même le nommer ; c'est encore une pré-symbolisation ; un commerce esquissé, une manière d'avoir un sexe qu'on puisse vous voler lorsqu'on est tout entière un sexe, celui sur lequel l'Autre-femme (la mère peut-être, ou la cohorte féminine de sa lignée) avait mis son nom et misé ses refus.

L'entre-deux-femmes ne signifie pas le désir d'être un homme, ni le désir d'être La femme, mais simplement le face à face en impasse, avec une figure de l'Autre supposée femme, dont *une* femme ne peut se couper [6]... Ou encore : c'est pour une femme le refus du désir, du fait que l'Autre-femme ne désire pas, l'Autre-femme à qui il faut inventer son désir pour pouvoir s'en détacher ; à qui il faut prêter corps dans l'espoir de s'en arracher, qu'il faut donc faire consister pour pouvoir s'en désister ; un calvaire : donner consistance à l'Autre-femme (par exemple à sa mère) pour tenter ensuite de s'en dégager... et pour y échouer. C'est un renoncement douloureux à la féminité qui fait question, une réalisation inversée du don de cette féminité ; amour mortifié ou meurtrier.

Comme telle la jouissance « sexuelle » ne cesse d'en appeler aux mots. Il paraît qu' « une femme peut aimer faire l'amour sans jouir »... Peut-être sans jouir de ce faire, mais de ce qui l'ouvre sur des signifiants voilés, et sur le fantasme enveloppant d'être une masse égarée, sans limite, pur encombrement du désir de l'Autre, prolongée par cette jouissance, ouverte sur des seuils et des passes de mots..., comme s'il y avait des mots de passe de la jouissance, et si on jouissait non de certains mots, mais sous leur poids, à leur ombre, en leur présence écartée ; à l'ombre du mot dit, tu, aveugle... On dit aussi (on dit..., toute cette affaire est pour faire *dire*... l'indicible) que « ce qu'elle veut » c'est un Maître qui montre l'emblème de sa *maîtrise* (et celle qui m'écrit ce racontar fait le lapsus : qui montre l'emblème de sa *maîtresse*... c'est dire). C'est à voir. Il y a plutôt le rêve tenace d'être, matière réelle, *là* où la langue arrive à bout de la chose ; ou à défaut, rêve d'arriver à bout de la langue, d'être là où elle voit les mots courir et s'épuiser, hors d'eux, à bout de souffle ; être là où le réel éruptif prend forme, et où le corps trace dans le corps des formes illisibles ; *être l'énonciation de la Chose*. Or la langue elle-même y échoue, et ne vit que de cet échec [7]...

6. Ce qui n'exclut pas que l'ambiguïté demeure : « Pourrai-je enfin être une femme qui $\genfrac{}{}{0pt}{}{\text{ait}}{\text{est}}$ un homme?... » Eh!...

7. Il serait bien sûr sympathique que la tension de l' « entre-deux-femmes » soit surmontée par... l' « amour » ; et des appels pressants et précis sont parfois lancés dans ce sens : que les femmes s'aiment donc un peu plus... Mais l'amour, justement, suppose qu'un tiers soit *inventé*, tiers qui soit un mot, un corps, une ombre, un jeu, un passage... – et une telle invention rend inutile le rabattement d'une femme sur l'autre pour se sortir de cette impasse, impasse qui rend ladite invention impossible. *L'entre-deux-femmes* peut du reste être vécu sur un mode amoureux (dont la haine n'est qu'une fulgurance extrême) ; il reste une impasse, car comme amour il n'a rien à interpréter ; l'Un se donne déjà dans le semblant, et le double mouvement de l'amour est impossible. L'appel ouvert à la solution homosexuelle, du fait même qu'elle en serait une, perd de sa consistance. Car deux corps privés d'ombre ne peuvent devenir l'un pour l'autre

L'effet d'entre-deux-femmes est sensible au niveau le plus quotidien, à même le langage courant, et il évite le recours à de grossières réductions, de celles qui par exemple font de l'envie du pénis le ressort essentiel du désir féminin; ou le recours à d'étranges catégories telles que l' « œdipe-de-la-fille », etc. On pourrait multiplier les exemples d'effets quotidiens qui relèvent de l'entre-deux-femmes. Je me limite à celui-ci [8], dont les résurgences d'écritures insistent pour que les signifiants ça prenne au corps (s'ils s'apprennent mal aux esprits); c'est une de ces « prises » étranges où le corps et l'écrit se « correspondent » par lettres de détresse entre une femme et la Femme, ou entre Elle et Dieu. Cette femme jusque-là stérile se trouve enfin enceinte, après avoir, nous dit-on, quelque peu « forcé la main » à son conjoint. Elle choisit en tout cas de lui apprendre la *bonne nouvelle* alors qu'ils sont en auto sur la route à vive allure. L'accident arrive, mortel pour l'époux. La dame, elle, malgré de graves blessures, met au monde à terme un garçon qu'elle nomme... Abel.

Comme rien de plus ne nous est dit, prenons l'histoire comme simple texte, résurgence d'écritures à greffer sur d'autres traces [9], à moins qu'il ne soit « de tout temps » (dans l'inconscient) le greffon ou la griffe de textures sanglantes dont le présent « meurtre » retrace la même filiation.

« Meurtre » par l'homme, du père qu'il ne sera pas, à l'annonce du tiers qu'il ne peut être (ou de l'autre-mâle qui s'annonça en elle...). On sait que c'est à l'arrivée de fils que les pères perdent les pédales, ou font l'épreuve de la part de mort liée à leur rôle « symbolique ». De leurs filles ils sont souvent les Pères ravis tant que n'a pas surgi l'autre ravisseur. Celui-là donc à la nouvelle qui l'appelle père *réalise* qu'un père ça se tue, il tue le père qu'il ne sera pas (dans quelque accès d'auto-érotisme, ou sans forcer sur la pédale, en s'écrasant simplement sur l'arbre du désir...). Mais elle, a-t-elle conçu comme Ève, avec Dieu ou avec l'Autre-femme, pour

l'ombre qui manque. Il y va donc de bien plus que d'un recours à l'homme, ou d'un « passage par l'autre sexe », comme on dit : car l'altérité de ce passage peut déjà être absorbée, annulée dans la scène de l'entre-deux-femmes, où l'autre-sexe (pénis, homme, phallus, etc.) est déjà compris dans le jeu, comme simple signal de l'entre-deux, et du tournis imaginaire qui occupe cet entre-deux. Il est remarquable – et évident – que l'entre-deux-femmes n'aboutisse pas forcément à une solution homosexuelle, c'est-à-dire identificatoire; c'est au contraire une tension, une mise en crise et en question de l'identité féminine, et ses issues sont soit l'identification déniée (« hystérie », virginité, etc.) soit l'identification assumée (homosexuelle) soit... la coupure : une femme advient en se coupant de la Féminité...

8. Paru dans *Analytiques* 3.
9. Celles du « Premier meurtre » où l'histoire Caïn-Abel fut reprise et dépliée (cf. *l'Autre incastrable*) par d'autres voies que d'habitude.

que sa maternité roule pour elle à tombeau ouvert?... Et son fils-époux incestueux, son Caïn, l'avait-elle déjà perdu? Sinon, pourquoi nommer le fils par ce qui le représente pour un meurtre? Si la première mort n'était pas inscrite, d'où se programme la seconde qui insiste avec l'Abel? « Que veut la femme?... » Devenir une femme? Mais ici la coupure d'avec l'Autre-femme passe par les corps, et l'accent de mort y est meurtrier-suicidaire. Elle a dû consacrer son premier-né – son Caïn divin – sous forme d'époux, à l'Autre-femme, pour s'ouvrir le passage... Et il en est plus d'une dont le passage utérin reste interdit jusqu'à la mort réelle de celle qui fut son Autre-femme, la Mère.

Autre flash, plus comique dans sa violence. Quelques personnes, dont une femme, attendent en bavardant au soleil. Arrive une autre femme, au bras de son compagnon, rayonnante, portant des lunettes sombres; la première salue l'homme, répond vaguement au salut de l'autre femme, mais s'approche d'elle, et se regarde dans ses lunettes, comme dans un miroir, et s'écrie : « Tiens! on dirait que j'ai bronzé... »

Comme façon de crever les yeux de l'autre femme, en y arrachant sa propre image, c'était plutôt forcé : cela supposait que son image fût enfouie dans le regard de cette autre à qui il lui fallait en même temps mettre plein la vue. Et de déclarer voir ce qui ne peut se voir (le bronzage dans des verres fumés), elle disait bien que c'est à la vue de l'autre, à l'état pur, qu'elle s'en prenait; elle se mire dans le regard annulé de l'autre femme, mais reste captive de cette annulation. C'est au regard de l'Autre-femme qu'elle en a, et qu'elle joue sa *peau*; comme une autre sa jouissance; une autre c'est par exemple celle qui me dit – hors de tout lien analytique – qu'elle ne désire plus son mari (avec qui jusque-là c'était la fête de faire l'amour), *depuis qu'il avait connu une autre femme;* sans avoir à trop deviner j'entends qu'une fois de plus l'homme est là négligeable (et négligent), et que ce qui pèse sur elle c'est la place de l'autre femme où elle se sent, jusqu'au vertige, menacée de tomber; car il était exclu pour elle que son homme eût aimé, dans l'autre, une figure distincte d'elle-même...

Mais revenons à l'histoire – deuil infini – de cette femme qui va se désancrer au regard de l'Autre-femme, où elle s'englue. On peut presque la prendre comme une variante de ce qui s'appelle le « mauvais œil ». Dans mon arabe natal, pour dire à quelqu'un de s'affirmer sans peur devant l'autre, on lui dit : « Crève-lui l'œil! » (sous-entendu : ton existence lui fera une ombre plein les yeux..., et inversement : cette ombre qui trouera son œil sera le signe que tu existes et préviendra le regard total (plein ou vide) qu'il voudrait bien poser sur toi, pour te reprendre l'énergie qu'il n'a plus). Cela suppose une lutte à mort d'œil à œil, dont l'enjeu est le désir même; la force de désirer. La sorcellerie a essayé de mettre son grain de sel dans cette brûlure où il s'agit qu'un signifiant prenne corps ou pas, et surtout traverse l'épreuve de son partage (ici, c'est le signifiant « femme » qui est à partager...); et en cas de partage impossible, *le passage des mots se bloque sur le corps fasciné*; au lieu de prendre corps, le signifiant prend *tout* le corps. La sorcellerie tente d'apporter une « solution » au fait que le désir est foncièrement instable, qu'il passe, se transmet, mais qu'il n'est jamais identique à un corps; qu'il n'y a donc pas de dernier mot de la langue. (En l'occurrence : qu'il n'y a pas d'Autre-femme...) Voyons maintenant ce rituel d'une conversation dans certaines communautés traditionnelles d'Afrique du Nord :

« A » ne cesse de faire des éloges à « B »; et B se sent alors d'emblée *menacé*; il doit conjurer la menace en rappelant ses petits malheurs, en se plaignant, en minimisant les réussites dont on le complimente, etc. Pourquoi se sent-il menacé par le « mauvais œil » de la part de l'autre qui en a eu plein la vue?

Il y a une réponse simple (qu'on peut toujours, par la suite, complexifier). D'abord le « mauvais » œil c'est plutôt l'œil du mauvais, c'est-à-dire l'œil de celui qui est rendu mauvais, aigri par le malheur, et qui à la limite où il en est ne peut rien donner qui ne soit perçu par lui comme une perte directe de vie. Il redoute la moindre entame faite à sa vie, à la vie ingrate qui se donne à lui difficilement.

Or si A couvre B de compliments, B peut se sentir *vu* parfait par A, et se croire « achevé » par le discours de A : A lui donne *tout* (parce qu'en fait il n'est prêt à *rien* lui donner); si A achève B en le voyant parfait, en le cernant par le regard dans la clôture d'une perfection, c'est équivalent au fait qu'il le voit mort, qu'il veut sa mort. Donc B doit réagir en montrant ses imperfections : en se faisant voir comme *vivant*, en proie aux troubles, à l'inachèvement, etc. C'est ce qu'il étale dans ses plaintes; car un plaignant ne peut pas mourir sur-le-champ; sa cause n'est pas encore tranchée; il doit encore vivre, ne serait-ce que le temps d'un *procès*, si possible infini. Et c'est ainsi qu'à force d'imperfections B annule une partie de l'achèvement où A tend à l'enfermer.

De plus, A qui enferme et achève B dans sa réussite apparente, on peut supposer qu'il est en manque, en désir de quelque chose, puisqu'il est vivant; donc en comblant B il laisse entendre au tiers absent, et à ce témoin silencieux qu'est le langage (à Dieu peut-être...), il laisse entendre que ce qui lui manquait c'est B qui l'a eu. Il essaie, dans sa mortification, de figer les mouvances complexes du désir dans une économie du désir mimétique : où l'enjeu serait là, l'objet ou le signifiant désirable serait disponible, à portée de main, si seulement ce maudit B n'avait fait main basse dessus. En attribuant tous les mérites à l'autre, et en se dépouillant du peu qui lui reste, A intente un procès, il dépose plainte devant le

Tribunal de la Justice du Monde. Il dit que la part qui lui revient, c'est B qui la lui a volée. Et en se dessaisissant par la parole d'une part de sa réussite, B entend symboliquement cette assignation en justice. Il se défend : ta part je ne l'ai pas eue puisque *moi aussi* je suis en manque; ta part continue à courir; l'objet de ton désir n'*est* pas moi, et je ne l'*ai* pas; cours après, comme je cours moi aussi après mon désir, mais ne m'en demande pas raison.

Il est évident que le discours purement laudateur de A comportait une demande complexe :

a) de faire reconnaître à B qu'il est comblé;

b) de prendre Dieu ou le langage à témoin de cette injustice, à savoir qu'il y en a un qui a *tout* pris;

c) de demander la mort du coupable, y compris pour refaire un peu d'espace, un peu de vide;

d) de faire reconnaître au coupable lui-même qu'il est parfait donc achevé; donc lui faire entériner le verdict qui le condamne. En un sens, le pousser au *suicide*.

On voit qu'au fond, l'impasse de l'entre-deux (ici entre A et B) tente de trouver sa « solution » dans un *rituel* de parole, qui fait acte, dont l'enjeu est surtout de ne pas avoir le dernier mot, le dernier mot – « phallus » ou signifiant ultime – serait mortel pour son détenteur, parce qu'il signerait de sa part une emprise totale sur la « vie » et la parole qui donne vie (la *baraka*). Les deux partenaires sont à peu près quittes quand ils ont pu – le cas est rare – se brancher sur le même manque de ce dernier mot – baraka : bénédiction, parole de vie et d'agrément – prêtée à Dieu, et autorisant à désirer...

Eh bien, je ferais volontiers l'hypothèse que ce qu'on appelle « hystérie » est un système de rituels complexes, ramifiés, préconscients, pour sortir de l'impasse de l'entre-deux lorsque l'enjeu en est le signifiant *femme*. La sortie reste problématique, mais le cri est lancé, la plainte déposée, et le fantasme massif : celui où toutes deux seraient la proie d'un bien unique à se partager (le féminin), au regard rétif de l'Autre-femme, qui les aurait à l'œil. L'Autre-femme dit à chaque femme, en silence : si tu es femme c'est que je ne le suis plus; et chaque femme prise dans cette impasse de l'entre-deux se croit tenue d'assurer son Autre-femme de ceci qu'elle est un peu morte, qu'elle fait la morte, qu'elle *se tue* à être femme et qu'elle y échoue (qu'elle échoue à être femme ou à vivre...) L'hystérie c'est la dénégation de féminité qu'une femme se croit tenue de montrer à l'Autre-femme, comme pour conjurer son « mauvais œil »...

Ce sont de telles impasses qui cherchent le secours de l'analyse, et les exemples puisés dans la pratique analytique rempliraient un livre (mais ce n'est pas celui-là que j'écris). Pourtant on ne peut passer sous silence certaines formes de l'entre-deux-femmes telles qu'elles s'expriment dans le transfert de manière criante. La « demande d'amour », cette chose étrange et pathétique (comment « vérifier » que l'amour est possible, sans aimer?) peut prendre la forme directe d'une demande de *faire* l'amour. Beaucoup d'analystes croient avoir compris et réglé ce genre de question en constatant qu'elles se répètent (pourtant le cosmos entier nous répète son existence, et ce n'est pas pour ça qu'on y comprend quoi que ce soit...) Mais enfin, laissons [10] la question de savoir ce qu'on fait de l'amour en analyse, et voyons plutôt ce paradoxe : la patiente demande à l'analyste homme de lui faire l'amour, et ce non pas dans la mouvance d'une séduction, où le désir cherche à s'inspirer ou à s'imposer, mais à froid; presque comme un pacte : elle demande un acte qui signerait pour ainsi dire son accès à la féminité, et inscrirait une coupure avec le refus du rapport sexuel que l'Autre-femme lui a transmis. Une telle demande, à la fois « raisonnable » et poignante sous ses dehors un peu « fous », n'est rien moins que l'idée d'un pacte qui ferait repartir de zéro l'histoire symbolique, à partir d'un premier mot-geste qui serait aussi un dernier mot, d'un acte identique à sa propre trace, fondateur des souvenirs qui le suivraient et le rappelleraient; bref, une sorte de fulgurance réelle de la parole en acte, scellée ou « sacrée » à deux. Devant une demande aussi précise, aussi tranchante et retranchée, l'analyste peut toujours se retrancher derrière son silence, ou ses « fonctions », auquel cas il « fonctionnerait » en effet, mais comme le tampon prototype du triangle familial, et reproducteur automatique de ce même triangle : excuse-moi, il y a ta mère, il y a ma femme, il y a la psychanalyse, il y a le qu'en-dira-t-on, etc.; parle-moi plutôt, cause toujours on verra bien (cette dernière formule m'a été dite, telle quelle, par un analyste comme étant son principe de base). Mais l'analyste peut aussi faire autre chose. En l'occurrence, il peut mettre en question ce mépris du désir (du sien propre comme de celui de la femme qui formule cette mise en demeure); il peut même se révolter devant un pareil arrachage du désir, car en de tels cas, la femme ne s'offre ni ne séduit, ne se demande ni si on l'aime ou pas, elle demande un acte quasiment sacré qui, d'être accompli par celui qu'elle-même érige en signataire absolu de l'appartenance féminine, prendrait son effet *indépendamment* du désir qu'en aurait l'un ou l'autre des partenaires. En voulant enfermer l'analyste dans le cercle de cette « demande », la patiente pense lui interdire tout jeu possible, et en fait elle met en acte l'interdit qu'elle s'est posé sur tout jeu de son propre désir, interdit qui lui fut transmis. En tout cas, il y a du jeu, du possible, à condition que l'analyste puisse se passer des

10. A plus tard.

« discours psy » sans se croire à bout de souffle ou de ressources (à condition donc qu'il y ait un souffle de désir, et qu'on ne croie pas maîtriser à la fois ce qui se dit et ce qui s'en échappe...) Que le trajet analytique en passe par de tels moments où l'analyste non pas fasse le mort sur son désir mais « revendique » la possibilité de désirer (désirer interpréter, désirer l'autre qui lui parle sans pour autant s'emparer de son corps [11]), que l'analyste donc ait à « revendiquer » son désir, peut paraître comique dans un contexte culturel où des observateurs soudain « saintes nitouches » surveillent côté divans pour savoir jusqu'où on s'y touche [12]... Mais revenons à l'entre-deux-femmes, et au blocage apparent qu'il introduit dans la cure par cette demande d'un « faire l'amour » inaugural.

Le paradoxe en est très simple : c'est qu'en ne passant pas à l'acte – au pacte sacré qu'on lui propose – l'analyste peut s'entendre rétorquer que c'est la « femme-hystérique » en lui qui a refusé à la patiente l'accès à la féminité qu'elle réclamait, qu'elle attendait de cet acte. Ainsi quand on lui demande de faire l'amour c'est en tant qu'homme qu'on l'interpelle, et s'il refuse il devient une femme intraitable, qui barre à une autre femme l'accès au *féminin* (en détiendrait donc la clef). Certains objecteraient que c'est là une « simple agression », que c'est une manière de lui dire qu'il n'est « pas un homme »; mais l'objection ne vaut rien, car pourquoi une agression sur ce mode-là? d'autant que si ce n'est « pas-un-homme », on voit mal pourquoi c'est en deçà des sous-hommes que se trouveraient les femmes... En fait, à le traiter de « femme-hystérique », loin de le diminuer, elle nomme l'obstacle sur quoi elle bute, et qui l'avait conduite à en appeler à un homme, sur un mode qui, justement, ne laissait nulle place au désir – ce qui, après coup, pose la question de savoir à qui elle adressait son injonction où le désir de l'autre semble tellement lui être dû, qu'on se demande si ce *désir autre* peut encore subsister. Mais en nommant ainsi l'obstacle, elle rappelle que sa « mère » – c'est-à-dire en fait *toute la féminité qui la précède* et dont elle a à se couper pour y avoir accès – elle rappelle que sa lignée féminine ne « reconnaît » une femme qu'en l'exilant du rapport sexuel, en la marquant d'un refus sous ce rapport. Du reste, si elle « demande » un rapport sur le mode particulier que nous avons vu, c'est aussi pour se l'interdire (en croyant l'enraciner dans l'instant inaugural d'une autre loi,

11. Après tout une grande part de la veulerie familiale ou éducative tient à ce que les adultes redoutent de s'envisager même désirant les « jeunes » sans verser dans le passage à l'acte; *idem* pour la veulerie de ceux parmi les analystes qui ne voient même plus d'autre voie pour manifester leur désir que de le passer à l'acte.
12. En fait il s'agit moins de « revendiquer » que de simplement soutenir son désir, et de s'en donner les moyens.

écrite par elle, à même son corps, avec un homme pour instrument). De sorte que c'est en voulant rompre avec le refus par l'Autre-femme du rapport sexuel, qu'elle reconduit ce refus, le met en acte, dans sa demande d'un acte modèle qui serait identique à sa demande, dont l'autosuffisance dit le refus même du désir, alors que le désir *est insuffisant à soi.* Des demandes aussi décapantes (qui transmettent le lien en impasse de l'entre-deux-femmes) entraînent d'ailleurs chez celui qui les recueille, analyste ou pas, une « absence » soudaine du désir, comme s'il n'y avait d'autre réponse que de répéter le manque de désir qui les inspire; d'en témoigner. On voit aussi où s'opère un retournement de l'éthique conventionnelle du psychanalyste : celui-ci en vient, au nom de l'éthique, non pas à renoncer à son désir pour la patiente (ou à « faire le mort » comme on le lui recommande) mais à récuser la manœuvre par quoi la patiente déracine toute possibilité de désir entre deux, toute rencontre désirante à travers le lien de parole. Il ne peut en effet, sauf s'il est pervers, trouver nul appui « érotique » dans un tel mépris du désir; lequel mépris peut se montrer, se répéter, dans les détails les plus infimes. Par exemple :

— J'ai peur que vous me chassiez.
— Pourquoi le ferais-je?
— J'ai peur que vous ne soyez agacé, excédé par ma demande, et que vous me foutiez dehors.

C'est fréquent, cette crainte d'absorber l'autre, de le submerger, dans le non-désir (ou le désir mortifié) qu'on lui montre. Et la patiente est souvent convaincue que sa demande ne peut qu'excéder le désir de l'analyste, dépasser le désir qu'il pourrait avoir de déplacer cette demande, d'entendre au-delà de ce qu'elle dit; elle a donc *raison* dans sa « crainte » de l'excéder, de l'agacer; pour elle, devant sa demande, nul désir autre ne peut tenir — et c'est encore « avec raison »; puisque la demande en question doit faire le vide, au sens précis où pour être *à l'origine* du désir, cette demande doit empêcher tout désir de « *compter* [13] ».

Comment s'opère la « sortie » d'un pareil blocage? Il n'y a pas lieu de l'expliquer ici; ce qui est sûr c'est que ça se débloque, et sous l'action de forces inconscientes qui peuvent inclure jusqu'au refus d'en savoir plus. Il y a un moment, très perceptible, où un consentement à l'amour (inconscient) semble poindre, y compris avec la pudeur de ne pas demander à en savoir plus; de ne pas chercher d'*abord* à « advenir » comme

---

13. Du coup, il est « agaçant » de constater que dans leurs pires lubies les patients ont toujours raison; c'est bien la seule chose qui leur donne tort; car le symptôme, on l'a fabriqué pour continuer à avoir raison, et c'est un tort qu'on se cause.

« femme » ou comme « sujet » pour pouvoir *ensuite* désirer et aimer « librement ». Il y a un point de vue d'où, en un éclair, l'ordonnancement de ces trajectoires paraît risible, et déclenche même, parfois, le rire sardonique et ingénu du narcissisme marqué de son manque à être, et qui se repère dans sa perdition.

La *demande*, jusque-là inexpugnable, et le rituel d' « accès » à soi, vers quoi tout l'être était tendu, s'étiolent comme une religion sans fidèles, ou un sanctuaire déserté...

Du reste, les raisons de l'amour – « pourquoi vous m'aimez? » – on cherche à les savoir juste ce qu'il faut pour en jouir et les rejeter, et que soit libre la place du *reste*, de l'autre part des choses, celle de l'autre-amour où on aime cet être singulier (analyste, patient, ou autre...) parce que c'est à travers lui qu'un don des mots s'est révélé possible, et qu'une déchirure de l'image unique s'est opérée. Ça semble tournoyer sur soi, presque tourner en rond, d'*aimer l'être par qui l'amour s'est révélé possible* comme le don renouvelé de sa « propre » langue altérée...; mais ce tourbillon tient à la langue qui renvoie et qui parle à elle-même, à notre insu...

SUITE 3

LA CROYANCE

1. Le point de croyance...

Pourquoi parler de la croyance, dans le sillage de l'amour ? C'est que la croyance est une forme stabilisée (pour ne pas dire figée) de l'amour, un compromis entre l'amour de Soi et de l'Autre : on adopte une croyance pour y trouver la consistance qui nous manque, pour tenter de faire *un* avec nous-même, puisque *elle* trouve appui ailleurs qu'en nous, même si de ce fait elle contribue à accroître notre « nous-même ». De ce point de vue, croire en Dieu par exemple est une véritable trouvaille : disposer ainsi d'un Être tout-puissant qui pense à vous et guette vos mouvements, c'est s'octroyer un supplément de *consistance* presque démesuré ; est-ce pour cette raison que le Dieu biblique ne demande presque jamais à ses fidèles de « croire » en lui, mais de l'*aimer* ? comme s'il voulait élever les enjeux que la croyance banalise ?...

En quoi la croyance est un amour à bon marché, c'est ce qui apparaîtra par la suite, et n'exclut pas que dans la vie il y ait parfois à acquérir certaines choses à bon marché, faute de quoi la vie serait d'un coût écrasant. Mais la chose va de soi ; on peut faire confiance aux hommes de toutes les cultures pour ce qui est d'apprendre à amortir les coûts.

Ce qui est sûr, c'est que si on aborde la croyance par la voie du réalisme et de la réalité (« sur quoi repose votre croyance ? est-ce qu'elle a eu lieu *réellement* » ?), on n'éclaire pas le problème, on l'aveugle ; on ne résout pas les difficultés, on les supprime ; car il est évident qu'une croyance (à un mythe, une doctrine, une divinité...) ne repose au sens strict sur aucune réalité ; c'est même ce qu'elle a de spécialement *reposant* : de fournir d'emblée un au-delà des réalités, voire une réalité d'au-delà. Et même un « réaliste » endurci, qui fait « reposer » une réalité sur une autre réalité, jusqu'à

ce que l'édifice ainsi construit soit trop élevé ou s'écroule (Babel...),
ou que notre homme meure d'ennui d'avoir compilé faits sur
faits, eh bien même un tel militant de la « réalité » s'en échappe de
temps à autre pour trouver un peu de ressort ; et il s'en échappe
par la voie de quelque principe de plaisir, voire d'un au-delà du
plaisir...

En tout cas son dialogue avec le « croyant » est un pur
malentendu :

— Votre croyance ne repose sur rien !

— Justement, elle me transmet un rien de ce sur quoi elle
repose, et elle dompte « réellement » le Rien qui sinon m'en-
vahirait.

Mais la relation à une croyance n'est pas duelle : elle invoque,
elle fonde et met en question tout un lien symbolique. Les hommes
qui trouvent soutien dans telle croyance croient d'abord au fait de
la *partager* avec d'autres, et à la possibilité de la *constituer* ainsi
comme une vérité. Car la vérité ne se définit pas par le seul fait
qu'on croit en elle, elle tient à ce qu'un groupe puisse y croire au
point d'y retrouver la raison d'être de son lien ; la vérité c'est ce à
quoi une croyance peut s'*attacher*, pour renouveler le lien (social)
de la parole qu'elle constitue. En adhérant à une parole (qui leur
donne en retour son pouvoir adhésif, coagulant), les hommes
croient d'abord à leur désir de se fabriquer des lieux sûrs, des
plates-formes dans la mer démontée du « temps », où font naufrage
les semblants, les réalités, les vérités les plus « sûres ». Et ce désir de
se retrouver dans une croyance, de s'y réchauffer, prend le relais
du désir de *se retrouver avec soi*, entre-soi-avec-d'autres, ou avec
cette forme d'*autre* la plus réduite qu'est la croyance elle-même,
quand seul la partage celui qui l'invente. C'est donc une manière de
s'aimer, de se *créditer* d'un peu de passé ou d'avenir, de se supposer
un Temps, au moyen d'un objet qui conjugue le temps et qui le fixe
à la fois ; le Père Noël va venir, ou est venu, ou vient en son temps ; le
Messie est venu ou se fait attendre... Une façon de conjuguer le
temps, de s'y accrocher en y installant une bouée, un point
fixe-mobile...

On comprend que des croyances « contradictoires » puissent
coexister chez une même personne ou un même groupe. Puisque
croire c'est se produire des possibilités d'attache (qui deviendront
par la suite des îlots de « vérité ») et que ni lien ni vérité ne sont
régis par une linéarité déductive, leurs contradictions indiquent
surtout leur diversité dispersée dans le temps. Il n'est pas
contradictoire d'avoir des points d'attache en Afrique quand votre
route ordinaire est vers l'Amérique ; on ne *sait* jamais ; les dérives,
les tempêtes... ; provision de liens, foisonnement de liens, jusqu'à
parfois l'étranglement. Il arrive même que deux croyances travail-

lent, l'une à démolir le mur d'enceinte que l'autre s'emploie à ériger. Ça fait un chantier interminable; mais qui a dit que le « but » fût de construire ce mur?

Croire c'est rêver de transférer son être (son peu d'être...) dans ce lieu sûr qu'est la croyance; ça ne veut pas dire que *l'être* suit, ou qu'il consent à se résorber tout entier dans la croyance qu'on lui propose. J'ai dit « peu d'être », mais il faut croire qu'on en a encore trop, et que le peu qu'on a déborde des récipients qu'on lui invente. Je ne dirai donc pas comme Kafka que « croire c'est être [1] »; croire c'est un vouloir-être qui s'échoue et s'incruste et s'accroche à lui-même; et quelles que soient les croyances qui le couvrent, sa nudité est poignante.

La croyance est un lien à l'Autre, un *contrat* passé avec l'Autre pour s'assurer de ce qu'il existe, mais oublier si possible que c'est nous, par cette croyance, qui le faisons « exister ». C'est le paradoxe d'une ligature narcissique avec l'Autre, où Soi et l'Autre peuvent en même temps s'oublier, se confondre, s'abîmer.

Le *réel* de la croyance, ce n'est pas seulement qu'elle suppose « réel » ce à quoi on croit; c'est qu'elle-même prend une consistance de réel; au point que tenter d'arracher à quelqu'un une croyance, même pas délirante, peut se révéler plus difficile que de déplacer les montagnes. *La croyance prend le relais du réel qui fait défaut.* Son enjeu radical, comme son support, est narcissique : la croyance vient suturer un point de fuite, un risque hémorragique du narcissisme, là où sa veine – sa vaine certitude – peut éclater à tout moment et pour un rien. Au bord de toute croyance, délirante ou anodine, il y a une image à bout d'elle-même qui trouve de quoi se prolonger, de quoi nous prolonger, jusqu'au désert narcissique qu'elle échoue à traverser. La croyance est une façon d'habiter les limites du possible, de rendre l'impossible habitable et même parlable, l'impossible frontière entre Soi et l'Autre.

D'où cette curieuse « absence » de *je* qu'on remarque dans la croyance : celui qui est « dedans » a rarement de quoi le dire, de quoi le formuler (il est vrai que les croyances qui nous mènent ne sont pas toujours celles qu'on affiche, mais d'autres, qu'on protège par des croyances écrans). On peut se demander comment une croyance, qui n'est après tout qu'une parole, peut prendre la consistance d'un réel? C'est qu'elle n'est pas seulement une parole, mais un rapport à l'Autre, un investissement, un transfert que les croyants avec leurs gestes leurs corps leurs souffles incarnent, et à quoi ils donnent consistance, d'autant plus fort que c'est à leur insu. Imaginons une personne qui croit en la Vierge; c'est courant. Est-elle convaincue que la Vierge a existé et qu'elle a un certain jour

---

1. Bien que son énoncé vienne au terme d'une série qui le module...

enfanté sans homme? Là n'est pas le problème; il s'agit plutôt, pour elle, d'entrer dans la croyance qu'aurait la Vierge en sa propre immaculée conception; de donner consistance à ce fantasme par une supposition qui n'est pas plus « réelle » que lui, ni moins; on conviendra qu'il y a toujours un fantasme disponible pour accueillir et nourrir une telle croyance; que la femme se pense comme Vierge ou que l'homme se voie comme le rejeton de cette « conception ». L'enjeu est de rendre disponible et de reconduire un rapport au désir, d'assurer un certain transfert; dans ce cas : de virginité, d'intouchable, de limite au-delà de tout contact... C'est *la transmission d'une croyance dans la répétition de l'instant figé où elle prend sa source*, c'est cet instant, cette boucle, qui relie à l'Autre et qui ressource dans l'Autre le narcissisme en manque de lui-même. A la limite, il vaut presque « mieux » croire que la Vierge a réellement enfanté sans homme, plutôt que d'être soi-même, sur-réellement, cette vierge, et de neutraliser d'avance tout homme avec qui on pourrait concevoir et enfanter... Mais enfin, nous ne sommes pas là pour « juger » mais pour mesurer les paradoxes de la croyance (qui sont aussi ceux du narcissisme) où, en l'occurrence, croire à la Vierge c'est pouvoir, sans trop de ridicule, s'identifier comme Vierge, « réellement », c'est-à-dire à partir d'un carrefour intouchable et imprenable du langage, où cette conception ferait loi.

Le *cogito* cartésien dit bien l'acuité narcissique de la croyance, le seuil où le narcissisme est à bout de lui-même, et où il faut bien poser un point limite faute de quoi c'est la déroute du « sujet », surtout si c'est précisément au « sujet » qu'on veut croire; comme c'est le cas lorsque, parti pour délimiter le *minimum de croyance*, Descartes aboutit à cette pointe narcissique extrême : je pense donc *je*..; un « je » qui tourne autour de lui-même et qui s'accroche à la croyance vide en « je ». Il ne démontre rien, mais il montre un désir intense que la langue, en ce point, lui soit favorable : le *cogito* est une croyance à la syntaxe, à la grammaire [2]... Si quoi que je dise contre moi et pour me réduire à néant, la langue exige que ce soit *je* qui le pense, ou que *je* soit supposable à cette pensée..., ce *je* recueille toute la libido quand celle-ci a déserté un à un tous les objets pour leur incertitude fondamentale. Et comme c'est un « je » identique à ce qu'il pense, et au fait même qu'il pense, l'opération narcissique est parfaitement réussie : *je* s'aime... en passant par la

---

2. Surtout quand il envisage un autre trompeur : « j'existe puisqu'il me trompe... et qu'il ne saurait jamais faire que je ne sois rien ». Sa croyance peut donc déserter toute chose, il peut se décoller de tout sauf de la langue, à laquelle et dans laquelle il formule un véritable acte de foi, à savoir qu'elle ne peut pas le lâcher comme ça, dans le vide, sans s'anéantir elle-même, ou sombrer dans le silence.

langue (la syntaxe) qui lui permet de se conjuguer avec lui-même. Si l'univers chavire, c'est pour que le *je* se ressaisisse à sa ligature narcissique ; le *je* cartésien se raccroche à la consistance de la langue, et le *je* freudien... à son inconsistance où se fonde l'inconscient, auquel on va jusqu'à *supposer* un sujet. Supposer, poser dessus dessous ou à côté, ça... suppose : donner, se donner pour se reprendre ou se ressaisir. Même l'étymologie (gréco-latine) de *croire* le laisse entendre : croire c'est *donner son cœur ;* donner son cœur pour être sûr d'en avoir un, à soi, un cœur qu'on puisse garder et regarder... ; ce paradoxe se retrouve tel quel sur la piste de Descartes. Dans l'expérience de doute radical où il s'engage (et qui se présente comme une résistance voire un refus à « croire ») il met en scène un état étrange, dont il ne sait plus si c'est du sommeil ou de l'éveil ; et dans cette *insomnie de l'être,* l'enjeu narcissique de la croyance s'éclaire ; la croyance est un certain désir de dormir ; on sait que ce désir est le meilleur ressort du rêve. Le résultat est curieux : on n'est plus tout seul, alors même qu'on reste « dans » le narcissisme : on est *avec* un rêve, ou *avec* une croyance... A défaut de croyance on serait dans une sorte de vigilance totale, d'insomnie du symbolique. Alors qu'avec un rêve ou une croyance, c'est-à-dire avec un petit renoncement de l'identité à soi, on peut dormir un peu, rentrer en soi, rêver, réduire le monde à soi, avec ce mince résidu qu'est le dérangement du rêve, mais qui nous retient de sombrer. Il n'est pas besoin d'être fou pour avoir au matin à recoller les morceaux, passée la nuit, d'une cassure toujours là, comme si le « point de croyance » s'était abîmé dans un naufrage archaïque, et si le narcissisme primordial s'était brisé sur un miroir rétif...

Le coup de force cartésien est une jubilation : la langue lui offre un *je ;* et lui, il croit que c'est pour lui, il en fait même un « sujet », un point d'appui pour construire le monde et s'éveiller au monde en étant sûr d'être réveillé... Sa croyance au langage n'est pas trop abusive, c'est d'en extraire un « sujet » identique à son savoir qui fait question ; tout comme chez Lacan d'en extraire un « sujet » identique à son « non-savoir ». La croyance (et le forçage) n'est pas moindre, en partant, comme Lacan, de « je ne pense pas là où je suis... » pour en tirer que *je* suis, ou que *je* suis de ne pas être, etc., etc. Dans tous les cas c'est une croyance au langage ; on suppose qu'il est donné et qu'il nous porte... ; et après tout n'est-ce pas là le refuge ultime quand on n'a plus rien à dire et qu'on quête des mots d'ordre ou mots de passe pour savoir où passer et sous quel ordre se mettre ?...

D'ailleurs, pour ce qui est du langage, la preuve la plus « rigoureuse », la preuve mathématique, croit en lui implicitement : bien sûr on répète qu'elle n'en appelle qu'à elle-même, mais elle suppose que le langage tient bon, qu'il se *retient,* qu'il se mémorise, qu'il ne vous laisse pas tomber, que la lettre a de l'autonomie mais pas t.op, etc. [3].

Certains événements singuliers mettent au grand jour le *point critique* de la croyance, là où elle s'accroche à un lien social et met en jeu le narcissisme d'être lié par tel lien et non par tel autre. Lorsque le premier Américain a débarqué sur la lune, il y eut parmi les vieux juifs, arabes, religieux, que je fréquentais à l'époque, un refus catégorique : ce n'est pas vrai! la lune est une lumière, on ne peut pas marcher dessus! Et parmi eux certains esprits éclairés qui auraient pu « expliquer » se taisaient, mal à l'aise. Certes des psychologues encore plus éclairés pouvaient juger ce refus comme un « élément psychotique » (déni de la réalité dès qu'elle menace l'équilibre psychique...); bien à tort, car la question était en deçà de la réalité et concernait les moyens mêmes de définir la réalité. Ce refus relevait d'un lien de parole collectif, transmis, dont l'entre-choc avec la sphère technique occidentale ne pouvait se résoudre par un appel à la réalité de l'image télévisée ou journalistique supposée indépendante du langage qui le relate et la frelate au jour le jour. Certains faisaient cohabiter les deux liens : la lune est bien un gros caillou où les Américains ont mis le pied, mais ce n'est pas la même que l'*autre* lune, splendeur nocturne qui rythme le renouvellement des mois et devant l'éclat de laquelle le groupe prie. Alors que pour les modernes fanatiques, les éblouis du progrès et de la « Réalité », il s'agissait de troquer l'un pour l'autre des deux liens, ce devant quoi le vieux religieux se rebiffait (et on ne va quand même pas prier le nez en l'air devant un Américain...). Ainsi dans ce déni, un lien social s'affirmait (ou plutôt affirmait son désir d'*être*) *irréductible* à l'autre : vous dites qu'ils y sont allés? Je ne veux pas *être de ceux qui le disent* et qui se centrent là-dessus. C'était donc refuser son cœur à un certain lien et l'accorder à l'autre, une manière un peu bizarre de nommer les siens. Et de fait, à certains religieux on venait réellement demander la lune, en leur demandant d'y laisser entrer les mécréants. La croyance est bien ce qui rassemble dans un lien et qui remplace l'amour que ce lien suppose : c'est le partage symbolique d'un langage. Et aux vieux religieux qui n'avaient que *leur* lien pour dire, les jeunes loups éclairés – les fils le plus souvent – voulaient imposer une annexion totale sans partage, une reddition pure et simple, où en brandissant la presse dont d'ordinaire ils se méfiaient, ils opéraient à la faveur de l'événement « réel », le meurtre de l'ancêtre, qui se débattait, qui

3. Il est possible que le délire scientifique soit lié à une certaine inaptitude du « sujet » à ressentir sa soumission au langage et aux *croyances* implicites de la science. Il faut bien dire que la collusion entre le langage scientifique et le « réel » des applications techniques ne l'aide pas beaucoup à y voir clair...

résistait. Et l'étonnant c'est la vitesse à laquelle la trace pourtant sensible de l'événement se noie dans les langages qui la submergent et ne s'alimentent que d'elle.

Nos croyances sont donc nos prolongements narcissiques, tout comme l'enfant est appelé à prolonger ses géniteurs ; heureusement il leur fait aussi autre chose : il les interpelle symboliquement, il leur étale leur symptôme au grand jour, et surtout : il leur fait faux bond ; mais il peut rester coincé dans leur croyance en lui, c'est-à-dire dans ce qu'ils lui supposent ; de même j'imagine que le Dieu des monothéistes doit être assez coincé et encombré de la croyance qu'ils ont en lui, ne serait-ce que de leur manie de l'invoquer chaque fois qu'ils décident de s'entre-tuer. J'imagine que libéré, ou du moins allégé de leur croyance, il pourrait leur offrir l'occasion d'expériences et d'ouvertures nettement plus intéressantes. Mais au fond il se défend bien (les enfants aussi) : il les *déçoit*, et de façon parfois cuisante, sans se laisser résumer ou « épuiser » par leur logique et leurs plaintes. De même, et pour varier un peu l'exemple, on peut dire que si la « Révolution » ou la « Sortie d'Égypte » n'étaient accaparées par la croyance dont elles font l'objet, ou par le rejet purement « réaliste » qui les exclut de toute espèce d'existence faute de « preuve », si elles n'étaient ainsi réduites et capturées, elles donneraient lieu à d'intéressantes métamorphoses ou métaphores ; et pas seulement au niveau de l'*allégorie*, encore que celle-ci soit une manière de parler de l'Autre, ou de le faire parler... à la lettre.

On entrevoit que ce qui s'oppose à la croyance, dans sa trame limite, c'est moins la « preuve » que l'épreuve d'un certain seuil du symbolique : il y a la croyance qui réussit l'obturation narcissique complète ; et il y a celle qui ménage un seuil, une passe de l'amour inconscient, dont la croyance constitue l'opacité intermittente. Observez des tout-petits qui s'éloignent de leur mère dans un jardin public ; il y en a qui s'avancent gaillardement en titubant, et filent droit sans problème ; tout l'espace ambiant est pour eux un prolongement de son corps à elle ; ils ne peuvent donc pas s'éloigner d'elle, même quand ils sont loin. D'autres au contraire font jouer leur distance à elle dans un jeu de regards, à la recherche du seuil où passer et où prendre leurs distances ; un passage à vide où ils inscrivent dans son regard leur possible éloignement (si du moins ce regard s'y prête, et consent à affronter lui aussi ce passage à vide, ce point de fuite narcissique). Ils savent soudain qu'ils *peuvent* s'éloigner, alors que *rien* dans ce regard ne le leur dit. Il y a un seuil (le seuil de la Loi, croyait Kafka...) où agrément et refus se recoupent et se relient ; fiabilités lointaines, distraction possible, plutôt que traction maintenue ; croyance en mutation.

Cet espace infantile de la croyance se retrouve tel quel dans d'autres situations. « Ils » ont cru en lui (dans ce Chef ou ce Parti, etc.) puis ils se sont sentis « trahis », « trompés »... En général, on « explique » ainsi le phénomène : « ils » ont fait de « lui » leur père idéal, et il les a déçus. Mais la croyance narcissique, ouverte ou close, de la mère en son enfant, suggère un autre point de vue dans le rapport des croyants à leur Maître : c'est « lui » qui fut leur enfant, et ils y ont cru ; ils l'ont engendré, ils l'ont élevé, ils en ont fait leur prolongement et leur croyance narcissique, comme des parents frustrés font de leur enfant, dans l'attente qu'il soit le miroir de leur désir, désir *rêvé* et non praticable ; (ils oublient seulement d'avoir un désir, ou leur désir est *dans* l'oubli ; de sorte qu'ils ne voient plus, dans ce miroir « réel », que l'image de leur symptôme ou de leur cécité). Quand l'« enfant » en question trompe leur attente – et ces attentes sont faites pour ça, pour être trompées... – c'est le drame ; il emporte avec « lui » leur déception : l'enfant, le Chef, le Parti, le groupe, etc., part avec les lambeaux de leur croyance inachevée, frustrée de son achèvement qu'elle continue à rechercher ; de même que les parents déçus ne sont pas pour autant libérés de leurs enfants, ceux qui rompent avec leur Maître, Chef, Parti, famille, coutume..., gardent souvent intacte leur croyance en un vrai Maître, un vrai Parti, une vraie famille..., et la traînent à leur insu en quête de lieu où la placer ; du *vrai* dieu qui la recueille... Et comme ces vérités se définissent par la croyance qu'on a en elles, on voit que le tournis est sans fin. Il y a du reste une étonnante prolifération de « dieux », nullement païenne, dans « nos sociétés avancées ».

Et puisque j'évoque Dieu, carrefour obligé du narcissique et de la croyance (il suffit de penser au petit dieu que chacun veut être du seul fait de son *image*), je dirai que la horde des philosophes qui se sont lancés, toute une époque, à l'assaut de Dieu pour *démontrer* qu'« il » existe, devaient sûrement avoir de lui une haine assez forte, excédés peut-être du poids dont il avait pesé sur leur temps ; ils ont voulu en finir une bonne fois avec Dieu en démontrant qu'il existe. S'il existe, on est fixé et lui aussi, croyaient-ils, (et n'est-ce pas justement une certaine fixation, « réelle », qu'on cherche toujours de ce côté-là ?). *S'il existe, il n'y a plus besoin d'y croire* ; chacun perçoit en quel sens on croit en Dieu pour le maintenir à distance, et on croit en un événement futur *de peur qu'*il n'arrive. En fait, même s'ils avaient réussi à démontrer que Dieu existe (ce qu'à Dieu ne plaise), une autre question bien plus tordue se serait pointée, et celle-là insoluble : s'il existe, comme être de langage, qu'est-ce qu'il peut bien penser de tout ça ? Pis : qu'est-ce qu'il veut ? Tous les écrits qu'on lui a prêtés, qu'on lui a presque fait signer (et quelles pressions a-t-on dû exercer pour ça), tous ces écrits sont terriblement ambigus, équivoques, indécidables sur *cette* question de savoir ce qu'il pense ; la même que celle de savoir quelle pensée on lui *suppose,* autrement dit par quel côté nos pensées les plus « importantes » sont adhérentes ou adhésives à quelque chose qui nous échappe? Et nous revoilà en plein dans la question de l'amour comme *dissociation d'avec soi-même passant par l'« autre »*; en plein aussi dans l'enjeu de la croyance comme compromis de l'amour, méthode intermédiaire pour s'identifier à soi en se raccrochant à quelque « autre » qu'on suppose et auquel on croit; et cette médiation est plus narcissique qu'on ne pense : la croyance est un petit coup de force pour *être* « *soi-même » à l'origine du réel qui se dérobe* (lequel a tendance à fuir, avec son origine). Là où une chose n'existe pas réellement, ou ne fait pas le plein de réel qu'il lui faudrait pour cesser de nous concerner, c'est là que nous lui octroyons par notre seule croyance la dose de réel qui lui manque. Où trouvons-nous la force, je dirais l'outrecuidance, de prélever ce réel *en nous-mêmes,* ou de faire comme si on avait assez de réel pour y prélever quoi que ce soit? c'est ce qui semble assez incroyable. On voit en tout cas comment la croyance veut faire à moindre frais le « travail » de l'amour : croire en quelqu'un c'est en un sens « partager » son existence en prenant sur soi ce qu'il faut pour qu'il en ait une, d'existence; c'est une façon d'exister en lui, de le faire exister en nous, et de *fixer le double mouvement de l'amour* (passage et retour de l'un par l'autre), de l'arrêter dans le compromis « raisonnable » de la croyance (comme compromis elle est raisonnable, mais comme idée ou contenu elle peut être folle).

La peur éclate lorsqu'une partie de notre croyance (en ce qu'elle a de narcissique) ne trouve plus dans l'Autre de quoi s'accrocher, de quoi tenir ou se coller; soit que l'Autre se dérobe, soit que la croyance n'ait plus assez de force symbolique pour y adhérer. Un religieux qui commet un péché a peur, une peur qui pour l'essentiel tient à la *peur d'être pardonné;* la peur que son péché compte pour rien, et lui avec, du coup, chute libre dans le non-sens; il serait soudain libre de sa créance sur l'Autre; si ça avait été la peur que son péché lui soit *compté,* les théologiens de toutes les religions ont répertorié les contraventions, et chaque contrevenant sait à peu près à quoi s'en tenir. Or ça n'élimine nullement la peur.

Cela nous suggère quelques idées sur la *peur* en tant que cri d'amour inaudible, et variante pathétique de la croyance.

2. La peur

Ça peut paraître une boutade, mais quand on *a* peur, on *a* au moins quelque chose; la peur : quelque chose d'indéfini à quoi on se raccroche et qui, surtout, *est* le gouffre lui-même; certes, le paradoxe de se raccrocher à un gouffre pour ne pas y tomber, à un abîme pour ne pas s'y abîmer, ce paradoxe n'a rien d'étonnant, si on pense que la peur c'est *le fait* que nulle chose et nul mot ne permettent qu'on s'y accroche. Du coup, on est en *proie* à ce manque de lien ; proie, combat sanglant et animal qui vous occupe le temps de voir ; déchirement narcissique, lutte silencieuse contre vos ombres, ombres bénies qui du moins ne vous laissent pas seul.

De temps à autre un patient dit d'un ton très simple : depuis notre dernière rencontre toutes mes peurs sont parties, alors ça me fait très peur...

On peut avoir peur quand l'une de nos croyances se réalise, donc se supprime comme telle. Mise à nu du gouffre que la croyance tenait à distance. Et le partage de la peur est bien dit dans Shakespeare (c'est de ta peur que j'ai peur...) ; c'est essentiel, comme le partage de la croyance. L'Autre, dans la peur, est comme arraché à lui-même et à tout support symbolique et met à nu le « n'importe quoi » (à quoi la croyance a toujours opposé un « il existe »...). A ceux qui s'étonnent que *ce n'importe quoi* fasse plus peur que l'idée même de la mort, il faut rappeler ce que l'idée de la mort peut avoir de solide, de rassurant ; la mort est une figure de l'Autre qui existe ; qui tient le coup ; on n'aime pas y penser mais c'est un sérieux point d'appui ; alors que certaines formes de « n'importe quoi » mettent en péril l'*existence* de tout Autre ; du coup, c'est le gouffre lui-même qui prend *vie* ; l'horreur. C'est qu'il faut prendre l'exacte mesure de ceci : que la peur étant effet de langage, et le langage n'étant pas orienté et n'ayant pas de direction privilégiée, on ne peut pas rabattre la peur sur un étalon privilégié, tel que la peur *de* la mort – ce qui serait pourtant bien commode : vous avez peur *de ceci ?* mais on n'en *meurt* pas ! Et la croyance à l'au-delà c'est parfois aussi : vous avez peur de la mort ? mais on n'en meurt pas ! En fait, quand on a vraiment peur ce n'est pas *de ceci* ou *cela* ; on *a* peur ; sans complément. La vraie peur n'a d'autre objet que le gouffre qu'elle signale et qui en elle, par elle, prend *vie*, s'anime, se lève, et aveugle ou menace toutes limites, celles que fixe une croyance. Vous avez souvent remarqué que lorsqu'un phobique du chien arrive dans une maison, et recule terrifié devant le bouledogue venu le « saluer », les maîtres croient toujours bon d'ajouter : mais vous savez, il ne mord pas... Ce qui a le don, non pas de calmer le phobique, mais de *le livrer plus complètement à sa peur ;* les maîtres du chien retirent leurs billes : « il ne mord pas », – et le phobique se retrouve pleinement seul dans l'intimité de sa peur, avec ce chien qui ne mord pas, *toujours* pas ; une morsure donnée et reçue c'est envisageable ; mais une morsure ouverte, béante, qui ne mord pas, qui ne prend pas mais qui est là, déployée, dans sa sereine béance, *rétive au langage* : c'est insupportable pour ceux – les phobiques – qui justement sont « mordus » par *ça*; qui n'en démordent pas; et à qui les explications laissent un sentiment âcre d'incompréhension totale; pour ne pas dire de dérision.

Et si les animaux vous semblent loin (pourtant...), prenez la peur de certains hommes à l'approche d'une femme, leur peur de l'approcher; alors qu'ils ont d'elle le « désir ». Quand elle aura dit son *non*, ou son *oui*, ce sera le soulagement; mais l'instant horrible et fait de pure *peur*, c'est *juste* avant, quand le non en suspens risque de tomber et de s'ajuster trop parfaitement au *non* qu'ils avaient déjà en tête comme mémoire d'un destin où s'était logée leur secrète croyance que l'amour c'était pas pour eux...

Freud a remarqué que la phobie des animaux « renvoyait » à la peur ambiguë d'un père très primitif, père de la horde, etc. « Explication » qui ne règle rien; qui l'a jamais « rencontré », ce sacré père de la horde?... On remarque même que beaucoup tremblent pour faire en sorte que ce soit *lui*, et de leur peur ils se justifient d'y croire, à ce vieux bonhomme dont l'inocuité serait évidente si de leur peur ils ne la masquaient. Mais l'intérêt de l'idée freudienne est de ramener le trou de la peur à un trou plus distant, plus opaque, à la mesure de la peur : démesurée. Une peur qui échappe aux causes apparentes : non seulement ceux ou celles qui ont rêvé d'inceste ne sont pas pour autant devenus des phobiques, pétrifiés à l'idée que l'autre parent (« archaïque », bien sûr...) allait surgir et demander des comptes..., mais force est de reconnaître que pour eux comme pour les phobiques professionnels (les phobiques « de formation »...), *la peur est toujours une irruption de l'inconscient* dont on ne sait que faire, et un barrage contre cette irruption; un arrêt. Elle se distingue de l'angoisse par une sorte d'autonomie; la peur serait une angoisse dont l'objet, supposé très précis, ferait défaut; une sorte d'angoisse fétichisée; en tout cas, une intrusion qui vous déloge de vos lieux sûrs et vous capture dans la prégnance incontournable de l'inconscient. *On n'a vraiment peur que de son inconscient*, et on ne *croit* vraiment qu'à ce qui peut en tenir lieu ou le refouler, cet inconscient vide, lieu nécessaire et futile, ouvert et infini, par où passe le désir. (Mais c'est différent *d'être avec* son inconscient comme avec un gouffre et d'être *dans* le gouffre de son inconscient.) La peur peut donc se lever – aurore noire ou éclat aveugle – chaque fois que ce qui se passe en passe par l'inconscient; elle peut surgir si ce lieu se remplit, s'encombre, ou se vide et se déserte.

Je pense à des exemples; pas de peurs raisonnées; l'intérêt commence quand au cœur du danger certains « opèrent » au-delà de leur peur, non qu'ils l'aient « surmontée », dépassée, etc., mais qu'elle leur sert positivement de support sur quoi ils évoluent, « inconscients du danger » comme on dit si bien, c'est-à-dire : entièrement pris *dans l'inconscient qui est à l'œuvre*; ils n'éprouvent rien parce qu'ils *sont* l'épreuve, ils n'ont plus peur parce qu'ils sont la peur, ils sont *dedans*, donc pas à même de la « ressentir ». Leur peur les protège, tel un compagnon d'une autre espèce, une ombre démoniaque de leur image la plus secrète. A travers la peur dépassée ils deviennent autres et s'identifient avec l'Autre; l'étrange est que certaines croyances limites font cet effet halluciné...

Cela dit, la peur exerce d'autant mieux sa force de trait – d'attrait, d'attache – qu'elle s'entoure de « raisons »; tout comme une croyance peut se nourrir des raisons, et même des « réalités » les mieux faites pour la démentir; comme certains êtres se nourrissent de « poisons »... Drogues indispensables pour nourrir certaines croyances et consumer certaines peurs...

Il ne semble pas que les promenades de satellites dans le cosmos aient éclairci les rangs de ceux qui croient au Ciel; tout au plus le ciel des astronomes est-il devenu une part infime du Ciel divin. Quant à la peur, voyez cette drôle d'épreuve-de-réalité. Je lis un texte obtus où il est dit qu' « avant la pilule », les « jeunes filles » avaient peur de l'amour, « peur d'être enceintes »...; c'est « *raisonnable* »... Mais la raison ne s'en tient pas là puisque des femmes prenant la pilule peuvent avoir « peur » au seuil du rapport sexuel, alors que sur les ravages du bonhomme elles savent quand même à quoi s'en tenir – et à quel point les dégâts sont plutôt limités. Alors pourquoi « peur »? On pourrait se dire que c'est par amour : que leur peur invente à l'autre la consistance qu'il n'a pas, et le rehausse au niveau de ce qui est « *autre* », niveau où on peut désirer, « désiredouter », à la mesure du désir en ce qu'il a de tout « autre ». On pourrait dire aussi : qu'elle fait de lui – de son partenaire – le fameux père primitif dont le contact la ravirait et lui ferait peur (la peur n'étant qu'un moyen parmi d'autres pour obtenir le « ravissement » d'une absence à soi-même...). Mais laissons cela... Et remarquons qu'en pleine période de la pilule où l'on procrée (n'est-ce pas?...) comme-on-veut-quand-on-veut, il subsiste d'étranges peurs autour de la conception et de la mise au monde d'un enfant; comme si cette peur était un rappel inconscient pour *faire en sorte que ça compte*. Ce qu'on appelle la douleur – douleur de l'accouchement par exemple – exprime une sorte de peur en la maintenant à même le corps, au ras du corps puisque la douleur est aussi une irruption, sans recours, de l'Autre dans le champ narcissique; c'est la préhension, la sensation de sa présence dans ce champ, sans qu'on y puisse rien; rien d'*autre*. De quelle peur s'agirait-il dans l'accouchement? La peur où s'ancre, se risque, s'abîme le narcissisme pour une femme : le fait d'avoir à se mesurer avec l'Autre-femme qu'elle n'est pas, et que sa mère non plus n'est pas, mais dont pourtant elle présentifie l'épreuve... dans la mémoire. Non pas peur-de-se-« vider » (à la rigueur peur de ne savoir qu'en faire, de pas savoir où le mettre, ce rejeton); mais encore une fois, ce n'est pas *peur de*, c'est *peur*, ou peur d'une perte que seule la peur symbolise... en vain.

Voici donc un ou deux cas anodins, justement liés à la perte – d'on ne sait quoi. La première fois que j'allai en « course » en montagne, je n'avais ni technique ni expérience, à croire que le groupe où je me trouvais était censé m'en tenir lieu. Ce qui me surprit c'est que les formes habituelles du vide ne me faisaient pas peur : sauter une crevasse ou se hisser au bord du vide en tenant un bout de corde (dont l'autre était fixé au rocher ou à la taille du voisin), je faisais ça avec aisance. Mais là où j'ai ressenti une peur bleue (curieux : c'est la peur qu'on dit bleue et pas celui qui l'éprouve; la langue a bien retenu que dans la peur on est solidaire de cette forme d'Autre qu'est l'inconscient, et de la défaillance qui le constitue), donc là où la peur s'est déclarée c'est lorsqu'il fut question de grimper une paroi où pourtant *une échelle était scellée, visiblement inébranlable.* J'imaginais bien l'Autre, en l'occurrence, sous la forme d'une équipe de maçons rougeauds qui, leur échelle scellée, se retirent en bougonnant : « v'là qui est fait; maintenant, à vous... » L'Autre avait en somme *totalement* rempli sa fonction et s'était du coup tout à fait retiré. Si encore l'échelle avait été un peu branlante, ce qui eût exigé des précautions particulières; différenciées; mais non, elle tenait bon, elle tenait *tout ce qu'il y avait à tenir;* et que me restait-il à tenir? Devant elle, je m'en souviens, j'étais incapable de rien tenir ni retenir, sans mémoire devant l'abîme entre ciel et terre qu'elle prétendait maîtriser. A chaque barre, mes pattes risquaient de lâcher, comme si, au fond, elles ne tenaient à rien; il est vrai que j'essayai de tromper ma peur, et aussi cette féroce division du travail, en *comptant;* le nombre de barres...; et que je me méfiai aussi de toute cette rationalisation. Soudain j'eus l'idée que l'un des sens de cette peur me reliait à une tout autre échelle, au Livre : à l'échelle du fameux rêve de Jacob, joignant ciel et terre, avec des envoyés divins qui montaient et descendaient. L'écart entre ce rappel, ou cette vision, et les sportifs alertes qui s'affairaient sous mes yeux, l'écart comique eut raison de ma peur..., tout en me montrant la peur comme mise à nu et arrachage de cette mémoire sans mémoire qu'est l'inconscient.

C'est bien plus tard que je compris cet épisode comme paradigme de mon rapport à la pensée et au langage : la possibilité de s'aventurer dans le chaos des mots et des choses est permise par leur incomplétude, par l'existence même des crevasses et la fragilité des points d'attache; mais les concepts scellés, les institutions bétonnées, offrent une « assurance » qui fait peur [4]...

La peur, une fois déclenchée, s'infléchit, se trouve des raisons, des points d'attache; elle se modifie. En sorte que pour la penser dans sa pureté, c'est à sa pointe, au seuil où elle va poindre qu'il faut aller. Là-dessus, disons – tant pis pour les formules bien balancées – que la genèse de la peur est dans *la peur* de la genèse, du commencement, de la « *première fois* »; comme s'il fallait payer d'une peur le surgissement d'une *première* fois, d'un arrachement « premier » et impossible qui ferait qu'après, ça puisse compter, et ferait même qu'il y ait de l'*après;* puisque la *première* fois n'a pas eu lieu et n'a d'autre lieu que celui qu'on veut bien (que l'inconscient veut bien) lui donner. Mais certaines peurs tenaces semblent indiquer une sorte de non-lieu *réel* pour cette fameuse « première » fois; une absence où le sujet se dissout, se liquéfie. Un exemple : on connaît la peur du Chef, la peur du Maître (heureux génitif français qui rappelle bien que le Chef aussi a peur de ses sujets, apeurés). Cette peur qu'on a du Chef (comme une peur de perdre la tête), on lui trouve toujours des raisons : il peut envoyer ses hommes de main vous casser la figure, il peut vous jeter en prison, etc. Remarquons en passant que lorsqu'il est censé le faire, censé vous nuire, et qu'il ne le fait pas, il vous fait encore plus peur. On peut aussi raffiner et dire : le Chef peut vous retirer son amour (et comme vous voulez à tout prix être aimé), alors peur... Pourtant, imaginez que vous ayez compris, l'expérience aidant, que vous n'êtes pas spécialement fait pour être aimé; eh bien, vous seriez libéré de bien des peurs, mais il y en a *une* qu'il vous faut chaque fois, non pas surmonter mais transformer, convertir, autrement qu'en corps ou en pur symptôme, et cette peur se lie à l'*émergence* du désir inconscient, en tant que *l'inconscient c'est le potentiel de la première fois qui n'a pas lieu et qui ne cesse de renouveler sa genèse increvable.*

La peur qui soude un groupe c'est moins la peur de voir le Chef s'emporter (même si son calme est encore pire), c'est la trouille du trou – du vide – autour duquel se lie le groupe, dans l'attente et l'horreur que de ce trou émerge l'objet qui pour le groupe a le plus de *valeur.* Imaginez un groupe où on ait *peur* de « parler » (ça peut être une vaste assemblée, un parti communiste – de l'Est, bien sûr... – ou simplement une séance analytique); alors, peur de quoi? de ternir son image? de déplaire? d'être mal

---

4. Et de savoir qu'aujourd'hui les maîtres mots de l'Occident sont *sécurité assurance...* a de quoi faire peur à quelques tordus de mon espèce...

jugé? d'être « rejeté » par le groupe? sans doute... Mais au-delà de ces « raisons », il y a autre chose, qui est la déraison si rigoureuse de l'inconscient. Ainsi au-delà de la peur que le groupe vous rejette, ou vous fasse son bouc émissaire, il y a d'abord la vision du groupe décomplété de son désir, coupé de son désir, coupable de son désir (donc en proie à son désir exacerbé) et s'acharnant sur son « bouc » comme sur l'entrave et le responsable de son désir. Cette trouille concerne ce que j'appelle la gestion (phobique ou perverse) du *trou du nom propre.* C'est toute une histoire; si j'en ai fait un livre *(le Lien et la Peur,* justement) c'est que ça ne peut pas se dire en quelques mots; parce qu'il n'y a pas de mot pour le dire puisqu'en cette peur c'est la proximité des mots et l'écart pour les dire qui sont en cause; pas de mots, d'où le désir d'en aligner un certain nombre pour faire résonner cet abîme où un groupe humain vient se loger et s'assurer de *cette peur qui ne renvoie qu'à elle-même,* étant l'objet même du désir où le groupe se fonde et se confond. Relisez *le Château* de Kafka, ou les témoignages *des traqués* d'Europe de l'Est, et vous verrez que la peur d'être en contact avec des gens pointés par l'autorité, et rendus tabou par elle, ne s'explique pas par le tabou, car c'est elle qui *le constitue.* Bien sûr ces peurs, mises à nu de l'inconscient, peuvent être non pas déjouées mais rejouées autrement, déplacées, écartées de leurs réussites meurtrières, qui a lieu quand la *croyance narcissique* (c'est-à-dire la croyance qu'on a de pouvoir recoller les morceaux de son corps « abstrait », et de ne pas se déglinguer complètement), quand cette croyance à l'enchaînement, se trouve, dans la peur, *déchaînée*[5].

L'individu, comme le groupe, inscrit dans la peur ce point d'éclatement imminent de son enceinte, ce risque de brisure de la chaîne (signifiante ou pas...), et quand on pense que les esclaves n'ont rien à perdre que leurs chaînes, on dit à quel point ils y tiennent; juste au point où ça risque de casser; en ce point, c'est la peur, ou la croyance, ou la peur que la croyance ne tienne pas le choc. Le groupe ou l'individu enregistrent cette peur au passage de ces êtres singuliers qui ne vivent que dans le vif de la parole, amants-aimés de l'inconscient, n'ayant pas peur des mots parce qu'ils en connaissent par amour toutes les « valeurs », et que leur narcissisme ils l'ont transféré au langage, en ce qu'il a d'inconscient, c'est-à-dire là où il s'échappe à lui-même. Eh bien ces êtres, « poètes » de fait, même s'ils ne font pas des « poèmes », le groupe les appréhende; les gardiens du groupe (chargés d'y gérer le

5. Car on dirait que la peur, faute d'un lien symbolique, ou devant le lien mis en défaut dans son attache inconsciente, la peur s'invente comme lien, à la limite de l'étranglement... Et ce n'est pas sans érotisme; l'érotisme qui tient aux vibrations du souffle...

non-dit) en ont peur jusqu'à l'horreur, et ça se comprend. En un sens, le groupe aussi en a peur, mais il aime la peur qu'il en a, et par ricochet il les aime un peu, car ils sont le signe vivant, lui signifiant le souffle d'un amour inconscient; dont le groupe ne veut pas, mais dont il veut que *ça existe*.

3. Malades d'y croire

Alors revenons à la croyance; et là sous quelques aspects « cliniques ».

On parle de croyance « délirante »; à la racine narcissique de la croyance, il y a un « délire » stabilisé; on l'aperçoit seulement quand il échoue à assurer une ligature du narcissisme, ou à se ressaisir au lien social : « Dieu m'a dit... » annonce le discours délirant, aux yeux du groupe qui pourtant célèbre périodiquement l'événement où « Dieu a dit aux ancêtres... » Décidément, le passé est indépassable.

Certaines formes dites hystériques de la croyance côtoient de près le délire, sans pourtant y tomber, quand le sujet est dans la certitude de *donner vie*, avec son corps, à l'objet de sa croyance, et de l'incarner à corps perdu; cet objet semblant figurer une *limite à l'infini* du corps. L'hystérique reprend possession de son corps perdu, au prix d'une conversion, qui est sa croyance affichée à l'identité possible de son corps et de son désir.

Chez l'obsessionnel, doute et certitude se croisent exactement dans la compulsion, où l'on peut voir que *le doute est isomorphe à la croyance*, que la précipitation coïncide avec l'attente infinie, l'incrédulité avec la naïveté, etc. L'obsessionnel croit en une certitude qui n'est autre que la coïncidence entre lui et l'Autre, coïncidence où l'un dans l'autre s'abolit. Et pour n'évoquer que sa *croyance en la toute-puissance de la pensée*, elle consiste précisément à répéter à l'infini la mise en scène où le doute et la croyance coïncident. Il suffit qu'il ait une pensée pour que, semblant venir de l'Autre, elle risque (doute et redoute) de passer au réel. Cette névrose illustre le mieux à quel point le doute n'est pas le contraire de la croyance; il en est l'exercice idéal; le doute obsessionnel *c'est* la croyance en ceci qu'*il était une fois*, le mot était égal à lui-même, le rapport sexuel avait trouvé sa forme exacte, et la loi son texte adéquat [6]. L'obsessionnel, pour qui le doute est l'exercice de sa

6. La dialectique obsessionnelle entre croyance et certitude se retrouve au niveau social dans certaines stratégies politiques où la croyance, par exemple la croyance à *l'unité de tout le peuple*, sert d'obstacle à sa propre réalisation, mais se maintient comme programme ouvert : quand le peuple

croyance, il suffit de le suivre assez loin dans le travail analytique pour se persuader que la psychanalyse est *autre chose* qu'une ascèse du doute, un dépouillement de certitudes, une reconnaissance de ce que toute parole a d'insuffisant, un bréviaire de banalités, une machine à « désillusions », à désidéalisation, où l'on dépose une à une ses petites croyances pour se retrouver enfin-libre-de-désirer...

Le pervers, lui, est un croyant fanatique à la Vérité ; à la Loi sans faille – même si comblée de sa faille... Les *contrats* qu'il passe sont à la fois, de cette Vérité, l'approche et le démenti. Ce croyant est en proie à une « désillusion » très dépressive, qu'on attribue à son horrible découverte : que la mère n'*en* avait pas... (C'est discutable et nous en discuterons ailleurs.) Toujours est-il que cette désillusion lui vaut des éclairs de lucidité, et l'admiration fascinée de ceux qui voient la perversion comme un idéal hors d'atteinte, tant le pervers leur paraît loin des « petites croyances » dont se sustente le névrosé. Sa croyance est en effet sans limite, et le fétiche tente en vain de la limiter. Mais ce n'est pas à son fétiche que le pervers croit ; et son aversion du père se double d'une croyance à un père increvable, et à une langue où il n'y ait pas de père mort, parce qu'il n'y aurait pas de père du tout, ou que le père y mourrait *éternellement*. De même, son horreur du nom se double d'une croyance à une fonction symbolique qui soit « vraie » ; en quoi il se révèle complètement inclus dans une croyance qui le dépasse, par exemple la croyance maternelle que seul Dieu-le-Père eût été digne d'elle. Le pervers croit à la Vérité, ou plutôt la vérité est sa croix ; il la porte avec une passion fanatique et tranquille, témoignant que *la désillusion n'est pas un manque d'illusion, mais une défaite de la fonction illusoire*, qui reste intacte et disponible, ne sachant où se poser. Il est en fait *navré*, c'est-à-dire *blessé* par quelque fissure « horrible » ; navré de ce que tout *nom* porte de semblant et de « mensonge » ; de ce qu'il n'y ait pas de Vrai père ; etc. Plus qu'aversion du père, la perversion est la croyance à ce qu'il y en ait un « vrai », au regard de qui tout père n'est qu'un usurpateur ; c'est ce qui inclut dans la grande illusion tout ce flot de désillusion « écrasante » et mortifère [7].

sera uni, on y arrivera. Idéal assez lointain pour permettre des marches longues et soutenues. A croire que dans le domaine du politique, *on affiche des convictions, on les ritualise, parce qu'on en doute,* pour organiser le cycle compulsif où le oui et le non s'égalent ; le résultat le plus réel en est d'ailleurs l'indifférence.

7. Dans nos socialités pseudo-perverses, la désillusion passe si bien pour de l'intelligence que c'est presque une recette d'afficher les gestes de la désillusion (avec soupirs entendus sur cette plaie de la sexualité, cette affrosité de l'inconscient, etc.) pour recevoir en écho la *croyance* d'être averti. Ce n'est pas la seule mode qu'a nourrie la psychanalyse.

De toute évidence c'est le pervers et le névrosé qui *croient* au *nom* [8], et déclenchent une surenchère narcissique qui va « toujours plus loin » dans la croyance ; surenchère que justement la religion veut « arrêter ».

Une simple remarque sur la croyance délirante. L'étymologie dit que *délirer* c'est sortir du sillon ; dérailler en somme. C'est un peu simple ; s'il suffisait de sortir du chemin battu pour délirer... L'étymologie tait ce trait essentiel où c'est le délire lui-même qui constitue le sillon. Le délire c'est non pas sortir du sillon (ce qui est errance, égarement plus ou moins maîtrisé, érotisé...), *délirer c'est, étant hors du sillon, se mettre à croire qu'on est dedans, surtout s'il n'y a aucun sillon...* Le délire concerne donc le changement ou l'émergence de sillons, l'embranchement, le passage à vide où les rails manquent. Le délire c'est de *continuer,* là où il n'y a plus de sillon, de continuer d'y être ; comme s'il n'y avait que du sillon, et que tout espace en fût fibré de toutes parts. Le délire entend « dérailler » au sens positif : rouler en l'absence de rails comme s'il y en avait ; le train entre en gare et continue son chemin, enfonce la façade et joue les tramways urbains ; c'est ça le délire quand vous êtes en train de penser.

On voit poindre dans le délire le paradoxe que le narcissisme tente de résoudre – de déplacer – dans la *croyance.* Le délirant a une conscience furtive de son délire (mais il *continue* car il ne faut pas « quitter » le sillon ; il y a une voie normale d'accès au délire) ; il s'efforce de sortir du « délire » que comporte une croyance, du délire qu'une croyance prend en charge, et dont de ce fait elle nous décharge en nous offrant son circuit. Et cet effort, dans le délire, est pris en charge par le moi : *le délirant rejoint la racine de toute croyance... pour y rester* (alors que pour chacun cette jonction est intermittente). C'est que le délirant a un *programme narcissique* écrasant : il doit soutenir la part de narcissisme qui revient à l'Autre, et qui en vient, alors que « normalement » elle est prise en charge par l'Autre comme allant de *soi* ; ce qui vous permet d'aller ailleurs, de penser à autre chose, sans crainte de se décomposer ou de soudain devenir « autre ». Voyez cette *croyance narcissique* évidente, celle que demain matin vous allez reconnaître votre image dans le miroir ; ça vous permet de la perdre de vue toute une nuit, de la confier à l'Autre (à votre « réserve » narcissique, à Dieu, au Temps ou au Hasard...) Et justement, certains matins vous voyez bien qu'on ne vous l'a pas rendue intacte ; parfois c'est un petit rien

8. Il est remarquable que la Bible – qui passe à tort pour être le Livre de l'*Occident* – ne « croit » pas aux noms ; les noms propres y sont des titres et des « en-tête » qui se bricolent selon les temps et les passages de la signifiance.

– un rien de *temps* – qui change le temps ; parfois il faut vous rendre à l'évidence : cette image qui s'étonne devant vous est celle d'un singe ; on s'ingénie à la rejoindre, en vain... ; le délire est une façon de prévenir ce choc, grâce à une vigilance narcissique très poussée ; car quand on est dans le sillon, une part du narcissime est prise en charge ailleurs ; on peut « dormir » un peu ; c'est ainsi que le sens étymologique de délire retrouve sa vérité...

On voit comment le délire cherche à *coïncider* avec la croyance narcissique ; il oublie si peu le sillon qu'elle offre, que quand le sillon est invisible ou « inutile », le délire s'en fait un ; de toutes pièces.

Certains enfants, quand ils butent sur la clôture des parents (quand ils sont « butés » et rebutés par l'inconscient des parents), se font de petits montages délirants, se font eux-mêmes machines délirantes, à des fins thérapeutiques, pour faire un sillon trans-versal qui *arrête* l'invasion de savoir ou de néant venant des parents, arête qui leur signifie pourtant une question sur l'amour.

Kretchmer rapporte le « cas » d'une jeune fille délirante (« dé-lire-de-relation-chez-les-sensitifs... ») qui, lors d'un voyage chez son oncle, se sent attirée par un jeune homme et se met peu à peu à *croire que tout le monde le sait*, que tous la voient en proie à la jouissance de cet attrait. Et ce « délire » la prend par à-coups, toutes les fois qu'elle voyage en direction de l'oncle. Celui-ci avait été son « idéal » dans son jeune âge ; et l'événement singulier fut qu'à l'époque de sa puberté elle vit une nuit l'oncle la rejoindre dans son lit et, ajouta-t-elle, « il ne s'était rien passé... ». Dans son délire, elle semble prendre la suite d'un sillon qui n'avait pas eu lieu, mais dont le non-lieu l'écrasait, à savoir la nuit *vide* avec l'oncle (un « psy » s'étonnant curieusement : mais puisqu'il ne s'était rien passé !...) Le montage délirant comportait pourtant un appel à l'aide, aussi délirant que la fameuse nuit : elle demandait que l'oncle fasse savoir publiquement... ce qui s'était *passé*. Mais quoi ? Eh bien, qu'il dise qu'il s'est *passé* quelque chose ; qu'il dise ; et qu'au prix d'une parole où il se mesure avec l'amour, et où il endosserait la folle vacuité de son désir, il lui libère le pas-sage.

L'impasse d'une transmission, que prend en charge une croyan-ce, est encore plus vive dans le cas d'un guérisseur qui, après avoir été hospitalisé et même psychiatrisé pour un torticolis spasmodi-que, va voir un psychanalyste. Celui-ci, après l'avoir écouté... quelques années et avoir « repéré », comme on dit, quelques « signifiants », est sans effet sur ce symptôme, lequel se résout finalement par un coup de téléphone du guérisseur à un de ses collègues... qui le guérit en une séance. Il est vrai que l'analyste en question [9] nous précise que lors de cette cure, il était « *en train d'abandonner l'analyse* pour *retourner* à la médecine »; on peut penser que ce « retour » et cet « abandon » ont pu induire quelques surdités. Mais l'échec de l'analyste peut aussi tenir à ses vues un peu simples sur la croyance, notamment dans sa pointe narcissique. Le peu qu'il nous dit de ce guérisseur est pourtant éloquent : son père est mort d'un accident, quand il avait dix mois (ou quand il avait dit « moi »), nous dit-on; en tout cas ce « dis-moi » se répète dans la cure comme demande de reconnaissance et de confiance; dis-moi... si tu me crois). Du coup, l'analyste s'engouffre dans la question piège : le guérisseur croyait-il à son art? ou avait-il perdu la foi? Question en soi très secondaire car l'essentiel est que les autres y croyaient, ceux qu'il guérissait, chacun selon sa « foi ». Le coinçage a commencé lorsqu'un jour il fut amené à soigner un médecin des suites d'un accident qui faillit lui coûter la jambe. Pour un guérisseur, soigner le Médecin, c'est avoir affaire à l'Autre en personne, avec qui il a quelques difficultés de croyance, de « reconnaissance »... Un Médecin croit donc en lui, et le transfert sur ce médecin du signifiant paternel se redouble du fait que ce « père » est aussi... le maire de la ville. (La mère du patient était aussi, nous dit-on, très « autoritaire ».) Il évite donc au maire l'amputation d'un membre, produisant ce curieux résultat : c'est que si l'Autre croit en lui, cet Autre peut éviter une forme assez brutale de « castration »; donnant-donnant; croyance contre membre. Ses petites folies radiesthésiques ont donc mené notre homme à cette position limite et *sans retour*, et ce, devant un analyste qui était, lui, sur le retour vers ses origines... de médecin; et le guérisseur vient lui demander, pour son compte, le retour du service : à ton tour de me soigner, Père-Maire, de presque la même chose : d'une sciatique; impossible réciprocité, il est déjà pris dans un bouclage *réel* de sa généalogie. Est-ce quand il fait échouer sur sa sciatique le maire, dont il est du reste le compère (il est adjoint au maire), est-ce cela qui lui tourne la tête en torticolis spasmodique? ou bien plutôt cette maladie qui le livre au médecin, ne serait-elle pas, à travers ses signifiants paternels, la quête d'un seuil, d'un passage entre la suggestion et le « réel » médical? une tentation de changer de niveau dans le rapport au réel? Il aurait pu en effet, dès le début, aller voir un confrère guérisseur, s'il s'agissait seulement d'éviter l'épreuve avec la fonction paternelle. Bien des délires et des désordres violents du corps se déclenchent quand cette épreuve passe dans le réel, cette épreuve dont nulle preuve ne délivre, mais qui montre à quel point *la croyance c'est de l'Autre qu'elle procède*, du tiers; en quoi l'épreuve de la castration est toujours là, même en impasse, dans la croyance; si du moins la castration veut dire que

9. Qui rapporte son « cas » dans *Lettres de l'Ecole freudienne*.

nulle identité ne tient à part en tiers; qu'« à part entière » on n'est rien [10]. En l'occurrence, la « cure » analytique a servi à ramener le patient à sa folie première, dont la maladie avait menacé de le sortir. Quant au fourvoiement de l'analyste, la conclusion qu'il tire le dit assez : le patient, d'après lui, fut « guéri (par son confrère guérisseur) de son symptôme, mais pas de sa croyance ». Mais de quelle croyance souffrait-il ? De *sa croyance au Médecin.* Car, qu'un guérisseur doive *croire* en son métier, est une plaisanterie; il peut *même* y croire, mais ce n'est pas nécessaire; la question n'est pas là; son métier, comme son symptôme, est une fixation ou une mise en crise de la croyance des autres, ou de la manière dont l'Autre s'obture de croyance. S'il y croit, c'est en plus; c'est du luxe; ce qui le définit c'est d'être le recueil de la croyance des autres en lui (c'est comme les théologiens : ils peuvent *même* croire en Dieu, mais ce n'est pas nécessaire; ils sont là pour en parler). Et sa maladie semble moins l'effet d'un doute sur sa croyance, que l'effet de sa trop grande réussite au passage du réel; choc, sidération, appel, et... absence de rappel du côté de ce lieu frontière qu'aurait pu être l'analyste, qui de n'en être plus un, n'a pu jouer le rôle du Médecin dans le « transfert » où on l'appelait. Il n'a pu libérer le passage pour ce patient qui, lui, voulait rien moins que changer de « nom », traverser l'épreuve du nom; mais il a cru pouvoir traiter l'ordre de la parole et du temps symbolique comme réversible et symétrique (de quoi se tourner la tête). Ce n'est pas de sa croyance de guérisseur qu'il voulait être guéri, mais de la « folie » de ne pas y croire et de tenter l'épreuve radicale d'un nouveau don de la parole, à un moment où il ne sait plus où donner de la tête.

4. Amen

La croyance est le retour qu'on a toujours trouvé pour mettre en acte ou renforcer un amour inconscient, nourrir les vagues suppositions faites sur l'Autre, sur le Langage, l'Au-delà, les Ancêtres, le Temps... C'est plus qu'un centrage du temps ou une pause dans le rythme de la pensée; c'est un appui sur le Temps qu'est l'inconscient. Beaucoup d'histoires merveilleuses pour enfants commencent dans certains dialectes, non pas par « il était une fois » (ce qui déjà est un sublime transfert à l'*unicité* de la fois qui n'aura plus lieu, mais à laquelle, par la croyance on prête un possible *retour...*), elles commencent par : « Au Temps, il y avait... »

10. Dans son récit l'analyste formulait explicitement son désir de redevenir « médecin *à part entière* »; sa quête d'une identité « objective-ment » tenable...

On ne dit pas à quel temps, ou au temps de qui ; simplement dans le Temps ; on ne peut mieux dire : dans l'inconscient [11] ; et dire que c'est dans le Temps, c'est dire qu'avec un peu de créance ça peut *revenir* ; façon humoristique de dire qu'on ne vit pas dans le temps ; c'est donc un acte purement symbolique d'ancrage dans l'inconscient, dans ce qui peut en tenir lieu.

Bien sûr, si c'est à tel tyran ou telle doctrine qu'on « donne son cœur » (qu'on croit), l'ouverture d'inconscient est un peu étriquée ; pourtant, beaucoup de ceux qui *y ont cru* le faisaient pour *être avec* les autres... qui y croyaient ; et ceux-là ? c'était pour être ensemble avec les précédents, etc. Telle est la croyance comme acte de rattachement à un lien social, lien qui tient lieu d'inconscient (et dispense même parfois, d'avoir un inconscient [12]...). Ce lien, on le veut « symbolique » c'est-à-dire relevant d'une parole d'un tout autre ordre, d'un ordre de l'Autre. On le « voudrait » ; car la croyance tend à être avant tout imaginaire, et on a beau la parer des fureurs ou des excès du sacré, ça ne l'élève pas d'un cran.

Croire, c'est faire habiter par une *supposition* les régions de l'inouï, de l'invisible, de ce qui est hors d'atteinte ; régions qui autrement seraient désertes. « Désertes » ? ou inexistantes ? Justement, le geste de la croyance pose qu'il *existe* quelque chose d'insaisissable à quoi l'on peut se ressaisir, etc. C'est une extension, une complétion de nos « espaces », par des bords qui leur servent d'appui. Extension factice mais semble-t-il incontournable et presque conforme à une constatation de *fait* : impossible de nier qu'il y ait de l'insaisissable ; c'est de s'y ressaisir qui est une prouesse. Et parfois la croyance en fait trop dans sa manie de peupler ou de surpeupler cette région inconsciente ; dans son désir de s'achever, et presque de s'abolir dans la crédulité. Sinon, comme dynamique du rapport à l'Autre, elle déclare simplement qu'on prend *option sur de l'insaisissable*. Si le réaliste vient se récrier : mais voyons, vous n'avez aucun moyen de le saisir ! c'est lui qui tourne en rond, et qui ne saisit pas l'enjeu en question ; et s'il proteste que cette croyance n'est pas « vraie », il sait très bien qu'elle n'est pas fausse, et que le plus souvent elle n'est pas fausse parce qu'elle ne peut pas être vraie.

Bien des croyances ne « promettent » qu'en apparence, mais elles s'accrochent au vide même du désir, qui justement ne promet rien. A la rigueur elles promettent d'*être là*, au cas où ce vide tourne au vertige. Une doctrine qui promet la libération est aussi intenable que celle qui promet l'apocalypse ; du reste il suffit de très peu de *temps* pour que la libération promise révèle son apocalypse ; et

11. Car l'inconscient ignore le Temps, parce qu'il l'est et qu'il s'ignore...
12. Voir *le Groupe inconscient : le lien et la peur* (éd. Bourgois).

pour que l'infernal d'une doctrine qui *tient ce qu'elle promet* soit mis au jour. Un jour le fidèle d'une secte me dit très simplement, parlant de son Chef : c'est un dieu... Comme je demandais une explication, « pour nous, dit-il, il met les mots là où il faut ». La fonction de nommer était donc, pour cet adepte, arrêtée fixée en ce point. Et si son Chef *a* un attribut de Dieu, il peut bien *l'être*... Cet achèvement du langage qui revient sur lui-même se retrouve dans toute croyance stabilisée.

Une image possible de ce qui lie un croyant et sa cause, c'est une mère avec son enfant psychotique. (Ce qui comporte bien des variantes, comme le lien d'une institution à ceux dont elle traite la *demande.*) Or curieusement le mot « amen », qui scande et célèbre – « oui » – la croyance religieuse en Occident, a retenu cet accent maternel : il s'enracine dans le signifiant *mère* (« ém »), et une de ses formes fortes (« ammène », avec un m renforcé) signifie : élever un enfant, autrement dit l'amener à pouvoir supposer l'existence pour lui d'un *oui* possible, un oui radical dont il recueille la trace chaque fois qu'il est amené à franchir des seuils d'espace et de parole jusque-là inconnus ; la passe de ces seuils ne va pas sans un grain de croyance, une sorte d'*anticipation* signifiante sur le symbolique, une créance juste avant que la parole n'ait lieu, ou juste après qu'elle est inutile.

Pour beaucoup, ces seuils se réduisant à un seul, à une seule porte devant laquelle ils sont installés pour la vie : les croyances passent mais le *point de croyance* tient bon, comme l'ombilic d'une jouissance opaque, ou le maillon faible de tout l'enchaînement narcissique. Dans le champ des « convictions », notamment quand elles se rapportent au Pouvoir, à l'Autorité, etc., on a tort de déplorer une mobilité versatile de la croyance ; au contraire celle-ci fait preuve d'une étonnante fixité : quand la foule des fidèles déconsidère le chef qu'elle adorait, elle précise bien que ce n'est pas lui qu'il nous fallait », que ce n'était pas le « vrai ». De sorte que la plaie est là à vie, et l'appel narcissique à vif.

Le fait qu'*amen* soit construit sur le signifiant de la croyance, de la confiance (émoun, émouna), de l'apprentissage et de la transmission (imoun), et centré sur le signifiant maternel (ém) donne à penser. Dire qu'on a cru en l'autre signifie qu'on l'a supposé *crédible*, c'est-à-dire *ayant du crédit* auprès d'un Tiers abstrait et inconscient. C'est comme en français, à ceci près que le mot utilisé (néémane) signifie « élevé », éduqué, autrement dit : cet autre est fiable [13] par ce quelque chose qui lui a été transmis, quand il était

13. Curieux lapsus de ma machine : « *faible* », au lieu de « *fiable* » ; simple permutation de deux lettres, qui suggère qu'on est fiable d'avoir *retenu* certaines marques de « faiblesses », ce qui évite d'être « un faible ».

enfant, dans l'étreinte du corps et la force des paroles, et qui fait qu'on peut le *supposer* soutenu (parce qu'il a été lâché), disposant de la langue plutôt qu'en dette vis-à-vis d'elle. D'où l'idée que nul n'est fiable s'il n'a *cru* dans le rapport à un désir inconscient. De ce point de vue, croire en quelqu'un c'est *trouver consistance en lui*, avec l'ambiguïté sujet-objet que cela comporte. On comprend que des religions déconseillent de croire en l'« homme » et de chercher sa consistance dans un semblable. Tant qu'à croire, autant que ce soit en un lieu qui soit au-delà de nos images...

La croyance obtient un centrage du temps, et fait *durée;* et fait que ça colle : une croyance en appelle une autre, s'il le faut, pour que le recollement fasse ce qu'on nomme une « identité » habitable, une enceinte étanche, insensible aux trous du temps et aux fêlures du symbolique. *Rien de tel pour conserver quelque chose que de l'injecter dans les fibres d'une croyance*, d'en faire un point fixe dans le mouvement du désir; ou une trajectoire invariante. Bien sûr ce qu'une croyance conserve, elle le détermine bizarrement; voir les rituels; mais le rituel, un comble de la croyance, est aussi une remise du désir au point mort; comme pour vérification. Un des rituels de la modernité, très ajusté aux jeux de miroir qui font vibrer le lien social, c'est de « marcher » à fond dans une croyance et d'en revenir, et de faire le récit du « voyage »; voyage qui ne tente plus personne, mais qui octroie au voyageur cette nouvelle palme; d'être *aussi* libéré de cette croyance..., en attendant la prochaine [14]. Car la « désillusion » est souvent la pointe où s'érotise une croyance malheureuse. Et quand le sujet est libéré d'une croyance par la « trahison » de l'Autre, ou bien le deuil s'accomplit et l'opération est douloureuse, comme toute intervention qui porte sur le narcissisme, ou bien le report de croyance est immédiat, et le narcissisme ébranlé retrouve son jeu.

C'est en quoi il n'est pas facile de décider qu'une croyance est « délirante »; elle peut prévenir un délire ou un effondrement plus grave. En général, on nie les faits qui peuvent contrarier une croyance jusqu'à ce qu'on puisse en supporter le démenti; là encore

14. Celui qui « y croit », s'il s'étonne après, et toujours trop tard, d'avoir fait taire en lui tant de raisons, témoigne simplement, en les valorisant après coup, de sa croyance en un Autre qui les lui aurait présentées à temps; de sa croyance en un bon moment, avec le désespoir que ça n'est pas pour lui, et pas pour demain, le bon moment... La fraîcheur éphémère de certains discours « libérateurs », trompettes de vérité qui sonnent pour détromper (« cette idole, vous y avez cru? c'était un monstre; ce pays où aspiraient vos *paradires*? un enfer... »), leur fraîcheur donc, leur « nouveauté », trouve son répondant et sa mesure dans la reconnaissance servile qu'ils suscitent : soit qu'ils prennent la place des anciennes idoles, soit qu'ils viennent garantir qu'on peut se soulager de certaines croyances et retrouver intact, enfin disponible, son potentiel de croyance.

la croyance est une *mise en attente*, le temps de remettre de l'ordre, de remanier la chose pour qu'à nouveau ça colle. Cela suffit à montrer qu'on se passe mal de « croyances » en tant que pauses de la pensée. J'ai donné ailleurs mon interprétation du fait qu'un beau jour des gens se sont mis à nier qu'il y ait eu des camps d'extermination nazis; ce n'est pas seulement qu'ils n'y croient plus ou qu'ils ne croient plus aux preuves, c'est qu'ils *croient* que ça n'a pas encore eu lieu; ces camps sont ce qu'ils rêvent comme solution à leur impasse avec l'Autre, avec le sème le sémiotique le sémitique etc. Si ces camps ont existé dans le réel, ce serait une vraie catastrophe pour ces gens car le trou de leur langage (leur horreur du « sème ») serait *obstrué*, bouché, dans le réel; tout leur rapport au langage exploserait sur ce signifiant-réel comme lorsqu'un psychotique explose quand il rencontre dans le réel un père dont le signifiant est justement exclu de son langage. En termes plus simples : si les camps ont existé ils ne peuvent plus rêver d'en faire (comme lorsqu'un homme qu'on hait est mort, on ne peut plus le tuer, et c'est très ennuyeux). Ces gens échappent donc à la folie que « seraient » les camps par la voie d'une autre folie : celle de croire qu'ils n'ont pas été. A un niveau plus simple, plus « névrotique », prenons un exemple, dont l'analogue se représente périodiquement : l'existence des camps en U.R.S.S.; pendant des années le fidèle militant, qui arpente divers degrés de la croyance, dit non : il n'y en a pas. On lui apporte des « preuves », des témoignages, des « faits »..., il nie encore; et *jusqu'où la preuve peut-elle aller pour déraciner une croyance?* Si elle y réussit trop bien, elle fait place à une béance dépressive, une hémorragie narcissique. Mais d'autres issues sont possibles; un jour le militant arrive guilleret; quelque chose lui est arrivé l'a surpris retourné son jeu et changé son « économie »; une rencontre amoureuse...; et soudain il vous accorde qu'il y a des camps en U.R.S.S... D'autres sont plus coriaces et négocient la chose pied à pied; d'accord il y a des camps, mais rien n'est parfait... De même pour le croyant religieux qui reçoit chaque jour les démentis cinglants de la sollicitude divine : d'accord, ça ne colle pas, mais le dessein de Dieu est un point noir; justement, un point de croyance.

En tant que celle-ci dépasse l'amour d'une certaine place dans le langage habitée par des objets variables (chef, parti, ou signifiant...); c'est l'amour de ce qui arrête un certain « déplacement », ou de ce qui le rend inutile. C'est une arête de l'amour, qui parfois ne se maintient qu'au prix d'un arrachage plus radical du langage où la croyance supplée et suppose une énonciation impossible, une demande folle d'authentification. Quand vous « y croyez » vous demandez aussi que l'Autre vous « croie » et qu'en même temps soit réparé, ou dénié, ce qui manque à l'Autre et ce qui nous manque; et qu'ainsi soit démenti ce par quoi *l'Autre manque être* [15].

On l'a vu, la croyance module la distance au réel : de peur que ne passe au réel ce qui était fait pour demeurer dans la croyance; et on en vient à croire à certaines choses de peur qu'elles n'arrivent. C'est le moindre paradoxe de la croyance : on croit bien, on espère bien, ne pas croiser son Dieu au tournant; ce serait l'horreur; ça ne laisserait plus de jeu, le jeu de la croyance, précisément. Le névrosé pour qui ce Dieu c'est la Femme, et qui la cherche pour mieux l'éviter, fera tout ce qu'il peut pour que, l'ayant rencontrée, ça *n'ait pas été* elle... Le fidèle récompense son Dieu par la croyance, et il attend bien qu'en retour, *l'Autre soit comme s'il n'était pas;* bref, qu'il fasse le mort; et c'est appréciable pour le croyant qu'il y en ait au moins un qui fasse le mort; ça fait l'économie d'un « meurtrier »; ça évite en principe qu'on fasse des morts à tour de bras. De sorte que le fameux « Dieu est mort » sonne plutôt creux, surtout quand on l'énonce du ton grave de la révélation. Dieu est mort? Mais il est là pour ça [16]...

Revenons au paradoxe de croire à quelque chose pour le mettre à distance et pouvoir s'y relier; c'est que souvent on tient plus à ce lien qu'on ne croit à cette chose... Cette dimension, narcissique et quasi musicale de la croyance, s'illustre bien dans la prière; surtout quand la *demande* adressée à l'objet de la croyance est devenue au fil du temps sans objet :

— Donne-nous notre pain quotidien...
— Vous l'avez déjà, dit l'incrédule.
— Mais on veut pouvoir continuer à demander; alors du pain ou autre chose...

Dans l'amour c'est le « je t'aime » qui est l'espace d'une demande et d'une croyance rayonnantes ou fébriles :

— Dis-moi que tu m'aimes...
— Je te l'ai dit cent fois.
— Je veux juste m'entendre te le demander..., me l'entendre dire.

Dans la croyance, une demande continue; ça suppose un point de surdité dans l'Autre; une surdité caressée, érotisée; un « j'en veux rien savoir » qui maintienne à l'horizon *du* désir supposable; notamment le désir de se supposer crédible par l'Autre, et que

15. En jargon psy ça se dit ainsi : suppléance (plus ou moins vaine) à la castration de l'Autre. *Y croire* c'est palper l'incastrable de l'Autre, les limites de sa castration pour les démentir ou pour jouir de s'y épuiser.

16. D'ailleurs ce « Dieu est mort » fonctionne à peu près comme un des attributs divins; comme on dit : Dieu est bon, Dieu est omniscient; Dieu est...; que peut demander la religion la plus exigeante, sinon que Dieu soit...? Et si d'aucuns disent qu'il est « mort », ils savent très bien qu'on en a rarement fini avec les morts.

l'Autre soit ainsi ressaisi... à la pointe narcissique : même ceux qui croient en Dieu croient d'abord en eux-croyant-en-Dieu. Les mystiques semblent très avertis de cette ambiguïté où c'est en tant qu'on croit à l'Autre qu'on peut devenir l'Autre qu'on n'est pas; en l'occurrence, ils veulent être Dieu. Et certains donnent des signes très nets d'y être « arrivés »; dans leur croyance, bien *sûr* [17].

5. *En vérité...*

Le problème n'est pas de savoir la part de vrai ou de fabulation que comportent certaines croyances, légendes, traditions, mythes ou montages d'écriture; mais leur place dans une transmission d'inconscient, l'usage qu'on en fait et l'étrange nécessité de les modifier ou d'en changer; ces changements sont sans doute du même ordre que les distorsions ayant contribué à *créer* ces traditions. Du reste, le geste d'aligner tant de « faussetés » dans les légendes, ce geste a lui-même sa « vérité »... interroger la part d'erreur ou de vérité à l' « intérieur » d'une légende, c'est présupposer des vérités indépendantes de leur mode d'énonciation.

17. La croyance a un point de contact avec l'inconscient, qui fait d'elle une sorte de « délai » accordé à l'Autre, et aussi bien à tous ces autres qui nous parlent et que nous laissons pour un temps emporter avec eux une part de notre insu; des fois qu'ils en fassent quelque chose...
En ce sens, croire au langage ce n'est pas croire qu'il *va* prendre effet; mais supposer qu'une part de notre insu y est prise et engagée, et qu'il *peut* donc prendre effet, pour peu qu'une de ces paroles nous revienne; il y a donc un écart à soi-même, un délai transféré à l'Autre, investi en lui, le temps que se signifie notre absence à nous-même; croyance flottante, mode d'approche et d'appréhension de l'Autre.
Une façon très commune de couper court à cette croyance virtuelle, c'est d'identifier l'Autre, ce qui ne lui laisse du coup aucun délai ni écart à soi; si l'Autre est tel Chef ou tel Sauveur, eh bien il n'a plus qu'à être ce qu'il est, et on pourra ou bien le mettre à l'écart, ou bien transférer sur lui toute la réserve opaque de croyance. Identifier l'Autre c'est ne lui laisser aucun « délai », et au fond, aucune chance.
Et lorsque d'aucuns se vantent de ce que telle expérience (une psychanalyse par exemple) les ait débarrassés de « toute croyance », on peut vraiment s'interroger. Disons qu'ils ne *croient* plus qu'aux images de leurs « désirs », ou encore qu'ils ont identifié l'Autre... à eux-mêmes.
Croire c'est partager avec d'autres une supposition symbolique, faute d'un partage plus radical de la parole, laquelle n'est pas de l'ordre d'un gâteau ou d'un gros « phallus » commun dont chacun aurait un petit bout. C'est un acte par lequel, après coup, on se révèle partagé, même si, par amour du lien que ça peut faire, on ne tient plus un catalogue très précis de ses croyances.

Quand un événement fait l'objet d'une croyance, croire à son historicité c'est croire à sa dimension de réel. Or justement, *la croyance sait produire du réel en le supposant* (en déclarant qu'on l'aime...); elle supplée au réel par l'inconscient, qui de fait n'est pas moins « réel ». Mais pourquoi cette suppléance? Elle s'impose le jour où on croit qu'il faut en avoir une idée, ou qu'une idée du réel est là, dont on ne supporte pas la dérive. Faute de réel, c'est la croyance qui devient réelle (l'accord avec soi-même prend le pas sur l'accord avec le monde), et on oublie les « comme si » et les semblants dont elle a dû se soutenir; on les oublie jusqu'aux prochaines secousses du réel.

Il n'y a aucun doute que l'inspiration de Mahomet, la guerre de Troie, ou la sortie d'Égypte ont quelque chose de « réel »; celui qui en doute, il suffit de lui laisser tomber sur la tête, du haut des hauts rayons où c'est logé, *le Coran, l'Iliade, la Bible*... Si le poids de réel que ça fait ne le convainc pas, il faut laisser tomber la partie et le laisser *croire* qu'il n'y a de vrai que ce qu'il peut « toucher » par lui-même; le laisser surtout croire qu'avec un tel critère de vérité, il est... dans le vrai.

Interroger plus loin le lien entre vérité et croyance; puisqu'après tout *la croyance est un transfert à la vérité* : c'est l'acte de *supposer vrai* l' « objet » qu'on aime... au point d'en venir à n'aimer ni l'objet ni la vérité, mais la supposition qu'on fait sur eux. Du reste, on ne peut pas dire que les « croyants » aiment leur Dieu; ils croient en lui, ou ils y croient... Mais les autres? Je pense que parmi eux il y en a qui aiment « Dieu » ou qui sont aimés par lui et qui n'ont nul besoin de la croyance, c'est-à-dire de cette plus-value que donne le fait de *passer pour vrai*. Ça n'exclut pas qu'on puisse aimer la vérité, en lui laissant tout son jeu, sans forcer les choses précaires ou improbables à se ranger sous son emblème. Curieusement, il semble qu'on ait besoin de se mettre sous le *signe* de la vérité pour n'avoir pas à s'avérer ou à être *vrai*, ou à seulement dire vrai...

Mais laissons cela et reprenons cette simple remarque bien connue, qu' « on croit vrai ce qu'on lit pendant qu'on le lit [18] ». La raison n'en est pas un respect a priori pour ce qui est écrit; car si c'était le cas, cette croyance subsisterait après lecture; or il n'en est rien. C'est plutôt un effet direct de la croyance narcissique : tant qu'on investit du regard ou de l'attention un texte, il a la consistance de nos prolongements narcissiques; on y croit, tant qu'on ne lui a pas retiré cette fonction de prolongement. (Le présupposé sous-jacent est presque comique : ça ne peut quand même pas être rien, puisqu'on s'y intéresse..., qu'on le nourrit de notre croyance

---

18. Cf. Paul Veyne : *Les Grecs ont-ils cru à leurs mythes?* (éd. du Seuil, 1983), livre remarquable d'esprit de finesse, et à qui bien des remarques qui suivent répondent; en accord ou désaccord...

narcissique branchée sur lui, et qu'ainsi on se l'approprie, on se l'assimile.) La lecture, même d'une fiction, en appelle moins à l'identification, qu'à la croyance narcissique qui fait exister une chose ou un personnage par la seule vertu de l'intérêt que nous lui portons, intérêt qui porte sur notre reconnaissance (sur notre action de retrouver et de repérer), plutôt que sur les êtres qu'elle distingue. Naturellement nous serions reconnaissants à un texte, si de cet intérêt narcissique il pouvait faire quelque chose d'autre. Mais là encore le tourbillon narcissique sait trouver en soi-même ce qui lui manque : la croyance vise à faire de son objet un *texte*, une loi, un jugement (au sens d'un arrêt de tribunal, ou de la pensée). Elle obture d'*elle-même* la cassure intrinsèque de tout jugement ; l'arête par où il s'effrite, elle la consolide ; pas forcément par de l'illusion ou de l'image mais par la simple décision de s'y *tenir* ; décision collective ; et le collectif est assez fort pour animer une image, la rendre vivante et agissante : un mouvement d'*opinion*, fondé ou pas, se fonde lui-même sur ses propres effets devenus *réels* [19].

C'est ce qu'on retrouve face au texte fictionnel ; dans un roman, on s'intéresse aux « personnages » qu'on aurait pu connaître ; certes, mais à défaut, on s'intéresse à quelqu'un parce qu'on s'est mis à le connaître, là, à travers ce qu'on en lit ; à la limite (et si absurde que paraisse cette tautologie, mais c'est le propre du narcissisme), on s'y intéresse parce qu'on s'y intéresse, c'est-à-dire moins parce que l'objet en question nous est semblable, ou *identifiable* que parce que le trajet qui va de nous à lui et qui nous revient, constitue un petit cycle narcissique stable et vibrant. Si certains pleurent en lisant des fictions, c'est pour honorer et maintenir le transfert qu'ils font sur elles, du fait même qu'ils prennent la « peine » de les lire.

Est-ce que vous croyez à l'histoire de « Joseph et ses frères » comme à un événement entre frères survenu hier et que vous raconterait un témoin digne de foi ? Pour ma part, je n'y crois pas plus quand je la lis, cette histoire, que quand, le livre fermé, elle travaille dans mon souvenir. Mais mon lien à elle est plus fort que celui d'une croyance : j'aime cette histoire, elle fut pour moi une source de parole ; en l'absence de toute pensée, ou lorsque les mots se dérobaient, je n'avais qu'à « prendre » l'histoire de Joseph et ses frères (ou quelques autres) comme on prend un train (de pensées) en marche, un drôle de train qui ralentit et accélère mais *ne s'arrête pas*, et j'y trouvais des mots inaperçus et de nouvelles pensées. Bien

---

19. Le point de croyance narcissique a des forces variées. L' « intime conviction » des philosophes en est une : on est convaincu, on se prête main-forte pour se vaincre soi-même, et le Moi se réintègre grâce... à la croyance à quoi il s'accroche. On ne peut mieux dire la dimension narcissique.

sûr, on peut dire que cette histoire *ne cesse d'arriver*, que c'est une allégorie à valeur « universelle », etc., mais ce n'est pas le cas ; tout au plus est-ce un orifice de langage par où je communique avec ses ressources et les miennes les plus enfouies [20]. On croit en une personne ou une pensée parce qu'elle nous donne, de ce fait même, de quoi dire ou penser, ne serait-ce que sur la croyance que nous avons en elle ; elle nous laisse à désirer. Beaucoup croient ou ont cru dans le matérialisme historique de Marx non parce qu'il leur donne de quoi « comprendre » le monde... pour le « transformer » (peu ont l'appétit aussi vorace), mais parce qu'il leur donne de quoi fonctionner, *subsister*, comme êtres parlants ; même silencieux ; qu'ils nomment ça « garantie théorique » ou simplement ritournelle ; à la limite, plus l'analyse qu'il leur offre est loin de ce qu'ils voient ou de ce qui arrive, plus leurs pensées ont de chemins et de détours à faire pour raccorder les choses ; et ça « transforme » sacrément le monde... en croyance... Mais tous ces chemins « fatiguent » et stimulent nos potentiels de langage, chargés d'affects, d'images, de signes qui se trouvent chaque fois renforcés, refaits à neuf, comme une longue marche vous fait les pieds. Justement, quand notre potentiel de langage ainsi excité, exacerbé, ne trouve plus à se nourrir, ne trouve plus de détour à faire ou d'écarts à combler, il décroche ; la « croyance » tombe, en tant que lieu où la passion du dire, que nous pensions assouvir, se recoupait d'elle-même, se stimulant de ses recoupements.

Il n'est donc pas toujours vrai de penser qu'on s'engage dans une croyance pour être tranquille, et n'avoir pas à se fatiguer à penser. Au contraire, on y pense énormément, mais on ne pense qu'à ça ; on s'*intoxique* à ne penser qu'à l'objet de sa croyance, au point d'en faire, de cet objet-vide, un point de jouissance « *toxico* [21] ». Du reste, libérer certains de leur drogue, c'est comme libérer quelqu'un de sa *croyance narcissique ultime et fondatrice*, qu'il a reportée sur ce qui la nourrit d'elle-même. On comprend que ce ne soit pas facile. La dimension symbolique de la croyance se « réalise » par une sorte d'*intoxication narcissique* où, à défaut d'ouverture autre, on est prêt à se résorber dans une croyance qui tient lieu de drogue. Que signifie alors que cette croyance, on la constitue en vérité ? Une vérité c'est une jointure *supposée* achevée, entre la vie et la mort ; dans cette « supposition » réside la croyance, l'appel désespéré à un

20. Un grand écrivain, Thomas Mann, a donné en quinze cents pages un petit exemplaire de ce qu'on peut faire de cette histoire : *Joseph et ses frères*.

21. Que la religion soit l'opium du peuple ne prouve pas que tout « opium » fasse religion. Le marxisme notamment n'a cessé d'échouer à en être une, et loin de vider le ciel il a encombré la terre de croyances réelles et de cieux un peu plombés, déclenchant du reste, un peu partout, des retours en force du religieux.

soutien. Dire qu'une chose est « vraie » c'est pouvoir dire où elle commence et où elle finit, et vouloir à travers elle, disposer d'un lieu d'où commencer et où finir. C'est sans doute pourquoi la perversion s'intéresse tant à la Vérité : histoire d'avoir en main, comme un jouet ou un fétiche, l'étendue sans faille d'une « génération », d'un engendrement de langage à travers sa transmission. Le pervers a horreur de l'inachèvement par où se faufilent et où s'abîment les Vérités qui « échappent »; et il se cache la vanité de sa tentative derrière la vanité « navrante » des vérités qui l'entourent. L'idée même de vérité est non pas tant « relative » que dépendante de la possibilité de rythmes dans les mouvements de vie et de mort, débordement de rythmes (c'est-à-dire de souffle inconscient), retours, coupures et recoupements dans le rapport de l'Autre : au monde, à l'inconscient, aux autres groupes, au Dieu, etc. Je ne crois pas que la croyance tienne à un mode de constitution de la vérité, *puisque toute vérité comporte dans sa constitution une certaine croyance.* Si vous lisez un livre sur l'histoire de la Commune de Paris, l'authenticité des faits ne devrait faire aucun doute (au moindre doute, vous serez fixé par une visite à l'une des trois ou quatre bibliothèques de Paris où se trouvent tous les documents). Mais vous pouvez *vous aimer* ou pas croyant telle ou telle chose sur les communards; par exemple que leur victoire était acquise, eussent-ils été plus anarchistes ou plus marxistes, etc. Dans beaucoup de croyances à des choses dont on n'a aucun « document », c'est une *mise en jeu diversifiée de l'amour qui est en cause,* bien plus que des questions de « vérification »; les traces floues qui demeurent ne servent qu'à baliser le terrain autour d'un vide sur lequel va se jouer tout l'investissement de la croyance... ou de l'amour. Il est vrai qu'on se lasse d'une croyance comme d'un partenaire en amour; ce qui semble confirmer l'inverse : *les croyances en vogue sont des partenaires en amour avec qui on se lie,* pour s'y mirer, ou n'être pas seul, ou vivre ce que j'appelais le double mouvement de l'amour, etc. Les réactions « réalistes » contre ces transferts et investissements amoureux ne sont pas toujours un élan pur vers la Vérité (élan dont le pervers se fait le champion), mais des rétractions narcissiques particulières. « Je veux tout juger par moi-même », c'est d'abord : je veux réduire l'Autre à ma mesure. Cela rappelle certains sursauts narcissiques de l'amour, quand on s'est déjà perdu et qu'on ne peut plus revenir à soi. Or la question c'est qu'on ne sait pas qui est Soi; *la croyance fonctionne alors comme une identification provisoire ou durable d'un élément de son inconscient... avec la croyance en question.* Par exemple, tel qui a été élevé dans la croyance en Jésus-Christ s'aperçoit au fil de son discours que ce qu'il nomme ainsi c'est un homme censé ignorer les sursauts du désir humain, qui se suffit à lui-même, et qui ne peut sûrement pas avoir désiré une femme... Sa croyance était donc la possibilité de s'identifier à un tel être... On ne peut nier que pour cet homme, Jésus-Christ ait une *réalité* particulièrement forte, celle d'une solution idéale au problème du désir. Qu'on puisse manipuler une croyance, jouer avec (donc aussi tricher...), n'est sûrement pas ce qui diminue sa *réalité*. Une croyance devient une pièce du jeu, du jeu de vivre et d'exister, une pièce commode, maniable, d'autant plus réelle, d'une réalité *dérivée*.

Cela dit, on peut penser la vérité autrement que comme une emprise sur ce qui concerne la « chose », entre sa naissance et sa mort. On peut l'envisager comme un « coup » heureux ou juste dans un jeu complexe, une occurrence soudain visible dans le jeu d'un « programme de vérité [22] ». En somme il y aurait des vérités *présupposées*, comme des « axiomes », qui définiraient le programme ou ses données initiales, et encadreraient ces « polygones » de vérité où le jeu se passe; car ces ensembles de vérités, s'ils ne tombent pas du ciel, ont eux-mêmes des points d'appui limites [23] à partir desquels on circule à l'intérieur du polygone au moyen de certaines combinaisons des éléments limites que sont les pointes, les arêtes, les facettes du « polygone », (on pourrait même dire du « complexe », au sens topologique) tout comme un « mot » est composé de quelques lettres (prises comme éléments minimaux) grâce à quelques règles, pas si simples que ça... Les vérités qui apparaissent sur de telles scènes se rapportent donc aux attaches qu'elles peuvent avoir avec des *vérités présupposées*; donc avec une croyance. La croyance apparaît comme un *minimum* d'investissement symbolique, prélevé comme toujours à même la croyance narcissique en soi; c'est une sorte de condition symbolique *minimale* de la vérité; le fait est que pour beaucoup c'est aussi une condition maximale, auquel cas vérité et croyance coïncident; sinon, elles se recoupent l'une par l'autre (et parfois subtilement : la vérité semble s'arracher à la croyance qui la soutenait et lui servait de support); et c'est ce mouvement de confusion, recoupement, arrachement, séparation..., qui finit par être la « vérité » du moment; alors que ce mouvement lui-même est une vérité de « toujours »... Le seul ennui c'est que le mot « programme » laisse entendre un projet explicite d'écriture là où il n'y a pas de projet, et où ce qui se transmet n'est même pas « écrivable », sauf après coup, quand déjà c'est caduc [24]. En fait, cette conception axiomatique de la vérité n'est pas la seule; même en mathématiques, les points de vue

---

22. Cf. Paul Veyne (*op. cit.*, p. 96), qui la voit comme un « rond de lumière qui apparaît au bout de la lunette d'un programme ».
23. Des points extrémaux, on dit, en théorie des jeux.
24. Il peut s'agir d'une transmission de « parlécrits » où la chose en question ne se laisse ni en-grammer ni diagrammer...

axiomatiques, n'apparaissent qu'après coup, pour rendre plus « présentables » des théories déjà vivantes, au risque de les figer. Et on ne perçoit pas d'emblée ce qui servirait d'axiomes : où est le programme? où sont les vérités supposées et indiscutables? Ces pointes de croyance (ou de transfert à l'inconscient) vacillent, et ce qu'on observe c'est un mouvement incessant où les points fixes de « vérité » ou de « croyance » deviennent mobiles, où les mobiles se fixent, dans un miroitement qui n'a rien de déductif, mais qui est une lutte pied à pied, une négociation, une quête d'étranges compromis. (Voir notre homme qui veut bien croire en Jésus-Christ à condition de supposer que celui-ci n'a pas pu désirer de femme...) Le compromis le plus radical, et du coup impossible, étant celui du pervers : qui croit qu'il y a une vérité absolue, moyennant quoi il s'use à pervertir tout ce qui se présente comme vérité « partielle ».

Et ces compromis se font très « sincèrement ». Être sincère, c'est seulement oublier (« refouler »...) l'échange qu'on fait entre une vérité et une croyance ; l'hystérique est parfaitement sincère dans le « mensonge », car son rapport au signifiant par la voie de la tromperie, c'est-à-dire par la voie où on en veut aux mots de n'être pas des corps, ce rapport est oublié, refoulé, par définition.

Et pourtant, une différence évidente entre vérité et croyance, c'est qu'une vérité est destinée par « nature » à devenir quelque chose d'autre, qui la falsifie ou qui l'altère ; tandis qu'une croyance a pour vocation de rester identique à soi, même si elle y échoue [25]. De ce point de vue, la distinction entre imaginaire et réel peut s'énoncer non sous forme d'un critère, qui très vite devient une image ou prend figure de « réel », mais seulement dans un dire qui fait *acte* et dont la mise en acte inscrit quelque chose ou s'enlise dans l'imagerie. Du reste, c'est le *rapport* à l'image qui importe, et ce rapport n'a pas moins de *réel* que le « réel ». Une pure apparence, agrémentée de ses conditions d'apparition, peut acquérir le réel... d'une véritable loi. (Toutes les sciences de la Nature roulent là-dessus.) C'est dire que la combinaison, ou plutôt la somme, d'une dimension *imaginaire* et d'une dimension *symbolique* peut constituer un *réel*, où les deux composantes (imaginaire et symbolique) se *présentent* comme deux versants d'une cassure essentielle au réel, versants distincts mais qui se recoupent, et risquent de se confondre.

Tout cela tire à de curieuses conséquences. Par exemple, il y a des paroles qui *passent* pour des faits, pour du réel ; assez fortes

25. On pourrait même « formaliser » : si la *vérité* comporte un assemblage de croyances *et* d'impulsions qui les altèrent et les dispersent, la *croyance* comporte un assemblage de vérités *et* de rétentions qui les fixent et qui en font des invariants, c'est-à-dire des points d'appui désespérés ou jubilants du narcissisme.

pour ça ; et il y a des *faits* qui n'arrivent même pas aux premières bribes de la parole ; trop violents pour ça (traumatiques) ou trop faibles ; ils n'arrivent pas, si « réels » soient-ils, jusqu'à une transmission signifiante.

De sorte qu'en un sens, l' « historicité » de Romulus ou de Moïse, c'est-à-dire leur force d'irruption dans une histoire, dans une temporalité ébranlée, ne fait pas de doute. Et au niveau réaliste, alors ? Eh bien, elle n'a pas grand intérêt ; sauf si un jour on découvre des traces « palpables » de leur passage, et encore, c'est dans le langage et le discours qui s'ensuivront que cela peut « compter », c'est-à-dire scander le mouvement indéfini de vérité. Imaginez qu'on découvre au lieu dit « mont Sinaï » un papyrus signé Moïse et dont l'auteur raconterait son écœurement de voir son peuple faire un Veau d'Or, etc., et qu'on puisse dater ce papyrus de l'époque probable du Moïse biblique, quelle vérité s'ensuivrait-il ? Quelle croyance confuse serait dissipée ? En quoi l'impact multiple du Moïse biblique et de la texture qu'on lui prête en serait-il modifié ?

Ceux qui voudraient en savoir *plus* sur les conditions où son livre s'est produit – désir très légitime – oublient que le savoir en jeu n'est pas de l'ordre du plus ou moins, et que les fibres essentielles où il opère excèdent l'enquête réaliste, comme l'infini le fini.

Il y a un lien de tout ceci à l'expérience amoureuse : l'autre qu'on aime, on peut toujours l'idéaliser, fabuler, cristalliser sur lui – croire à son propos –, c'est secondaire par rapport à l'existence absolue qu'il a comme support de l'amour. Mais si on l'aime pour les images qu'on a pu accrocher sur lui (et non pour l'hypothèse de langage qu'il nous offre), alors fabuler coïncide avec aimer, et l'amour s'en trouve limité.

De sorte que le principe *réaliste* qui a servi aux historiens à évacuer les monstres mythiques, en disant : « le présent est semblable au passé » ou « rien n'est digne de foi qui n'existe actuellement », ce principe peut dénier l'existence aux géants et autres méduses mais il n'empêche pas d'être médusé et de faire l'expérience de la *peur* que la Méduse « symbolisait » (et en un sens ligaturait, retenait comme pour mémoire ou pour en jouer) ; et il oublie surtout que le rôle des mythes (ou des montages de parlécrits) c'est de faire *don* d'une réserve ou d'un potentiel de passé, de quoi porter ce présupposé : il s'est *passé* quelque chose (dont le mythe – mémoire amoureuse d'un Passé – cherche à élaborer l'unicité « originelle », pour conjurer le retour de ce que ça refoule). Ce bon principe réaliste [26] ignore la dimension d'incons-

26. Qui même scientifiquement est discutable ; et pour la croyance en Dieu il est totalement sans effet.

cient, court-circuite le temps, le refoulé et ses retours, la répétition du même sous des formes différenciées; et il pose, sans le vouloir, qu'il ne s'est pas *passé* grand-chose, ou qu'on passe du passé au présent par translations ou déplacements..., ce qui est une hypothèse un peu massive et restrictive sur les potentiels d'interprétation [27].

Là encore, il y a correspondance entre ce rapport au mythe ou au Passé et l'expérience de l'amour. Le principe réaliste donnerait ceci : on aime l'autre pour la jouissance *actuelle* qu'on en attend; c'est un peu court [28].

Il arrive que l'acuité symbolique d'une croyance ne tienne qu'à l'acte par quoi elle *pose une dépendance* à une parole *autre*. C'est une façon de se mettre du plomb dans l'aile de crainte de se volatiliser; une sorte de « castration » volontaire (conjurer l'involontaire...) On peut toujours abandonner une croyance pour une « doctrine » plus « reconnue », c'est-à-dire échanger un lien contre un autre; mais les « raisons » qui prétendent forcer ce changement n'ont rien de décisif. Car les êtres mythiques ou monstrueux ou singuliers, c'est d'être « impossibles » qu'ils sont « vrais », en tant que *limites singulières de la parole;* c'est leur écart à la réalité quotidienne et « régulière » qui leur donne prise sur elle et qui

27. Interpréter ce n'est pas mettre une flèche orientable, causaliste ou pas, entre deux événements ou deux pensées; c'est plutôt faire de l'événement et de son voisinage « parlé » un germe de langage. Par *voisinage*, j'entends l'ensemble des trajets qui *passent* par cet événement, l'ensemble des discours auxquels il a *donné lieu;* et ces voisinages, du fait qu'ils incluent le *temps*, ne peuvent pas être invariants par translation dans le temps. Dire que c'est un germe de langage, c'est dire qu'un imprévu retour de forces perturbera le mode de circulation dans ce voisinage. Une des erreurs de la pensée causaliste (qui comme on dit « cause toujours »), c'est que la flèche qu'elle trace pour relier deux événements, dans l'espace de langue abstraite qui est le sien, cette flèche, elle a l'outrecuidance de la faire passer pour la flèche du temps; pour une succession, et qui plus est : régulière, c'est-à-dire invariable par déplacements dans le temps ou dans l'espace! Inutile d'invoquer le hasard, le chaos, l'indétermination, le désordre, etc., pour déceler chaque fois cette supercherie.
28. Même si on pose que l'inconscient est l'infiniment actuel par excellence; comme l'infini *actuel* de la théorie des ensembles; car alors on serait submergé par lui : de même qu'idéalement le sujet de la Science est le *fou*; alors même que cet idéal a rarement lieu.
Et pour revenir aux croyances singulières dont tous les groupes humains s'abreuvent, on est tenté de supposer que ces singularités reconnues sont une manière de fixer, de capturer, ce que les monstruosités humaines ont d'*actuel*; ne serait-ce qu'un certain foisonnement du fantasme. Dommage que cette fixation empêche d'en parler. Les mythes et les croyances sont une manière de parler de l'Autre, ou de le faire parler, à condition de rester sourd à ce qu'il peut dire; une manière de l'ensevelir avec des mots; tout comme dans l'amour on ensevelit l'autre qu'on aime sous les images qu'on lui accroche...

impulse leur transmission. Voyons par exemple cette croyance : « Dieu, avant de créer le monde, était identique à son nom » ; c'est une pure provocation à qui veut aller y vérifier. Elle s'est transmise ésotériquement, et son niveau est au-delà de l'allégorie ; il concerne l'acte créatif ; cet énoncé se donne à l'intérieur de l'écart de langage auquel il invite, dans cet appel *à se dissocier de son nom pour trouver la moindre inspiration* (« divine ») et créer quoi que ce soit (dont on puisse... se faire un monde). Cette transmission fait un appel explicite à l'imaginaire puisqu'elle invite à se demander comment diable était Dieu avant de se dessaisir de son nom pour, dans cette secousse, se faire un monde.

Ou encore, cette croyance des anciens Grecs : « que les héros avaient dix coudées de hauteur » ; du point de vue réaliste, c'est comique ; du point de vue allégorique, ça nous dit qu'ils étaient « grands » et que c'est bien le moins pour des héros ; du point de vue signifiant, c'est plus subtil : toutes les fois qu'on a érigé des statues géantes, c'est pour *croire* que ceux qu'elles représentaient étaient des héros. Il y a donc une croyance interne et presque intrinsèque que véhicule cette « naïveté » des anciens Grecs. Du point de vue signifiant on peut poursuivre (c'est l'infini) et se demander par exemple : pourquoi *dix* ? Des transmissions signifiantes plutôt riches se sont nourries de ce genre de questions d'emblée au-delà de tout principe de réalité. Et la fuite vers l'allégorie n'est qu'une recherche à bon marché d'une dimension symbolique. Il arrive même qu'une croyance ne soit que l'interprétation du fantasme qu'une *réalité* constitue ; interprétation un peu masquée, protégée ; comme de peur qu'elle ne perde la face... Les événements essentiels n'*inscrivent leur passage* qu'au-delà du principe de réalité ; au-delà de la réalité qu'ils constituent ; ils ne peuvent pas se contenter de passer, comme tout le monde, et d'être enregistrés par une écriture neutre, ils sont comme ces incendies qui atteignent jusqu'au procès-verbal fait pour les enregistrer ; brûlures intérieures du langage...

Il est possible que l'œuvre de Freud tout entière, si précaire côté preuves, n'ait été qu'un acte symbolique de reprise de contact de l'Occident avec l'Inconscient. Elle n'est pas si loin, en tout cas, de l'idée apparemment grotesque : que pour connaître son passé il suffit de l'inventer ; à condition seulement de réintégrer son invention dans le flot d'un langage ; lorsqu'elle se rebiffe à tout tel lien, c'est une invention folle, ou c'est l'invention d'une folie.

« Folie » de l'acte poétique qui est partage de la parole. Car de fait, le mythe, ou la science (qui en est un), ou la croyance, ou tout « travail » de vérité, sont fibrés ou traversés par la chose poétique, qui n'est pas une parole sans sujet, mais un *dire* à quoi le sujet s'est résorbé, consumé, d'où il s'est expulsé, de sorte que ce dire se tient tout seul, pur élément d'inconscient ; ce qu'on peut appeler « sujet » de l'inconscient c'est le *fait* pour un individu d'être *sujet* à l'inconscient, sujet à ce que l'énonciation venue d'ailleurs s'empare de lui, par à-coups, et fasse de lui un *élément* de langage, (certes animé de perceptions singulières, qui ne sont arrivées qu'à lui, mais lui et toutes ses perceptions se révèlent n'être qu'un prétexte à la texture qu'est le poème). Une fibre ultime du mythe ou des montages de « parlécrits », c'est le poème en tant qu'élément d'inconscient, qui se dit ou se tient dans le lien auquel il donne lieu ; tout seul ; position d'inconscient au-delà des suppositions...

Pourtant le poème inscrit ce qu'on imagine ; il l'inscrit dans le monde du langage, dans les choses que sont les mots. C'est pourquoi on a toujours dit que la poésie est le langage de l'amour ; parce qu'*aimer c'est faire de l'autre qu'on aime un langage où on « se » parle, où on se dissout et dissémine*, langage peut-être très simple mais sur le point de se donner. On inscrit l'autre dans ces choses que sont les mots. Bien sûr ça imagine et ça fabule ; comme dans la croyance ou le délire. Mais est-ce que « fabuler » c'est seulement supposer que ce qu'on imagine est inscrit dans les choses ? Ce n'est pas si simple : car une vérité « inscrite dans les choses » ne serait même pas perceptible, ne serait donc pas une vérité, si une *imagination* ne venait tenter de la percevoir. La science elle-même est une semi-fabulation, car ce que les chercheurs imaginent, ils tentent de l'inscrire, ou de le révéler déjà « inscrits », dans les choses ; ça ne tient qu'un temps ; car le Cosmos, ou Dieu, ou le Vivant qui vous regarde, n'*aime* pas s'en tenir aux derniers mots. Il y a des fabulations qui servent d'hypothèse féconde, c'est-à-dire capables de se traverser elles-mêmes, et d'engendrer à travers elles autre chose qu'elles.

Et il y a au contraire des fabulations stables, que leur jeu ne dérègle pas ; stériles. Or, faire endosser une fabulation par les « choses », c'est la prendre pour le dernier mot de notre langage, pour la limite au-delà de quoi on passe la main (ou la parole) aux choses mêmes. Là est l'illusion, car les choses ne nous *parlent* que si nous y sommes pour quelque chose ; si nous partageons avec elles une perte commune. Le poème ou l'amour met en acte ce partage.

Si croire c'est « donner son cœur », ce serait donc se dessaisir par amour de l'organe de l'amour. Bien sûr, certains arrivent à traverser l'amour que fixe une croyance, l'amour qu'elle met en réserve : ils se mettent par exemple à *aimer* la vérité (ce qui est déjà « fou ») au lieu d'y croire ; ou plutôt : ils se mettent à aimer ce soulèvement chaotique et rythmé, rigoureux et inconscient, par lequel la langue avère les vérités qu'ensuite elle abolit. D'autres, tout aussi « fous », se mettent à aimer Dieu au lieu d'y croire ; de quoi faire vaciller l'autosuffisance de l'Autre, et relancer sans cesse le double mouvement de l'amour. L'autosuffisance se brise dès qu'on en parle, dès qu'on la parle, et la fascination qu'elle engendre (celle, dit Freud, des animaux, des enfants, des femmes « belles »...) est une des fabulations qui tournent court, comme l'idéal d'un amour où on ne serait pour rien ; d'un amour sans désir... Même les Dieux ne sont pas autosuffisants ; il faut les séduire avec des mythes, des sacrifices, des paroles, tout en les *supposant* autosuffisants, ce qui prouve bien qu'ils ne le sont pas. Même le Dieu biblique ne l'est pas ; tout unique et universel qu'il est, il s'est choisi un peuple à harceler, jusqu'à s'en rendre malheureux, et ce qui semble l'intéresser, c'est plus l'amour que la croyance. D'ailleurs, si dans la Bible les autres Dieux sont pourfendus, s'ils ne « méritent » pas qu'on y croie, c'est moins parce qu'ils n'existent pas (qu'en savons-nous ?) que parce qu'il y aurait mieux à faire de sa « croyance » que de la placer sur eux. C'est comme de se dire que cette femme ou cet homme ne méritent pas votre amour ; ça ne suffit pas à les faire basculer dans l'irréel ; ça ne suffit même pas à leur retirer cet amour, ça dit votre *désir* d'aimer ailleurs et autrement.

Mais n'aime pas qui veut ; *aimer est une dispersion de l'être capable de se ressaisir en un langage où parlent les corps vivants.* On comprend que la croyance remplace l'amour et ses désordres ; et que le plus souvent on *croit aimer* – quand on ne fait que s'identifier à l'image de soi portée par l'autre. L'amour s'empare de la ligature narcissique qu'opère la croyance, pour la faire éclater, la rejouer, l'interpréter autrement. On a dit que bien des croyances vacillent au passage de l'amour, d'un autre amour que celui qu'elles fixent, ou gèrent ; mais l'amour comme tel fait vibrer voire éclater l'anneau immobile d'une croyance. Dans l'amour, pas de « croyances » ; de la folie, de l'hypnose, oui, mais pas cette clôture et ce retour du narcissisme sur lui-même qui fixe la *mise* de la croyance, et fait qu'en elle le narcissisme *se donne* à lui-même, se relaie de lui-même, comme pour prévenir ses défaillances et paradoxes (qui sont, tels quels, ceux de la croyance...). La croyance se donne à la place d'un réel comme *ligature de la pulsion du langage* où ce réel se symbolise et se désymbolise. C'est comme un degré zéro de l'interprétation, qui serait posé comme *chose ;* en ce sens, *la « vraie » croyance est délirante,* c'est-à-dire ajustée et coulée dans la croyance de l'Autre en vous, croyance qui complète l'Autre et l'abîme dans son image symétrique. Contrairement au transfert qui s'active à supposer et à présupposer, la croyance pose (et repose sur) le bricolage d'un orifice du narcissisme, où elle met en orbite d'attente des bribes d'inconscient qui, d'être ainsi prévenues, voient leur mise en acte devenir inutile.

Au contraire, et curieusement, l'amour suppose les récurrences de la croyance narcissique, retournements intermittents du langage sur lui-même ; il tient à ces sauts, mais il ne s'y tient pas.

« A quoi servait de dire tout ça ? » demanda-t-elle ; à rien sans doute, ou alors au Rien tenace et invisible qui nous maintient en vie aux seuils d'amour que nous échouons à franchir. Elle dit que les romans d'amour se traînaient avec délices dans cet échec, mais ce n'est pas ce qui la gênait, puisque l'amour, d'être source de langage permet de dire – incite à dire – n'importe quoi même s'il n'avère que de rares paroles. « Dire n'importe quoi », drôle d'issue, où la psychanalyse s'était jetée, ne craignant pas que le roman d'amour qui s'ensuit soit sans issue. Non, ce qui la gênait, comme d'une gêne respiratoire qui frôlait la détresse, c'était l'atrophie du cœur qu'elle sentait autour d'elle, du sien peut-être d'abord (elle ne prenait plus en effet pour des éclairs du cœur ces brusques égarements où elle s'inventait une âme sœur pour ne se perdre qu'en elle-même et où elle perdait sa route pour s'assurer d'en avoir une). Ceux qu'elle rencontrait lui semblaient non pas pervers, retors ou cramponnés à eux-mêmes dans leur chute libre immobile, mais simplement : sans cœur ; drôle d'idée, non ? à la place du cœur, organe supposé de l'amour – et curieusement : du *courage* – il n'y avait rien, à peine quelques pulsations de routine, de quoi assurer des besoins énergétiques élémentaires ; de temps à autre quelques sursauts fictifs – non pas du cœur mais de ce qui aurait pu en être un ; comme la secousse d'une place vide – retours d'affects mal digérés plutôt qu'élans vers de nouveaux exils. Qu'est-ce donc qui leur avait arraché le cœur, ne laissant le plus souvent qu'une fragilité puérile, quelque chose de rabougri ne s'occupant que de subsister ? Elle pensa que les guerres et les exploits physiques étant devenus fonctionnels et réglés, l'amour était le seul champ où le courage était impliqué, le courage comme *pari* sur la perte de Soi, la traversée de sa propre mort, une certaine mort, une certaine résurrection – naître autre... Il y en avait un qui s'était fait tout le parcours pour le compte de *tous* les autres (déjà si fatigués à l'idée d'être eux-mêmes, *a fortiori* de devenir autres), c'était le Christ. Elle dit qu'elle aimait ce type. Comment ne pas aimer quelqu'un – qu'il ait ou pas existé – qui arpente avec son être, pas à pas, tous les contours de cet abîme, qui coïncide avec *ça*, et qui y laisse sa peau comme un appel ultime ? S'il demande qu'on croie en lui, il faut lui en donner plus : l'aimer ; et d'autant plus que son geste n'a réussi ni à rendre cet abîme praticable ou même parlable, ni à résorber en la prenant sur lui la violence qui près de ce gouffre précisément s'exaspère. Bref il fallait l'aimer d'autant plus qu'il avait échoué. (Qu'aurait signifié qu'il réussît ? Outre qu'on n'aime pas quelqu'un *pour* sa réussite.) Il avait, lui, réussi cet échec-là. Donc, pour son acte et pour ce qui de ses effets lui échappe et le déborde : l'aimer, et passer à autre chose – qui est un peu la même –, la passe de la vie par cette drôle d'entournure qu'est l'*amour*. C'est l'*éthique* de l'amour qui l'intéressait, sereine, sans trop d'affect et de sentiments bons ou mauvais ; pas une morale de l'amour (elle savait qu'une morale c'est ce qu'on s'impose faute d'éthique donc faute d'amour). Et que pouvait être une éthique de l'amour sinon, dans le rapport à l'autre, la traversée fulgurante (inconsciente) du miroir de reconnaissance et de l'espace de séduction – qui dans l'*actuel* du lien social laisse se profiler derrière lui un pouvoir, un impératif de séduction ? et, au-delà de cette traversée qui est aussi celle du fantasme, l'émergence du dire *autre*, du faire-dire nouveau qui se donne ? Seulement voilà, pour ce don ou cet amour il fallait un cœur, et son point de détresse, son point de ressassement, la ramenait à cette drôle d'image, d'êtres sans cœur ou au cœur *fini...* Or la question a un accent, une dimension, une force d'*infini*. La *question* – où de par l'inconscient, la genèse chaotique d'un monde se révèle pouvoir faire lien, au-delà des discours en vue, convenus, parlant de l'amour pour n'avoir pas à le vivre, comme de croire à un événement de peur qu'il n'arrive. Cela aussi elle le savait, ce qui la confirmait dans l'idée que le délabrement ambiant du lien de parole et de pensée disait exactement une impasse devant l'amour, un dégonflage massif et d'autant plus énervé que brandissant le drapeau du « désir », ou de la « vérité », ou de la nécessité d'arracher aux discours leurs semblants. (Pourquoi, au fait ? Pourquoi des discours *nus* tels des corps dévêtus seraient-ils plus présentables ?) Elle avait assez payé de sa souffrance le privilège de dire à tout propos que « ça n'est pas ça » – et d'avoir raison.

Elle parla encore longtemps, et dévida ce qu'après coup je notai, en scribe fidèle au « parlécrit ». Je pensai alors à l'accent étranger de ces vieux analystes réfugiés de l'Est qui, après avoir toutes les errances d'une vie, reprennent leur souffle pour annoncer : « Pon, maintenant nous pouffons gommencer... »

TABLE

COLLECTION « FIGURES »
DIRIGÉE PAR BERNARD-HENRI LÉVY

Christian Jambet et Guy Lardreau, *l'Ange*.
Christian Jambet et Guy Lardreau, *le Monde*.
François Jullien, *Figures de l'immanence*. Pour une lecture philosophique du Yi king.
Guy Konopnicki, *l'Âge démocratique*.
Guy Konopnicki, *l'Amour de la politique*.
Guy Lardreau, *la Mort de Joseph Staline*.
Michel Le Bris, *l'Homme aux semelles de vent*.
Michel Le Bris, *le Paradis perdu*.
Dominique Lecourt, *Bachelard. Le jour et la nuit*.
Emmanuel Levinas, *Entre nous. Essais sur le penser-à-l'autre*.
Emmanuel Levinas, *Dieu, la Mort, le Temps*.
Bernard-Henri Lévy, *la Barbarie à visage humain*.
Bernard-Henri Lévy, *Éloge des intellectuels*.
Bernard-Henri Lévy, *l'Idéologie française*.
Bernard-Henri Lévy, *le Testament de Dieu*.
Thierry Lévy, *le Crime en toute humanité*.
Claude Lorin, *l'Inachevé* (Peinture-Sculpture-Littérature).
Claude Lorin, *Pour saint Augustin*.
Jean-Luc Marion, *l'Idole et la distance*.
Anne Martin-Fugier, *la Bourgeoise*.
Anne Martin-Fugier, *la Place des bonnes*.
Jacques Martinez, *Moderne for ever*.
Gérard Miller, *Du père au pire*.
Philippe Muray, *la Gloire de Rubens*.
Sami Naïr, *Le Regard des vainqueurs. Les enjeux français de l'immigration*.
Philippe Nemo, *l'Homme structural*.
Michel Onfray, *l'Art de jouir*.
Michel Onfray, *Cynismes. Portrait du philosophe en chien*.
Michel Onfray, *la Sculpture de soi. La morale esthétique*.
Michel Onfray, *le Ventre des philosophes*.
Pasolini, séminaire dirigé par Antonietta Macciochi.
Françoise Paul-Lévy, *Karl Marx, histoire d'un bourgeois allemand*.
Philippe Roger, *Roland Barthes, roman*.
Philippe Roger, *Sade. La philosophie dans le pressoir*.
Guy Scarpetta, *l'Artifice*.
Guy Scarpetta, *Brecht ou le Soldat mort*.
Guy Scarpetta, *Éloge du cosmopolitisme*.
Guy Scarpetta, *l'Impureté*.
Michel Serres, *Zola. Feux et signaux de brume*.
Daniel Sibony, *l'Amour inconscient*.
Daniel Sibony, *Avec Shakespeare*.
Daniel Sibony, *Entre dire et faire*.
Daniel Sibony, *Jouissances du dire*.
Daniel Sibony, *Perversions*.
Bernard Sichère, *Éloge du sujet*.
Bernard Sichère, *Merleau-Ponty ou le Corps de la philosophie*.
Bernard Sichère, *le Moment lacanien*.

Alexandre Soljenitsyne, *l'Erreur de l'Occident*.
Philippe Sollers, *Vision à New York*.
Gilles Susong, *la Politique d'Orphée*.
Armando Verdiglione, *la Dissidence freudienne*.
Armando Verdiglione, *Fondation de la psychanalyse. I. Dieu*.
Armando Verdiglione, *la Conjuration des idiots*.
Giambattista Vico, *Vie de Giambattista Vico écrite par lui-même*.
Claude Vigée, *l'Extase et l'Errance*.
Claude Vigée, *le Parfum et la Cendre*.
Elie Wiesel, *Signes d'exode*.